教育部哲学社会科学研究后期资助项目

地方论研究

——从西塞罗到当代

徐国栋　著

北京大学出版社
PEKING UNIVERSITY PRESS

目 录

第四部分 近现代地方论研究

自 序

2002 年,我写作了《共和晚期希腊哲学对罗马法之技术和内容的影响》一文,把西塞罗的《地方论》确定为希腊的辩证法和逻辑学进入罗马法的途径,比较了西塞罗的《地方论》与亚里士多德的同名著作的异同,得出了西塞罗的著作具有足够的原创性的结论。为了写作此文,我部分地从拉丁文翻译了西塞罗的《地方论》。2004 年春,我在厦门大学法学院开设罗马法史课,把地方论当做其中的一个讲题,为此,完全翻译了西塞罗的《地方论》并从对它的内容分析出发写成了我的讲稿。但由于我的拉丁语水平有限,希望意大利同事能校对我的译稿,于是,利用 2005 年 1 月来意大利解决优士丁尼《法学阶梯》中的疑难以便出版该书的第二版的机会,我到比萨大学与该校的阿尔多·贝特鲁奇(Aldo Petrucci)教授和意大利汉学家纪慰民(Giuseppe Terracina)博士在为《法学阶梯》工作之余,为《地方论》的校对开了一个头(完成了 1/3),剩下的工作我们约定在同年 10 月于北京召开的第三届中国罗马法大会上去做。由于纪慰民博士要承担繁重的会务工作以及其他偶然因素,我们在北京会议上没有继续《地方论》的校对,这一工作被推延到 2006 年的秋天。尽管如此,在北京会议上,贝特鲁奇教授向我提交了为《地方论》写的序言。2006 年 9 月 13 日,我来到罗马,在罗马二大与阿尔多·贝特鲁奇教授和纪慰民博士合作进行这一工作,由于难度很大[斯奇巴尼教授和比萨大学的桑达路奇亚(Bernardo Santalucia)教授异口同声地说它难;近 2000 年前的特雷巴求斯是何等聪明的人物!也为理解本书包含的学问不胜烦恼;近 2000 年后,古今意识形态、知识体系发生了巨大的变化,我们更有可能面临理解古人文本、学术思考方式和表达方式的巨大困难],涉及法学以外的哲学、逻辑学、修辞学知识以及不少的希腊文,我们的工作进展很慢,但很扎实,到我于 2006 年 9 月 24 日离开意大利时,它终于基本结束。回国后,我又花了近一个月的时间来完善译稿,学习其他领域的知识,尤其是修辞学的知识来加强自己对每一节的理解,然后把它放下来冷却。2007 年春天,我又进行新的一轮罗马法史课程讲授,利用这个机会,我又遍览友人帮我收集的关于地方论的意大利语文献,并参考昆体良的《演说术阶梯》对译文和讲稿进行大幅度的重整,力图跨越时空达到对文本的理解,经过这一番努力,我写出了自己对《地方论》的初步研究作为本书的第一章和第二章,从修辞学和法学两个角度对我们翻译的《地方论》做了一个诠释。2008 年,《南京大学法律评论》约稿,我手中无稿可投,只得以《地方论》的译稿应约。想不到编辑部很重视,把它发表为是年春秋合卷的第一篇。从此,我的学生引用西塞罗的这部著作就引之有名了,以前他们都是以引用我的未刊讲稿的方式引用此书的。2010 年,我以这些工作成果为基础申请教育部哲学社会科学研究后期资助项目并幸运地获得了立项(项目号 10JHQ014)。有了经费的支持,2010 年 12 月,利用在罗马二大执行博士生导师短期进修计划项目的机会,我购进了一批研究地方论的西文著作,研读它们,加深了我对地方论的了解,增写了本书第三、第四、第五、第六、第九章,终于在交付出版社之前达到了基本自我确信的程度——也就是面对读者的提问基本能讲出每节的含义的程度。一本不到两万字的小册子,我断断续续为它工作了 14 年,耗费我本人以及贝特鲁奇和纪慰民的大量精力,同时因为数次做海外研究耗费大量金钱,此时我不得不发出对它的"海绵"性格的感叹。

本书未经校对的译稿已发给听我课的学生用作教学参考,得到了他们的青睐。一些社会上的人也索要本书的译稿,其中一些人在自己的作品中作为关键性的论据引用。在罗马法史课程的考试中,我让学生任意在我出的数题中选定一题作为考题,想不到有不少学生选《地方论》为题。他们中的一些已就地方论写出习作,但愿他们依据的未经校对的译文不会影响他们的文章的精确性。

2006 年秋,我来罗马校对此书,贝特鲁奇教授和纪慰民博士都事务缠身,但他们都抽出时间来与我共同工作,一丝不苟,出色运用自己的专业技能,让我非常感动。本书收录的西塞罗的《地方论》译文是我们的共同工作成果。对本书做出了贡献的还有曾健龙、齐云、薛军等人,前者帮我收集了意大利罗马法学家朱里亚诺·克里佛从法学角度研究西塞罗的《地方论》的专论;第二位帮我把《地方论》拉丁文本中用来替代希腊文词汇的拉丁词还原为希腊文形式；后者把贝特鲁奇教授为我在比萨复印的贝内兑托·理波萨迪的300多页的《西塞罗的〈地方论〉研究》从意大利带回来，等等。由于这些人的帮助，我占有了按意大利标准也是最多的关于地方论研究的文献——例如，理波萨迪的上述著作出版于1947年，通过电脑检索，在罗马的各个图书馆里均无此书，只有比萨大学的图书馆有，它竟然被远隔重洋的我得到了，没有友人的帮助，这怎么可能呢？——这种文献占有状况为我尽量做到在理解的基础上进行翻译，并在同样的基础上写评注提供了可能。对于这些友人的贡献，我感谢他们，希望我们的这本书里包含的新鲜知识可作为对他们的最好回报。

教育部哲学社会科学研究后期资助项目对我完成此书提供了经费和精神支持，也是我要重重感谢的地方。“经费支持”好理解，“精神支持”需要解释。我说的是它让没有项目的我有了项目，从而在各种考评中避免了不少尴尬。

2013年夏天，我完成了教育部的这个后期资助项目并送交专家鉴定，获得通过，但我感到由于项目结题期限的压迫，没有完成想写的“罗马法学家对地方论的运用”一章是个遗憾，于是，利用2014年的暑假完成了此章，并意外发现德国学者菲韦格的所谓地方论学说（以“论题学”的名义行世）的另外的重大谬误，并把此等发现补充到过去写就的有关章节中，收获之丰，完成速度之快，令我自己感到意外。此时，我感到本书我想写的部分都写完了，却又得到于2014年10月到罗马二大访学一个月的机会，我把这段时间的一部分用来完善此书。本书曾援引的佩雷尔曼和奥尔布莱希茨-提特卡的《论论证——新修辞学》（Traité de l'argumentation - la nouvelle rhétorique），以前只是通过他人的研究文章援引，此番找来原书的意大利文译本直接研读了，由此把这部分内容从过去的一目发展为现在的一章，形成对佩雷尔曼和奥尔布莱希茨-提特卡的地方论研究与对菲韦格的地方论研究在分量上均衡对称的格局。确实，这两组人是当代最重要的地方论者，本书必须赋予它们同样的地位。另外补充了卡察夫和里德的论式理论的运用实例。

由于本书涉及的主题不限于法学，可以期待它出版后会有更广泛的读者。

我尽了最大努力完善此书，并因此感到骄傲，因为我初入地方论领域的时候，进入的是一个黑暗多于光明的空间，经过14年的艰苦工作，我现在所处的是一个光明多于黑暗的空间了，然而由于地方论涉及的专业跨度太大，并由于古今意识形态的巨大差距，本书肯定存在疏漏和错误，因此，我诚恳地期待海内外方家的批评指正。

徐国栋
2006 年 9 月 18 日于罗马
2007 年 6 月 20 日重写于厦门
2008 年 9 月 14 日定稿于厦门
2010 年 12 月 19 日再写于罗马
2012 年 12 月 31 日定稿于厦门
2014 年 10 月 7 日补充于罗马
2015 年 11 月 23 日定稿于厦门

西塞罗的《地方论》导言

〔意〕阿尔多·贝特鲁奇 著,徐国栋 译

一

在我这个为西塞罗的《地方论》的第一个直接得自拉丁文的中译本写的序言中,我特别感兴趣的是观察《地方论》中我认为最引起罗马法学者乃至古代法史专家兴趣的方面:即尝试重建其中表现的私法的完整画面的方面。

这是一个肯定未被人用过的视角,因为《地方论》一直未被在可从它重建的完整的法律框架内考虑过,尽管人们经常援引它记载的单一法律规范。事实上,手抄书时代的作者们就把这一作品列为西塞罗的哲学著作,而一种持久的习惯有点认为它是对西塞罗的三部主要的修辞学作品——即《论演说家》《布鲁图》和《演说家》——的总结。因此显然,学者们的注意力历来主要集中在该书的哲学和修辞学内容上,只是把其中的法律资料当做背景或完全忽视这一方面。

现在我们按顺序研究该书的法律方面,首先从提供一些流传到我们手里的关于这一作品之内容的一般特征方面的资料开始。

二

《地方论》在公元前 44 年——即西塞罗死的大约前一年——写成,在该书的开头部分,西塞罗讲了推动他写成这一作品的原因。

早些时候,西塞罗在其位于罗马附近的托斯库鲁姆的别墅里接待了其朋友和大法学家 C. 特雷巴求斯·德斯塔,他在查阅图书馆藏书的过程中取了亚里士多德的《地方论》在手，其好奇心为该书的标题所激发，于是请西塞罗为他解释其内容(1,1)。后者简短地回答，该书说的是亚里士多德关于寻找论据，“以便不犯错误地以合理方法达到对论据的占有的理论”，西塞罗还建议特雷巴求斯在一名修辞学专家的指导下直接读亚里士多德的这一著作(1,2)。特雷巴求斯尝试了这么做，但结果失败：选定的修辞学家表现出无力解释亚里士多德著作的内容，因而特雷巴求斯再次转向西塞罗寻求解释。于是，这位阿尔皮努姆[①]人在激烈批评了不懂亚里士多德作品的修辞学家后(1,3)，自己动手满足朋友的要求，写了这一著作，其书名与亚里士多德的书名同。写作是在去希腊的海船上完成的，因此没有亚里士多德的原著在手，只能根据对这部著作的记忆进行(1,4－5)。

从这一前提似乎可自然地得出西塞罗的这一著作不会有自己的任何个性和原创性，不过是对亚里士多德作品的简单照抄的结论。但事实并非如此，因为西塞罗著作的出发点确实是亚里士多德的思想，但它反映了一些不同的东西，这些东西表现了罗马人的实用主义精神和把希腊的哲学范畴调整得为更具体的目的服务的能力。亚里士多德的“地方”是表达一个哲学论证的逻辑论据的据点，而西塞罗的“地方”是具有实用和具体目的的修辞手法，表现为一个可靠的谈话支点(显然也是法律论述的支点)。因此，尽管西塞罗的这一著作短小并基本上是教导性的，却在自波爱修斯以后的整个古典世界中赢得了巨大的成功。[②]

三

现在我们可以对《地方论》做一个简短的综述，它分为26章，章以下全文分为100节。

第一章包括第1节至第5节，如前所述，它是作品的前言，说明了写它的缘由。第二章用来说明写作大纲(因此在这一作品中起中心的作用)，它从阐述基本概念和接下来要论述的这些概念的一些基本方面出

---

① 阿尔皮努姆是西塞罗的家乡，在拉齐奥以南，现在称Arpino。——译者注

② 关于这一方面，参见〔意〕G. G. 迪索尼：《马尔库斯·图流斯·西塞罗的〈地方论〉导言》，米兰，1973年，第192页。

发。其中的第6节说道："每一认真的论述理论都包括两个部分：一是寻找，二是判断。在我看来，亚里士多德在这两个方面都是泰斗。实际上，斯多亚学者致力于后一部分，因为他们很勤勉地用称为辩证法的科学探索判断的方法，但完全忽略了被说成是地方论的寻找的艺术。"因此，西塞罗的想法是为了其法学家朋友的利益综合考虑这两者，于是从寻找开始，它要求对"地方"即"能引申出论据的地方"（第7节）进行深入分析。这种应认识的"地方"要么是讨论对象内在的；要么是外在于讨论对象的。前者来自于讨论对象的整体、其单个的部分、其符号和与讨论对象以任何方式相关的东西；后者是与讨论对象相隔遥远并完全分离的东西。

然后（第9—10节）作者进入分析内在于讨论对象的"地方"，它们要么来自此等对象的整体（定义），要么来自其单个的部分，要么来自其符号。第三章研究了可从与讨论对象相关的事情推出的论据，其中进一步把这方面的论据细分为同源词、属、种、类比、种差、对反、关联、前件、后件、相斥、原因、结果，最后是小与大的比较、持平比较和大与小的比较（1，11）。所以，在接下来的第三章第12—17节中以及第四章的第18—23节中，对这里列举到的每种论据都做了初步分析。

外在于讨论对象的"地方"被概括在第四章的第24节中，西塞罗把它们笼统地概括为"从权威提取的"。

之后是一个小小的间隔，西塞罗把这一篇幅用来说明为何到此为止的论述都不能满足像特雷巴求斯这样的渴求知识的人，然后转入深化论述以及对在前文研究过的各种各样的"地方"的特别"鳞爪"的仔细研究。这一工作从定义并从定义的两个属开始：一个关系到存在之物，另一个关系到理解之物（5，26）。接下来的第五章第27节和第28节分别解释了定义的两个属，并引入了来自分部和来自分种的其他定义。

第六章和第七章（从第29节到第32节）全部用来探讨定义的主题，分析了提出定义的方式、产生于分部的定义和产生于分种的定义的区别，并在这后一种定义的内部，阐述了属、形式或种。在第八章（第33至37节）中，回过头来研究分部并研究了词源，这发生在"从词的本义出发得出论证之时，希腊人把这种论证叫做词源学的"。

接下来的诸章（第九至十八章，第38—71节）是对从与讨论对象相关的东西得出的诸论据作出的深入探讨，实际上，第三章中已对它们做了简短探讨。而第十九至二十章的相应部分（第72—78节）用来详细论述从讨论客体的外部得出的论据，第四章第 24 节对同一主题已简短地点了一下。

从第二十一章第 79 节开始进入了这一作品的最后部分，首先告诉读者的是在每种论断中人们都会遇到前述“地方”中的至少一个，绝不会发生一次全遇到它们的情况。从这一确证出发，导入了关于问题的论述，问题又分为两种：不确指的和确指的。第 80 节用来解释什么是确指的问题，希腊人称之为假设，罗马人称之为实践问题，它由人、地点、时间、行动和事务确定。该节还探讨了不确指的问题，希腊人称之为前提，罗马人称之为理论问题，它在假设指出的一个或多个要素中，但不在其中最重要的要素中展示自己，而假设是前提的一部分（理论问题要么由它们中的某个确定，要么由它们中的多个，但不由最重要的确定）。

第 81 节援引前提进一步区分了问题的类型：认识问题和行动问题。接下来，第 82 节论述了认识问题，它可分为关于存在的、关于本性的和关于品质的三类。第一类以推测解释；第二类以定义解释；第三类以正义与不义的区分解释。对什么是推测、什么是本性、什么是正义与不义的区分的分析占据了第 82 节的最后部分以及第二十二章的第 83—85 节，而该章的第 86 节引出了行动问题。同一主题在第二十三章第 87—90 节被捡起来。

在第二十四、二十五和二十六章中，论述了在假设或实践问题中包含的问题的类型，分为司法性的、审议性的和赞扬性的，它们分别被分为控告性的与辩护性的，对这两种都做了广泛的论述。

这一作品的最后一节（第 100 节）以西塞罗的断言告终：不仅完成了序言中承诺的，而且超越了这一范围，把自己的工作扩展到不限于简单地解释亚里士多德的《地方论》的内容。

四

西塞罗为之写作《地方论》的法学家特雷巴求斯何许人也？[①] 首先，

---

① 关于特雷巴求斯的一般情况，参见〔意〕M. 布雷托内：《罗马法学家的技术与意识形态》，拿波里，1984 年，第 79 页及以次。也参见〔意〕T. 贾罗：《盖尤斯 · 特雷巴求斯 · 德斯塔》，载《Der Neue Pauly 古事百科全书》（第 12 卷第 1 册），斯图加特 · 魏玛，2002 年，第 773 页。

另一位生活在两个世纪后的法学家塞斯图斯·彭波尼在其保存在《学说汇纂》中的法学教材 Enchyridion[①] 中对我们谈起过他，这本教材罗列了先前时代的最杰出的法学家的名字，特雷巴求斯位于其中。在列举了第一组在公元前 1 世纪中叶活动的法学家（其中有阿尔芬努斯·瓦鲁斯、奥鲁斯·奥菲鲁斯、奥菲丢斯·纳穆萨）后（D. 1,2,2,44），彭波尼接着说："在这一时代还有特雷巴求斯，他是科尔内流斯·马克西姆斯的学生"（D. 1,2,2,45）。据此我们可以确认特雷巴求斯是西塞罗的同时代人，并知道其"老师"是昆图斯·科尔内流斯·马克西姆斯，这是一个我们对之一无所知的法学家。在《学说汇纂》的上述片段中，彭波尼还告诉我们，特雷巴求斯被认为在法学上比其同代人奥鲁斯·卡谢流斯更专业，但其口才不及卡谢流斯。两人都写有法学著作，但卡谢流斯的作品只有一本《妙语集》（Bene dictorum）流传到彭波尼的时代，而特雷巴求斯的作品在那时还存有许多，尽管并非特别流行。在彭波尼的教材接下来的第 47 节中，作者最后告诉我们，奥古斯都时代（公元前 31 年—公元 14 年）的最伟大的法学家儿子安提斯蒂丘斯·拉贝奥[②]曾听过当代所有著名法学家的课，而他的法学教育恰恰是在特雷巴求斯的指导下完成的。可以说，拉贝奥起到了法学的深入革新者和普罗库鲁斯学派（活跃于公元 1 世纪）的最早掌门人的作用，这一消息不仅向我们展示了特雷巴求斯的巨大法学天赋，而且也表现了他吸引年轻人研究法学并以其知识培养他们的不同凡响的能力。

在西塞罗的书信中，尤其在其《致家人[③]书简》第七卷第 6—22 封信中，有关于特雷巴求斯其人的其他记载。这些信告诉我们，特雷巴求斯比西塞罗大约年轻 20 岁（出生在公元前 80 年左右），从青年时代起就是西塞罗的朋友，另外也因为他向恺撒推荐了特雷巴求斯（《致家人书简》7,5），这就解释了为何西塞罗在提到特雷巴求斯时尽管总是用老师的口气，但他对特雷巴求斯很尊敬（这点可例见《地方论》1,5 和 12,51）。从《地

① 古希腊文，意思是"教本"——译者注。

② 罗马法学史上有两个叫拉贝奥的法学家，一个是父亲，一个是儿子。为了区分他们，在他们的名字前冠上他们在亲子关系中的身份。——译者注

③ 这里的"家人"，不仅包括家庭成员，而且包括最亲密的朋友圈子中的人。

方论》(1,5:“当我来到维利亚[①]的时候,看到你的东西和你的家人……”),从《致家人书简》7,5,我们知道了特雷巴求斯是大希腊的维利亚人(在现在的萨雷尔诺城稍微靠南一点),他的性格是“和蔼可亲的”。他与西塞罗的友谊的进一步的证据以及同时代的其他法学家对他保持尊敬的证据可从特雷巴求斯于公元前49年在库马(Cuma)安排了一场西塞罗与塞尔维尤斯·苏尔毕丘斯·路福斯(公元前1世纪最著名的法学家)的一次会见的事实中看到,时值恺撒与庞培间的内战之初(《致家人书简》4,1),路福斯后来成为西塞罗的终身朋友。

此外,特雷巴求斯一直留在“骑士”阶级,他从未表现过有兴趣追求进入贵族阶级成为其中的一员,并担任公职。实际上,与许多前辈或同辈法学家相反,他避免从政,甘愿技术法学家的角色,而不愿充当政治法学家。这样,他不仅能毫发无损地度过了内战的严峻时期(从公元前49年到公元前31年),在内战结束时得到了奥古斯都的新的帝制政权的肯定,而且还拥有奥古斯都赋予的巨大的名望,而在奥古斯都之前,恺撒已赋予他这样的名望。

第一个皇帝赋予特雷巴求斯的尊敬、权威地位、亲密关系以及赋予他的法学专家的权限,反映在优士丁尼《法学阶梯》关于小遗嘱[②]起源的2,25pr.中。这一片段告诉我们,在奥古斯都之前,小遗嘱不受承认,但后来路求斯·伦图鲁斯[③]第一个为其遗嘱加上了这样的补充:他把奥古斯都本人指定为遗产信托的受托人请求他做某事。伦图鲁斯死后,奥古斯都履行了此等遗产信托,但他在这样做之前召集法学家们征求意见,这其中就有特雷巴求斯,他当时处在最高法学权威的地位。他问这些法学家如果履行小遗嘱是否与法律学说不和谐?特雷巴求斯的肯定回答让皇帝认识到了承认这一制度的好处,尤其是对那些身处国外,由于遵守要求的程式不能书写或改订自己的遗嘱的市民的好处。从那时起,小遗嘱在罗马继承法中扎下根来,拉贝奥本人就订立了小遗嘱,他恰恰是特雷巴求斯的学生。

---

① 在第奥尼安海边,古希腊的一个殖民地。——译者注

② 小遗嘱是在订立正式遗嘱后为了部分修改此等遗嘱而订立的死因文书,订立形式比正式遗嘱简单。

③ 罗马共和派政治家,奥古斯都的政敌。在内战中死于阿非利加。——译者注

奥古斯都在采用这一新制度前,不仅垂询于政治家,并且不考虑政见一致的因素[①],而且还召集以特雷巴求斯为首的一些专家,让他们以法理(Ratio iuris)为依据做出一个一致的回答。特雷巴求斯的话说服了皇帝接受新制度的好处,这展示了这个法学家是怎样被赋予一种在法理和皇帝的立法干预之间创造一种全新关系的角色的!法律科学的任务被认为是一次又一次地发现这样的“理”并把它们与新型的帝权之运作协调起来。

最后,我们在雅沃伦的一个片段中找到了又一处对特雷巴求斯的活动及其作为其时代的首席法学家享有的权威的提及,这一片段是从雅沃伦在拉贝奥死后收集其解答的作品(《拉贝奥的遗作摘录》)中抽取的,处在 D. 26,1,64 中。在处理一个夫妻间的赠与——众所周知,这种赠与在公元前 2 世纪期间为一个习俗法规范禁止——的案件时,拉贝奥追忆了其业师即特雷巴求斯就涉及当时很著名的两个人物——奥古斯都的好友梅切纳特(Mecenate[②])和特伦提娅(Terentia[③])——的这方面问题做出的一个解答。

引起讨论的案件情况如下:夫妻已离婚,但在离婚后,男方赠送了一些物给女方以求复婚。女方接受了彩礼并复婚,但后来第二次离婚。问题在于这些赠与应被认定为有效呢,还是因为违反了夫妻间不得为赠与的禁令完全无效?拉贝奥在做解答时援引了特雷巴求斯的话,后者对一个类似于发生在梅切纳特和特伦提娅之间的案件提出了如下的解决:如果第一次是真离婚,丈夫做出赠与是为了和解并成功复婚,则赠与有效,因为它在当事人尚未结婚时就缔结了。如果第一次是假离婚,为和解所为之赠与无效,因为它发生在仍是配偶的两个人之间。

C. 特雷巴求斯可能死于公元 4 年,享年约 80 岁,这在当时属于非常高寿,因为当时人们的平均寿命只有约 35 岁。

---

① 这里说的是奥古斯都不考虑他与伦图鲁斯在政治上的敌对关系执行了其遗愿。——译者注

② 盖尤斯·梅切纳特(?—公元前 8 年),罗马骑士,文学艺术的保护人,与维吉尔等罗马诗人交好,有“奥古斯都的宣传部长”之称。——译者注

③ 这个特伦提娅是西塞罗的前妻,她在与西塞罗离婚后嫁给了梅切纳特。——译者注

五

让我们在本节尝试重建西塞罗在《地方论》中提到的罗马私法的完整画面。第一个初步的观察是：几乎全部提到过的规则都处在该作品的前50节，确实，西塞罗在第51节中告知特雷巴求斯：从本节开始要论述自己正在阐述的学科的方方面面而不管特雷巴求斯的兴趣如何，以免给人自己专门驻足论述与特雷巴求斯专业兴趣——换言之，其性质更严格地专属于法律的兴趣——的领域有关的“地方”的印象。

在我们阐述这些规则的内容时，采用盖尤斯《法学阶梯》遵循、优士丁尼皇帝后来在自己的《法学阶梯》中重复的体系模式似乎更适当。我们采用盖尤斯的论述顺序特别合适，因为按通说①，它恰恰可追溯到帝政初期（公元1世纪上半叶），这一时期靠近西塞罗写作《地方论》的时期，而且更靠近特雷巴求斯生活的时期。

就法的渊源而言，我们找到了两个市民法的定义。第一个出现在第二章第9节，它把市民法定义为“为属于同一城邦的人确立的公平，以保护他们的财产”，对这种公平的认识是有用的，因此，市民法学是有用的。第二个出现在第五章第28节，该节把市民法说成“是由法律、元老院决议、法官的判决、法学家的权威、长官的告示、习俗和衡平构成的法”。正如人们所见，这两个定义涉及市民法的不同层面。前者强调内在于市民法的市民间的平等方面以及它保护私人利益的目的；后者相反，它聚焦于市民法得以产生的渊源。这里的说明明显不同于盖尤斯在其《法学阶梯》1,2－7中就同一主题做出的说明，众所周知，盖尤斯在这些片段中排他地列举了作为荣誉法之渊源的长官的告示、法官的判决、习俗、衡平作为市民法的渊源，另外加上了皇帝的敕令作为渊源以符合新的政治形式。如果假设西塞罗在这里提到的是一个比市民法更广的概念，就很好解释这样的论述，西塞罗用他的第一个定义打算指称的是产生于某个城邦并适用于其全体市民的法。当然，要特别指出的是，市民法中包括了被理解为普遍和抽象的法变成“活法”之环节、目的在于解决法官手中的具体争

---

① 就这方面的学说，参见〔意〕V. 阿兰乔－路易斯、安东尼奥·瓜利诺：《盖尤斯〈法学阶梯〉导论》，载《罗马法简本》，米兰，1983年，第5页。

议的判决。

现在我们转向人法(外加家庭法),西塞罗援引了关于解放奴隶的规定(2,10),婚姻、通婚权和扶养子女义务的规定(4,20),结婚、夫权协议和嫁资的规定(4,23),离婚和扶养子女义务的规定(4,19),关于族亲的定义的规定(6,29),关于复境权的规定(8,36－37),关于监护人的授权的规定(11,46)。正如大家看到的,这些论述涉及自由人的身份问题、家族的身份问题,它们不仅涉及自有法家庭或小家庭(建立在一男一女的结合基础上的家庭),而且也涉及氏族集团和脱离敌人囚禁者返回后的权利能力问题(复境权)。

如果我们考虑这些规定的内容,可看到西塞罗提到的解放是那种称为“正当并合法”的解放,盖尤斯《法学阶梯》1,138 也谈到过它们,得到这种解放的奴隶成为自由人和市民。它们是执仗解放、遗嘱解放和国势调查登记解放。[①] 西塞罗说,如果某个奴隶既未通过国势调查登记,也未通过触摸权杖,也未通过遗嘱处分解放,他不是自由人。

在对族亲的定义问题上,大家记得,当两个或更多的人可被界定为族亲时,首先要确定他们的族名是否相同,然后再考察他们是否为生来自由人,并且其祖先不是奴隶,未承受过人格减等:“族亲是有共同的族名的人”,“其先祖没有人当过奴隶”,“此等祖先未承受过人格减等”。

关于复境权,西塞罗罗列了法学家塞尔维尤斯·苏尔毕丘斯·路福斯和昆图斯·穆丘斯·谢沃拉[②]做出的有关词源学解释,然后出于说清楚这一问题的目的,列出了从战俘状态中返回的实质要件,而如果罗马人是被敌人退还的,则不能拥有复境权(……他是以复境权的名义回来的,但他不被认为完成了交出……)。

---

① 即以在国势调查登记时把实际上是奴隶的人登记为自由人的方式实施解放。——译者注

② 生于约公元前 140 年,是大祭司普布流斯·穆丘斯·谢沃拉的儿子,西塞罗的法学老师。于公元前 106 年任保民官;公元前 109 年任财务官;公元前 98 年任裁判官(惜乎不知他担任的是内事还是外事裁判官);公元前 95 年任执政官,在职期间,与其同僚李其钮斯·格拉苏斯提议颁布了《关于驱逐假市民的李其钮斯和穆丘斯法》(Lex Licinia Mucia de civibus redigundis),该法废除了拉丁人的迁居权,并设立了一个刑事法庭惩处假冒罗马市民的外邦人,引发了同盟者战争。公元前 94 年,穆丘斯·谢沃拉担任亚细亚行省总督,在那里采取了一些措施打击包税人的残暴行为,受到当地居民的欢迎。公元前 89 年,任大祭司,公元前 82 年在骚乱中被马略的支持者裁判官 Lucius Damasippus 杀害于维斯塔贞女供奉的神庙的入口。——译者注

关于婚姻制度和一些相关制度,西塞罗谈到了以下案型:(1) 一方当事人无通婚权的婚姻是不合法的,因此,女方无义务扶养由此产生的子女;如果一位妇女与一位她无权与之通婚的男人结婚,然后离婚,由于所生的子女未处在家父权下,她无义务留给前夫部分嫁资扶养子女;(2) 缔结附有夫权协议的婚姻后,女方的全部财产都以嫁资的名义成为丈夫的财产;(3) 因丈夫的过错发生的离婚的后果是他不能从嫁资中提取财产扶养子女。

关于监护人的授权,西塞罗提到了这样的规定:债权人可以在监护人不在场的情况下对妇女为偿付,但如果债权人是男女被监护人,这一规则无效。因此显然,对妇女的监护当时还是一项有效的制度。

还是根据盖尤斯的叙述顺序,现在我们来看关于物、所有权、他物权和占有方面的规范。可以找出的是:关于区分存在之物与理解之物的规范(4,26－27);规定完成取得时效所需时间的规范(4,23);关于具有移转所有权效力的要式买卖的规范(10,45);关于调整地界之诉的规范(10,43);关于排放雨水之诉的规范(9,38－39 和 10,43);关于对海滩的公共所有权的规范(7,32);关于公共放牧地的规范(3,12);关于界墙及其功能的规范(4,22 和 24)以及关于通过遗赠设立用益权的规范(3,15 和 17,4,21)。

就它们的内容而言,关于存在物和理解物之分类的规定作为盖尤斯宣告的有体物与无体物之区分(盖尤斯《法学阶梯》2,12－14)的先驱具有重大意义,盖尤斯的这一区分对于建构其法学阶梯体系具有基础性的意义。1804 年的《法国民法典》尽管在物的分类中把不动产与动产的划分作为根本(第 516 条及以下数条),在物的定义中(第 528 条),还是援用了无体物的概念,这表明法典编纂不能抛开无体物的概念。在《地方论》中,西塞罗首先谈到了"可见及可触的物"的范畴,并列举了土地、房子、墙壁、檐滴、奴隶等作为例子;其次谈到了"不能触摸或标识的物"的范畴,有如取得时效、监护、族亲、血亲。

关于取得时效,西塞罗报告了《十二表法》的这方面规定,该法为不动产规定了两年的时效期间,此等期间既适用于土地,也适用于房屋。而要式买卖的前提是具有移转所有权的效力,西塞罗还考虑了一个以要式出卖了某个不能作为此等交易之客体的物的案件,提出的问题是要式移转物的受让人是否也可成为所有人,而要式移转物的给与人是否以某种方式处在负债的地位？

关于保护所有权的两种诉讼，西塞罗提到了调整地界之诉，这种诉讼只能在就乡村土地的边界发生争议时提起，不能用于解决城市土地争议；对排放雨水之诉也做了同样的说明，该诉只能在雨水对相邻的乡村土地造成了损害的情形提起，解决在邻人之一的土地上的排水施工问题。关于这后一种诉讼，西塞罗利用昆图斯·穆丘斯·谢沃拉的论据的支持，也说到不应把雨水仅理解为来自下雨的水，而应理解为所有因下雨增加的水，还说到应求诸雨水引起了损害的要件以及存在造成损害的排水工程的要件，以得到去除此等工程的法院判决。

西塞罗的这一作品中关于海滩的定义也很著名，此等海滩的所有权属于公众。事实上，西塞罗援引了是他自己朋友的另一大法学家伽鲁斯·阿奎流斯[①]的权威，在他看来，海滩是"海浪拍打的区域"。关于公共牧场制度，其流行端赖于它不折不扣地承认共同体成员在此等牧场中放牧牲口的权利，他们是此等牧场的主人。

关于界墙的规范主要涉及其功能。第一个规范规定，任何人（在具有界墙的房屋的所有人的范围内）都可以在界墙上搭建一个实心的或镂空的工作物，并可以拆除它们，但要就拆除中可能造成的损害提供潜在损害担保，但不必对镂空的工作物引起的损害提供担保，就后一种损害必须订立一个特别的要式口约。第二个规范根据普布流斯·穆丘斯·谢沃拉[②]（昆图斯·穆丘斯的父亲）的观点，赋予保护界墙的屋顶的斜面以指明建筑物的外围的功能（……既然普布流斯·谢沃拉说，建筑物旁的空地是为遮蔽界墙而突出的屋顶下的土地……）。

关于遗赠用益权的三个规定把我们引入了死因继承领域，待会儿在论述遗赠制度时，我会在描述它们的内容时解释其缘由。而遗赠在关于遗赠客体的许多片段中（3，13－14 和 16；13，53）都讨论过了，也不乏提及遗产概念（6，29）、遗嘱和指定继承人概念（10，44）、根据遗嘱的遗产占有概念（4，18 和 11，50）。

第一个关于用益权遗赠的规范的焦点是受遗赠人与继承人之间的关

① 罗马著名法学家。昆图斯·穆丘斯·谢沃拉的学生和塞尔维尤斯·苏尔毕丘斯·路福斯的老师，担任过公元前 66 年的裁判官。——译者注

② 罗马的大祭司。——译者注

系。在房子的用益权遗留给受遗赠人,空虚所有权遗留给继承人的情形,如果房子倒塌或发生缺陷,此时的既定规则是继承人无义务重建或修复此等房屋。在被遗赠的用益权的客体是一个奴隶,而该奴隶死亡的情形,适用同样的规则。在遗赠用益权问题上的第二个规范针对一个例子:丈夫将其全部财产的用益权遗赠给妻子,其中包括装满了酒桶和油坛的酒窖和油窖。酒和油并不成为此等妻子的财产,并且,如果她想消费这些酒和油,她有义务加满她消费掉的部分,因为遗赠的客体是这些物的使用权而非处分权。第三条规范探讨某个家父的如下情形:他给其妻子留下了对一个女奴的用益权,其被指定为继承人的儿子而非替补继承人负责实现这一遗赠。如果儿子在接受遗产前死亡并被替补继承人代位,寡妇不会丧失用益权,因为遗嘱人设立的这种权利不可违背其意志地更改。

西塞罗还谈到了遗赠的客体问题,同时提到了对遗嘱人打算把哪些物包括在此等客体的范围内之意思的解释。事实上,在把所有的钱都遗赠给妻子的情形,此等钱也包括家里的全部现金,但不包括遗嘱人的债务人欠他的钱。在另一个以妻子为受益人遗赠金钱的案件中,妻子以承受夫权为条件得到这一遗赠,一旦妻子缔结了无夫权婚姻,这份遗赠就不归她。如同大家可看到的,这一规范也关系到区分有夫权婚姻和无夫权婚姻的婚姻制度,前者伴随有夫权协议;后者顾名思义,是丈夫不取得对妻子的权力的婚姻。

极有意味的是《地方论》中运用的"遗产"概念,因为似乎它反映的是一种更古(也许可归之于公元前2世纪的法学家们)并且相对于其"法定聚合物"的后续概念更窄的遗产概念。事实上,"遗产是在某人死亡之时依法移转给他人的资金",对它的持有既不通过以遗嘱做出的遗赠,也不以占有的名义。所以显然,遗产的概念被限定为只包括属于遗嘱人的金钱,而此等金钱未被作为遗赠的客体,且不是遗嘱人以某种名义持有的。

关于遗嘱,西塞罗提到了或许是未成年人的替补继承人,他在遗嘱人死亡后10个月内出生的儿子在达到适婚年龄前死亡的情形起替补作用。而关于根据遗嘱的遗产占有,西塞罗谈到了这一制度并不适用于自权妇女订立了遗嘱的情形,这就明示地确认了市民法上的遗嘱继承优先于裁判官法上的继承,并且,西塞罗还谈到,在这个女遗嘱人无遗嘱能力的情形授予她这种占有。

西塞罗的《地方论》极少提到债法和私诉方面的规定。

就债法而言，西塞罗谈到了最古老的买卖——也就是要式买卖——中的两年的追夺担保期间(4,23)；还以各种各样的名目谈到了合伙人、受托人、受信托人、监护人和代理人应履行的诚信行事的义务(10,42)。谈到了嫁资设立合同的诚信基础以及通过诚信之诉对它实施的保护(这一方面因此也属于家庭法)。谈到了合伙、委任和无因管理(17,66)，强调了这些合同中当事人债务的相互性以及法官在决定当事人的相互义务时的裁量权。谈到了脱手武器造成的有过错的身体损害。

针对诉讼制度的论述更少，除了刚才提到的诚信诉讼外，限于提到《十二表法》中当时已不再适用的规范：在拘押之诉中，有产者的保证人(他能解脱被判处执行之诉的债务人，当然是通过向债权人承担债务)必须由有产者充当，这样他才能在受判的情形承受得了双倍罚金的判决，他可能因为卷入了执行程序受此等判处。谈到了证据和证人的定义(19,73："证据是一切以某种途径从外在的物取得以达成信实的东西。然而，并非任何人都是有分量的证人，因为为了达成信实要寻求权威")。

六

刚才揭示的画面尽管破碎且不完整，还是允许我们对写作《地方论》时代有效的罗马私法以及规范渊源做某些一般性的观察。

首先令人震惊的是，在西塞罗提出的各种各样的"地方"中都混杂着现行有效的规范与已被废除的规范。被废除的规范的例子有，正如我们刚指出的，西塞罗谈到了诉讼保证人，该制度与许多其他关于最古老的法律诉讼程序的制度一起已被公元前130—120年的《艾布求斯法》[①]勾销。其他的规范是很少用或少用的残留物，例如因结婚归顺夫权的制度、族亲关系制度和公共牧场制度。另外的规范反映了一些正在变化中的制度的某些方面，西塞罗写到它们，让我们认识到了其进化过程中的一个阶段，例如，解放的最古老的形式和等同于待继承的金钱的遗产概念。

从量来看，西塞罗谈得最多的法律分支是家庭法、继承法、物法、所有

① 约公元前130年制定的法律。它规定：如果两个罗马市民商定在发生争议的情况下采用程式诉讼程序，则对于该争议不得适用法律诉讼。因此，人们认为此法律是一项司法改革法，它确立了程式诉讼的地位，并且开废除古老的法律诉讼程序之先河。——译者注

权和他物权法,但我们不能说这些法在当时的法学家活动中用得最多。毫无疑问,由于社会的重大转型导致的与家庭关系、遗嘱的效力、相邻关系、不动产所有权相关的法律关系日益增长的复杂性,应该引起数目不小的问题等待当时的法学家们解决。这样,如同大家在本文第四节看到的,特雷巴求斯·德斯塔在优士丁尼《法学阶梯》中,并在拉贝奥-雅沃伦留存在《学说汇纂》的一个片段中,就一个遗嘱问题(关于小遗嘱的)并就一个配偶间的财产权问题被提到,就不是什么偶然的事情了。

令人惊异的还有《地方论》留给债的空间之小,尤其要考虑当时(公元前1世纪末)经济的强劲发展,这就需要明确承认市场的要求和关于最古老的自给自足的农业经济的交易的要求。当然,我们不能忽视关于建立在诚信基础上的诉讼的原初特色和适用领域的重要资料,以及对诚信的表达应如何理解的重要资料,在“在好人间以好的方式行事”这样的话中,我们发现它与现代的客观诚信概念基本上是一致的,这种诚信在现代债法中的作用和意义是被普遍承认的。

此外,在有体物与无体物的区分出现之前,形成了具有深刻创新意义的法律概念,诸如对可见可触之物与不可触不可标识之物的区分。还出现了对海滩的公共所有权的范围加以限制的必要,把它限定在海浪打湿的地方。

最后到了渊源问题。要注意这方面的有些多元化的形势,其中《十二表法》采用的规范(例如关于两年的取得时效期间和追夺担保期间的规定)、通过裁判官的管辖权创立或完善的规范(例如根据遗嘱的遗产占有、诚信诉讼、排放雨水之诉、调整地界之诉)、来自于市民法的规范和来自最古的习俗的规范(例如正当的和合法的解放、公共牧场、族亲身份的要件、夫权协议)共存,尤其要注意法学家解释——也就是法学家的活动——造就的规范,例如关于遗赠的客体的规范、遗赠用益权的规范和扶养子女的规范、关于界墙的规范、关于邻人有害排放的雨水的规范、关于公共所有权界限的规范,它们的作者的名字被经常提到(普布流斯·穆丘斯·谢沃拉、昆图斯·穆丘斯·谢沃拉、塞尔维尤斯·苏尔毕丘斯·路福斯、伽鲁斯·阿奎流斯)或一般地被指称为“前人”(古代法学家)。

结论:对西塞罗的《地方论》的了解不仅对希望掌握希腊—罗马哲学思考和修辞术的基本运作机制的人是有重大意义的工具,而且也是关于法律世界的有意思的剖面:它让我们不仅得到了西塞罗在构建自己的论述时为法学家提供的资料,而且还得到了西塞罗写作时市民法达到的发展阶段的资料。

2005 年 10 月于比萨

第一部分

西塞罗《地方论》的文本与翻译

根据 Galeazzo Tissoni 编订的拉意对照本(Arnoldo Mondadori Editore,1973)使用的 H. Bornecque 编的拉丁文本(Paris,Societè d'edition Les Belles Lettres,1960)译出

Topica

I

1. Maiores nos res scribere ingressos, C. Trebati, et his libris quos brevi tempore satis multos edidimus digniores, e cursu ipso revocavit voluntas tua. Cum enim mecum in Tusculano esses et in bibliotheca separatim uterque nostrum ad suum studium libellos quos vellet evolveret, incidisti in Aristotelis Topica quaedam, quae sunt ab illo pluribus libris explicata. Qua inscriptione commotus continuo a me librorum eorum sententiam requisisti.

2. quam cum tibi euissem, disciplinam inveniendorum argumentorum, ut sine ullo errore ad ea ratione et via perveniremus, ab Aristotele inventam illis libriscontineri, verecunde tu quidem ut omnia, sed tamen facile ut cernerem te ardere studio, mecum ut tibi illa traderem egisti. Cum autem ego te non tam vitandi laboris mei causa quam quia tua id interesse arbitrarer, vel ut eos per te ipse legeres vel ut totam rationem a doctissimo quodam rhetore acciperes, hortatus essem, utrumque, ut ex te audiebam, es expertus.

3. Sed a libris te obscuritas reiecit; rhetor autem ille magnus haec, ut opinor, Aristotelia se ignorare respondit. Quod quidem minime sum admiratus eum philosophum rhetori non esse cognitum, qui ab ipsis philosophis praeter admodum paucos ignoretur; quibus eo minus ignoscendum est, quod non modo rebus eis quae ab illo dictae et inventae sunt allici debuerunt, sed dicendi quoque incredibili quadam cum copia tum etiam suavitate.

4. Non potui igitur tibi saepius hoc roganti et tamen verenti ne mihi gravis esses (facile enim id cernebam) debere diutius, ne ipsi iuris interpreti

fieri videretur iniuria. Etenim cum tu mihi meisque multa saepe scripsisses, veritus sum ne, si ego gravarer, aut ingratum id aut superbum videretur. Sed dum fuimus una, tu optimus es testis quam fuerim occupatus.

5. ut autem a te discessi in Graeciam proficiscens, cum opera mea nec res publica nec amici uterentur nec honeste interarma versari possem, ne si tuto quidem mihi id liceret, ut veni Veliam tuaque et tuos vidi, admonitus huius aeris alieni nolui deesse ne tacitae quidem flagitationi tuae. Itaque haec, cum mecum libros non haberem, memoria repetita in ipsa navigatione conscripsi tibique ex itinere misi, ut mea diligentia mandatorum tuorum te quoque, etsi admonitore non eges, ad memoriam nostrarum rerum excitarem. Sed iam tempus est ad id quod instituimus accedere.

II

6. Cum omnis ratio diligens disserendi duas habeat partis, unam inveniendi alteram iudicandi, utriusque princeps, ut mihi quidem videtur, Aristoteles fuit. Stoici autem in altera elaboraverunt; iudicandi enim vias diligenter persecuti sunt ea scientia quam διαλεμτιμήν appellant, inveniendi artem quae τοπιμή dicitur, quae et ad usum potior erat et ordine naturae certe prior, totam reliquerunt.

7. Nos autem, quoniam in utraque summa utilitas est et utramque, si erit otium, persequi cogitamus, ab ea quae prior est ordiemur. Ut igitur earum rerum quae absconditae sunt demonstrato et notato loco facilis inventio est, sic, cum pervestigare argumentum aliquod volumus, locos nosse debemus; sic enim appellatae ab Aristotele sunt eae quasi sedes, e quibus argumenta promuntur.

8. Itaque licet definire locum esse argumenti sedem, argumentum autem rationem quae rei dubiae faciat fidem. Sed ex his locis in quibus argumenta inclusa sunt, alii in eo ipso de quo agitur haerent, alii assumuntur extrinsecus. In ipso tum ex toto, tum ex partibus eius, tum ex nota, tum ex eis rebus quae quodam modo affectae sunt ad id de quo quaeritur. Extrinsecus autem ea ducuntur quae absunt longeque disiuncta sunt.

9. Sed ad id totum de quo disseritur tum definitio adhibetur, quae quasi involutum evolvit id de quo quaeritur; eius argumenti talis est formula: "Ius civile est aequitas constituta eis qui eiusdem civitatis sunt ad res suas obtinendas; eius autem aequitatis utilis cognitio est; utilis ergo est iuris civilis scientia".

10. Tum partium enumeratio, quae tractatur hoc modo: "Si neque censu nec vindicta nec testamento liber factus est, non est liber; neque ulla est earum rerum; non est igitur liber".

Tum notatio, cum ex verbi vi argumentum aliquod elicitur hoc modo: "Cum lex assiduo vindicem assiduum esse iubeat, locupletem iubet locupleti"; is est enim assiduus, ut ait L. Aelius, appellatus ab aere dando.

III

11. Ducuntur etiam argumenta ex eis rebus quae quodam modo affectae sunt ad id de quo quaeritur. Sed hoc genus in pluris partis distributum est. Nam alia coniugata appellamus, alia ex genere, alia ex forma, alia ex similitudine, alia ex differentia, alia ex contrario, alia ex adiunctis, alia ex antecedentibus, alia ex consequentibus, alia ex repugnantibus, alia ex causis, alia ex effectis, alia ex comparatione maiorum aut parium aut minorum.

12. Coniugata dicuntur quae sunt ex verbis generis eiusdem. Eiusdem autem generis verba sunt quae orta ab uno varie commutantur, ut sapiens sapienter sapientia. Haec verborum coniugatio graece συζυγία dicitur, ex qua huius modi est argumentum: "Si compascuus ager est, ius est compascere".

13. A genere sic ducitur: "Quoniam argentum omne mulieri legatum est, non potest ea pecunia quae numerata domi relicta est non esse legata; forma enim a genere, quoad suum nomen retinet, nunquam seiungitur, numerata autem pecunia nomen argenti retinet; legata igitur videtur".

14. A forma generis, quam interdum, quo planius accipiatur, partem licet nominare hoc modo: "Si ita Fabiae pecunia legataest a viro, si ei viro materfamilias esset; si ea in manum non convenerat, nihil debetur. Genus enim est uxor; eius duae formae: una matrumfamilias, [eae sunt, quae in manum convenerunt]; altera earum, quae tantum modo uxores habentur. Qua in parte

cum fuerit Fabia, legatum ei non videtur".

15. A similitudine hoc modo: "Si aedes eae corruerunt vitiumve faciunt quarum usus fructus legatus est, heres restituere non debet nec reficere, non magis quam servum restituere, si is cuius usus fructus legatus esset deperisset".

16. A differentia: "Non, si uxori vir legavit argentum omne quod suum esset, idcirco quae in nominibus fuerunt legata sunt. Multum enim differt in arcane positum sit argentum an in tabulis [debeatur]".

17. Ex contrario autem sic: "Non debet ea mulier cui vir bonorum suorum usum fructum legavit cellis vinariis et oleariis plenis relictis, putare id ad se pertinere. Usus enim, non abusus, legatus est. [Ea sunt inter se contraria]".

IV

18. Ab adiunctis: "Si ea mulier testamentum fecit quae se capite nunquam deminuit, non videtur ex edicto praetoris secundum eas tabulas possessio dari". Adiungitur enim, ut secundum servorum, secundum exsulum, secundum puerorum tabulas possessio videatur ex edicto dari.

19. Ab antecedentibus autem et consequentibus et repugnantibus hoc modo; ab antecedentibus: "Si viri culpa factum est divortium, etsi mulier nuntium remisit, tamen pro liberis manere nihil oportet".

20. A consequentibus: "Si mulier, cum fuisset nupta cum eo quicum conubium non esset, nuntium remisit; quoniam qui nati sunt patrem non sequuntur, pro liberis manere nihil oportet".

21. A repugnantibus: "Si paterfamilias uxori ancillarum usum fructum legavit a filio neque a secundo herede legavit, mortuo filio mulier usum fructum non amittet. Quod enim semel testamento alicui datum est, id ab eo invito cui datum est auferri non potest". Repugnat enim recte accipere et invitum reddere.

22. Ab efficientibus rebus hoc modo: "Omnibus est ius parietem directum ad parietem communem adiungere vel solidum vel fornicatum. Sed qui in pariete communi demoliendo damni infecti promiserit, non debebit

praestare quod fornix viti fecerit". Non enim eius vitio qui demolitus est damnum factum est, sed eius operis vitio quod ita aedificatum est ut suspendi non posset.

23. Ab effectis rebus hoc modo: "Cum mulier viro in manum convenit, omnia quae mulieris fuerunt viri fiunt dotis nomine".

Ex comparatione autem omnia valent quae sunt huius modi: Quod in re maiore valet valeat in minore, ut "si in urbe fines non reguntur, nec aqua in urbe arceatur". Item contra: Quod in minore valet, valeat in maiore. Licet idem exemplum convertere. Item: Quod in re pari valet valeat in hac quae par est; ut: Quoniam usus auctoritas fundi biennium est, sit etiam aedium. At in lege aedes non appellantur et sunt ceterarum rerum omnium quarum annuus est usus. Valeat aequitas, quae paribus in causis paria iura desiderat.

24. Quae autem assumuntur extrinsecus, ea maxime ex auctoritate ducuntur. Itaque Graeci talis argumentations α'τε΄χνους vocant, id est artis expertis, ut si ita respondeas: Quoniam P. Scaevola id solum esse ambitus aedium dixerit, quod parietis communis tegendi causa tectum proiceretur, ex quo tecto in eius aedis qui protexisset aqua deflueret, id ambitus videri.

25. His igitur locis qui sunt eiti ad omne argumentum reperiendum tamquam elementis quibusdam significatio et demonstratio [ad reperiendum] datur. Utrum igitur hactenus satis est? Tibi quidem tam acuto et tam occupato puto.

V

Sed quoniam avidum hominem ad has discendi epulas recepi, sic accipiam, ut reliquiarum sit potius aliquid quam te hinc patiar non satiatum discedere.

26. Quando ergo unus quisque eorum locorum quos eui sua quaedam habet membra, ea quam subtilissime persequamur.

Et primum de ipsa definitione dicatur. Definitio est oratio quae id quod definitur explicat quid sit. Definitionum autem duo genera prima: unum earum rerum quae sunt, alterum earum quae intelleguntur.

27. Esse ea dico quae cerni tangique possunt, ut fundum aedes, parietem stillicidium, mancipium pecudem, supellectilem penus et cetera; quo ex genere quaedam interdum vobis definienda sunt.

Non esse rursus ea dico quae tangi demonstrarive non possunt, cerni tamen animo atque intellegi possunt, ut si usus capionem, si tutelam, si gentem, si agnationem definias, quarum rerum nullum subest [quasi] corpus, est tamen quaedam conformatio insignita et impressa intellegentia, quam notionem voco.

Ea saepe in argumentando definitione explicanda est.

28. Atque etiam definitiones aliae sunt partitionum aliae divisionum; partitionum, cum res ea quae proposita est quasi in membra discerpitur, ut si quis ius civile dicat id esse quod in legibus, senatus consultis, rebus iudicatis, iuris peritorum auctoritate, edictis magistratuum, more, aequitate consistat.

Divisionum autem definitio formas omnis complectitur quae sub eo genere sunt quod definitur hoc modo: Abalienatio est eius rei quae mancipi est aut traditio alteri nexu aut in iure cessio inter quos ea iure civili fieri possunt.

VI

Sunt etiam alia genera definitionum, sed ad huius libri institutum illa nihil pertinent; tantum est dicendum qui sit definitionis modus.

29. Sic igitur veteres praecipiunt: cum sumpseris ea quae sint ei rei quam definire velis cum aliis communia, usque eo persequi, dum proprium efficiatur, quod nullam in aliam rem transferri possit. Ut haec: "Hereditas est pecunia". Commune adhuc; multa enim genera pecuniae. Adde quod sequitur: "quae morte alicuius ad quempiam pervenit". Nondum est definitio; multis enim modis sine hereditate teneri pecuniae mortuorum possunt. Unum adde verbum: "iure"; iam a communitate res diiuncta videbitur, ut sit explicata definitio sic:" Hereditas est pecunia quae morte alicuius ad quempiam pervenit iure". Nondum est satis; adde: "nec ea aut legata testamento aut possessione retenta"; confectum est.

Itemque [ut illud]:" Gentiles sunt inter se qui eodem nomine sunt". Non est satis. "Qui ab ingenuis oriundi sunt". Ne id quidem satis est. "Quorum maiorum nemo servitutem servivit". Abest etiam nunc. "Qui capite non sunt deminuti". Hoc fortasse satis est. Nihil enim video Scaevolam pontificem ad hanc definitionem addidisse.

Atque haec ratio valet in utroque genere definitionum, sive id quod est, sive id quod intellegitur definiendum est.

30. Partitionum [autem] et divisionum genus quale esset ostendimus, sed quid inter se differant planius dicendum est. In partitione quasi membra sunt, ut corporis, caput, umeri, manus, latera, crura, pedes et cetera.

VII

In divisione formae, quas Greci ε'ἴδη vocant, nostri, si qui haec forte tractant, species appellant, non pessime id quidem sed inutiliter ad mutandos casus in dicendo. Nolim enim, ne si Latine quidem dici possit, specierum et speciebus dicere; et saepe his casibus utendum est; at formis et formarum velim. Cum autem utroque verbo idem significetur, commoditatem in dicendo non arbitror neglegendam.

31. Genus et formam definiunt hoc modo: Genus est notio ad pluris differentias pertinens; forma est notio cuius differentia ad caput generis et quasi fontem referri potest. Notionem appello quod Graeci tum 'ἔννοιαν tum πρόληφιν. Ea est insita et ante percepta cuiusque cognitio enodationis indigens. Formae sunt igitur eae in quas genus sine ullius praetermissione dividitur; ut si quis ius in legem, morem, aequitatem dividat. Formas qui putat idem esse quod partis, confundit artem et similitudine quadam conturbatus non satis acute quae sunt secernenda distinguit.

Saepe etiam definiunt et oratores et poetae per translationem verbi ex similitudine cum aliqua suavitate.

32. Sed ego a vestris exemplis nisi necessario non recedam. Solebat igitur Aquilius collega et familiaris meus, cum de litoribus ageretur, quae omnia publica esse vultis, quaerentibus eis quos ad id pertinebat, quid esset litus, ita definire, "qua fluctus eluderet"; hoc est, quasi qui adulescentiam florem aetatis, senectutem occasum vitae velit definire; translatione enim utens

discedebat a verbis propriis rerum ac suis. Quod ad definitiones attinet, hactenus; reliqua videamus.

VIII

33. Partitione tum sic utendum est, nullam ut partem relinquas; ut, si partiri velis tutelas, inscienter facias, si ullam praetermittas. At si stipulationum aut iudiciorum formulas partiare, non est vitiosum in re infinita praetermittere aliquid. Quod idem in divisione vitiosum est. Formarum enim certus est numerus quae cuique generi subiciantur; partium distributio saepe est infinitior, tamquam rivorum a fonte diductio.

34. Itaque in oratoriis artibus quaestionis genere proposito, quot eius formae sint, subiungitur absolute. At cum de ornamentis verborum sententiarumve praecipitur, quae vocant σχήματα non fit idem. Res est enim infinitior; ut ex hoc quoque intellegatur quid velimus inter partitionem et divisionem interesse. Quamquam enim vocabula prope idem valere videbantur, tamen quia res differebant, nomina rerum distare voluerunt.

35. Multa etiam ex notatione sumuntur. Ea est autem, cum ex vi nominis argumentum elicitur; quam Graeci ’ετνμολογίαν appellant, id est verbum ex verbo veriloquium.

Nos autem novitatem verbi non satis apti fugientes genus hoc notationem appellamus, quia sunt verba rerum notae. Itaque hoc quidem Aristoteles σ́νμβολον appellat, quod Latine est nota. Sed cum intellegitur quid significetur, minus laborandum est de nomine.

36. Multa igitur in disputando notatione eliciuntur ex verbo, ut cum quaeritur postliminium quid sit (non dico quae sint postlimini; nam id caderet in divisionem, quae talis est: Postliminio redeunt haec: homo, navis, mulus clitellarius, equus, equa quae frenos recipere solet); sed cum ipsius postlimini vis quaeritur et verbum ipsum notatur; in quo Servius noster, ut opinor, nihil putat esse notandum nisi post, et liminium illud productionem esse verbi vult, ut in finitimo, legitimo, aeditimo non plus inesse timum quam in meditullio tullium.

37. Scaevola autem P. F. iunctum putat esse verbum, ut sit in eo et post et limen; ut, quae a nobis alienata, cum ad hostem pervenerint, ex suo tamquam limine exierint, hinc ea cum redierint post ad idem limen, postliminio redisse videantur.

Quo genere etiam Mancini causa defendi potest, postliminio redisse; deditum non esse, quoniam non sit receptus; nam neque deditionem neque donationem sine acceptione intellegi posse.

IX

38. Sequituris locus qui constat ex eis rebus quae quodam modo adfectae sunt ad id de quo ambigitur; quem modo dixi in plures partes distributum. Cuius est primus locus ex coniugatione, quam Graeci σνζνγίαν vocant, finitimus notationi, de qua modo dictum est; ut, si aquam pluviam eam modo intellegeremus quam imbri collectam videremus, veniret Mucius, qui, quia coniugata verba essent pluvia et pluendo, diceret omnem aquam oportere arceri quae pluendo crevisset.

39. Cum autem a genere ducetur argumentum, non erit necesse id usque a capite arcessere. Saepe etiam citra licet, dum modo supra sit quod sumitur, quam id ad quod sumitur; ut aqua pluvia ultimo genere ea est quae de caelo veniens crescit imbri, sed propiore, in quo quasi ius arcendi continetur, [genus est aqua pluvia] nocens: eius generis formae loci vitio et manu nocens, quarum altera iubetur ab arbitro coerceri altera non iubetur.

40. Commode etiam tractatur haec argumentatio quae ex genere sumitur, cum ex toto partis persequare hoc modo: Si dolus malus est, cum aliud agitur aliud simulatur, enumerare licet quibus id modis fiat, deinde in eorum aliquem id quod arguas dolo malo factum includere; quod genus argumenti in primis firmum videri solet.

X

41. Similitudo sequitur, quae late patet, sed oratoribus et philosophis magis quam vobis. Etsi enim omnes loci sunt omnium disputationum ad argumenta suppeditanda, tamen aliis disputationibus abundantius occurrunt

aliis angustius. Itaque genera tibi nota sint; ubi autem eis utare, quaestiones ipsae te admonebunt.

42. Sunt enim similitudines quae ex pluribus collationibus perveniunt quo volunt hoc modo: Si tutor fidem praestare debet, si socius, si cui mandaris, si qui fiduciam acceperit, debet etiam procurator. Haec ex pluribus perveniens quo vult appellatur inductio, quae Graece 'επαγωγή nominatur, qua plurimum est usus in sermonibus Socrates.

43. Alterum similitudinis genus collatione sumitur, cum una res uni, par pari comparatur hoc modo: Quem ad modum, si in urbe de finibus controversia est, quia fines magis agrorum videntur esse quam urbis, finibus regendis adigere arbitrum non possis, sic, si aqua pluvia in urbe nocet, quoniam res tota magis agrorum est, aquae pluviae arcendae adigere arbitrum non possis.

44. Ex eodem similitudinis loco etiam exempla sumuntur, ut Crassus in causa Curiana exemplis plurimis usus est, [qui testamento sic heredes instituti, ut, si filius natus esset in decem mensibus isque mortuus prius quam in suam tutelam venisset, hereditatem obtinuissent]. Quae commemoratio exemplorum valuit, eaque vos in respondendo uti multum soletis.

45. Ficta enim exempla similitudinis habent vim; sed ea oratoria magis sunt quam vestra; quamquam uti etiam vos soletis, sed hoc modo: Finge mancipio aliquem dedisse id quod mancipio dari non potest. Num idcirco id eius factum est qui accepit? aut num is qui mancipio dedit ob eam rem se ulla re obligavit? In hoc genere oratoribus et philosophis concessum est, ut muta etiam loquantur, ut mortui ab inferis excitentur, ut aliquid quod fieri nullo modo possit augendae rei gratia dicatur aut minuendae, quae ' νπερβολή dicitur, multa alia mirabilia. Sed latior est campus illorum. Eisdem tamen ex locis, ut ante dixi, et [in] maximis et minimis [in] quaestionibus argumenta ducuntur.

XI

46. Sequitur similitudinem differentia rei maxime contraria superiori; sed est eiusdem dissimile et simile invenire. Eius generis haec sunt: Non, quem ad

modum quod mulieri debeas, recte ipsi mulieri sine tutore auctore solvas, item, quod pupillo aut pupillae debeas, recte possis eodem modo solvere.

47. Deinceps locus est qui e contrario dicitur. Contrariorum autem genera plura; unum eorum quae in eodem genere plurimum differunt, ut sapientia stultitia. Eodem autem genere dicuntur quibus propositis occurrunt tamquam e regione quaedam contraria, ut celeritati tarditas, non debilitas. Ex quibus contrariis argumenta talia existunt: Si stultitiam fugimus, sapientiam sequamur, et bonitatem si malitiam. Haec quae ex eodem genere contraria sunt appellantur adversa.

48. Sunt enim alia contraria, quae privantia licet appellemus Latine, Graeci appellant στερητιμά. Praeposito enim "in" privatur verbum ea vi quam haberet si "in" praepositum non fuisset, dignitas indignitas, humanitas inhumanitas, et cetera generis eiusdem, quorum tractactio est eadem quae superiorum quae adversa dixi.

49. Nam alia quoque sunt contrariorum genera, velut ea quae cum aliquo conferuntur, ut duplum simplum, multa pauca, longum breve, maius minus. Sunt etiam illa valde contraria quae appellantur negantia; ea α'ποφατιμά Graece, contraria aientibus: Si hoc est, illud non est. Quid enim opus exemplo est? Tantum intellegatur, in argumento quaerendo contrariis omnibus contraria non convenire.

50. Ab adiunctis autem posui equidem exemplum paulo ante, multa adiungi, quae suscipienda essent si statuissemus ex edicto secundum eas tabulas possessionem dari, quas is instituisset cui testamenti factio nulla esset. Sed locus hic magis ad coniecturales causas, quae versantur in iudiciis, valet, cum quaeritur quid aut sit aut evenerit aut futurum sit aut quid omnino fieri possit. Ac loci quidem ipsius forma talis est.

XII

51. Admonet autem hic locus, ut quaeratur quid ante rem, quid cum re, quid post rem evenerit. "Nihil hoc ad ius; ad Ciceronem," inquiebat Gallus noster, si quis ad eum quid tale rettulerat, ut de facto quaereretur. Tu tamen patiere nullum a me artis institutae locum praeteriri; ne, si nihil nisi quod ad

te pertineat scribendum putabis, nimium te amare videare. Est igitur magna ex parte locus hic oratorius non modo non iuris consultorum, sed ne philosophorum quidem.

52. Ante rem enim quaeruntur quae talia sunt: apparatus, colloquia, locus, constitutum, convivium; cum re autem: pedum crepitus, [strepitus hominum], corporum umbrae et si quid eius modi; at post rem: pallor, rubor, titubatio, si qua alia signa conturbationis et conscientiae, praeterea restinctus ignis, gladius cruentus ceteraque quae suspicionem facti possunt movere.

53. Deinceps est locus dialecticorum proprius ex consequentibus et antecedentibus et repugnantibus. Nam coniuncta, de quibus paulo ante dictum est, non semper eveniunt; consequentia autem semper.

Ea enim dico consequentia quae rem necessario consequuntur; itemque et antecedentia et repugnantia.

Quidquid enim sequitur quamque rem, id cohaeret cum re necessario; et quidquid repugnat, ideius modi est ut cohaerere numquam possit.

XIII

Cum tripertito igitur distribuatur locus hic, in consecutionem, antecessionem, repugnantiam, reperiendi argumenti locus simplex est, tractandi triplex. Nam quid interest, cum hoc sumpseris, pecuniam numeratam mulieri deberi cui sit argentum omne legatum, utrum hoc modo concludas argumentum: "Si pecunia signata argentum est, legata est mulieri. Est autem pecunia signata argentum. Legata igitur est"; an illo modo: "Si numerata pecunia non est legata, non est numerata pecunia argentum. Est autem numerata pecunia argentum; legata igitur est"; an illo modo: "Non et legatum argentum est et non est legata numerata pecunia. Legatum autem argentum est; legata igitur numerata pecunia est"?

54. Appellant autem dialectici eam conclusionem argumenti, in qua, cum primum assumpseris, consequitur id quod annexum est primum conclusionis modum; cum id quod annexum est negaris, ut id quoque cui fuerit annexum negandum sit, secundus is appellatur concludendi modus; cum autem aliqua coniuncta negaris et ex eis unum aut plura sumpseris, ut quod relinquitur

tollendum sit, is tertius appellatur conclusionis modus.

55. Ex hoc illa rhetorum ex contrariis conclusa, quae ipsi ε'νθυμήματα appellant; non quod omnis sententia proprio nominee ε'νθυμημα non dicatur, sed, ut Homerus propter excellentiam commune poetarum nomen efficit apud Graecos suum, sic, cum omnis sententia ε'νθυμημα dicatur, quia videtur ea quae ex contrariis conficitur acutissima, sola proprie nomen commune possedit. Eius generis haec sunt:

Hoc metuere, alterum in metu non ponere!
eam quam nihil accusas damnas,
bene quam meritam esse autumas dicis male merere?
id quod scis prodest nihil; id quod nescis obest?

XIV

56. Hoc disserendi genus attingit omnino vestras quoque in respondendo disputationes, sed philosophorum magis, quibus est cum oratoribus illa ex repugnantibus sententiis communis conclusio [quae a dialecticis tertius modus, a rhetoribus ε' νθυμημα dicitur].

Reliqui dialecticorum modi plures sunt, qui ex disiunctionibus constant: "Aut hoc aut illud; hoc autem; non igitur illud". Itemque: "Aut hoc aut illud; non autem hoc; illud igitur". Quae conclusiones idcirco ratae sunt quod in disiunctione plus uno verum esse non potest.

57. Atque ex eis conclusionibus quas supra scripsi prior quartus posterior quintus a dialecticis modus appellatur. Deinde addunt coniunctionum negantiam sic:" Non et hoc et illud; hoc autem; non igitur illud". Hic modus est sextus. Septimus autem:" Non et hoc et illud; non autem hoc; illud igitur". Ex eis modis conclusiones innumerabiles nascuntur, in quo est tota fere διαλεμτιμή. Sed ne hae quidem quas eui ad hanc institutionem necessariae.

58. Proximus est locus rerum efficientium, quae causae appellantur; deinde rerum effectarum ab efficientibus causis. Harum exempla, ut reliquorum

locorum, paulo ante posui equidem ex iure civili; sed haec patent latius.

XV

Causarum [igtur] enim genera duo sunt; unum, quod vi sua id quod sub eam vim subiectum est certe efficit, ut: Ignis accendit; alterum, quod naturam efficiendi non habet sed sine quo effici non possit, ut si quis aes statuae causam velit dicere, quod sine eo non possit effici.

59. Huius generis causarum, sine quo non efficitur, alia sunt quieta, nihil agentia, stolida quodam modo, ut locus, tempus, materia, ferramenta, et cetera generis eiusdem; alia autem praecursionem quandam adhibent ad efficiendum et quaedam afferunt per se adiuvantia, etsi non necessaria, ut: "Amori congressio causam attulerat, amor flagitio".

Ex hoc genere causarum ex aeternitate pendentium fatum a Stoicis nectitur. Atque ut earum causarum sine quibus effici non potest genera divisi, sic etiam efficientium dividi possunt. Sunt enim aliae causae quae plane efficiant nulla re adiuvante, aliae quae adiuvari velint, ut: Sapientia efficit sapientis sola per se; beatos efficiat necne sola per sese quaestio est.

60. Qua re cum in disputationem inciderit causa efficiens aliquid necessario, sine dubitatione licebit quod efficitur ab ea causa concludere.

XVI

Cum autem erit talis causa, ut in ea non sit efficiendi necessitas, necessaria conclusio non sequitur. Atque illud quidem genus causarum quod habet vim efficiendi necessariam errorem afferre non fere solet; hoc autem sine quo non efficitur saepe conturbat. Non enim, si sine parentibus filii esse non possunt, propterea in parentibus causa fuit gignendi necessaria.

61. Hoc igitur sine quo non fit, ab eo in quo certe fit diligenter est separandum. Illud enim est tamquam: "utinam ne in nemore Pelio". Nisi enim "accedissent abiegnae ad terram trabes," Argo illa facta non esset, nec tamen fuit in his trabibus efficiendi vis necessaria. At cum in Aiacis navim "crispisulcans igneum fulmen" iniectum est, inflammatur navis necessario.

62. Atque etiam est causarum dissimilitudo, quod aliae sunt, ut sine ulla

appetitione animi, sine voluntate, sine opinione suum quasi opus efficiant, vel ut omne intereat quod ortum sit; aliae autem aut voluntate efficiunt aut perturbatione animi aut habitu aut natura aut arte aut casu: voluntate, ut tu, cum hunc libellum legis; perturbatione, ut si quis eventum horum temporum timeat; habitu, ut qui facile et cito irascitur; natura, ut vitium in dies crescat; arte, ut bene pingat; casu, ut prospere naviget. Nihil horum sine causa nec quidquam omnino; sed huius modi causae non necessariae.

63. Omnium autem causarum in aliis inest constantia, in aliis non inest. In natura et in arte constantia est, in ceteris nulla.

XVII

Sed tamen earum causarum quae non sunt constantes aliae sunt perspicuae, aliae latent. Perspicuae sunt quae appetitionem animi iudiciumque tangunt; latent quae subiectae sunt fortunae. Cum enim nihil sine causa fiat, hoc ipsum est fortuna, qui eventus obscura causa et latenter efficitur. Etiam ea quae fiunt partim sunt ignorata partim voluntaria; ignorata, quae necessitate effecta sunt; voluntaria, quae consilio.

64. [quae autem fortuna, vel ignorata vel voluntaria] Nam iacere telum voluntatis est, ferire quem nolueris fortunae. Ex quo aries subicitur ille in vestris actionibus: "Si telum manu fugit magis quam iecit". Cadunt etiam in ignorationem atque imprudentiam perturbationes animi; quae quamquam sunt voluntariae (obiurgatione enim et admonitione deiciuntur) tamen habent tantos motus, ut ea quae voluntaria sunt aut necessaria interdum aut certe ignorata videantur.

65. Toto igitur loco causarum explicato, ex earum differentia in magnis quidem causis vel oratorum vel philosophorum magna argumentorum suppetit copia; in vestris autem si non uberior, at fortasse subtilior. Privata enim iudicia maximarum quidem rerum in iuris consultorum mihi videntur esse prudentia. Nam et adsunt multum et adhibentur in consilia et patronis diligentibus ad eorum prudentiam confugientibus hastas ministrant.

66. In omnibus igitur eis iudiciis, in quibus "ex fide bona" est additum, ubi [vero] etiam ut "inter bonos bene agier" oportet, in primisque in arbitrio

rei uxoriae, in quo est quod eius "aequius melius", parati eis esse debent. Illi dolum malum, illi fidem bonam, illi aequum bonum, illi quid socium socio, quid eum qui negotia aliena curasset ei cuius ea negotia fuissent, quid eum qui mandasset, eumve cui mandatum esset, alterum alteri praestare oporteret, quid virum uxori, quid uxorem viro tradiderunt. Licebit igitur diligenter argumentorum cognitis locis non modo oratoribus et philosophis, sed iuris etiam peritis copiose de consultationibus suis disputare.

XVIII

67. Coniunctus huic causarum loco ille locus est qui efficitur ex causis. Ut enim causa quid sit effectum indicat, sic quod effectum est quae fuerit causa demonstrat. Hic locus suppeditare solet oratoribus et poetis, saepe etiam philosophis, sed eis qui ornate et copiose loqui possunt, mirabilem copiam dicendi, cum denuntiant quid ex quaque re sit futurum. Causarum enim cognitio cognitionem eventorum facit.

68. Reliquus est comparationis locus, cuius genus et exemplum supra positum est ut ceterorum; nunc explicanda tractatio est. Comparantur igitur ea quae aut maiora aut minora aut paria dicuntur; in quibus spectantur haec: numerus, species, vis, quaedam etiam ad res aliquas affectio.

69. Numero sic comparabuntur, plura bona ut paucioribus bonis anteponantur, pauciora mala malis pluribus, diuturniora bona brevioribus, longe et late pervagata angustis, ex quibus plura bona propagentur quaeque plures imitentur et faciant.

Specie autem comparantur, ut anteponantur quae propter se expetenda sunt eis quae propter aliud et ut innata atque insita assumptis atque adventiciis, integra contaminatis, iucunda minus iucundis, honesta ipsis etiam utilibus, proclivia laboriosis, necessaria non necessariis, sua alienis, rara vulgaribus, desiderabilia eis quibus facile carere possis, perfecta incohatis, tota partibus, ratione utentia rationis expertibus, voluntaria necessariis, animata inanimis, naturalia non naturalibus, artifici osa non artificiosis.

70. Vis autem in comparatione sic cernitur: efficiens causa gravior quam non efficiens; quae se ipsis contenta sunt meliora quam quae egent aliis; quae

in nostra quam quae in aliorum potestate sunt;stabilia incertis;quae eripi non possunt eis quae possunt.

Affectio autem ad res aliquas est huius modi:principum commoda maiora quam reliquorum; itemque quae iucundiora, quae pluribus probata, quae ab optimo quoque laudata.

Atque ut haecin comparatione meliora, sic deteriora quae eis sunt contraria.

71. Parium autem comparatio nec elationem habet nec summissionem;est enim aequalis. Multa autem sunt quae aequalitate ipsa comparantur;quae ita fere concluduntur:Si consilio iuvare cives et auxilio aequa in laude ponendum est,pari gloria debent esse ei qui consulunt et ei qui defendunt; at quod primum,est;quod sequitur igitur.

Perfecta est omnis argumentorum inveniendorum praeceptio, ut, cum profectus sis a definitione, a partitione, anotatione, a coniugatis, a genere, a formis, a similitudine, a differentia, a contrariis, ab adiunctis, a consequentibus, ab antecedentibus, a repugnantibus, a causis, ab effectis, a comparatione maiorum, minorum, parium, nulla praeterea sedes argumenti quaerenda sit.

XIX

72. Sed quoniam ita a principio divisimus,ut alios locos diceremus in eo ipso de quo ambigitur haerere, de quibus satis est dictum, alios assumi extrinsecus, de eis pauca dicamus, etsi ea nihil omnino ad vestras disputationes pertinent; sed tamen totam rem efficiamus, quandoquidem coepimus. Neque enim tu is es quem nihil nisi ius civile delectet,et quoniam haec ita ad te scribuntur ut etiam in aliorum manus sint ventura,detur opera, ut quam plurimum eis quos recta studia delectant prodesse possimus.

73. Haec ergo argumentatio, quae dicitur artis expers, in testimonio posita est. Testimonium autem nunc dicimus omne quod ab aliqua re externa sumitur ad faciendam fidem. Persona autem non qualiscumque est testimoni pondus habet;ad fidem enim faciendam auctoritas quaeritur;sed auctoritatem aut natura aut tempus affert. Naturae auctoritas in virtute inest maxima; in

tempore autem multa sunt quae afferant auctoritatem: ingenium, opes, aetas, fortuna, ars, usus, necessitas, concursio etiam non numquam rerum fortuitarum. Nam et ingeniosos et opulentos et aetatis spatio probatos dignos quibus credatur putant; non recte fortasse, sed vulgi opinio mutari vix potest ad eamque omnia dirigunt et qui iudicant et qui existimant. Qui enim rebus his quas dixi excellunt, ipsa virtute videntur excellere.

74. Sed reliquis quoque rebus quas modo enumeravi quamquam in his nulla species virtutis est, tamen interdum confirmatur fides, si aut ars quaedam adhibetur (magna est enim vis ad persuadendum scientiae) aut usus; (plerumque enim creditur eis qui experti sunt).

XX

Facit etiam necessitas fidem, quae tum a corporibus tum ab animis nascitur. Nam et verberibus, tormentis, igni fatigati quae dicunt ea videtur veritas ipsa dicere, et quae perturbationibus animi, dolore, cupiditate, iracundia, metu, qui necessitatis vim habent, afferunt auctoritatem et fidem.

75. Cuius generis etiam illa sunt ex quibus verum nonnunquam invenitur, pueritia, somnus, imprudentia, vinolentia, insania. Nam et parvi saepe indicaverunt aliquid, quo id pertineret ignari, et per somnum, vinum, insaniam multa saepe patefacta sunt. Multi etiam in res odiosas imprudenter inciderunt, ut Staieno nuper accidit, qui ea locutus est bonis viris subauscultantibus pariete interposito, quibus patefactis in iudiciumque prolatis ille rei capitalis iure damnatus est. [Huic simile quiddam de Lacedaemonio Pausania accepimus].

76. Concursio autem fortuitorum talis est, ut si interventum est casu, cum aut ageretur aliquid quod proferendum non esset, aut diceretur. In hoc genere etiam illa est in Palamedem coniecta suspicionum proditionis multitudo; quod genus refutare interdum veritas vix potest. Huius etiam est generis fama vulgi, quoddam multitudinis testimonium.

Quae autem virtute fidem faciunt ea bipertita sunt; ex quibus alterum natura valet alterum industria. Deorum enim virtus natura excellit, hominum autem industria.

77. Divina haec fere sunt testimonia: primum orationis (oracula enim ex eo ipso appellata sunt, quod inest in his deorum oratio); deinde rerum, in quibus insunt quasi quaedam opera divina: primum ipse mundus eiusque omnis ordo et ornatus; deinceps aerii volatus avium atque cantus; deinde eiusdem aeris sonitus et ardores multarumque rerum in terra portenta atque etiam per exta inventa praesensio; a dormientibus quoque multa significata visis. Quibus ex locis sumi interdum solent ad fidem faciendam testimonia deorum.

78. In homine virtutis opinio valet plurimum. Opinio est autem non modo eos virtutem habere qui habeant, sed eos etiam qui habere videantur. Itaque quos ingenio, quos studio, quos doctrina praeditos vident quorumque vitam constantem et probatam, ut Catonis, Laeli, Scipionis, aliorumque plurium, rentur eos esse qualis se ipsi velint; nec solum eos censent esse talis qui in honoribus populi reque publica versantur, sed et oratores et philosophos et poetas et historicos, ex quorum et dictis et scriptis saepe auctoritas petitur ad faciendam fidem.

XXI

79. Eitis omnibus argumentandi locis illud primumintellegendum est nec ullam esse disputationem in qua non aliquis locus incurrat, nec fere omnis locos incidere in omnem quaestionem et quibusdam quaestionibus alios, quibusdam alios esse aptiores locos.

Quaestionum duo genera sunt: alterum infinitum, definitum alterum. Definitum est quod ‘ υπόθεσιν Graeci, nos causam; infinitum quod θέσιν illi appellant, nos propositum possumus nominare.

80. Causa certis personis, locis, temporibus, actionibus, negotiis cernitur aut in omnibus aut in plerisque eorum, propositum autem aut in aliquo eorum aut in pluribus nec tamen in maximis. Itaque propositum pars est causae. Sed omnis quaestio earum aliqua de re est quibus causae continentur, aut una aut pluribus aut nonnunquam omnibus.

81. Quaestionum autem, quacumque de re, sunt duo genera [sunt]:

unum cognitionis alterum actionis.

82. Cognitionis sunt eae quarum est finis scientia, ut si quaeratur a naturane ius profectum sit an ab aliqua quasi condicione hominum et pactione. Actionis autem huius modi exempla sunt: Sitne sapientis ad rem publicam accedere.

Cognitionis quaestiones tripertitae sunt; aut sitne aut quid sit aut quale sit quaeritur. Horum primum coniectura, secundum definitione, tertium iuris et iniuriae distinctione explicatur.

Coniecturae ratio in quattuor partes distributa est, quarum una est cum quaeritur sitne aliquid; altera unde ortum sit; tertia quae id causa effecerit; quarta in qua de commutatione rei quaeritur. Sitne [necne] sic: ecquidnam sit honestum, ecquid aequum re vera; an haec tantum in opinione sint. Unde autem sit ortum: ut cum quaeritur, natura an doctrina possit effici virtus. Causa autem efficiens sic quaeritur, quibus rebus eloquentia efficiatur. De commutatione sic: possitne eloquentia commutatione aliqua converti in infantiam.

XXII

83. Cum autem quid sit quaeritur, notio explicanda est et proprietas et divisio et partitio. Haec enim sunt definitioni attributa; additur etiam descriptio, quam χαραμτή ρα Graeci vocant. Notio sic quaeritur: sitne id aequum quod ei qui plus potest utile est. Proprietas sic: in hominemne solum cadat an etiam in beluas aegritudo. Divisio et eodem pacto partitio sic: triane genera bonorum sint. Descriptio, qualis sit avarus, qualis [sit] adsentator ceteraque eiusdem generis, in quibus et natura et vita describitur.

84. Cum autem quaeritur quale quid sit, aut simpliciter quaeritur aut comparate; simpliciter: Expetendane sit gloria; comparate: Praeponendane sit divitiis gloria. Simplicium tria genera sunt: de expetendo fugiendoque, de aequo et iniquo, de honesto et turpi. Comparationum autem duo: unum de eodem et alio, alterum de maiore et minore. De expetendo et fugiendo huius modi: Si expetendae divitiae, si fugienda paupertas. De aequo et iniquo:

Aequumne sit ulcisci a quocumque iniuriam acceperis. De honesto et turpi: Honestumne sit pro patria mori?

85. Ex altero autem genere, quod erat bipertitum, unum est de eodem et alio: Quidintersit inter amicum et adsentatorem, regem et tyrannum; alterum de maiore et minore, ut si quaeratur eloquentiane pluris sit an iuris civilis scientia. De cognitionis quaestionibus hactenus.

86. Actionis reliquae sunt, quarum duo genera: unum ad officium, alterum ad motum animi vel gignendum vel sedandum planeve tollendum. Ad officium sic, ut cum quaeritur suscipiendine sint liberi. Ad movendos animos cohortationes ad defendendam rem publicam, ad laudem, ad gloriam; quo ex genere sunt querellae, incitationes, miserationesque flebiles; rursusque oratio tum iracundiam restinguens, tum metum eripiens, tum exsultantem laetitiam comprimens, tum aegritudinem abstergens. Haec cum in propositi quaestionibus genera sint, eadem in causas transferuntur.

XXIII

87. Loci autem qui ad quasque quaestiones accommodati sint deinceps est videndum. Omnes illi quidem ad plerasque, sed alii ad alias, ut dixi, aptiores. Ad coniecturam igitur maxime apta quae ex causis, quae ex effectis, quae ex coniunctis sumi possunt. Ad definitionem autem pertinet ratio et scientia definiendi. Atque huic generi finitimum est illud quod appellari de eodem et de altero diximus, quod genus forma quaedam definitionis est; si enim quaeratur idemne sit pertinacia et perseverantia, definitionibus iudicandum est.

88. Loci autem convenient in eius generis quaestionem consequentis, antecedentis, repugnantis; adiuncti etiam eis qui sumuntur ex causis et effectis. Nam si hanc rem illa sequitur, hanc autem non sequitur; aut si huic rei illa antecedit, huic non antecedit; aut si huic rei repugnat, illi non repugnat; aut si huius rei haec, illius alia causa est; aut si ex alio hoc, ex alio illud effectum est: ex quovis horum id de quo quaeritur idemne an aliud sit inveniri potest.

89. Ad tertium genus quaestionis, in quo quale sit quaeritur, in

comparationem ea cadunt quae paulo ante in comparationis loco enumerata sunt. In illud autem genus in quo de expetendo fugiendoque quaeritur adhibentur ea quae sunt aut animi aut corporis aut externa vel commoda vel incommoda.

Itemque cum de honesto turpique quaeritur, ad animi bona aut mala omnis oratio dirigenda est.

90. Cum autem de aequo et iniquo disseritur, aequitatis loci colligentur. Hi cernuntur bipertito, et natura et instituto. Natura partes habet duas, tributionem sui cuique et ulciscendi ius. Institutio autem aequitatis tripertita est: una pars legitima est, altera conveniens, tertia moris vetustate firmata. [Atque etiam aequitas tripertita dicitur esse: una ad superos deos, altera ad manes, tertia ad homines pertinere. Prima pietas, secunda sanctitas, tertia iustitia aut aequitas nominatur].

XXIV

De proposito satis multa, deinceps de causa pauciora dicenda sunt. Pleraque enim sunt ei cum proposito communia.

91. Tria sunt igitur genera causarum: iudici, deliberationis, laudationis. Quarum fines ipsi declarant quibus utendum locis sit. Nam iudici finis est ius, ex quo etiam nomen. Iuris autem partes tum eitae, cum aequitatis. Deliberandi finis utilitas, cuius eae partes quae modo expositae [rerum expetendarum]. Laudationis finis honestas, de qua item est ante dictum.

92. Sed definitae quaestiones a suis quaeque locis quasi propriis instruuntur, … quae in accusationem defensionemque partitae; in quibus exsistunt haec genera, ut accusator personam arguat facti, defensor aliquid opponat de tribus: aut non esse factum aut, si sit factum, aliud eius facti nomen esse aut iure esse factum. Itaque aut infitialis aut coniecturalis prima appelletur, definitiva altera, tertia, quamvis molestum nomen hoc sit, iuridicialis vocetur.

XXV

Harum causarum propria argumenta ex eis sumpta locis quos euimus in praeceptis oratoriis explicata sunt.

93. Refutatio autem accusationis, in qua est depulsio criminis, quoniam Graece στάσις dicitur appelletur Latine status; in quo primum insistit quasi ad repugnandum congressa defensio. Atque in deliberationibus etiam et laudationibus idem existunt status. Nam et negantur saepe ea futura quae ab aliquo in sententia dicta sunt fore, si aut omnino fieri non possint aut sine summa difficultate non possint; in qua argumentatione status coniecturalis exsistit.

94. aut cum aliquid de utilitate, honestate, aequitate disseritur deque eis rebus quae his sunt contrariae incurrunt status aut iuris aut nominis; quod idem contingit in laudationibus. Nam aut negari potest id factum esse quod laudetur, aut non eo nomine afficiendum quo laudator affecerit, aut omnino non esse laudabile quod non recte, non iure factum sit. Quibus omnibus generibus usus est nimis impudenter Caesar contra Catonem meum.

95. Sed quae ex statu contentio efficitur, eam Graeci μρινόμενον vocant, mihi placet id, quoniam quidem ad te scribo, qua de re agitur vocari. Quibus autem hoc qua de re agitur continetur, ea continentia vocentur, quasi firmamenta defensionis, quibus sublatis defensio nulla sit.

Sed quoniam lege firmius in controversiis disceptandis esse nihil debet, danda est opera ut legemadiutricem et testem adhibeamus.

In qua re alii quasi status existunt novi, sed appellentur legitimae disceptationes.

96. Tum enim defenditur non id legem dicere quod adversarius velit, sed aliud. Id autem contingit, cum scriptum ambiguum est, ut duae sententiae differentes accipi possint. Tum opponitur scripto voluntas scriptoris, ut quaeratur verbane plus an sententia valere debeant. Tum legi lex contraria affertur.

Ista sunt tria genera quae controversiam in omni scripto facere possint: ambiguum, discrepantia scripti et voluntatis, scripta contraria.

XXVI

Iam hoc perspicuum est, non magis in legibus quam in testamentis, in stipulationibus, in reliquis rebus quae ex scripto aguntur, posse controversias easdem existere. Horum tractationes in aliis libris explicantur.

97. Nec solum perpetuae actiones sed etiam partes orationis isdem locis adiuvantur, partim propriis, partim communibus; ut in principiis, quibus ut benevoli, ut dociles, ut attenti sint qui audiant, efficiendum est propriis locis; itemque narrationes ut ad suos fines spectent, id est ut planae sint, ut breves, ut evidentes, ut credibiles, ut moderatae, ut cum dignitate. Quae quamquam in tota oratione esse debent, magis tamen sunt propria narrandi.

98. Quae autem sequitur narrationem fides, ea persuadendo quoniam efficitur, qui ad persuadendum loci maxime valeant dictum est in eis in quibus de omni ratione dicendi. Peroratio autem et alia quaedam habet et maxime amplificationem, cuius effectus hic debet esse, ut aut perturbentur animi aut tranquillentur et, si ita affecti iam ante sint, ut aut augeat eorum motus aut sedet oratio.

99. Huic generi, in quo et misericordia et iracundia et odium et invidia et ceterae animi affectiones perturbantur, praecepta suppeditantur aliis in libris, quos poteris mecum legere cum voles.

Ad id autem quod te velle senseram, cumulate satis factum esse debet voluntati tuae.

100. Nam ne praeterirem aliquid quod ad argumentum in omni ratione reperiendum pertineret, plura quam a te desiderata erant sum complexus fecique quod saepe liberales venditores solent, ut, cum aedes fundumve vendiderint rutis caesis receptis, concedant tamen aliquid emptori quod ornandi causa apte et loco positum esse videatur; sic tibi nos ad id quod quasi mancipio dare debuimus ornamenta quaedam voluimus non debita accedere.

凡例

1. 【】号中的文字为译者为了上下文通顺做的添加。
2. [ ]号中的文字可能是在印刷术发明前的抄书人做的添加。
3. ……号表示西塞罗的文本中佚失的文字。
4. ( )号中的文字是西塞罗自己的补充说明。

《地方论》中译文

徐国栋、〔意〕阿尔多·贝特鲁奇、〔意〕纪慰民 译

第 一 章

1. 盖尤斯·特雷巴求斯啊！当我准备写一部题材广泛,远比我在短期内出版的众多著作重要的作品[①]之时,你的要求从一开头就阻止了我做此事。因为你在托斯库鲁斯山庄[②]与我共处之时,我们各自打开了一本根据自己的兴趣选择的书,你的手举在了亚里士多德的多卷本的《地方论》[③]之上。讶异于其标题,你马上问我对它的看法。

2. 我对你说,这些书讲的是亚里士多德建立的寻找论据,以不犯错误地以合理方法达到对论据的占有的理论,你像往常一样审慎地让我感到你非常热心地希望我对你讲授这一学问。并非为了节省我的辛劳,而

---

① 难以确定西塞罗打算写的是一部什么样的作品,有人认为是一部当代史,有人认为是《论义务》,但也有人认为这部所谓的作品不过是西塞罗为行文需要做出的假托。“短期内出版的众多著作”,指《论神性》《论友谊》和《论老年》三部作品。

② 西塞罗在罗马郊外的别墅。托斯库鲁斯为罗马西边约 24 公里处的一个小镇。

③ 对亚里士多德与西塞罗的本书同名的著作的书名翻译,学界意见纷纭。《亚里士多德全集》中文版的主编苗力田教授将之译为“论题篇”[载苗力田主编:《亚里士多德全集》(第一卷),中国人民大学出版社 1990 年版]。黑格尔《哲学史讲演录》的译者贺麟将之译为“正位篇”或论“场所”。泰勒的《柏拉图——生平及其著作》一书的译者谢随知等人将之译为“辨谬篇”。韦卓民将之译为“部目”(参见其翻译的《纯粹理性批判》,华中师范大学出版社 1991 年版,第 113 页)。《简明逻辑史》(亨利希·肖尔兹著,商务印书馆 1977 年版,第 29 页)的译者张家龙、吴可将之译为“论辩篇”。韩国人将之译为“辩证术论”(参见朴常赫:《法史学视角中的物权行为——兼评韩国民法学界的争论》,山东大学 2015 年博士学位论文,第 37 页)。我一度遵从《意汉词典》(商务印书馆 1985 年版)的做法将之译为“切题术”。经反复考虑,还是觉得从字义出发,将之译为“地方论”最合适。此处的“地方”,即能引申出论据的场所。

是因为我相信这样对你有好处,我建议你直接读此书或在一个博学的修辞学家的指导下了解整个这一领域,后来我得知你尝试了我建议的这两种方法。

3. 但论题的晦涩把你从这些书卷推开。如同我相信的,那个著名的修辞学家回答你,他完全不知亚里士多德的这些论述。我并不讶异一个修辞学家不知道这个哲学家,因为除了少数例外,哲学家们也不怎么知道他,这些哲学家们尤其应受指责,因为他们不仅应从亚里士多德的所言所思中汲取营养,而且要从其言词专有的非凡的丰富以及令人愉悦的特性中汲取营养的。

4. 因此,尽管你担心加重我的负担(我很容易看到这点),但是你常常继续请求我,为了不严重侵辱一位法的评注专家,我不能再把你的债欠下去了。事实上,当你为我和我身边的人写东西时[①],我害怕自己若【继续】推辞可能被看做忘恩负义和高傲。但在我们相聚的那段时间内,你是我曾忙碌的事情的最好证人。

5. 我后来动身去希腊,离开了你,这是因为我的工作不论对国务还是对朋友都无用,这是因为我也不能有效地为军队服务[②],这是因为无论如何都不允许我安全地生活。[③] 当我来到维利亚[④]的时候,看到你的房子和你的家人,它们提醒我欠了你的债,而我不愿逃避你并非明示地提出的请求。这样,尽管我手头无我的藏书,在航程中,我还是根据记忆的脉络写了本文[⑤],并在旅行尚未结束时把它寄给你,通过我执行你对我的委托

---

① 既可能是写一些法律上的解答,也可能是把一些作品题献给西塞罗或其亲友。

② 指公元前43年4月发生在屋大维和安东尼之间的穆提那(当今的摩德纳)战役,以前者先败,后者终败告终。西塞罗在这一战役中站在屋大维一边做了不少不利于安东尼的事情。参见〔日〕盐野七生:《罗马人的故事V:恺撒时代(卢比孔之后)》,黄红杏译,三民书局1998年版,第374页。

③ 在内战的风暴中,西塞罗因写作《反腓力辞》已得罪后三头之一的大军阀安东尼,并且如本书第94节所表明的,还得罪过恺撒,因此有性命之忧,故如此言。果然,次年他就被安东尼杀害了。

④ 在第勒尼安(Tirreno)海边,是古希腊人的一个殖民地,其希腊文的名称为Elea,这里产生过著名的爱利亚学派。维利亚是该城市的拉丁文名称,现今犹存同名城市。

⑤ 这是公元前44年的事情,西塞罗于是年的7月19日到达维利亚,从这里上船去雷朱姆(Rhegium,现今的Reggio di Calabria——卡拉布里亚的雷焦),于7月27日达到,在这里把写成的本书寄给特雷巴求斯,并附信请求特雷巴求斯原谅其晦涩,西塞罗认为这是由论题的性质不可避免地引起的。

中表现出来的勤勉,由此也刺激你回想起我们的事情,尽管你并不需要一个提醒者。而现在是开始完成我们决定之事的时候了。

第二章

6. 每一认真的论述理论都包括两个部分:一是寻找,二是判断。在我看来,亚里士多德在这两个方面都是泰斗。实际上,斯多亚学者致力于后一部分,因为他们很勤勉地用称为辩证法的科学探索判断的方法,但完全忽略了被说成是地方论的寻找的艺术,它在实践中用得更多,且按自然的秩序当然应居前。

7. 由于这两个部分都极为有用,我们打算只要有时间就讨论两者①,那我们就从居前者开始吧!

一旦指出并知晓了其位置,发现其中隐藏的东西就很容易。相应的,当我们深入探讨一个论据时,我们必须知晓其地方,事实上,它们就是亚里士多德所说的能引申出论据的地方。

8. 因此,可以把地方定义为论据的渊薮②,把论据定义为使疑惑的事情变得信实的理由。而在这些包含论据的地方中,有些是讨论对象本身内在的;有些是从外部取得的。前者有时来自讨论对象的整体,有时来自其部分,有时来自符号,有时来自与讨论对象以任何某种方式相关的东西;相反,从外部取得的是与讨论对象相隔遥远并完全分离的论据。

9. 但对论述对象的整体,人们使用定义,它去掉探究对象的几乎一切含糊之处,其论据以这样的程式表现:"市民法是为属于同一城邦的人确立的公平,以保护他们的财产③,对这种公平的认识是有用的,因此,市民法学是有用的。"

10. 此外,列举讨论对象的各部分以这样的方式进行:"如果某人既未通过国势调查登记,也未通过触摸权杖,也未通过遗嘱处分解放,他不是自由人,不具备任何这些要件,因此他就不是自由人。"

---

① 西塞罗在本书中未探讨判断问题。

② 西塞罗在自己的另一著作《论演说的分部》(De Partitione Oratio)2,5 中把地方定义为"隐藏论据之地"。在《论演说家》2,34,147 中把地方定义为"区域""源头""源泉"。

③ 在《论演说家》1,42,188 中,西塞罗对市民法有类似的说明:"……市民法需要确定这样的目标:应该保持市民在财产和诉讼中基于法律和习俗的公平。"参见王焕生的中译本,中国政法大学出版社 2003 年版,第 133 页。

在符号方面,论据从词的意义中推断出来:“法律命令有产者当有产者的保证人,命令有钱人当有钱人的保证人。”[①]事实上,埃流斯[②]说,“有产者”一词来自“偿付阿斯[③]”的表达。

第 三 章

11. 人们从以某种方式与讨论对象相关的事情中提取论据,但这个属分为许多部分。事实上,我们把其中的有些称作同源词,有些称作属,有些称作种,有些称作类比,有些称作种差,有些称作对反,有些称作关联,有些称作前件,有些称作后件,有些称作相斥,有些称作原因,有些称作结果,有些称作较大、持平或较小的比较。

12. 来自同根词的论据被说成是同源词,同根词是源于单一的词根而后有各种各样的变化的词,例如智者、智慧地、智慧。希腊人把这样的词的同源说成是 σνζνγία[④],由此有这种形式的论据:“如果有公共放牧地,就有共同放牧权。”

13. 从属这样推理:“由于所有银子都遗赠给了妻子,留在家里的所有银币要归入遗赠物,因为只要种保留属的名称,它就从不与属分离。现在,银币保留了银子的名称,因此被认为要归入遗赠物。”

14. 从属的种(为了让词义更清楚,有时可把它称为部分)这样论证:“如果某男遗赠给法比娅一笔金钱,条件是法比娅成为其太太并缔结夫权协议,如果她并未承受其夫权,不应对她做任何偿付。”事实上,妻子是属,在该属中有两个种:一个是太太[也就是承受夫权的种];另一个是仅被称为妻子的种。法比娅属于这后一个种,因此她不应得到遗赠。

15. 以这种方式从类比论证:“如果其用益权被遗赠的房屋崩坏或发生缺陷,继承人无重建或修复它的义务,完全如同一个其用益权被遗赠的奴隶死亡时继承人无义务交付他一样。”

16. 以这种方式从种差论证:“如果丈夫遗赠给其妻子他所有的全部

---

① 这是对《艾流斯和森求斯法》之一项规定的转述。

② 全名为埃流斯·佩都斯·卡图斯(Aelius Paetus Catus),传说中最早的罗马法学家之一,著有《三分》(Tripertita),其第一部分是《十二表法》;第二部分是法学家对《十二表法》的解释;第三部分是法律诉讼。

③ 有产者的拉丁文是 assiduos,由 ass(钱币名)和 do(给予)构成。

④ 古希腊文,意思是“词的相互联系”。

银币,显然此等遗赠并不必然包括债权,因为家中箱子里的银币与账上[贷出]的银币很不同。"

17. 从对反如此论证:"丈夫把自己的全部财产的用益权遗赠给妻子,财产中包括整个的酒窖和油窖的妻子不应认为酒和油属于她,因为她只被遗赠了使用权,并未被遗赠处分权①[这两个概念是对反的]。"

第 四 章

18. 从关联这样论证:"如果未受人格减等②的妇女订立遗嘱,似乎不应根据裁判官告示授予根据遗嘱的遗产占有。"③事实上,与此关联的似乎有根据告示授予根据奴隶的、离弃祖国者④的和少年人的遗嘱对遗产的占有。

19. 从前件、后件和相斥这样论证。从前件:"如果因丈夫的过错离婚,虽然是妻子提出的离婚申请,她的任何嫁资物都不必留给丈夫作扶养子女之用。"

20. 从后件:"如果一个妇女与一个无通婚权的人结了婚,然后提出离婚申请,由于从该结合所出的子女不处在家父权下,她的任何嫁资物都不必留给丈夫作扶养子女之用。"⑤

21. 从相斥:"如果家父遗赠给妻子对女奴的用益权,该遗赠由儿子承担而非由其替补继承人承担,儿子死后,妻子并不丧失此等遗赠,因为一旦通过遗嘱把某物给了某人,不得违背受遗赠人的意志剥夺此等物。"因为正当地收受与违背意志的剥夺是相斥的。

22. 从产生结果的原因这样论证:"所有的人都有权正对着界墙搭建一堵实心墙或镂空墙,但在拆除界墙时提出了潜在损害担保的人,无义务赔偿因镂空墙的缺陷导致的损害。"因为损害并非由于拆除界墙的施工缺

---

① 原文为"滥用"权。

② 这里的人格减等应指人格小减等的一种,即从自权人变为他权人,妇女结婚导致这种结果。所以,这里谈到的妇女若不结婚,就无遗嘱能力。

③ 因为未受人格小减等的妇女经监护人同意可以立遗嘱,此等遗嘱有效,其中指定的继承人就不必根据遗嘱占有遗产了。

④ 即长期私自离弃自己国家的罗马市民,他们长期生活在境外的事实构成丧失市民权的原因,但这种后果可以因复境权终止。

⑤ 因为这种结合相当于事实婚,不产生婚姻的任何效力,包括对子女的效力。

陷，而是因为此等建筑物被造得不能自我支撑。

23. 从结果之事以如下方式论证："如果某女从属于夫权，属于她的一切都以嫁资的名义成为丈夫的。"

从比较以如下方式取得有效的论证：凡对较大的事情有效的，也该对较小的事情有效，例如，如果不在城里确定地界，城里的水就排不出来。[①] 与此相似又相反的是，凡对较小的事情有效的，也该对较大的事情有效，只要把刚才举的例子反过来就可以说明此点。同样，凡对一个事情有效的，也该对与它类似的事情有效，例如："土地的时效取得和追夺担保为期 2 年。"[②]这一规定也适用于房子。该法[③]中未提到房子，但提到了所有其他的物件的时效取得为期 1 年。[④] 要求对同样性质的案件规定同样权利的衡平发挥了影响，【房子才也适用 2 年的取得时效】。

24. 从外部取得的论据多是从权威提取的。所以，希腊人把这样的论证叫做非技艺的（α' τέχνονς），也就是说与【修辞】技艺无干的。例如你这样做一个解答：既然普布流斯 · 谢沃拉说，建筑物旁的空地是为遮蔽界墙而突出的屋顶下的土地，它保护此等建筑物不受从其自身屋顶流下来的雨水的冲刷[⑤]，对你来说，这个说法相当于法。

25. 所以，通过刚才阐述这些地方，我给了你取得一切论据的工具，同时给了你某些论据的要素、标志和例示。说到这里难道够了吗？对如此敏锐和忙碌的你，我当然相信是足够了。

---

① "例如"后面的一句参照 Gaston François Marie de Caqueray 的法译文译出。Voir Gaston François Marie de Caqueray, Explication des passages de droit privé contenus dans les oeuvres de Cicéron, Durand, Paris, 1857, p. 44.

② 这是对《十二表法》第六表第 3a 条的前部内容的转述。

③ 指《十二表法》第六表第 3a 条。

④ 这是对《十二表法》第六表第 3a 条的后部内容的转述。

⑤ 这个定义不可解。其中的"建筑物旁的空地是为遮蔽界墙而突出的屋顶下的土地"一语尚可解，它告诉我们，界墙上覆有瓦，构成其"突出的屋顶"，此等屋顶下面的土地即为"建筑物旁的空地"。但后面的话就不可解了。上述空地又如何能"保护此等建筑物不受从其自身屋顶流下来的雨水的冲刷"？美国著名罗马法学家艾伦 · 沃森也认为这个定义在传抄中败坏了，它的内容非常荒谬，而且不可解，不能设想其中的屋顶、雨水和墙的关系。See John Crook, "The Property in the Roman Republic", In *The Classical Review*, Vol. 20(3), 1970, p. 361.

第 五 章

但由于我摆文化宴会宴请的是一个饥饿的人，那么，与其容忍你未吃饱而走，我更愿多留下一些余食。

26. 所以，当上述任何一个地方呈现出其鳞爪时，我们要尽可能细心地探究它们。

首先我们来讲定义本身。定义是解释人们意图定义之物为何的话语。主要有两种，其一是说明存在之物的定义；其二是说明理解之物的定义。

27. 我说的可以视觉和触觉感知的事物，有如土地、房子、墙壁、檐滴、奴隶、动物、家具、库存的食物等，有时你们必须定义这类物中的某些。

相反，我说的不存在的物是不能触摸或标识，而是可凭心灵看到并理解的物，如同你在定义取得时效、监护、族亲、血亲时要做的，所有这些事物都[几乎]无形体，但它们的我称之为观念的形体存在于或印留于我们的智力活动中。

在论证过程中，这些事物经常需要以定义解释。

28. 此外，定义有些是分部，有些是分种。分部，发生在把探讨的对象分解为部分的情形，例如某人说市民法是法律、元老院决议、判例、法学家的权威、长官的告示、习俗和衡平构成的法。

而分种的定义以这种方式罗列待定义的属包含的一切种：要式移转物的转让是以要式买卖(Nexum)①或拟诉弃权使此等物在依市民法有能力这样做的人之间由一方交付给另一方。

第 六 章

还有其他种定义，它们与本书的写作目的无关。这里说明提出定义的方式就够了。

29. 在这方面，前人的教导是这样的：当你发现你打算定义的事物的

---

① Nexum一词通常被翻译为要式现金借贷，根据俄国学者烈昂尼德·科凡诺夫教授的研究，它指私人间的合同。考虑到此处的谈论要式移转物的上下文，采取要式买卖的译法，因为它既是一种私人间的交易，又以要式移转物为客体。参见烈昂尼德·科凡诺夫：《罗马公法和现代俄罗斯法中的国家承包合同》，曾健龙译，载徐国栋主编：《罗马法与现代民法》(第七卷)，厦门大学出版社2009年版，第266页及以次。

品质与其他事物的品质相同时，你要继续寻找到它专有、其他对象不可能有的特征。这样，“遗产是一种资金”，在这一步，特征还是相同的，因为有许多种资金。你要加上如下内容：“它是在某人死亡时移转给他人的……”这还不是定义，因为人们即使不通过继承，仍可以许多方式得到死者的钱。[①] 你只要加上“依法”一句话，这样，事物看来就脱离了与其他事物共有的特征，于是，遗产的定义可以采用如下的表达：“遗产是在某人死亡之时依法移转给他人的资金。”这还不够，你加上“其持有既不通过以遗嘱做出的遗赠，也不以占有的名义……”就成了。与此相类[的有如这个]：“族亲是有共同的族名的人”是不够的。“他们是生来自由人的先祖的后代”，仍然不够。“其先祖没有人当过奴隶”，仍然不够。“此等祖先未承受过人格减等”，这也许就够了。事实上，我并不认为大祭司谢沃拉[②]在这一定义上加了任何其他内容。

这一理由对两种定义——即关于存在之物的定义和关于理解之物的定义——都适用。

30. [然而]我们说明了分部的定义和分种的定义为何[③]，但现在更明确地说明它们间有什么区别是适当的。在分部中，有如同身体的部分的东西，如头、肩、手、胯、腿、脚等。

第 七 章

在分种中，有各种各样的种，它们被希腊人叫做 ε' ἰδη，我们罗马人中在偶然论述它们的情形，把它们叫做 species，这当然不是最糟的，但在说话时变格不方便，事实上，尽管在拉丁语中可以这样说，我仍不愿说这个词的属格和与格，而这些格需经常使用，但我愿意说 forma 的属格和与格。[④] 由于这两个词指的是同一事物，我认为在说话时必不得忽略便利。

31. 这样定义属和种：属是包括许多彼此不同的事物的概念；种是其【与同属事物的】种差可回溯到属的肇始和几乎源头的概念。我把希腊

---

① 例如通过遗赠。

② 这个谢沃拉是普布流斯·穆丘斯·谢沃拉（Publius Mucius Scaevola）的儿子，曾担任公元前 95 年的执政官，著有《定义集》，西塞罗在这里给出的可能是他关于族亲的定义。

③ 参见本书第 28 节。

④ specierum 和 speciebus 分别是 specie 这个词的复数属格和与格。formis 和 formarum 是 forma 这个词的复数与格和属格。

人时而说成思想（’έννοιαν），时而说成观念（πρόληφιν）的东西叫做概念。它是先天的，凭心灵预知并认识其种，同时需要解释。因此，种是一无遗漏地分割属的东西，如同某人把法分割为法律、习俗、衡平的情形。认为种与部分是一回事的人混淆了不同的体系，他们被两者间的某种相似迷惑，不能足够敏锐地区分必须分开的事物。

不论是演说家还是诗人，都经常从类似出发借助词的隐喻下定义，这产生某种令人愉悦的效果。

32. 但我不会脱离你们的例子，必要的情形除外。所以，我的同僚和密友阿奎流斯，在就海滨发生的案件中，就你们主张全部属于公共物的海滨，对那些问 litus① 归谁和是什么的人，通常这样下定义："海浪拍打的区域。"此公如同愿意把青春期定义为花季，把老年定义为生命的黄昏的人一样，通过使用隐喻，避开了涉及海滨的专门用语以及他自己的职业用语。在定义方面，到此为止吧！让我们考虑其他。

第 八 章

33. 而分部必须这样运用：你不得遗漏任何部分，例如，如果你打算对监护进行分部，如果你遗漏了某一种监护，你就做了外行事。但如果你想对要式口约和程式诉讼的套语进行分部，个别的遗漏不是缺憾，因为这是一个无边的领域。同样的遗漏在分种中就是缺憾。事实上，在每个属下的种的数目是确定的；对部分的细分常常更无边际，有如从一个源泉派生出数个小溪。

34. 所以，按演说家的技艺，一旦提出了问题的属，它所有的种就完全在掌握中了。但相反，当人们为被称为借喻（σχήματα）的言词和思想的润饰之道制定规则时，并不做同样的安排。事实上，这方面的情形更没有边，由此也可以理解为何我们要把分部和分种区别开来。因为即使这两个词可能有差不多同样的含义，但由于客体不同，人们希望以不同的客体名称区分它们。

35. 从词源也可推导出许多论据。这发生在从词的本义出发得出论证之时，希腊人把这种论证叫做词源学的（ετνμολογίαν），即从一个词推

① 该拉丁语单词既有海滨的意思，也有海滩的意思。

演出另一个词的过程,即 Veriloquium。[①]

但我们由于不够习惯而避免使用新词,把这个属叫做 Notatio,因为词是对事物的表现。因此,亚里士多德对这种情形还求诸 σ́νμβολον 的术语,它与拉丁文中的"Nota"相对应。但当人们了解了某个事物是什么意思时,为它找一个名称就不会那么费劲。

36. 因此,在讨论中,许多论据都是按词本身从词源推出来的,有如人们问复境权的意思的情形(我不说哪些事物包括在复境权中,因为这是一个属于分部的问题,分部为如下:这些事物根据复境权归属于原所有人:奴隶、船、驮骡、马、拉车的牝马)。

当我们问 Postliminium[②] 一词的本义时,从词里面也可推出这样的意思来,我们的塞尔维尤斯[③],如同我认为的,相信只有 post 值得注意,他主张 liminium 是 post 的扩展。[④] 与此相类,他主张 finitimus, legitimus, aeditimus 中的 timus[⑤],或 meditullium 的 tullium 也是前面的词素的扩展。[⑥]

37. 相反,普布流斯的儿子谢沃拉[⑦]认为复境权是由 post[⑧] 和 limen[⑨] 组成的复合词。那些从我们的手落到敌人手中的物从它们所在的边界出去了,当它们回到同一边界时,被视为是根据复境权回来的。[⑩]

这个论据也可用来为曼奇努斯的案件辩护,他是以复境权的名义回来的,但他不被认为完成了交出,因为敌人未接受他;的确,无接受则不成

---

① 意思是"原意""词源"。

② 复境权一词的拉丁文表现形式。

③ 全名为塞尔维尤斯·苏尔毕丘斯·路福斯(Servius Sulpicius Rufus),公元前 51 年的执政官,著有《论嫁资》《告示评注》《对谢沃拉观点的批驳》《对神法物的保护》《〈十二表法〉评注》等著作。其中《告示评注》为罗马法史上的第一部对裁判官告示的评注。他擅长下定义,他关于监护、诈欺等事物的定义为优士丁尼采用。

④ 关于对复境权一词的构词法分析,参见优士丁尼《法学阶梯》1. 12,5。徐国栋的中译本,中国政法大学出版社 2005 年版,第 61 页。

⑤ Timus 的后缀把 finis, lex 和 aedes 的名词变成同义的形容词。

⑥ Tullium 的后缀把 medius 的形容词变成同义的名词。

⑦ 这个谢沃拉是昆图斯·穆丘斯·谢沃拉,通称法学家谢沃拉。

⑧ 古希腊文,意思是"以外"。

⑨ 古希腊文,意思是"边境"。

⑩ 优士丁尼《法学阶梯》1. 12,5 采此说。参见徐国栋的中译本,中国政法大学出版社 2005 年版,第 63 页。

立交出,正犹如无接受则无赠与。

第 九 章

38. 接下来是谈论以某种方式与讨论对象相关的事情的地方:前面[①]我说过它分为许多的部分。其中的第一个是从希腊人说成是 σνζνγίαν 的从动词变位出发的演绎,它类似于刚才讲的词源。例如,如果我们把雨水仅理解为我们看到的已被收集的降水,穆丘斯[②]会来,说必须排放所有因下雨增加的水,因为雨水和下雨两个词同源。

39. 当从属提取论据的时候,不必从最远的属取得它,在多数情况下都可以从较近的属提取,只要被提取的论据是从一个比要讨论的属更远的属提取的,例如,雨水,是所有从天上落下而通过下雨增加的水,这样,属最远。但它的较近的、涉及排水权的[属]是造成损害的[雨水],该属的种是地势瑕疵引起的造成损害的雨水和有害工程引起的造成损害的雨水。仲裁员命令的排除妨碍仅针对后者而不针对前者。

40. 从一个整体出发研究其各个部分时,使用从属获取的这一论证也很适当,采用这样的方式:如果在某人做一件事而伪装成做另一件事时发生恶意欺诈,可以列举以哪些方式可能这样做,然后于其中归入你主张曾对你实施的那个恶意欺诈行为。这种论证通常被认为最牢靠。

第 十 章

41. 接下来是类比:它范围广阔,演说家和哲学家比你们法学家用它更多,事实上,因为虽然所有的地方都适合于为每种讨论提供论据,但某些地方在关于某种主题的讨论中更频繁地运用,在其他的讨论中用得较少。因此,你要认识它们的属,当采用它们的时候,问题本身会提醒你【怎么使用】它们。

42. 事实上,以这种方式通过多重比较达到所欲目的是类比:如果监护人、合伙人、受托人和受信托人都有义务诚信行事,代理人也有这个义务。这种通过多重比较达到所欲目的的做法称为归纳,希腊人名之为 επαγωγή,苏格拉底在其谈话中极频繁地使用之。

---

① 参见本书第 11 节。

② 穆丘斯即昆图斯·穆丘斯·谢沃拉(Quintus Mucius Scaevola)。

43. 另一种类比从这样的比较中获得：以这样的方式把一件事与另一件事比，并在类似的事情间进行比较：假设在城市中就界线发生了争议，因为界线尤其被看做地界而非城市之界，所以你不能强要仲裁员划定此等界线；同样，如果雨水在城市中造成了损害[①]，你不能强要仲裁员根据排放雨水之诉为审判，因为这完全是特别涉及耕地的事情。

44. 此外，人们也从类比这个地方取得例子，克拉苏斯[②]在库流斯一案【的演说】中[③]就用了很多例子。[④] ［在库流斯一案中，遗嘱人这样指定了继承人：如果儿子在他死后 10 个月内出生，并且该儿子在脱离监护前死亡，替补继承人取得遗产。］这种举例的方法很管用，你们在自己的解答中也经常广泛运用这种方法。

45. 拟制的例子也有类比之效能，但这更加是演说家而非你们的技艺，虽然你们也经常用它，但以这种方式：假设某人对一个准奴隶[⑤]给付了一个不能给付于此等准奴隶的物，它能因此成为收受人的财产吗？或者，对自己的准奴隶为此等给付的人要因该物承担某种要物之债吗？在

---

① 参见本书第 23 节。

② 全名为路求斯·李其纽斯·克拉苏斯（Lucius Licinius Crassus，公元前 140—公元前 91 年），公元前 95 年的执政官，马略时代的元老阶级的成员，是著名演说家，经常从事法庭辩护，被西塞罗誉为至今为止的最伟大的罗马演说家。

③ 该案的案情为：公元前 93 年，罗马人科泊纽斯（Coponius）误以为妻子怀孕，便指定其遗腹子为继承人，并指定了库流斯（Manius Curius）为其替补继承人。科泊纽斯死后，其妻并未生育，科泊纽斯的法定继承人便出现与库流斯争夺遗产。案件由百人法院审理。法学家穆丘斯·谢沃拉担任科泊纽斯的法定继承人的代理人，他认为：遗嘱以生育为条件，条件不成就时应适用法定继承。演说家克拉苏斯担任库流斯的代理人，他认为：遗嘱人如果愿意将其遗产留给法定继承人，便会指定其为儿子的替补继承人，但遗嘱人并未指定，这便意味着排斥他们。最后演说家获胜，替补继承人取得遗产。参见周枏：《罗马法原论》（下册），商务印书馆 1994 年版，第 473 页。

④ 据西塞罗在《论演说家》中的报道，克拉苏斯从元老院决议中，从日常生活和一般谈话中辛辣地、嘲弄地、诙谐地举了许多例子，让法庭充满了欣悦和快乐，克拉苏斯因此不凭借法律知识而凭借演说技巧击败了大法学家对手穆丘斯·谢沃拉。参见〔古罗马〕西塞罗：《论演说家》，王焕生译，中国政法大学出版社 2003 年版，第 183 页。克拉苏斯在那次演讲中使用的一个例子被西塞罗在其《布鲁图》留存下来：以小男孩在海边发现一个桨架后就想用它造一条船的例子类比谢沃拉力图利用有限的遗嘱文句塑造遗嘱人无意把遗产留给库流斯的状况。参见〔古罗马〕西塞罗：《西塞罗全集·修辞学卷》，王晓朝译，人民出版社 2007 年版，第 721 页。

⑤ 在奴隶与自由人之间的人，包括债奴、家子和父权下的妇女。

这一领域，人们允许演说家和哲学家让沉默女神①说话，让死者们从冥界出来，并为了扩大某物的影响力让它说无法做成的事情，这叫做夸张（νπερβολή），或为了减少某物的影响力，让它讲许多其他令人惊奇的事情。但这一领域更多是他们的地盘。可是，从这同一些地方，如同我前面说过的，人们也为不论是大问题还是小问题提取了论据。

第 十 一 章

46. 我在类比之后谈事物间的种差，它与前节所述完全对立。但找到不可比和可比的方法是同样的。关于这个属的例子有如下列：对妇女负欠的债，未经监护人授权，也可正当地对妇女本人清偿，相反，对男女被监护人负欠的债却不能以同样的方式清偿。

47. 接下来是被说成对反的地方。但对反的种类繁多，其中之一是同类却极为不同的东西，例如智慧和愚蠢。而前面说到的"同类"，还包括仿佛从有些对立的方向撞在一起的【两个】属性，例如，快对慢，而非对弱。从对反出发有这样的论证：如果我们避免了愚蠢，让我们追随智慧；如果避免了恶，让我们追随善。这些同类又相反的东西，人称对对碰。

48. 还有另一种希腊人说成是 στερητιμά ②、我们拉丁人说成是"剥夺"的对反。例如，In 的前缀就剥夺了某个词语在未加此等前缀时的含义：尊严加这个前缀后就变成不尊严，人道加这个前缀后就变成不人道，等等。对这种对反的论述与上述对对对碰的论述相同。

49. 事实上，还有其他种类的对反，例如在与某事相比较时得出的对反，有如单双、多少、长短、大小。还有一种我们称之为否定、希腊人称之为 α' ποφατιμά ③的强烈的对反，即针对肯定论者的对反，例如：如果是这；就不是那。真的还需要我举例吗？只要明白，在寻找论据的过程中，并非每个对反都能与另一个对反协调，就够了。

50. 而关于关联，我在不远的前文举了一个例子④，说明如果我们根据裁判官告示授予根据无任何遗嘱能力的人订立的遗嘱对遗产的占有，

---

① 沉默女神，是因为饶舌被朱诺罚为不能讲话的女神。

② 古希腊文，意思是"剥夺"。

③ 古希腊文，意思是"否定"。

④ 参见本书第 18 节。

那就许多情况与此关联。但这个地方对在诉讼中提出的猜测的原因更有用,例如在人们问某物现在是什么,过去是什么,将来是什么,最终可能会发生什么的情形。而确实,这一地方本身的种就是这样的。

第 十 二 章

51. 此外,【关联】这个地方提醒人们寻找在有关事实之前、同时和之后发生的事情。"这毫不涉及法律,而涉及西塞罗",这是当有人带着案子找他问事实问题时我们的伽鲁斯①说过的。但你将忍受我不遗漏我已开讲的艺术的任何地方,以免你显得过于自爱,这是在你认为本书除非写涉及你的东西,否则一无是处的情形会发生的。事实上,这个地方主要属于演说家,不仅不属于法学家,而且也确实不属于哲学家。

52. 确实,要寻找的在有关事实之前的事情有这些:迎接的客套、交谈、房间、协议、宴会;而要寻找的与有关事实同时的事情有这些:踏步声、[来人的说话声]、人的影子;要寻找的在有关事实后的事情有这些:脸色发红或苍白、态度上的局促不安、所有一个心绪不宁的人可能有的表现、后来熄灭的火焰、剑上的血、其他可能使人怀疑所发生之事的迹象。

53. 接下来谈专属于辩证论者的地方:后件、前件、相斥,它们也远不同于关联。事实上,正如我在不远的前文②讲过的,并不总会发生关联,而后件总是会发生的。

我说的后件是必然要跟随发生的事情,前件和相斥也是同样。

事实上,只要某事跟着另一事,它就必然与该事一致;彼此相斥的事,基于其相斥性,彼此绝对不能一致。

第 十 三 章

所以,在这个地方被分为后件、前件和相斥三个部分的情况下,尽管它是可找到论据的一个地方,对它却可以有三种论述。事实上,当你认为所有的现金都应归受所有的银子之遗赠的妻子时,你以如下的这种或那种方式达成论证,有何区别呢?"如果铸币是银子,它是对妻子的遗赠物。

---

① 罗马著名法学家。全名为伽鲁斯·阿奎流斯(Gallus Aquilius),昆图斯·穆丘斯·谢沃拉的学生和塞尔维尤斯·苏尔毕丘斯·路福斯的老师,担任过公元前66年的裁判官。

② 参见本书第50节。

而铸币是银子,因而它是遗赠物";"如果现金不属于遗赠物,则现金不是银子。而现金是银子,因而属于遗赠物";"并非:银子是遗赠物,现金不是遗赠物。而银子属于遗赠物,因此现金也属于遗赠物"。

54. 辩证论者们把你先取得第一个命题变元①、然后推论出第二个命题变元的论辩复合句叫做第一式;把你否定第二个命题变元,以便否定被关联的第一个命题变元的情形叫做第二式的复合句;而把你否定某种关联,并认可被关联的一个或更多的命题变元,以便排除其他的命题变元的情形叫做第三式的复合句。

55. 那些修辞学家基于对反达成的结论——他们将其称为不完全三段论(ε' νθνμήματα)的——由这个地方②而来。并非所有的观点表达都不可以思想(ε' νθνμημα)的专名相称,但如同荷马的出色天才使其名字在希腊人中成为诗人的类名一样,这样,尽管每个观点表达都被叫做思想,因为人们认为按对反表达的思想最尖锐,只有它占有了思想的通名③作为它自己的名称。

这方面的例子有这些:

你要怕这个,不要怕其他!
你没有控告那个女子,却判处了她。
你说她很值得表扬,却批评了她。
你懂的东西对你不利,你不懂的东西对你有利。④

第 十 四 章

56. 我谈论的这个属也涉及你们在作解答时采用的全部讨论,但更涉及哲学家的讨论,他们在运用基于相斥的复合句上与演说家不相伯仲。

---

① 命题变元指逻辑推演中的具体命题或命题形式。参见陈志美、胡泽红:《斯多葛学派的命题逻辑系统及其不完全性》,载《华南师范大学学报》(社会科学版)2001 年第 1 期,第 14 页。

② 即第 53 节讲的专属于辩证论者的地方。

③ 指 enthumemata 把 enthumema 作为了自己的核心词素。

④ 这些诗句曾出现于西塞罗的《演说家》第 49 节,以及西塞罗的《致阿蒂库斯书》12,51 和 14,21,3。它们采自名称不详的罗马悲剧。Cfr. Benedetto Riposati, Studi sui Topica di Cicerone, Edizioni dell'Università Cattolica del S. Cuore, Milano, 1947, p. 125.

［辩证论者把它称为第三式；修辞学家称为不完全三段论］。

辩证论者的式还有不少，如表示析取的式："要么是这，要么是那，所以，是这，就不是那"；同样，"或是这，或是那；不是这，就是那"。这些复合句之所以能成立，乃因为在析取判断的多个选言肢中，只能有一个为真。

57. 而我在前节写的两个综合句，辩证论者把前者叫做第四式，把后者叫做第五式。他们后来又补充了对合取的否定："不能是这又是那，是这，所以，不是那。"这是第六式；第七式是这样的："不能是这又是那，不是这，所以是那。"

从这些式中产生不可胜数的结论，它们几乎构成了整个的辩证法。但这些我现在已做的论述并非本入门课程的必要内容。

58. 紧接下来是产生结果的事情、被称为原因的地方，然后是结果原因产生结果之事的地方。这方面的例子像关于其他地方的例子一样，我在稍前已举过了，并且是来自市民法的例子①，但下面的例子涉及的范围更广。

第十五章

［那么］原因有两种，第一种是以自己的力量确定地引起从属于自己的某物的原因，如火引燃物；第二种是其自身无结果性，但如果没有它就不能有结果的原因，如某人愿意把青铜说成雕像的原因的情形，因为若无青铜，雕像就做不成。

59. 在这种无它们就不会有结果的原因中，有些是静止的、惰性的和在某种意义上是迟钝的原因，例如地点、时间、材料、工具以及诸如此类的因素；而有些是导致结果的某种准备，是某种自身有助于结果的东西，尽管并不是缺了它就没有结果，有如"相遇给予了爱理由，爱给予了犯罪理由"。斯多亚学者把这种自古以来就存在的原因与命运联系起来。

与此相类，如同我已把无它们就不会有结果的原因分为若干种类一样，也可对结果原因做出此等划分。事实上，有些原因无须其他事情帮助就能产生完全结果，有些原因则希望得到帮助，例如，智慧仅凭自身就产

① 参见本书第22节、第23节。

生智者的结果,但智慧仅凭自身是否能产生富裕的结果,则是问题。①

60. 因此,如果在一个讨论中,某事的有效原因必定发生,则可毫不犹疑地得出该原因的结果已发生的结论。

第 十 六 章

如果原因具有自身并不必然产生结果的性质,不能从它得出必然的结论。此外,那种自身包含必然的效果力的原因通常几乎不会导致错误;但无它们就不会有结果的原因常造成迷惑,事实上,如果无父母则不可能有子女,这并不因此就可认为在父母身上有生殖的必然原因。

61. 因此,必须小心地把没有它们就不会发生结果的原因与有了它们必然发生结果的原因区分开来。当然如同这样:

> 但愿佩利昂森林里的那棵杉树,
> 从未被砍倒在地!

这样就造不成阿耳戈号;但这一杉树中并无必然的效果力②,相反,

---

① 这里是在谈论斯多亚哲学的第六个悖论(Paradox):智慧的人也是富裕的。See Neal Wood, *Cicero's Social and Political Thoughts*, University of California Press, Berkley, Los Angeles, Oxford, 1991, p. 112.

② 本节引用的两行诗都来自古罗马诗人昆图斯·埃纽斯(Quintus Ennius,公元前239—公元前169年?)的采自希腊戏剧家欧里庇得斯的悲剧《梅德亚》(Medea)的同名悲剧,讲述的是科尔齐斯国王埃泰斯的会魔术的女儿梅德亚帮助阿耳戈(Argo)号船的首领雅松获得金羊毛并和他一起逃跑,但后来又遗弃了他的故事。这两行诗实际上是如下诗句的两个部分:"但愿那被斧子砍断的杉树的树干从未从佩利昂的树林里的天空倒下,这样就不会开始建造现今取名为阿耳戈号的船,因为它运着亚尔古的英雄的精华,根据佩利昂国王的命令,去尝试从科尔齐斯以诈欺获得金羊毛和银羊毛;这样,我的心碎的、为强烈的爱的激情所伤的女主人梅德亚,就决不会离开其祖国去流浪。"这是梅德亚的奶妈的台词,其特点在于把梅德亚背国离乡的原因追溯得过于遥远——佩利昂树林里的杉树被砍倒,西塞罗认为杉树的砍倒并非梅德亚经受感情波澜并流浪的必然原因,因此说"这一树干中并不存在导致那一效果的必然力量"。"那一效果",显然指梅德亚经受感情波澜并流浪的不幸遭遇。关于欧里庇得斯的悲剧《梅德亚》,Cfr. Euripide, Medea, Introduzione di B. M. W. Knox, Traduzione e cura di Laura Correale, Testo originale a fronte, Feltrinelli, Milano, 2009.

当阿亚克斯的船被扔进“蛇形的电火”的时候，它必然燃烧。[①]

62. 此外，还有一种原因的区别，它们有的完成其结果而几乎不涉及任何心灵企图、意志、意见，有如万物生下来都要死的情形；但有的通过意志、精神失调、习性、自然、技艺、机会完成其结果。通过意志，有如你读这本小册子的情形；精神失调，有如某人害怕当今发生的事情的情形[②]；通过习性，有如某人易于激动并发火的情形；通过自然，有如缺陷逐日加重的情形；通过技艺，有如某人画得好的情形；由于机会，有如某人顺利航行的情形。在这些情形中，没有任何一种无原因，也不是某种情形取决于全部的原因，但这些原因都不是必然的。

63. 然而，在所有这些原因中，有些包含稳定性，有些并非如此。自然和技艺里有稳定性，在其他原因中一点稳定性都没有。

第十七章

而在不稳定的原因中，有些是明显的；有些是潜藏的。明显的，是触及心灵企图和判断的原因[③]；潜藏的，是意外名目下的原因。事实上，由于没有任何事情无原因地发生，一个原因不明、以潜藏方式发生的事件本身就是意外。部分不知，部分故意做成的事情也是如此，不知的是意外造成的；故意的出于精心考虑。

64. ［而意外既出于不知，又出于故意。］事实上，投掷武器是出于意志的，击伤了一个你不愿击伤的人，是意外。由此，公羊在你们的那种诉讼中被作为替罪者：“某人并非想投掷武器，但武器脱手的。”[④]属于不知和轻率的有精神失调，它虽然是出于意志的（因为人们以责备和惩罚来排

---

① 阿亚克斯（Aiax）是维吉尔在《埃涅阿斯纪》中描述的一位英雄，他是萨拉米斯（Salamis）的国王。在特洛伊战争中玷污了卡珊德拉，激怒了雅典娜女神，她为此从云端投下朱庇特的闪电之火烧毁整个的希腊舰队，把舰上的人淹死在大海。阿亚克斯本人的胸膛被刺穿，口吐烈焰。雅典娜又用一阵旋风把他掀起，钉在一块嶙峋的岩石上。参见〔古罗马〕维吉尔：《埃涅阿斯纪》，杨周翰译，译林出版社1999年版，第2页。这里，雅典娜的投火与阿亚克斯的船的起火之间因果关系直接且必然，与杉树的砍倒与梅德亚的不幸命运两件事的关系不同。

② 西塞罗写作本书时，罗马共和国正爆发内战，屋大维、雷必达、安东尼争雄，生灵涂炭，灾难不知何时、以何种方式结束，故如此言。

③ 这些是出于人的内在因素，诸如意志和情感的原因。

④ 这是对《十二表法》第八表第24a条之内容的转述，该条还规定，对于武器脱手伤人的过失者，处以以公羊一只祭神。

除它），但它们包含如此多的内心活动，致使出于意志的结果有时被认为是必然的，或肯定是不知的。

65. 这样一来，就完全阐明了原因这个地方，它们之间的差别为演说家和哲学家们各自的重要争论提供了极为丰富的论据，对你们的争论来说，这种论据如果不更丰富，那就也许更细致。因为最重要的私诉的处理，在我看来，都取决于法学家的智慧。事实上，他们出庭多多，被依赖其智慧的勤勉的辩护律师要求提供建议，他们还为之提供理论长矛。

66. 因此，在所有其中附加了"依诚信"的套语，甚至［确实］附加了"在好人间以好的方式行事"之套语的诉讼中，尤其是在附加了"最公平的即为最好的"之套语的返还妻财的仲裁中，法学家们必须训练有素。事实上，他们教授了什么是恶意诈欺、什么是诚信、什么是善良公平，教授了合伙人彼此间、无因管理人对本人、委托人对受托人、受托人彼此之间、丈夫对妻子、妻子对丈夫必须履行的义务。因此要知道，勤勉地认识了论据之地，不仅演说家和哲学家，而且法学家，也可在其解答活动中进行富有内容的讨论。

第十八章

67. 与这一原因的地方相关的是从原因产生结果的地方。事实上，如同原因揭示了结果，已发生的事情也证实了引起它的原因为何。这一地方通常为演说家和诗人，也经常为哲学家提供论据，但这些能以讲究的修辞和丰富的辞藻讲话的人，通过讲大量的奇异之事，宣告了在何种情形将发生何种结果。因为认识了原因，就认识了结果。

68. 还剩下比较的地方，其种类和例子像所有其他的地方一样，都在前文说过了。[①] 现在必须解释其运用。所以，比较两件东西，得到的结果要么是较大，要么是较小，要么是持平，在此等情形，涉及数、种、力的因素，有时也涉及与某事的关系。

69. 数的比较这样进行：把多的善看得比少的善为重，把少的恶看得比多的恶为重，把耐久的善看得比较短暂的善为重，把长久和广泛扩散的善看得比逼仄的善为重，多的善被传播开来，受到众人模仿，化为他们的

① 参见本书第23节。

行动。

而种的比较这样进行：把必须把为自身欲求的东西看得比为他人欲求的东西为重，把天生和固有的东西看得比获得和外在的东西为重；把纯的东西看得比受污染的东西为重，把令人愉快的东西看得比较少令人愉快的东西为重；把高尚本身看得比功利为重；把容易的东西看得比费力的东西为重；把亲属看得比非亲属为重；把自己的看得比他人的为重；把稀少的看得比大众化的为重；把难忘的看得比你容易忘却的为重；把已完成的看得比刚开始做的为重；把整体看得比部分为重；把基于理性的看得重于缺少理性的；把自愿看得重于强加；把有生命的看得重于无生命的；把自然的看得重于非自然的；把有技艺的看得重于无技艺的。

70. 而在力上要注意这样的比较：产生结果的原因比不产生结果的原因更重要；自足的原因好于需要其他因素的原因；在我们权力下的原因好于在他人权力下的原因；稳定的原因强于不确定的原因；不可夺走的好于可夺走的。

而与某事的关系这样构成：元首们的利益比其他人的利益更重要；更令人愉悦的事情，更多人认可的事情，最有美德的人称赞的事情，同样如此。

此外，如同这些事情通过比较显得较好一样，与它对立的事情，就是较坏的。

71. 而持平的比较结果既不是高也不是低，而是同等。而根据其同等性本身被比较的东西很多，比较的结论几乎都是这样的：如果必须同等地表彰出主意和出力帮助市民的人，同样的光荣应给予出主意者和出力防卫者。因为前者是怎样的，后者也应是怎样的。

现在说完了关于寻找论据的全部规则，我们从定义开始，继而分部，继而词源，继而同源词，继而属，继而种，继而类比，继而种差，继而对反，继而关联，继而后件，继而前件，继而相斥，继而原因，继而结果，继而较大—较小—持平的比较，不必寻找任何其他论据之地了。

第十九章

72. 但由于我们在开头①已做出这样的划分：我们说有些地方包含

---

① 参见本书第 8 节、第 24 节。

在讨论对象本身中,对此我们已说得够多,有些地方是从外界取得的,对此我们说得很少,虽然它与你们的讨论完全无关,但我们只要已开始,就想达成一个完全的论述。事实上,你也不是那种除了市民法一无所好的人,并且由于这些文字是写给你的,它们将来也可能到其他人手中,我们必须承担辛劳,尽可能多地给那些喜好高尚研究的人做些有益的事情。

73. 所以,这一被说成是无技艺的论证存在于证据中。而现在我们说到的证据是一切以某种途径从外在的物取得以达成信实的东西。然而,并非任何人都是有分量的证人,因为为了达成信实要寻求权威。而权威要么来自天性,要么来自情势。天性的权威主要存在于美德中。而在情势方面许多因素造就权威:天才、力量、年龄、意外、美丽、技艺、经验、亲密关系,有时甚至是赶上一些意外事件。事实上,人们认为既天才又健壮的人和在其漫长的人生一直受尊敬的人值得相信,他们也许不对,但大众意见难以改变,不论是为判决的人还是为估价的人,在安排一切事务之时都要考虑它们。事实上,一切由于我说到的这些品质出色的人看来是因为美德本身出色的。

74. 但在我刚才也列举过的其他事情中,虽然没有任何一种属于美德,但有时它们增加信实,人们或是通过运用技艺(因为劝说之道具有极大的力量),或是通过经验(因为在多数情况下有经验的人受到信任)达成这种效果。

第二十章

从身体或从精神产生的窘迫也造成信实。事实上,承受过鞭打、悬吊、烙铁之刑罚的人所说的,被认为说的是事实。由于精神失调、痛苦、贪欲、愤怒、恐惧所说的,因为它们包含了窘迫的力量,也带来权威和信实。

75. 有时,这些可从中寻找到真相的情境也属此类:孩子气、瞌睡、不慎、醉酒、精神错乱。事实上,小孩子也经常指出一些他们不知其所属的事,而通过瞌睡、醉酒、精神错乱,也经常揭破许多事情。许多人不慎落入了可恨的情境中,如同不久前斯塔雷努斯所遭遇的。他说的话被隔着墙的好人们偷听到了,它们被揭露出来,并在审判中援用,斯塔雷努斯因为这些事情被依法判处死刑。[1]［我们还知道与此相类的拉切德莫尼人[2]波桑尼[3]的事情］。

76. 而赶上一些意外事件是这样的：在做了、说了必不得泄露的某事之时，这种情况就发生了。这方面的例子有因被怀疑叛变遭众人投石砸死的帕拉梅德斯[4]的事件，对这种情况有时难以以真相驳斥。普通人的传言也属此，它是某种多数人的证据。

而因美德达成信实的东西可一分为二：其一是因自然有效的，其二是因努力有效的。事实上，神的美德因自然出色，而人的美德因努力出色。

77. 这些证据大约是神的：首先是话语的证据［事实上，神谕(Oracula)之所以被话语的同源词指称[5]，乃因为它内在地包含了神的话语］；其次是内在包含几乎是神的工作的事物的证据，首先是世界本身及其全面的秩序和装饰，然后是天空中鸟的飞翔和歌唱，以及同一天空中的声音和热，以及奇妙的大地上的众多事物，以及通过动物内脏找到的预兆，以及在睡眠中看到的许多征兆。有时人们惯于从这些地方提取论据使神的证据变得信实。

78. 对于人，关于其美德的意见最有效。而此等意见是这样的：那些人不仅具有他们实际具有的美德，而且具有他们看来具有的美德。因此，

---

① 全名为盖尤斯·埃流斯·斯塔雷努斯(Gaius Aelius Stalenus)。这里的文字容易误解为斯塔雷努斯由于受贿被判死刑。但请注意"这些事"的复数表达。根据文献传统，斯塔雷努斯犯有受贿和煽动兵变两桩罪行，他是由于后者被处死刑的。

② 拉切德莫尼是斯巴达的别称。

③ Pausania，斯巴达统帅(？—公元前569年)，武功卓著，率希腊联军赢得第三次希波战争的胜利。后因涉嫌与波斯王私通，企图当全希腊的僭主，被召回斯巴达受审，初因证据不足开释。但在其背叛的书证败露后有被捕之虞时，逃入雅典娜神庙避难，当局下令用石头封神庙，其母搬了第一块石头。被困而死。

④ Palamedes，希腊神话中的人物，参加特洛伊战争，因揭破尤里西斯(又称奥德修斯)为避战实施的装疯，迫使他参加同一战争得罪后者。后者在帕拉梅德斯的帐篷中置放一袋黄金和一封伪造的特洛伊国王普里亚姆(Priamo)写给帕拉梅德斯的信，帕拉梅德斯因叛变受审，处石头砸死之刑。受刑前高喊："真相呀！我为你先我遭受的死而哭泣。"因为这句话，帕拉梅德斯案件被作为司法不可知的第一个著名事例载入史册。智者高尔吉亚做专文"为帕拉梅德斯辩护"阐述问题的这一方面，这是一篇虚拟的帕拉梅德斯为自己的案件做出的辩护言论，中译文见叶秀山：《前苏格拉底哲学研究》，人民出版社1997年版，第357页及以次。

⑤ 话语的拉丁文是oratio，神谕的拉丁文是oracula，词形相近，所以西塞罗说它们是同源词。

对他们认为具备天才、勤勉、预言的学问的人,以及他们认为过着持重和诚实的生活的人,如伽图①、雷流斯②、西庇阿③和许多其他人,他们就认为这些人是他们希望的样子。不仅被人民授予荣誉的人、致力于国务的人,而且演说家和哲学家、诗人和历史学家,也承受这样的期望。人们经常从他们讲过的话、写的东西中寻找权威以达成信实。

第二十一章

79. 阐述了所有的论据之地,首先必须明白,没有任何讨论不用此等地方中的某个,也几乎从不在所有的讨论中用上所有的地方,有些问题更适合于另一些地方。

问题有两种,一种是不确指的,一种是确指的。确指的是希腊人叫做假设(νπόθεσιν),我们叫做实践问题(Causa)的东西;不确指的是希腊人叫做断定命题(θέσιν),我们可名之为理论问题(Propositum)的东西。

80. 实践问题通过确指的人、地方、时间、行动、事务来确定,或者确定此等因素的全部,或者确定它们中的多数。而理论问题要么由它们中的某个确定,要么由它们中的多个,但不由最重要的确定。因此,理论问题是实践问题的一部分,而所有的【理论】问题都包含体现在实践问题中的某些要素:要么是一个,要么是多个,要么是全部。

81. 而此等【理论】问题,不论它们涉及上述何种要素,只有两种:一是认识问题,二是行动问题。

82. 认识问题是以科学为目的的问题,当人们问法是从自然产生的还是从某种假想的人们的状况和协议产生的时候,发生这种问题。而行

① 此处的伽图为老伽图,即马尔库斯·波尔丘斯·伽图(Marcus Porcius Cato,公元前234—公元前149年),古罗马平民出身的政治家和作家。第二次布匿战争时从军,后又转战西班牙、马其顿等地,历任财务官、裁判官、执政官、监察官等职。维护罗马传统,反对希腊文化传入,并极力主张毁灭迦太基。

② 盖尤斯·雷流斯(Gaius Laelius),罗马的将军和政治家,公元前140年任执政官,对第二次布匿战争中罗马对迦太基的征服做出了极大贡献。以演说家著名。

③ 西庇阿家族的名人有好几个。这里的西庇阿用单数,应该指小西庇阿(Publius Cornelius Scipio Aemilianus Africanus)。罗马共和国的著名军事家、政治家、演说家。征服迦太基。爱好希腊文艺,庇护希腊学者文人,成为罗马贵族中吸收希腊文化的西庇阿集团的核心。

动问题有这样的例子：智者是否要涉身国事？[1]

认识问题有三种：问某物是否存在；问它是什么；问它怎么样。前者以推测解释；中者以定义解释；后者以正义和不义的区分解释。

推测的方法分为四种，问某物是否存在时，用第一种；问它从何处来时，用第二种；问它是什么原因造成的时，用第三种；问它是否会发生改变时，用第四种。是存在[还是不存在]这样问：真的有高尚吗？公正是一个有形的物呢还是仅存在于意见中的东西？从何处来，有如人们问美德是天生的还是习得的情形。而对造成结果的原因这样问：什么东西造就了口才？关于改变这样问：口才是否可因某种变故变成木讷？

第二十二章

83. 而在问是什么时，必须解释特点、特性、分部和分种。这些确实是定义的内容，还要加上希腊人称之为刻画(χαραμτῆρα)的描述。这样问特点："公平是否为对强者有利的事情？"[2]这样问特性："悲伤是只落在人的头上，还是也落在动物的头上？"这样问分部，问分种的方式与此同："善有三种吗？"这样问描述："贪婪是怎样的，献媚者[是]怎样的？"还有其他用来描述自然和人的生活的属。

84. 而当问到某物是什么时，或简单地问，或比较地问。简单地问：光荣值得追求吗？比较地问：应把光荣看得重于财富吗？简单地问有三种：值得追求还是避之唯恐不及？公平还是不公平？高尚还是卑污？而比较的问法有二，一是同与异的比较，二是大与小的比较。值得追求还是避之唯恐不及的比法是这样的：是值得追求财富还是必须逃避贫穷？公平还是不公平的比法是这样的：报复任何侵辱了你的人都是公平的吗？高尚还是卑污的比法是这样的：为祖国而死高尚吗？

85. 而在另一个本身两分的比较问法中，一种是同与异的比较，例如

---

① 这是一个在古希腊学者间经常争论的问题。例如，伊壁鸠鲁说，除非卷入某事，智者不要涉身国事。芝诺却说，除非遇到什么障碍，智者要涉身国事。Cfr. Benedetto Riposati, Studi sui Topica di Cicerone, Edizioni dell'Università Cattolica del S. Cuore, Milano, 1947, p. 202.

② 根据柏拉图的记述，这是哲学家斯拉西马库(Thrasymachus)说过的一句话。参见叶秀山：《前苏格拉底哲学研究》，人民出版社 1997 年版，第 352 页。在柏拉图的《法律篇》中也有类似的话。参见〔古希腊〕柏拉图：《法律篇》，张智仁、何勤华译，上海人民出版社 2001 年版，第 121 页。

问朋友与献媚者有何不同？王与暴君有何不同？另一种是大与小的比较，例如问口才还是市民法知识更重要？认识问题就到此为止。

86. 还剩下行动问题，它有两种，一种是关于义务的；另一种是关于煽动、缓和或扑灭内心情绪的。关于义务的问题是这样的：应生儿育女吗？关于内心情绪的问题是这样的：应劝人保卫共和国、追求赞誉、追求光荣吗？属于此类的还有抱怨、鼓动、怜悯和悲伤；另一方面，也有平息怒气的、消除恐惧的、缓和过分的兴奋的、消除悲伤的演说。这些都属于理论问题，它们可转化为实践问题。

第二十三章

87. 而接下来须考虑适合于每个问题的地方。确实，所有上述地方适合多数问题，但正如我说过的，某些地方更适合于某个问题。所以，从原因、结果、同源词等地方可以获取最适合于推测的论据。而属于定义的有定义的方法和知识。与此接近的是我们已称之为相同—差异的关系，这种关系在某种意义上是定义的一种形式。因为如果问坚固和耐久是否相同，必须通过定义为判断。

88. 而适合于这种问题的地方有后件、前件、相斥，关联和从原因和结果获得的地方也是如此。事实上，如果这件事是那件事的后件，它就不会是另一件事的后件；或者，如果这件事是这件事的前件，同样它就不会是那件事的前件；或者，如果某物相斥这个东西，则它就不会相斥那个东西；或者，如果这是这个东西的原因，那么那是那个东西的原因；或者，如果这是这个东西的结果，那么那是那个东西的结果。从任何这些地方中都可发现所探究的事情是同一个还是另一个。

89. 关于问某物怎么样的第三种问题，涉及比较，我在不远的前文谈比较的地方时已列举过它们。[①] 而问值得追求还是避之唯恐不及的问题，运用的论据涉及心灵的或身体的或外在的有利或不利。

同样，在问高尚还是卑污的情形，所有的论述都必须围绕着心灵的善或恶。

90. 而在谈论公平或不公平的情形，要列举关于公平的诸多地方。

---

① 参见本书第 68 节及以次。

它们分为两个部分：自然的或制度的。自然的有两个部分：各得其所和报复权。制度的公平则可三分：第一是法律上的；第二是协议上的；第三是先人确定的习俗上的[公平也被说成三分，一是属于天上的神的；二是属于死者幽灵的；三是属于人的。第一种称之为虔诚；第二种称之为不可侵犯；第三种称之为正义或公平]。

第二十四章

关于理论问题已说得够多，接下来必须简要地说明实践问题，事实上，它与理论问题共有大部分地方。

91. 那么，实践问题有三种：司法性的、审议性的和赞扬性的。[①] 它们本身的目的指出了它们必须用什么地方。事实上，司法性的目的是法，它也由此得名，而法的部分连同公平的部分已在前文阐述过了[②]；审议的目的是功利，有关它的部分在前文[谈到值得追求之物时]已阐述过了[③]；赞扬的目的是高尚，前文也讨论过它。[④]

92. 但确指的问题都基于其自身几乎专有的各个地方建立起来……它们分为控告与辩护，其中有这样的论证：控告人主张某人做了某事，某个辩护人用三种方式加以反驳：未实施该行为；或如果实施了某行为，其行为应叫做另外的名称；或该行为是依法实施的。所以，第一种反驳被称为否定的或推测的；第二种被称为定义性的；第三种被称为具有合法性的，虽然这个名词不怎么好听。[⑤]

第二十五章

这一适合于脱罪的论据得自我们阐释过的那些地方，我已在演说规

① 关于这三种实践问题，西塞罗在其《论演说家》1，141 和 3，109 中已谈到过。参见王焕生的中译本，中国政法大学出版社 2003 年版，第 95 页、第 585 页。

② 参见本书第 84 节。

③ 参见本书第 90 节。审议性的演说在各种讨论问题的会议上发表。关于对这种演说的要求，西塞罗的《论演说家》2，82 有详细论述。参见王焕生的中译本，中国政法大学出版社 2003 年版，第 473 页及以次。

④ 参见本书第 76 节。关于对赞扬性演说的要求，西塞罗的《论演说家》2，84 有详细论述。参见王焕生的中译本，中国政法大学出版社 2003 年版，第 479 页及以次。

⑤ 为了表达这个意思，罗马人专门创造了 Juridicialis 这个词，故如此说。

则中阐明之。

93. 而用来脱罪的对控告的反驳,有鉴于它被希腊人叫做争点(στάσις)[①],被拉丁人叫做案件的属性(status)[②],首先要着手攻击性的辩护以资防卫。此外,在审议性的和赞扬性的问题中也有同样的争点。因为某人在其意见中声称要发生的事情,经常被否定会发生,这要么因为它们根本不可能发生,要么因为非经极大的困难不可能发生,在后种论证中,有推测的争点之运用。

94. 在探讨涉及功利、高尚、公平的某事,以及在涉及它们的对反概念的某些事时,会碰上法的争点或名目的争点。这同样发生在赞扬性的问题中,因为人们可否定发生了被赞扬的事情;或主张它不是根据赞扬者提到的名目做的;或主张它不是正当地和合法地做的,根本不值得赞扬。所有这些争点都被恺撒极无耻地用来反对我的伽图。[③]

95. 但从争点产生了希腊人称作待决之事(μρινόμενον)[④]的争论,因为我现在确实为你写作,我喜欢把它称作诉讼标的。而维持此等诉讼标的的道理可称为支点(continentia),它如同辩护的基点,去之则辩护落空。

但由于在决定争议时应没有任何东西比法律更坚固,我们必须努力求诸法律并求诸证人。

---

① 古希腊文,意思是"在位置上""争议"。

② 该词一望而知的含义是"身份",但它在此处的含义是演说术演变史中的老问题,根据这方面的专家詹尼斯·劳尔的研究,其含义是"出发点""产生于争议当事人的第一次冲突的问题""通过明确情境中的关节点开始谈话或型构问题的过程",它不是开启提出的问题的行为,而是开启基础点或原则点的行为,目的在于确定什么是要点。See Janice M. Lauer, *Invention in Rhetoric and Composition*, Parlor Press, West Lafayette, 2004, p. 14, p. 27, p. 29, p. 57.

③ 这个伽图是小伽图(Marcus Porcius Cato,公元前95—公元前46年),老伽图的曾孙。政治家、斯多亚哲学的信徒,公元前62年担任保民官。后加入庞培派反对恺撒,在恺撒的军事胜利的压力下于北非的乌提卡(Utica)自杀。此后,西塞罗于公元前46年底发表了一篇对小伽图的赞词,在罗马引起了轰动,深刻影响舆论,恺撒在奥鲁斯·伊尔求斯(Aulus Irzius)之后,不得不写了一部两卷的作品《反伽图论》愤怒指责伽图。西塞罗与伽图都是共和党人,因此说"我的伽图"。西塞罗和恺撒赞美或反对伽图的著作都已失传。参见〔苏联〕乌特琴科:《恺撒评传》,王以铸译,中国社会科学出版社1986年版,第387页。又参见〔日〕盐野七生:《罗马人的故事V:恺撒时代(卢比孔之后)》,黄红杏译,三民书局1998年版,第226页。

④ 古希腊文,演说术术语,意思是"对被告辩护的审查"。例如,原告控告被告做了某事,被告称自己未做。Krinomenon 表现为问:"他真的做了吗"?

在求诸法律方面有其他新争点，它们被说成是合法性辩论。

96. 事实上，有时可以这样辩护：那个法律并未规定对手希望的事情，而是规定了另外的事情。而这发生在法律的文句模棱两可，可以解释出两种意见的情形。此外，也可拿作者的意思反对其文句，由此要研究是文句还是意思更有效。最后，可拿一个法律来反对另一个法律。

这三种事情在任何书面文件中都可能引起争议：模棱两可、文句与意思不一致、文句矛盾。

第二十六章

至此显然，同样的争议不仅可能存在于法律中，而且也存在于遗嘱、要式口约和任何其他书面契据中。这方面的研究我在其他书中①已展开过了。

97. 上述部分专有、部分共有的地方，不仅对所有的诉讼，而且对演说的分部，都有帮助。例如在开头，为了让听众有好感、舒服和注意，必须运用专有的地方。同样，在述事时，要不跑题，换言之，要平实，要简短，要明确，要可信，要有品格，还要有尊严。虽然这些特质都应包含在整个的演说中，但它们更应体现在其陈述事实的部分中。

98. 而信实随述事的完结而来，它是通过劝说达成的，什么地方最利于达成劝说，我已说过了，是在讲演说的一般原则时说的。② 而结尾有某种其他的地方，尤其是夸张，其效果应该是【让听众】精神失调或心灵平静，而且，如果听众的心灵事先已受了这样的影响，则演说要增加其势头或舒缓之。

99. 对这种激起人们的怜悯、愤怒、仇恨和嫉妒等情绪的演说，其他书③也提供了有关的准则，如果你愿意，可以和我一起读它们。

就我知道的你欲求的知识而言，现在应完全满足了你的愿望。

100. 事实上，为了不遗漏某种涉及在各种情况下获取论据的技巧，

---

① 例如，在西塞罗的《论寻找》2，40 – 49 中，它们讨论了对模棱两可的文句、相互矛盾的法律等问题的处理。

② 参见本书第 6—24 节。

③ 例如西塞罗的《论演说家》2，42 就是关于激动听众心灵的演说的，可能属于这里提到的“其他作品”。参见王焕生的中译本，中国政法大学出版社 2003 年版，第 337 页。

我已谈论了超过你要求的问题，我所做的是慷慨的出卖人通常所做的，他们在出售一所房屋或一块土地时，凡能拆除和砍伐的都带走，但他们把某些物件留给买受人，它们作装饰之用，看来适合留在原地。本来，我们对你的债务大致以给付你要式移转物[①]为内容，这样，我们把并不欠你的某些装饰物也饶给了你。

① 此处的要式移转物指前面提到的房屋或土地。此段证明，要式移转物与不要式移转物的分类在西塞罗的时代还存在，但到了优士丁尼时代，取消了这种分类。

附录：西塞罗于公元前 44 年 7 月 28 日在雷朱姆写给特雷巴求斯的信①

徐国栋 译

致盖尤斯·特雷巴求斯

看看你在我心里有多重！而这不过是你应得的，因为我并未在情爱上胜过你，然而，那件我几乎拒绝做的事情，或那个你我共处时我无论如何未曾给你的东西，在当今你远离我之际，我不能继续欠你的债而不心神烦乱了。因而，我一旦从维利亚启程，我就着手翻译亚里士多德的《地方论》②，心里想的是与你有如此亲切的联系的城市的风光。我从雷朱姆寄给你这本书，它是在主题允许的范围内以尽可能清晰的风格写成的。但如果某些部分在你看来有些晦涩，你要想到，从书本中学到一门技艺，非经某人的讲解或就它做一些练习，是不成的。你不必在这一主题上跋涉太远。你们的市民法可以从书本学得吗？尽管已有很多这方面的书，它们还是要求老师和实践的配合。然而，如果你认真地、反复地读它，你可凭自身的力量掌握全部的主题，至少做到理解它。这样，当提出问题时，一些现成的说法会立即出现在你的心田，而事后你要做一些练习。如果我安全回家并发现诸事平安，我要在这方面帮助你。

7 月 28 日于雷朱姆

---

① 根据 Evelyn Shuckburgh 的英译本（载 http://www.perseus.tufts.edu/cgi-bin/ptext?doc=Perseus%3Atext%3A1999.02.0022，2006 年 10 月 16 日访问），参照拉丁文本译出。

② 有人认为西塞罗的《地方论》是对亚里士多德的另一未流传于我们的《地方论》的翻译。Cfr. Giuliano Crifò, Per una lettura giuridica dei Topica, In Annali dell' Istituto Italiano per gli studi storici, I (1967/1968), Napoli, p. 113.

第二部分

西塞罗《地方论》研究

第一章 《地方论》中的修辞学问题研究

第一节 古今修辞学比较以及古代修辞学与诉讼的关联

修辞学是一个古今有别的术语。今人用它指关于语法和用词的理论,而古希腊人用它指公共演讲之道。Rhetorica 一词由动词 Rheo 派生而来,后者指“谈话、讲话、谈论、议论”,派生的名词是 Rhetoreuo,指当众发表讲话。[①] 简言之,现代的修辞学是“写”的艺术,古代的修辞学是“讲”的艺术。当然,讲的内容也要先写成文章背下来,然后再朗诵出去,所以,把修辞学说成为文之道未尝不可,在这一点上它与现代修辞学同。但古代修辞学的“写”是为了讲,讲的结果是“听”——求诸受众的听觉;而现代修辞学的“写”是为了“读”——求诸受众的视觉,两者颇为不同。“听”是在短暂时间内完成的被动活动,一个命题或问题转瞬即逝,能听多长,多清楚,由讲话人掌控;“读”是一个读者在自己掌握的时间内完成的主动活动,他们可以把自己的目光长久停留在一个命题或问题上,品味再三,然后再往前读。由此可见,“听”的理性成分比“读”少得多,这种特性决定了古代修辞学的特性:通过强烈的刺激占有听众的心灵,为了获得这种占有,不惜使用种种烟幕性的技术手段。这种特性导致古代修辞学在后世的式微。

从其起源来看,修辞学还是特别与司法有关的演讲之道。关于修辞学起源的说法纷纷纭纭,诉讼关联说十分流行。该说认为,修辞学产生于

---

① 参见汪子嵩等:《希腊哲学史》(第 2 卷),人民出版社 1993 年版,第 116 页及以次。

公元前5世纪上半叶的叙拉古(西西里的一个希腊城邦),当时叙拉古的暴君塞拉西布鲁斯(Thrasybulus)被推翻,形成了民主政治,在暴政时期被征用财产的所有人要求返还其财产,由此产生了大量的财产诉讼。为了帮助普通人在法庭上证成自己的主张,叙拉古人科拉克斯(Corax)创立了修辞学,他最早完成了演说的分部。迪西亚斯(Tisias)是科拉克斯的学生,是一位律师,他发展了法律修辞学。[①] 从西塞罗《地方论》以诉讼为轴心来看,诉讼关联说可信。所以,古代修辞学就是通过"听"的途径说服法官和陪审团的学问。修辞学与法律的关联为它于现代在法学上的复兴埋下了伏笔。

与希腊不同,古罗马无名为修辞学的学问,只有演说术与之对应,西塞罗和昆体良(Marcus Fabius Quintilianus,约35—约95年)都留下了这方面的著作。无疑,演说术就是公共演讲之术,这一意思与修辞学的意思同。在我看来,演说术的拉丁词不过是对修辞学的希腊词的翻译而已,两者完全相同。

说如上这些,是为了明确作为本章论题的地方论的坐标:简言之,它是希腊的修辞学和罗马的演说术的一部分。修辞学的一般性质——无论是好的还是坏的——都会决定或影响地方论的性质。

第二节 《地方论》的基本结构

西塞罗的这一袖珍著作被后人分为26章,100节。从逻辑上看,其内容分为如下10个部分。

第一部分包括第1—5节,讲写作这一小书的缘起。讲本书的直接受众(应该采用单数"受者"才确切)特雷巴求斯如何对亚里士多德的《地方论》发生兴趣,西塞罗如何承担讲解这一希腊著作的责任而不能履行,最后告知我们他在去希腊的航船上找到了履行的机会。当然,在讲这一故事的同时,穿插讲了地方论的含义以及作者面临的窘迫的政治局面:面临

---

① 参见杨贝:《法律论证的修辞学传统》,载葛洪义主编:《法律方法与法律思维》(第4辑),法律出版社2007年版,第65页。

性命之忧。据说,这一部分完全是虚拟的。①

第二部分包括第 6—8 节,是全书的总纲,说明论述理论的构成:寻找和判断,西塞罗表示有时间两者都讲,但他实际上只讲了前者。然后给地方下定义,并把地方分为内在的和外在的。接下来把内在的地方分为若干细类。

第三部分包括第 9—23 节,概述内在的地方,它们有:讨论对象的整体、讨论对象的部分、符号、与讨论对象相关的事情(其中又分为若干类)。接下来是对与讨论对象相关的事情的展开,包括同源词、属、种、类比、种差、对反、关联、前件、后件、相斥、结果原因、结果、比较,用了 12 节的篇幅,与其他内在的地方都只占一节的篇幅形成对照,由此可以说,"与讨论对象相关的事情"是内在的地方中的一个"大肚子"。

第四部分是第 24 节,它是外在的地方的总纲。它以最简要的方式说明了什么是外在的地方,把细节留给相隔遥远的其他节。

第五部分包括第 25—71 节,是对内在地方的展开,它构成全书的重点。详述了兼包讨论对象的整体和部分的定义理论、词源推论方法,以及从属、种、类比、种差、对反、关联、后件、前件、相斥、原因、结果、比较做推论的方法,中间穿插许多引申性的论述,例如对逻辑学中的六种式的论述。

第六部分包括第 72—78 节,是对外在的地方的展开。阐述了证据理论。这里的证据是一切外在的能达成信实的权威,而这样的权威又分为美德、窘迫、灵肉分离、意外事件等类型。

第七部分包括第 79—86 节,是对问题理论的说明。把问题分为确指的问题和不确指的问题、认识问题和行动问题。各种问题又分为若干子类型。

第八部分包括第 87—96 节,是对问题与地方的关系的说明,说明特定的问题的论证适合于寻找某些地方,不可能寻找全部地方。

第九部分包括第 97—99 节,讲演说中调动听众情绪的技巧。

第十部分是第 100 节,是全书的结论。西塞罗以此说明自己阐述的理论的广度超过了特雷巴求斯的要求。

---

① Cfr. Giuliano Crifò, Per una lettura giuridica dei Topica, In Annali dell' Istituto Italiano per gli studi storici, I(1967 /1968), Napoli, p. 126.

以上为侧重西塞罗《地方论》的修辞学内容做出的结构分析。但意大利学者朱里亚诺·克里佛认为还可根据此书的法学内容对它做结构分析,它分为例子——决定——法律理由(偶尔有)三个层次。所以,他认为西塞罗的《地方论》具有双重结构。[①]

我采取序言、地方理论、问题理论、问题与地方的配合理论的顺序进行论述,另外把作为例子的法律问题单独在本书第二章论述。

第三节 《地方论》序言中所为陈述的真实性研究

西塞罗在《地方论》的前部宣称,为了满足特雷巴求斯的要求勉力写成本书介绍亚里士多德的《地方论》的内容,他真的这样做了吗?答案恐怕是否定的,因为《地方论》的如果不是全部内容,那也至少是多数内容是对西塞罗在先发表的几部演说术著作的重述。兹举例说明。

《地方论》最核心的内容是论据的分类理论。主要分为讨论对象内在的论据和从讨论对象外部获得的论据(第 8 节)。这种分类在西塞罗早于《地方论》11 年(公元前 55 年)写成的作品《论演说家》2,39,163[②] 中讲过了。在《地方论》中,对从外部获得论据的 13 个地方的论述(它们是同源词、属、种、类比、种差、对反、关联、前件、后件、相斥、结果原因、结果、比较)占据了相当的篇幅,而这些地方在《论演说家》2,39,166 中也已以略微不同的方式讲过了,它们是同源词、属、部分(相当于种)、类比、不可比(相当于种差)、对反、一致、在先和相斥、原因、结果、比较,共有 12 个,除了没有"关联",这里的一切地方都有《地方论》中的对应物,例如,"一致"对应于"后件","在先"对应于"前件"。[③]

《地方论》的第七部分是问题理论,把问题主要分为不确指的问题和确指的问题(第 79 节);认识问题和行动问题(第 81 节)。前一对问题在《论演说家》2,65 中已以远为明确的方式讲过了,并明确说明这种分类的

---

① Cfr. Giuliano Crifò, Per una lettura giuridica dei Topica, In Annali dell' Istituto Italiano per gli studi storici, I(1967/ 1968), Napoli, p. 139.

② 参见〔古罗马〕西塞罗:《论演说家》,王焕生译,中国政法大学出版社 2003 年版,第 327 页及以次。

③ 参见〔古罗马〕西塞罗:《论演说家》,王焕生译,中国政法大学出版社 2003 年版,第 329 页及以次。

作者是演说家克拉苏斯。[①] 而且在公元前46—45年完成的《论演说的分部》的第4、9、61节等处中也讲到了这种分类。[②] 后一对问题则在《论演说家》3,113及以次中也以远为明确的方式讲过了。把认识问题分为假设、界定和结果三个方面。把行动问题归结为有关义务的问题,等等。[③]

《地方论》第91节把实践问题分为司法性的、审议性的和赞扬性的,并在以下的数节中论述了它们。这种对实践问题的区分在公元前87年开始写的《论寻找》第1、7和8节中已谈过了,并明确说明这种分类的作者是亚里士多德[④],不过赞扬性的实践问题在《论寻找》中是展示性(Demonstrativo)的实践问题,但两个表达的意思完全一致。

《地方论》第94节讲到了反驳的三种战略:你为之得意的事情并未发生;或虽发生但不是以你想象的名目;或虽发生但并不似你想象的那样值得赞扬。这几招在《论演说的分部》第107节也讲过了。

《地方论》第9节关于市民法的定义"市民法是为属于同一城邦的人确立的公平,以保护他们的财产"基本重复《论演说家》1,42,188对同一客体的定义"……市民法需要确定这样的目标:应该保持市民在财产和诉讼中基于法律和习俗的公平"。[⑤]

以上为粗略的扫描,它已允许我们断定:西塞罗的《地方论》不是专为特雷巴求斯写的一部新作,而基本上是对作者已有作品的一个概述或重组,有时是对《论演说的分部》的重复。[⑥] 正如贝特鲁奇教授在本书的导言中援引的一种通说所表达的:《地方论》是对西塞罗的三部主要的修辞学作品——即《论演说家》《布鲁图》和《演说家》——的总结。这意味着西塞罗人品上的缺陷:他"忽悠"了其密友特雷巴求斯。他不该推荐这位老弟去借助于修辞学家和哲学家读亚里士多德的原著,推荐他去读自

---

① 参见〔古罗马〕西塞罗:《论演说家》,王焕生译,中国政法大学出版社2003年版,第251页及以次。

② Cfr. Cicero, De Partitione Oratio, On www. thelatinlibrary. com,2003年10月5日访问。

③ 参见〔古罗马〕西塞罗:《论演说家》,王焕生译,中国政法大学出版社2003年版,第587页及以次。

④ Cfr. Cicero, De Inventione, On www. thelatinlibrary. com,2003年10月5日访问。

⑤ 王焕生的中译本,中国政法大学出版社2003年版,第133页。

⑥ Cfr. Marco Tullio Cicerone, Qual è il miglior oratore; le suddivisioni dell'arte oratoria; i topici, a cura di Galeazzo Tissoni, Arnoldo Mondadori Editore, 1973, Introduzione, p. 192.

己的旧作就得。难道特雷巴求斯有“希腊的和尚会念经”的活思想,如果西塞罗毛遂自荐会让他感到乏味?西塞罗不该在《地方论》中花5节的篇幅吹嘘自己如何看重特雷巴求斯的期望,暗示自己是克服万难把亚里士多德的《地方论》的要点在这个场合转述给特雷巴求斯的,实际上,他的工作远不如他宣称的那么费力,他抄了近道,糊弄了自己的朋友。如果受环境所迫做这种糊弄可以原谅,在糊弄的反方向上宣传自己就不可原谅了。无怪乎西塞罗在品质上不断受到后人非难。①

但西塞罗还有机会使自己获得“赦免”。按他在《地方论》中自己的说法,写完从第6节到第24节的文字,他已经履行了自己的债务——介绍亚里士多德的《地方论》,其余节的写作都出于自愿多为给付。由此可以把西塞罗《地方论》的内容两分:亚里士多德的东西和西塞罗自己的东西。西塞罗在后一部分贩卖自己的货色没有任何道德责任,但如果他在前一部分在亚里士多德的名头下贩卖自己的货色,则罪过不小。实际上,在作出终审判决之前我们已能确定西塞罗犯了一宗不诚实罪。如前所述,这18节的内容基本上在西塞罗11年前的作品《论演说家》中已讲过了,西塞罗完全可以建议可怜的特雷巴求斯看自己的旧作,不必在这里装模作样地转述亚里士多德的著作。当然,如果西塞罗在11年前确实讲的是亚里士多德的东西,他的罪过可以减轻。然而,事情恐怕并非如此。比较一下两部《地方论》很快可以得出结论。从内容上看,西塞罗的《地方论》与亚里士多德的同名著作相去甚远。试举两例说明之:

例一,亚里士多德的地方理论与西塞罗的同名理论不同。首先,前者区分共同的地方(κοινός τόπος)和专有的地方。共同的地方通用于各个学科,专有的地方只能运用于某个学科。② 西塞罗的《地方论》不作这样的区分。③ 而且,西塞罗的“共同的地方”就是一些演说中常用的套语的

---

① 例如,西塞罗对恺撒的态度就是两面三刀,表里不一,这导致其后世的崇拜者对他深深失望。参见〔苏联〕乌特琴科:《恺撒评传》,王以铸译,中国社会科学出版社1986年版,第14页。卢梭则说西塞罗“……爱自己的光荣更甚于爱自己的祖国;他追求的与其说是保卫国家的最合法而又最妥当的方法,倒不如说是要使自己享有这一事件的全部荣誉的办法”。参见〔法〕卢梭:《社会契约论》,何兆武译,商务印书馆1980年版,第166页及以次。

② 参见〔古希腊〕亚里士多德:《修辞学》,罗念生译,三联书店1991年版,第29页。

③ See Janice M. Lauer, *Invention in Rhetoric and Composition*, Parlor Press, West Lafayette, 2004, p. 19.

意思,被作为赞扬或批评某人的论据而非可以从中找到论据的地方。其次,前者在共同的地方中区分肯定式修辞式推论的地方和否定式修辞式推论的地方。在其《修辞学》列举的 28 个共同的地方中,对反、同根词(采用了“相似的屈折”的表达)、相关的术语、较大或较小的比较、对时间的考虑、用对方的话的反攻、定义、一词多义、剖分、归纳、判断、列举部分、后件、对立、自相矛盾、类推、同果同因、相反的抉择、可能有的动机、原因、已发生但不可信的事情是肯定式修辞式后件的地方,共有 21 个;矛盾、解释、原因、更好的策略、合并考虑、错误、名字的含义是否定式修辞式推论的地方,共有 7 个。① 这些地方只有少数与西塞罗在其《地方论》中提出的 13 个地方,即同源词、属、种、类比、种差、对反、关联、前件、后件、相斥、产生结果的原因、结果、比较相同,例如对反、原因、比较等相同。

例二,亚里士多德在其《地方论》中,认为有三种定义:其一,实质定义,即关于事物性质的陈述;其二,名称定义,即解释名称意义的定义;其三,发生定义,即关于事物为什么存在的定义。但西塞罗在其《地方论》中提到定义有四种,第一,关于事物本身是什么的定义;第二,关于对事物的理解的定义;第三,分种式定义;第四,分部式定义。此外,西塞罗后来还在第 83 节补充了描述式定义。可以看出,西塞罗的定义理论与亚里士多德的定义理论不仅在定义类型的数量上,而且在定义类型本身上都不同。

以上为我的观察。华盛顿大学的菲利普·德·雷西(Phillip De Lacy)的观察得出了同样的结论:西塞罗对主题的论述完全与亚里士多德相异,因为西塞罗不考虑哲学的地方与修辞学的地方的差异,而亚里士多德注重这一差异。西塞罗采用的一些地方——例如关联、前件、后件、排斥——就是亚里士多德的《地方论》中没有的。②

再看看德国学者特奥多尔·菲韦格(Theodor Viehweg,1907—1988年)的观察。他认为两个《地方论》很不相同。亚里士多德关注的是理论

---

① 参见〔古希腊〕亚里士多德:《修辞学》,罗念生译,生活·读书·新知三联书店 1991 年版,第 119 页及以次。同时参照 J. H. Freese 的英译本,On http://www.perseus.tufts.edu/cgi-bin//ptext? doc = Perseus%3Atext%3A1999.01.0060& layout = &loc = 2.23.1,2006 年 10 月 21 日访问。

② See Phillip De Lacy, Book Review, Studi sui “Topica” di Cicerone by Benedetto Riposati. (“Edizioni dell'Università cattolica del S. Cuore”, Serie Publicazioni, Vol. XXII,) Milano: Società editrice “Vita e pensiero” 1947, pp. xv + 338, In *Classical Philology*, Vol. 45, No. 1. (Jan., 1950), p. 55.

构建,西塞罗关注的是运用已经完成的地方,他是在利用亚里士多德的成果。[①] 亚里士多德认为公理和辩证的区分极为重要,而西塞罗并不关注这一问题。[②] 前者打算把自己适用于广泛的问题域,后者打算把自己适用于特别的问题域。[③] 前者仅勾勒出所有"可思的问题"之论题目录,而后者倾向于方法论上的论证价值。[④]

卡瓦拉认为,亚里士多德的《地方论》关注的基本上是根本,而西塞罗的《地方论》关注的是结果。[⑤]

奎里努斯·布林(Quirinus Breen)认为,亚里士多德的地方只是一些可以从中评判盖然性命题的观点,西塞罗的地方是论据的所在地,是我们从中汲取知识的渊薮。[⑥]

西塞罗的《地方论》对于几个主要地方的论述之所以与亚里士多德不同,乃因为他不仅采用了亚里士多德的地方理论,而且采用了斯多亚学派的地方理论,例如,前件、后件、相斥三个地方就属于这样的来源。[⑦]

当然,不同不等于不好,不同可以理解为继承并发展,青出于蓝而胜于蓝,但问题在于要说实话。

那么,西塞罗的地方理论从哪里来的?后世学者的研究告诉我们,是从怀疑派、斯多亚派和伊壁鸠鲁派来的。[⑧] 亚里士多德的理论与它们的

---

① See Theodor Viehweg, *Topics and Law*, Trans. by W. Cole Durham, Jr. , Peter Lang, New York, 1993, p. 17.

② See Theodor Viehweg, *Topics and Law*, Trans. by W. Cole Durham, Jr. , Peter Lang, New York, 1993, p. 14.

③ See Theodor Viehweg, *Topics and Law*, Trans. by W. Cole Durham, Jr. , Peter Lang, New York, 1993, p. 24.

④ 参见舒国滢:《寻访法学的问题立场——兼谈"论题学法学"的思考方式》,载《法学研究》2005 年第 3 期,第 17 页。

⑤ Cfr. Gianluca Sposito, Il Luogo dell' Oratore: Argomentazione Topica e Retorica Forense in Cicerone, Edizione Scientifiche Italiane, Napoli, 2001, p. 35.

⑥ See Quirinus Breen, "The Terms 'Loci Communes' and 'Loci' in Melanchthon", In *Church History*, Vol. 16, No. 4, (Dec. , 1947), p. 201.

⑦ See Phillip De Lacy, Book Review, Studi sui "Topica" di Cicerone by Benedetto Riposati. ("Edizioni dell'Università cattolica del S. Cuore", Serie Publicazioni, Vol. XXII,) Milano: Società editrice "Vita e pensiero" 1947, pp. xv + 338, In *Classical Philology*, Vol. 45, No. 1. (Jan. , 1950), p. 56.

⑧ See Janice M. Lauer, *Invention in Rhetoric and Composition*, Parlor Press, West Lafayette, 2004, p. 25.

理论相差有多大?试以亚里士多德的逻辑学与斯多亚学派的逻辑学的差别为例说明:斯多亚主义研究的是命题逻辑,它研究的对象是事件,亚里士多德研究的是谓词逻辑,研究的对象是实体。斯多亚主义研究的是命题三段论,亚里士多德主要研究直言三段论。[①] 这些差别够大了!

有人认为西塞罗的《地方论》对应于亚里士多德的《修辞学》第2卷的第23章[②],假设此论是真的,西塞罗也违反了自己的《地方论》来自亚里士多德的《地方论》的宣告。

至此,我们可以对西塞罗下判决了:他的《地方论》的前18节(6-24)的内容就不完全属于亚里士多德,而且早在11年前发表过,因此,他在《地方论》的前5节对自己的认真负责精神的表白完全是欺骗性文字。不过,特雷巴求斯没有读过老友发表于11年前的文字,也够令人疑惑的:是专心于法学研究无暇博览还是因为隔行如隔山?

至于西塞罗为何要进行上述欺骗,可以进行种种猜测。从客观方面看,可能出于罗马人独尊希腊的态度:不把自己的货色贴上希腊的标签就上不了档次,西塞罗迫于这种"大众的意见"不得不借用亚里士多德的名头。从主观上看,西塞罗是一个尊崇实践理性的人,参与的政治、法律事务繁多,并不像特雷巴求斯那样潜心搞学问,这种生活态度可能影响了他的希腊语水平以及希腊哲学的水平的提高,换言之,特雷巴求斯看不懂的亚里士多德的《地方论》,对西塞罗也是一个难关,甚至有人认为西塞罗根本不知道亚里士多德的《地方论》[③],但他又不能把这一真相暴露给他人,于是,他就犯下了挂羊头卖狗肉的小错误。

当然,托比亚斯·莱因哈德在承认西塞罗挂羊头卖狗肉的同时,为此举找了一个责任者:西塞罗的老师菲洛(Philo),后者借用亚里士多德的名头把自己的修辞学说成是亚里士多德的,弄得西塞罗也认为自己的所学是亚里士多德的。[④] 尽管如此,莱因哈德的这一分析也会让我们自然

---

① 参见章雪富:《斯多亚主义》(I),中国社会科学出版社2007年版,第2页。

② Cfr. Agnieszka Kacprzak, Tra Logica e Giurisprudenza: Argumentum a Simili nel Topici di Cicerone, JJP SUPPLEMENTS, 2012, Warszawa, p. 11.

③ Cfr. Agnieszka Kacprzak, Tra Logica e Giurisprudenza: Argumentum a Simili nel Topici di Cicerone, JJP SUPPLEMENTS, 2012, Warszawa, p. 10.

④ See Tobias Reinhardt, *Marcus Tullius Cicero*, *Topica* (edited with translation introduction, and commentary), Oxford, Oxford University Press, 2003, p. 16.

得出西塞罗未读过亚里士多德的原著的结论，看来要么是因为希腊文没过关，要么是因为忙造成这一不幸结果。

尽管如此，西塞罗的《地方论》一度比亚里士多德的同名著作影响大，尽管前者的质量要比后者低。[①] 原因在于中世纪中，希腊与欧洲其他部分的文化交流被伊斯兰世界阻断，亚里士多德的著作在西欧失传，可怜的中世纪西欧人只能通过西塞罗的《地方论》来了解亚里士多德的《地方论》，这里的误解有多少就难以计量了。只是在波爱修斯于6世纪把亚里士多德的《地方论》从希腊文翻译为拉丁文后，西欧人才可以摆脱西塞罗的干扰直接读原汁原味的亚里士多德。这是问题的一方面，另一方面是，由于西塞罗的《地方论》大量沿袭作者自己的演说术作品，为了了解有关学术思想，与其看急就章《地方论》，不如看他的《论演说家》《论演说的分部》等不慌不忙地写成的作品，因此，《地方论》在西塞罗的演说术著作中又处于低下的地位，被视为"小作品"。[②] 诚哉斯断！它确实不到两万字呢！

第四节 西塞罗的地方研究

按作者的自白，地方论应包括寻找和判断两部分，前者属于修辞，后者属于逻辑（辩证法），但西塞罗在自己的《地方论》中只研究了寻找部分。这一部分又包括地方理论、问题理论、地方与问题的合论三个部分。

西塞罗的《地方论》中的地方分为三组。第一组为内在的地方；第二组为与讨论对象以任何方式相关的地方；第三组为外在的地方。容分述之。

一、内在的地方

（一）概述

内在的地方即涉及讨论对象本身的地方，此处的"讨论对象"的含义

---

① See Theodor Viehweg, *Topics and Law*, Trans. by W. Cole Durham, Jr., Peter Lang, New York, 1993, pp. 12s.

② Cfr. Marco Tullio Cicerone, Qual è il miglior oratore; le suddivisioni dell'arte oratoria; i topici, a cura di Galeazzo Tissoni, Arnoldo Mondadori Editore, 1973, Introduzione, pp. 193s.

没有人们想象的那么广泛，它是处在问题中的术语。[①] 什么是问题？它是命题的疑问形式。命题是一个包含主词和谓词的判断[②]，例如“苏格拉底是人”。其中，“苏格拉底”是主词；“是人”是谓词。把这个判断转化为问句“苏格拉底是人吗”，它就成了问题。问题中的主词和谓词都是“术语”，它们构成内在的地方的“讨论对象”。所以，研究内在的地方，不是对问题的探讨，那是西塞罗的袖珍著作后部的事情；而是对构成问题的要素的探讨，这是西塞罗的袖珍著作前部的任务。

在西塞罗看来，内在的地方有四个（或曰对问题中的术语的研究可从四个方面着手），即整体、部分、符号、与讨论对象以任何方式相关的东西。实际上，整体研究的是对象的内涵，部分研究的是其外延，符号研究的是对象的文字来历，“相关的东西”研究的是对象与其他事物的关系。所以，内在的四个地方是对同一个对象的不同方面从不同角度做出的说明。当从命题中的某个术语——不论它是主词还是谓词——取出论据时，有整体之适用。当论据来自谈论的术语的部分时，有部分之适用。当论据建立在术语本身的含义上时，有符号之适用。当可能从与有关术语有任何相似或关系的事物出发进行论证时，有与讨论对象以任何方式相关的东西之适用。[③]

（二）整体

前文已述，整体涉及问题中的术语，然而，术语是对事物的观念反映，按波爱修斯的解释，整体关注的是事物并非其观念反映，例如，罗马是一个城市的名字，整体关注的是罗马城而非罗马这个名字。[④] 如果以下定义来把握罗马，要把握的是前者而非后者。这样就把整体与符号区分开来了。把握此等整体的方法是定义。实际上，定义的功能在于告知人们讨论的东西是什么，可通过多种途径达到这一目的。于是，西塞罗在《地方论》中谈论了至少五种定义：内涵揭示型定义、分种式定义、分部式定义、现实物定义、理解物定义。在第28节中，还提到有与本书写作目的无

---

① Cfr. Anicii Manlii Severini Boethii in Topica Ciceronis, 1056A.

② Cfr. Anicii Manlii Severini Boethii in Topica Ciceronis, 1054D.

③ Cfr. Benedetto Riposati, Studi sui Topica di Cicerone, Edizioni dell'Università Cattolica del S. Cuore, Milano, 1947, p. 46.

④ Cfr. Anicii Manlii Severini Boethii in Topica Ciceronis, 1056D.

关、故略而不论的其他定义。这很可能是特性定义,其实例有“人是能制造工具的动物”。① 这种定义的成立条件是这个特性是主词独有的。

显然,这种定义理论比现代的相应理论丰富,但下内涵揭示式定义的方法:属概念加种差(第29节)与现代的定义方法同。而第33节提到的下分种式和分部式定义的方法,恐怕为现代的逻辑学家陌生。但仔细琢磨一下,我们现代人还是在下这两种定义的,正如波爱修斯把房子定义为由地基、墙和屋顶构成的建筑②一样,我把意大利定义为由亚平宁半岛、西西里岛和撒丁岛构成的一个国家。这两者都是分部式定义,它确实不能遗漏任何部分,例如,在给意大利下这样的定义时如果遗漏了罗列撒丁岛,就会引起严重的国际法问题。另外,我们还可把民法定义为包括总则、物权、知识产权、债权、亲属、继承六大块的法律部门,这也是分部式定义。分种式定义离我们也不遥远。我们都知道人是动物的一种,如果要对包括人的所有动物下一个定义,就要下得能把人和其他动物都包括得进来,因为人和其他动物是动物这个属的两个种。波爱修斯是这样下的:“动物是一种或仅依靠感觉,或依靠感觉和理性的存在。”③在这个定义中,以“仅依靠感觉”的表达包罗了其他的动物的种,以“依靠感觉和理性”的表达包罗了人这个种。尽管如此,分种和分部还是不同的,从划分依据来看,前者是从性质上做出的区分;后者是从数量上做出的划分。从时间序列来看,属在种之前,而整体在其部分之后;从被分者与划分结果的关系来看,种都与属相同,而部分并不总与整体相同。④

现实物定义是对实体下的定义,例如“桌子是吃饭或书写用的家具”;观念物定义是对凭心灵把握的物下的定义,例如“孝顺是对父母和其他尊亲的尊敬和顺从以及经济供养”。最后这两种定义对我们并不陌生,不过我们不像西塞罗那样称呼它们而已。

但对讨论对象的整体这个地方的运用与定义不能等同。前者是一种推理,后者作为一个命题为此等推理提供了必要的术语。用西塞罗提供的例子说话,命题是“为同一城邦的人确立的公平,以保护他们的财产”,

① 苗力田主编:《亚里士多德全集》(第一卷),中国人民大学出版社1990年版,第357页。
② Cfr. Anicii Manlii Severini Boethii in Topica Ciceronis,1097A.
③ Cfr. Anicii Manlii Severini Boethii in Topica Ciceronis,1097B.
④ 参见胡龙彪:《拉丁教父波爱修斯》,商务印书馆2006年版,第65页。

被抽取的术语是“公平”，做出的推理是既然公平有用，那么市民法学也有用。

（三）部分

部分是构成讨论对象的单元，此等单元展现了问题中被探讨之术语的各种形态，它们本身也是一个讨论对象，因而也可以作为一个整体，但在它们聚合起来服务于一个更高的讨论对象时，它们暂时丧失了自己的整体性。

部分是对讨论对象进行划分的结果，而划分是深入认识讨论对象的途径。划分有多种，例如，把一个属分为不同的种，即分种；把一个整体分成不同的部分，即分部；把一个语词划分为不同的意义；把一个实体划分为不同的偶性；把一个偶性划分为不同的实体；把一个偶性划分为不同的偶性等。[①] 通过西塞罗在第10节举的分部例子和波爱修斯在其对西塞罗的《地方论》评注中举的例子可知，这里的分部仅指第二种，其特点是被划分的整体由划分后的部分组成。部分与整体并非全方位对应，前者只有部分与后者对应。

如前所述，内在的地方是对问题中的主词或谓词的探讨。那么，西塞罗谈论的部分从属的问题是什么？我认为被隐含的问题是：“他是自由人吗？”“他”是主词，“是自由人”是谓词。在西塞罗的时代，一个奴隶要变成自由人，必须经如下途径之一解放：国势调查登记解放、执杖解放、遗嘱解放，于是，对谓词的探讨通过排查“他”是否通过了以上途径之一进行。结论是，“他”未经过三个途径之中的任何一个，因此“他”不是自由人。这样就完成了从部分出发进行的论证。

（四）符号

符号是事物的观念形式，它不同于事物本身。[②] 用西塞罗的例子说话，有产者是一个“事物”，他们是有钱的人，但表征他们的符号是“偿付阿斯”。偿付阿斯并不一定有钱，因为一个穷人在买东西时也要给予出卖人阿斯，问题是有多少阿斯可给？所以，“偿付阿斯”与有产者并不能完全等同。在西塞罗的地方体系中，符号并非独立的地方，它只是第35节讲到的词源地方的出发点。如果从某个被质疑的事物的符号出发取得了

① 参见胡龙彪：《拉丁教父波爱修斯》，商务印书馆2006年版，第62页。

② Cfr. Anicii Manlii Severini Boethii in Topica Ciceronis, 1057C.

论据，便有词源之适用。[①] 在拉丁文中，Nota 一词既有符号的意思，也有特性的意思[②]，可能基于此，西塞罗《地方论》研究者里波萨迪认为，符号是对事物的特性的探讨，它不告诉我们该事物是什么，而只告诉我们它确实存在以及它与其他事物的相互关系。[③] 而特性是一个事物独一无二的属性，认识了该属性，也就认识了该事物。例如，能笑是人的特性，由此可以把人定义为能笑的动物。

（五）与讨论对象以任何方式相关的东西

即关系。此问题在下节展开详论。

二、与讨论对象以任何方式相关的地方

第二组为 13 个存在量的、质的、空间的和时间的区分标准的地方，即同源词、属、种、类比、种差、对反、关联、前件、后件、相斥、产生结果的原因、结果、比较。[④] 容分述之。

（一）同源词

同源词的拉丁文是 Coniugatus，来自动词"变位"（Coniugare）。变位从一个词出发变出许多同源词，它们词尾有异而词干不变。所以，所谓同源词是来自词的屈折的论据，它仅指事物名称在词源上的联系，因为从一个动词派生出来的名词、形容词、副词等总是保留其动词的意思，它们构成同根词，可用来作为论据。这样，同源词的地方与词源的地方非常接近，但并非同一。按波爱修斯的说法，词源分析名词，同源词以类似的方式分析动词及派生词。[⑤] 但在今人看来，由于两者意思相似，词源吸收同源词并不难。[⑥]

（二）属和种

这两个地方彼此关联甚紧，故一并谈论之。按波爱修斯的说法，属是

① Cfr. Anicii Manlii Severini Boethii in Topica Ciceronis, 1110D.

② 参见谢大任主编：《拉丁语汉语词典》，商务印书馆 1988 年版，第 369 页。

③ Cfr. Benedetto Riposati, Studi sui Topica di Cicerone, Edizioni dell'Università Cattolica del S. Cuore, Milano, 1947, p. 50.

④ Cfr. Gianluca Sposito, Il Luogo dell'Oratore: Argomentazione Topica e Retorica Forense in Cicerone, Edizione Scientifiche Italiane, Napoli, 2001, p. 35.

⑤ Cfr. Anicii Manlii Severini Boethii in Topica Ciceronis, 1112D.

⑥ Cfr. Benedetto Riposati, Studi sui Topica di Cicerone, Edizioni dell'Università Cattolica del S. Cuore, Milano, 1947, p. 92.

指称具有一个以上不同种的事物的东西；而种则是我们收集起来置于属之下的东西。[①] 简言之，属决定了种的性质，种展现了属的不同形态。种作为属的表现形式尽管可以众多，但都具有属规定的性质。西塞罗在第29节讲到了属概念加种差的定义方法，并在第30节讲了分种式定义方法，这两种方法都以属和种的区分为基础。

（三）类比

类比是一种把相同成分贯穿于不同事情之中的修辞方式。[②] 分为四种。

第一种是对照，服务于修饰的目的；例如这样说："与体育场上发生的事情不一样，在那里举行骑马火炬赛的时候，递送火炬的人要跑得比接受火炬的人快，而执掌一支军队的新将军不会优于卸职的老将军。因为在前一种情况下，递送火炬的骑手在竭尽全力把火炬递给下一位新骑手，而在后一种情况下，一位富有经验的指挥官把军队交给一位没有经验的指挥官"[③]，此语可简化为"较差的将军从较好的将军手中接管军队是常有的事"，但这样的表达淡而无味，加上类比的修饰后，问题变得生动，类似于中文写作技法中的感物起兴。

第二种是否定，服务于证明的目的。西塞罗在第15节说的"如果其用益权被遗赠的房屋崩坏或发生缺陷，继承人无重建或修复它的义务，完全如同一个其用益权被遗赠的奴隶死亡时继承人无义务交付他一样"属此。

第三种是类比，服务于铺陈的目的。西塞罗在第42节说的"如果监护人、合伙人、受托人和受信托人都有义务诚信行事，代理人也有这个义务"属此。

第四种是节略类比，力图达成让读者如同目击的效果。例如这样讲："保持友谊就像赛跑一样，你必须训练你自己，不仅要按实际需要跑得尽

---

① 参见胡龙彪：《拉丁教父波爱修斯》，商务印书馆2006年版，第68页。

② 参见〔古罗马〕西塞罗：《西塞罗全集·修辞学卷》，王晓朝译，人民出版社2007年版，第127页。

③ 〔古罗马〕西塞罗：《西塞罗全集·修辞学卷》，王晓朝译，人民出版社2007年版，第127页。

可能远些，而且要凭着意志和体力竭尽全力，这样你就比较容易跑过终点。”[①]例句的作者把主题事项与相近事项类比，声东击西，以生动的后者证明淡薄的前者，建立其两者的密切关联。类比是修辞手段，可方便地转化为归纳的逻辑手段。

(四) 种差

种差指把同属的诸种区分开来的特性。例如，动物是属，种是“必死的”，根据陆上的或两足的“种差”区分陆生动物和海生动物，以及两足动物和四足动物。[②] 有些种差是实质性的，例如理性，它把人和其他动物区别开来；有些是非实质性的，但不可脱离的，例如黑人的肤色，等等，所有这些种差，把同属的不同种区分开来。由于种差的这一功能，它是为下定义服务的地方。

(五) 对反

对反是处在同一个属、但彼此有极大差异的种。例如黑白都在颜色的属之内，但两者处在对立的极端。[③] 所以，对反并非泛泛的不同，而是在同属范围内的不同。对反有四种。其一，相逆，即同类而极不同的东西，波爱修斯举的例子是黑和白；西塞罗举的例子是智慧和愚蠢。说它们同类，是因为它们都是描述人的智力状况的术语；说它们极不同，乃因为它们分别代表了人的智力状况的两极。这种对反是相对的，因为它承认中间状态，例如，在黑白之间就有灰色地带。其二，夺性，即对于描述人或物的属性形容词或名词通过加表示否定的前缀构成反义词。其三，比较中的对立，是两个表达相反状态的对偶概念，它们建立在关系的基础上，一个依赖于另一个而存在，例如单双、长短。其四，否定，即对于一个人主张的事实提出完全相反的事实。这样的对反也可称为相斥或绝对的对反，因为它不承认中间状态。例如，如果是白天，那就不能是黑夜。[④]

---

① Cfr. De Ratione Dicendi ad C. Herennium, 4, 59, On http://scrineum.unipv.it/wight/herm1.htm, 2008年9月9日访问。

② Cfr. Rino Faranda e Piero Peccheiura, L' Institutione Oratoria di Marco Fabio Quintiliano, UTET, Vol. I, 1968, p. 605.

③ Cfr. Anicii Manlii Severini Boethii in Topica Ciceronis, 1065D.

④ Cfr. Benedetto Riposati, Studi sui Topica di Cicerone, Edizioni dell'Università Cattolica del S. Cuore, Milano, 1947, p. 112.

(六) 关联

关联是就同一效果彼此相关并彼此联络的诸事情,它表现为与某一行为或事实同时发生的伴随性情势,人们可从其推论,如果此等情势已发生了或可能发生,人的智识就会引导我们知晓该行为或事实。[①] “有烟就有火”的西谚是运用关联的一个例子。西塞罗告诉我们,关联只涉及事实问题,与法律无关。而且关联涉及时间的序列,即某物现在、过去和将来各是怎样的。换一个角度(或许可称为破案的角度),关联意味着提醒人们问在某一事实之前、与之同时、在它之后发生的事情。知道这些事情,就有利于搞清“某一事实”。但“这些事情”并不必然导致“某一事实”,例如,脸色苍白可能是因为害怕,但不必然是因为害怕,发病也导致脸色苍白。故西塞罗说,并不总会发生关联,而后件总是会发生的,由此试图区分关联和后件。但有的作者,例如昆体良,就认为分不开,在其《演说术阶梯》中,把两者等而同之。[②] 西塞罗在自己的早期作品《论演说家》中也是如此。[③]

(七) 前件、后件、相斥

西塞罗说它们是专属于辩证论者的地方,实际上是斯多亚派逻辑学研究的地方。[④] 前件是必然要从它导出某种其他东西的东西,后件是必然要从前件发生的东西,前件可能与后件同样、较小、较后或同时。“同样”的情形是这样的:如果他是人,他就能笑;“较小”的情形是这样的:如果他是人,他就是动物;“较后”的情形是这样的:如果她分娩,就同男人同过房;“同时”的情形是这样的:如果被地球挡住,就会出现残月。[⑤] 相斥是某个不能与其性质相反的东西共存的东西,例如,如果是白的,就不

---

① Cfr. Benedetto Riposati, Studi sui Topica di Cicerone, Edizioni dell'Università Cattolica del S. Cuore, Milano, 1947, p. 114.

② Cfr. Rino Faranda e Piero Peccheiura, L' Institutione Oratoria di Marco Fabio Quintiliano, UTET, Vol. I, 1968, p. 609.

③ 参见〔古罗马〕西塞罗:《论演说家》,王焕生译,中国政法大学出版社2003年版,第331页。

④ See Phillip De Lacy, Book Review, Studi sui “Topica” di Cicerone by Benedetto Riposati. (“Edizioni dell'Università cattolica del S. Cuore”, Serie Publicazioni, Vol. XXII,) Milano: Società editrice “Vita e pensiero” 1947, pp. xv + 338, In *Classical Philology*, Vol. 45, No. 1. (Jan., 1950), p. 56.

⑤ Cfr. Anicii Manlii Severini Boethii in Topica Ciceronis, 1075C.

会是黑的。[1] 与前件和后件不同,相斥尽管内在地包含两个部分——不然就相斥不起来了——但两者只用一个词称呼。另外,前件和后件表达的是两个东西的相似,而相斥表达的是两个东西的不同。三者的关系是这样的:凡有前件的地方,必有后件;凡没有后件的地方,必不可能有前件;不可能发生相斥。[2] 不了解前件,就不可能了解后件,反之亦然。同样,不了解被相斥的东西,就不可能了解相斥的东西,反之亦然。正因为三者有如此的关联,西塞罗把它们一并研究。兹用三个假言三段论例示三者并揭示它们的关系:

如果是白天,就有光;现在是白天,所以有光。

如果是白天,就有光;现在没有光,所以不是白天。

并非[3]:如果是白天,就没有光;现在是白天,所以有光。

第一个三段论是前件,从原因推结果。可以简化为"如果第一,那么第二;第一,所以第二"[4];第二个是后件,从结果推原因。可以简化为"如果第一,那么第二;并非第二,所以并非第一"[5];第三个是相斥,它来自前件,不过加了否定词而已,可以简化为"并非:如果是第一,就不是第二;第一,所以第二"。[6] 它隐含的结论是"如果不是白天,就是黑夜"[7],

---

① Cfr. Benedetto Riposati, Studi sui Topica di Cicerone, Edizioni dell'Università Cattolica del S. Cuore, Milano, 1947, p. 117.

② Cfr. Benedetto Riposati, Studi sui Topica di Cicerone, Edizioni dell'Università Cattolica del S. Cuore, Milano, 1947, p. 117.

③ 斯多亚学派认为,否定命题就是一个命题加上一个否定前缀。这个"并非"就是这样的前缀。参见马玉珂主编:《西方逻辑史》,中国人民大学出版社 1985 年版,第 120 页。

④ 胡龙彪:《拉丁教父波爱修斯》,商务印书馆 2006 年版,第 123 页。

⑤ 胡龙彪:《拉丁教父波爱修斯》,商务印书馆 2006 年版,第 123 页。

⑥ 应说明的是,这一简化从意大利学者里波萨迪对第三式的例示"并非:如果是白天,就没有光;现在是白天,所以有光"改写而来,Cfr. Benedetto Riposati, Studi sui Topica di Cicerone, Edizioni dell'Università Cattolica del S. Cuore, Milano, 1947, p. 121. 但一些作者为第三式做的逻辑公式有所不同,有如下列:并非既第二又第二,第一;所以并非第二。参见陈志美、胡泽红:《斯多葛学派的命题逻辑系统及其不完全性》,载《华南师范大学学报》(社会科学版) 2001 年第 1 期,第 15 页。

⑦ Cfr. Benedetto Riposati, Studi sui Topica di Cicerone, Edizioni dell'Università Cattolica del S. Cuore, Milano, 1947, p. 120.

这一结论就把这个三段论的相斥性展示出来了。

西塞罗把前件叫做第一式;后件叫做第二式;相斥叫做第三式。并以在第13节讲过的丈夫遗赠妻子银子案的各种推理形式演示它们。"如果铸币是银子,它是对妻子的遗赠物。而铸币是银子,因而它是遗赠物",不难看出,第一式的推理与前件的逻辑公式完全一致。"如果现金不属于遗赠物,则现金不是银子。而现金是银子,因而属于遗赠物",显然,第二式的推理与后件的逻辑公式并不完全一致,原因在于西塞罗把后件的逻辑公式颠倒性地使用了,原式是从假定开始,西塞罗的改写式是从否定开始("……否定第二个命题变元,以便否定被关联的第一个命题变元……"),结果改成"如果并非第二,所以并非第一;第二,那么第一"。[①]"并非:银子是遗赠物,现金不是遗赠物。而银子属于遗赠物,因此现金也属于遗赠物。"本句中的双重否定构成肯定,自然的表达应是"银子是遗赠物,现金也是遗赠物。而银子属于遗赠物,因此现金也属于遗赠物"。也显然,这一式的推理也与相斥的逻辑公式完全一致。当然,这一式的结论也可从"银子"与"现金"的属种关系出发得出,这是西塞罗在第13节中已做过的。无论如何,西塞罗对同一个案件事实用三个不同的式进行推理,得出的结论同样:银币应作为妻子的受遗赠物。这是很奇妙的。

在第56节和第57节中,西塞罗还列举了辩证论者的其他式:第四式:"要么是这,要么是那,所以,是这,就不是那"(用斯多亚派的术语表达是:"要么第一,要么第二;第一,所以,并非第二");第五式:"或是这,或是那;不是这,就是那"(用斯多亚派的术语表达是:"要么第一,要么第二;非第一,所以第二");第六式:"不能是这又是那,是这,所以,不是那"(用斯多亚派的术语表达是:"不能既第一又第二;第一,所以非第二");第七式:"不能是这又是那,不是这,所以是那"(用斯多亚派的术语表达是:"不能既第一又第二;非第一,所以第二")。据说,前五个式是斯多亚学派的第二号巨人克吕西波(Chrysippus,约公元前280—公元前207年)构造的;后两个式是西塞罗自己推演出来的。[②] 克吕西波认为这五个式是不可证式,即最基本的式,凭借它们,外加四个元逻辑规则,可以推论出

---

① Cfr. Benedetto Riposati, Studi sui Topica di Cicerone, Edizioni dell'Università Cattolica del S. Cuore, Milano, 1947, p. 121.

② 参见马玉珂主编:《西方逻辑史》,中国人民大学出版社1985年版,第138页。

命题逻辑系统的全部正确的推理形式,一切正确的三段论推理形式都可以化归为这五个基本推理形式。[1] 西塞罗则凭借自己对第六式和第七式的发明在逻辑史上占据一席之地。所以,我们现在分析的这一文献来头可不小。

行文至此,产生了一个好奇心的问题,相斥与对反的关系如何?是一回事吗?研究者告诉我们,相斥在假言三段论中不过是对反的结果。[2]

言归正传。从前件、后件、相斥的地方出发,西塞罗自然地过渡到了对不完全三段论的论述,因为不完全三段论不过是第三式的修辞学家叫法。"不完全三段论"的希腊文形式是 enthumemata,它来自 enthumema,而后者又来自荷马史诗中的 thymon,意思是"心",即感情和欲望的所在。[3] 荷马以后的作家,例如色诺芬用此词,都是取其"仔细考虑""放在心上""一个想法""一段推理"的意思。[4] 昆体良也认为,enthumemata 相当于拉丁词 commentum 或 commentatio,两者都是推理的意思,指所有思考的事情;另外的意思是合乎逻辑的考虑。[5] 但后来这个词的变化形式 enthumemata 被术语化,不同的希腊作者对它有不同的理解和使用。他们可大别为二。其一,把 enthumemata 理解为省略三段论。即在表达时将前提之一或结论予以省略的三段论。亚里士多德对 enthumemata 持这种理解。这种三段论有三种:(1) 省略大前提的三段论。(2) 省略小前提的三段论。(3) 省略结论的三段论。前者称第一序的省略三段论,中者称第二序的省略三段论;后者称第三序的省略三段论。[6] 这是省略三段论的第一种分类;第二种分类是修辞学省略三段论和辩证省略三段论,前

---

① 参见陈志美、胡泽红:《斯多葛学派的命题逻辑系统及其不完全性》,载《华南师范大学学报》(社会科学版)2001 年第 1 期,第 17 页。

② Cfr. Benedetto Riposati, Studi sui Topica di Cicerone, Edizioni dell'Università Cattolica del S. Cuore, Milano, 1947, p. 119.

③ See Jeffrey Walker, "The Body of Persuasion: A Theory of the Enthymeme", In *College English*, Vol. 56 (1), 1994, p. 48.

④ See Carol Poster, "A Historicist Recontexualization of the Enthymeme", In *Rhetoric Society Quarterly*, Vol. 22 (1992), pp. 10s.

⑤ Cfr. Rino Faranda e Piero Peccheiura, L' Institutione Oratoria di Marco Fabio Quintiliano, UTET, Vol. I, 1968, p. 584.

⑥ See Edward H. Madden, "The Enthymeme: Crossroad of Logic, Rhetoric, and Metaphysics", In *Philosophical Review*, Vol. 61 (1952), p. 373.

者根据征象得出结论，例如，从某女脸色苍白得出她已怀孕的结论，省略了孕妇通常脸色苍白的小前提。但脸色苍白并非怀孕的必然征象，所以修辞学省略三段论具有不可靠性或盖然性。修辞学省略三段论并非与法律无关，环境证据的证明过程就属于修辞学省略三段论[①]；后者根据原因得出结论，具有确定性。[②] 为何有省略三段论呢？为了劝说人们做或不做某事的论证，不能搞冗长的推理，要省略那些显而易见的和啰唆的说明才能达到效果，把一些东西留给听者的智力去解决，因此，省略三段论具有实用性或劝说性。[③]

其二，把 enthumemata 理解为"不完全三段论"，它是一种战略性的、恰到好处的论证倾向，通过利用一组充满感情的、负载价值的对当达成此等论证，此等对当通常是通过一个展示性组合达成的。不完全三段论的运用目的是让听众对特定的立场产生激情性认同或附随，在理想的状况下，它可作为一种"突然的"和决定性的洞察力闪光冲击听众，使演讲具有尖锐的风格和战斗性。[④] 这种理解主要为阿那克西明尼(Anaximenes of Lampscus，公元前380—公元前320年)持有。他写了《致亚历山大的修辞学》(Rhetorica ad Alexandrum)，此书在时间上早于亚里士多德的《修辞学》。其中，阿那克西明尼第一次把 enthumemata 作为术语使用[⑤]，他认为 enthumemata 不仅是言辞和行为，而且也是任何其他事情的对反或矛盾。不完全三段论通过检查对立者谈话或行为以便找出与其自身或与正义的原则、法律、功利、荣誉、可行性、便利或可能性的矛盾，或与说话人的性格或通常做法的矛盾达成，以展示某人的意图、行为或言辞的不一致，一言以蔽之，找出对立者的毛病。运用不完全三段论的人在这样做时要感情强烈，富有战斗性，以便感染听众，让他们觉得演说人及其主张都是好的

---

① See R. C. Seaton, The Aristotelian Enthymeme, In *The Classical Review*, Vol. 28, No. 4 (Jun., 1914), p. 114.

② See Edward H. Madden, "The Enthymeme: Crossroad of Logic, Rhetoric, and Metaphysics", In *Philosophical Review*, Vol. 61 (1952), p. 369.

③ See Edward H. Madden, "The Enthymeme: Crossroad of Logic, Rhetoric, and Metaphysics", In *Philosophical Review*, Vol. 61 (1952), p. 374.

④ See Jeffrey Walker, "The Body of Persuasion: A Theory of the Enthymeme", In *College English*, Vol. 56(1), 1994, p. 53.

⑤ See Carol Poster, "A Historicist Recontexualization of the Enthymeme", In *Rhetoric Society Quarterly*, Vol. 22(1992), p. 13.

和可敬的,任何他们的对立面都是假的、坏的、可憎的。[①] 这样,修辞手法上的对反就传达为听众情绪的对反。阿那克西明尼的这种观点有许多追随者,罗马修辞学家昆图斯 · 科尼菲丘斯(Quintus Conificius)就把enthumemata称为对反。[②] 德梅特流斯(Demetrius)也认为,enthumemata是以争议的方式或结果的方式表达的想法。[③]

西塞罗显然对enthumemata一词采用阿那克西明尼的用法,专指基于对反达成的结论。[④] 而且他举的enthumemata的四个例子更有效地证明了这一判断。在例一中,"怕这个"与"不要怕其他"形成对反;在例二中,对反更加强烈:你未控告某女,从程序上来讲,你认为她无罪,然而你却判处了她。听众马上会强烈地感到这个"你"在胡来;更有甚者,在例三中,这个"你"还说"她" 值得表扬,结果却批评了"她",听众同样会感到这个"你"自相矛盾、荒唐,甚至两面三刀! 例四中,你懂的东西对你不利;你不懂的东西对你有利,两种情形形成对反,给听众荒谬的感觉。还要指出的是,正如西塞罗指出的,"不完全三段论"从前件、后件、相斥的地方而来,这些例子中的第二个和第三个完整地体现了这三个地方:前件是"你没有控告那个女子"或"你说她值得表扬";后件是"却判处了她"或"却批评了她",结果是相斥。

西塞罗对enthumema一词则采用色诺芬的用法,把它理解为"思想",不过加以外化,转为"观点的表达"(Sententia),并证明enthumemata以enthumema为其核心词素,因此,不完全三段论不过是一种激烈的观点表达形式。

然而,对enthumema的两种解释似乎是可以结合起来的,换言之,每个不完全三段论都可还原成一个省略三段论。

不完全三段论一可以作如下还原:

---

① See Jeffrey Walker, "The Body of Persuasion: A Theory of the Enthymeme", In *College English*, Vol. 56(1), 1994, p. 50

② Cfr. Rino Faranda e Piero Peccheiura, L' Institutione Oratoria di Marco Fabio Quintiliano, UTET, Vol. I, 1968, p. 584.

③ See Carol Poster, "A Historicist Recontexualization of the Enthymeme", In *Rhetoric Society Quarterly*, Vol. 22(1992), p. 19.

④ See R. C. Seaton, "The Aristotelian Enthymeme", In *The Classical Review*, Vol. 28, No. 4 (Jun., 1914), p. 117.

并非:如果某人怕这个,他就不怕那个,
现在某人怕这个了,
所以他也怕那个。①

不完全三段论二可以作如下还原:

并非:如果你未对她作任何控告,你就判处她,
现在你未对她作任何控告,
所以你不能判处她。②

不完全三段论三可作如下还原:

并非:如果你表扬了她,就批评,
现在你表扬她了,
所以你不能批评她。③

不完全三段论四可作如下还原:

并非:你知道的对你有利,你不知道的对你并非不利,
现在你知道的对你有利,
所以你不知道的对你不利。④

现代人也用不完全三段论的修辞手法,例如北岛的诗句:卑鄙是卑鄙者的通行证,高尚是高尚者的墓志铭。

---

① Cfr. Benedetto Riposati, Studi sui Topica di Cicerone, Edizioni dell'Università Cattolica del S. Cuore, Milano, 1947, p. 125.

② Cfr. Benedetto Riposati, Studi sui Topica di Cicerone, Edizioni dell'Università Cattolica del S. Cuore, Milano, 1947, p. 125.

③ Cfr. Benedetto Riposati, Studi sui Topica di Cicerone, Edizioni dell'Università Cattolica del S. Cuore, Milano, 1947, p. 126.

④ Cfr. Benedetto Riposati, Studi sui Topica di Cicerone, Edizioni dell'Università Cattolica del S. Cuore, Milano, 1947, p. 126.

还原成斯多亚式的三段论如下：

并非：卑鄙者畅行无阻，高尚者死翘翘，
现在卑鄙者畅行了，高尚者死亡了，
所以高尚不应导致高尚者死亡。

（八）原因

现在到了讲原因或产生结果的事情的时候。西塞罗从不完全三段论或省略三段论过渡到原因很自然，因为辩证的省略三段论就是以原因为基础的。① 什么是原因？西塞罗未下定义，后世的波爱修斯补做了这一工作，把原因定义为"在前发生的某事，这个前，不是时间上的'前'，而是自然属性上的'前'"。② 这个定义强调原因对于结果在属性上的决定意义，把希腊哲学中广泛的原因类型限缩为仅仅形式因，即决定某事之为某事的原因，从而把质料因、目的因、动力因原则上排除在外。尽管原因与结果联系密切，但西塞罗为了便利，没有把结果与原因一并论述。顺便指出，西塞罗在第58节把"产生结果的事情"当做原因的同义词使用。

就原因，西塞罗着力于对它进行分类。首先分为结果原因和非结果原因。前者必然引起结果，后者只是产生结果的条件或中间原因。对两者，西塞罗都举希腊神话的例子说明。对前者，举的是《梅德亚》中的奶妈把佩利昂森林里的杉树的砍倒当做造成阿耳戈号船的原因以及一系列不幸的原因的例子，西塞罗认为这种因果论错了，因为被砍倒的杉树不见得一定会用来造阿耳戈号。对后者，举的是《埃涅阿斯纪》中的阿亚克斯的船被神火烧毁的例子，西塞罗认为，火落在船上，必然引起燃烧。西塞罗由此把原因和条件区分开来，而这恰恰是法律中的因果关系理论中的老问题。非结果原因又可分为条件性的（例如地点、时间、材料、工具等）和催发性的（例如提供了发生结果的机会的因素）。结果原因又可分为独立原因和需要其他因素配合的原因，前者无须其他事情帮助就能产生结果，后者则需要其他事情帮助才能产生结果，例如，智慧能独立造就智

① See Edward H. Madden, "The Enthymeme: Crossroad of Logic, Rhetoric, and Metaphysics", In *Philosophical Review*, Vol. 61 (1952), p. 372.

② Cfr. Anicii Manlii Severini Boethii in Topica Ciceronis, 1078D.

者,而它要造就富人,则可能需要其他因素的帮助,例如机遇的帮助。研究结果原因和非结果原因的目的在于正确地进行推理。在结果原因的情形,只要原因发生了,就可以说结果已发生,这样的推理不容易犯错误。但在非结果原因的情形,原因发生了,结果不见得会发生,例如,父母是子女的盖然原因,但如果他们不想要孩子并为此采取种种措施,不见得会诞生孩子。这样,西塞罗就接触到了他那个时代的出生率下降的严重社会问题,并在《地方论》的第 86 节以“应生儿育女吗”的提问重申了这个问题。

其次,西塞罗把原因分为与人的主观状态无关的和与人的主观状态有关的,前者的例子是万物有生必有死,其中,死亡是结果,其原因是什么,西塞罗未说,现代医学把衰老因子作为死亡的原因。与人的主观状态有关的原因有意志、精神失调、习性、自然、技艺、机会等,它们都决定人的活动结果,例如,出于意志,你会去读书;减少自己的精神失调,你就会处变不惊;调理好自己的习性,你就会少发火;通过维修,可以减缓物件的自然损耗;提高技艺,可以当一个好画家;抓住机会,你可以进行一次顺利的航行。可以说,与人的主观状态有关的原因都涉及对人自身的控制或对外在条件的把握,服务于让人生活得更好的目的。这些东西现代人不称为原因,而称为修养。由此可见西塞罗的原因概念的广泛和异类。说它异类,乃因为它既有逻辑学的考虑,又有修辞学的考虑。正因为此等异类性,这种原因理论无人继承。① 尽管如此,在我看来,这些都是在属性上先于结果的因素,把它们叫做原因有何妨哉?

与人的主观状态有关的原因又可分为稳定的和不稳定的,只有自然和技艺属于前者,其他都属于后者。西塞罗的“自然”相当于荀子的“天”;西塞罗的稳定相当于荀子的“常”,“天行有常”②,看来荀子和西塞罗就自然具有稳定性的看法一致;至于“技艺”,要经过长久的练习才能获得,一旦获得就不会忘,例如游泳和骑车,学会它们要花不少时间,一旦学会,尽管多年不游不骑,但只要上车下水,照样会骑会游。而机会是转瞬即逝的,当然“无常”。不过,在今人看来,意志和习性是“有常”的,意

---

① Cfr. Benedetto Riposati, Studi sui Topica di Cicerone, Edizioni dell'Università Cattolica del S. Cuore, Milano, 1947, p. 135.

② 《荀子·天论》。

志坚强的人恒久坚强,通常不会因美人计或糖弹变得不坚强,“狗改不了吃屎”的谚语说明了习性的“有常”,西塞罗把它们目为无常,好生奇怪也哦!

不稳定的原因还可再分为明显的和潜藏的。在与人的主观状态有关的诸原因中,除了机会——在西塞罗的《地方论》中,它是意外的同义词[①]——是潜藏的,其他都是明显的。明显的原因都是人事,人事为人所知,故为明显的;潜藏的,是造成意外的原因。实际上,按斯多亚派的理论,意外为神意控制,所以,潜藏,说的是在人的意志里找不到,正犹如“意外”指在人的意志以外,并非在任何意志以外。但在西塞罗的术语中,人意和神意混合造成的事件也是意外。这里出现了《十二表法》第八表第24a条的文句:“某人并非想投掷武器,但武器脱手的……”在该条涉及的事实中,某人投掷武器,是故意的,但武器伤了他不愿伤的人,则是出于不知或意外。这样就出现了混合性的原因或两因一果。“两因”是故意和不知,“一果”是意外。

至此我们可看出,西塞罗的原因范畴比现代的对应范畴广泛,它把现代的条件和人格修养也归入原因了。而且,像公平的概念一样,原因的概念在西塞罗的手里也是一个涉及多个领域的范畴。它既涉及哲学上的命定论,也涉及法律上的因果关系理论。无论如何,西塞罗的基本原因思想是:没有任何事情无原因地发生。不认识其原因,我们就无从认识一个结果。[②] 西塞罗这样把因果关系当做一个快捷的认识工具,是能证成其极为广义的原因范畴的。

(九) 结果

这是一个原因的关联范畴,西塞罗也把它称为结果之事。按波爱修斯的定义,结果是先在的原因造就的事情。[③] 这一定义揭示了结果与原因的关联,说清了原因,似乎就说清了结果,所以,西塞罗在结束关于原因的长篇大论后进入结果时,采取了一笔带过的处理,只说这是一个为演说

---

① Cfr. Benedetto Riposati, Studi sui Topica di Cicerone, Edizioni dell'Università Cattolica del S. Cuore, Milano, 1947, p. 133.

② Cfr. Benedetto Riposati, Studi sui Topica di Cicerone, Edizioni dell'Università Cattolica del S. Cuore, Milano, 1947, p. 133.

③ Cfr. Anicii Manlii Severini Boethii in Topica Ciceronis, 1066D.

家、诗人、哲学家常用的地方,他们宣告的结果往往是奇异性的,由此他们有机会一展长才,解释此等结果的奇异原因。例如,朱元璋长得五岳朝天,其原因当然是他有帝王之命,由此诞生多少神话传说!西塞罗似乎曲折地声明结果不是一个法学家深入的地方,这跟现代人的理解差异不小。在现代的因果关系理论中,结果受到与原因同样的重视。结果往往是推知原因的依据,由此确定行为人的原因是故意还是过失,等等。简言之,结果的地方在现代,少奇异性,多现实性。跟神话传说越来越遥远,而跟实在的案件分析越来越近。

如果把西塞罗对原因的论述类推到其关于结果的论述,可以说关于前者的说明的效力都及于后者,例如详细的原因分类理论也是详细的结果分类理论,因为有什么样的原因,就会有什么样的结果。

(十)比较

这是西塞罗在《地方论》中谈到的最后一个内在的地方。比较来自对多项事物的对比,对比的结果有大于、小于和等于三种。大、小、平并非对象本身的属性,而是它们在与其他事物的关系中的值,因而具有相对性。而且也具有关联性,因为西塞罗在第 23 节中说,凡对较大的事情有效的,也该对较小的事情有效,例如,搞好了城市的地界调整——这是大事——也就搞好了城市排水——这是小事;反之亦然;彼此性质相同的诸事情,对一个制定的规则也应该适用于其他,换言之,同样的事情同样的处理。这是“平”的问题,我们可注意到,前面讲的大和小,都是关于两个比较事项的重要性的量的,是量的比较,而这里的“平”,是关于两个比较事项的性质的,是性质的比较,当然不排除“平”也是量的比较的结果。

在西塞罗看来,大、小、平指向的依据有四种,其一是数——这是量的比较;其二是种——这是质的比较;其三是力——这是实现目的的能力的比较;其四是与某事的关系——这是附带情境的比较。①

在说明这三种比较结果和四种比较依据时,西塞罗举了很多例子,研究者通过比较得出结论:它们多数采自亚里士多德的《地方论》和《修辞学》,例如,“把耐久的善看得比较短暂的善为重”的比较(第 69 节);“稳定的原因强于不确定的原因”的比较(第 70 节),就分别来自亚里士多德

① Cfr. Benedetto Riposati, Studi sui Topica di Cicerone, Edizioni dell'Università Cattolica del S. Cuore, Milano, 1947, p. 138.

的《地方论》3,1,116a 13 和《修辞学》1,6,1364b 30。[①] 既然如此,西塞罗蒙骗特雷巴求斯的罪过可以减轻:这个《地方论》中终究有一些东西是来自亚里士多德的《地方论》的。

三、外在的地方

第三组为外在的地方,即与技艺无关的论证。这是亚里士多德给它起的名字。之所以如此说,乃因为"它们不是演说家构想出来的,而是汲取事件本身固有的东西"。[②] 它们依其本性不过是物,并不单独构成形式上的论据,但其自身包含重要的提供论据的能力,因此成为论据的渊源或所在地。[③] 在《地方论》中,西塞罗把外在的地方以并非明示的方式做了细分。首先分为证据和权威。在《地方论》中,西塞罗未列举权威的类型,只含糊地说到从权威所得的证据属此。但在其他作品中,例如在《论演说家》中,他这样做了,这些权威有文献、证据、协定、协议、讯问、法律、元老院决议、案件判决、官员指令、法学家的解答,以及由案件本身和两造当事人提供的其他一切可能的方面。[④] 再分为天性和美德,美德又分为神的和人的。另外有情势,它再分为天才、力量、年龄、财富、技艺、经验、需要、意外事件的发生。[⑤]

第五节 西塞罗的问题理论研究

一、什么是问题及分类

前文已说问题是命题的疑问句形式,这一说明至今有效,但它不排除从其他角度对问题的说明。问题是为之倾注没有研究领域或论证领域之

---

① Cfr. Benedetto Riposati, Studi sui Topica di Cicerone, Edizioni dell'Università Cattolica del S. Cuore, Milano, 1947, p. 142.

② 〔古罗马〕西塞罗:《论演说家》,王焕生译,中国政法大学出版社 2003 年版,第 291 页。

③ Cfr. Benedetto Riposati, Studi sui Topica di Cicerone, Edizioni dell'Università Cattolica del S. Cuore, Milano, 1947, p. 31.

④ 参见〔古罗马〕西塞罗:《论演说家》,王焕生译,中国政法大学出版社 2003 年版,第 291 页。

⑤ Cfr. Benedetto Riposati, Studi sui Topica di Cicerone, Edizioni dell'Università Cattolica del S. Cuore, Milano, 1947, p. 34.

限制的智力活动的讨论对象。[1] 推理涉及的是问题。[2] 问题与讨论(Disputatio)类似而不同。“类似”,两者都是对事理的探讨;“不同”,讨论有相对人在场;问题则是研究者的独思过程。[3] 西塞罗把问题分为确指的和不确指的,前者又称实践问题。称为“确指的”,因为它涉及的人、地方、时间、行动、事务都是确定的。例如这样,我们可否用迦太基俘虏换回我们被俘的人?[4] 在这一问题中,“人”是确指的:“我们”和迦太基人;“事务”是确指的:交换俘虏。这个问题之提出,可能就是为了解决第一次布匿战争或汉尼拔战争的善后问题,具有很强的实践性,因而是实践问题。

二、实践问题

实践问题分为司法性的、审议性的和赞扬性的。前者关于法;中者关于功利;后者关于高尚。西塞罗在其《论寻找》中,曾给这三种实践问题分别下定义。谓前者在司法诉讼中有其地位,包括控告和辩护、主张权利和抗辩。[5] 控告和辩护属于刑事诉讼;主张权利和抗辩属于民事诉讼。所以,司法性的实践问题就是法庭演说问题,西塞罗自己在这方面有丰富的实践。我统计了一下,终其一生,西塞罗至少辩护过十二个刑事案件。在五个刑事案件中担任过控告人。担任过两个行政案件、两个民事案件的代理律师,他做每个案件都留下了法庭演说。中者在民事讨论中和观点表达中有其适用[6],例如西塞罗在元老院发表的《论土地法》演说三篇,西塞罗通过它反对平民保民官塞尔维尤斯·卢鲁斯(Servius Rullus)提出来的新的土地法案,理由是该法案提议设立的分配几乎罗马的全部公地

---

① Cfr. Benedetto Riposati, Studi sui Topica di Cicerone, Edizioni dell'Università Cattolica del S. Cuore, Milano, 1947, p. 165.

② 参见苗力田主编:《亚里士多德全集》(第一卷),中国人民大学出版社 1990 年版,第 356 页。

③ Cfr. Benedetto Riposati, Studi sui Topica di Cicerone, Edizioni dell'Università Cattolica del S. Cuore, Milano, 1947, p. 162.

④ 参见〔古罗马〕西塞罗:《论演说家》,王焕生译,中国政法大学出版社 2003 年版,第 583 页。

⑤ 参见〔古罗马〕西塞罗:《西塞罗全集·修辞学卷》,王晓朝译,人民出版社 2007 年版,第 146 页。

⑥ 参见〔古罗马〕西塞罗:《西塞罗全集·修辞学卷》,王晓朝译,人民出版社 2007 年版,第 146 页。

的十人委员会会成为十个暴君,成为十个王。[1] 这是运用功利的论证;后者涉及对某一特定个人的赞扬或责备。[2] 赞扬者例如西塞罗的《伽图》;责备者例如给西塞罗招来杀身之祸的攻击安东尼的《反腓力辞》十四篇。这种实践问题既然不仅包括赞扬,而且包括责备,把它叫做赞扬性的就不合适。西塞罗在其早期作品中把它叫做展示性的,如此更好。

三、控告和辩护

上述三种实践问题都可以分为控告和辩护两部分。控告和辩护的用语,容易使人想到它们仅仅与司法性的实践问题有关,实际不然,审议性的实践问题也包含控告和辩护的因素,例如西塞罗的《论土地法》演说,它必然要控告塞尔维尤斯·卢鲁斯提案隐含的暴君制,同时要为西塞罗自己秉持的民主制辩护。所谓赞扬性的实践问题,我们知道它名不副实,除了赞扬,它还包括责备。赞扬当然具有辩护性,正犹如责备当然具有控告性。

既然如此,就有普遍的控告和辩护之道。西塞罗未在《地方论》中明确告诉我们控告之道(这似乎证明他认为控告是一件简单的事情或他干得少的事情),但告诉了我们辩护之道(这似乎证明他认为辩护是一件困难的事情或他更拿手的事情)。其一,未实施被指控的行为,此为否定性的或推测性的反驳。"否定性的",指说该行为根本不可能发生的情形,例如,丈夫发现阉人与其妻子同床,他以通奸罪的名目杀死了前者,为死者辩护的律师可以阉人根本不可能完成性行为反驳丈夫[3];"推测性的",指说该行为非经极大的困难不能发生的情形。其二,实施了被指控的行为,但此等行为不属于被指控的名目。例如某甲被控为叛国目的杀了某乙,某甲承认杀了某乙,但主张不是为叛国杀的,而是为私仇杀的。这样一来,罪过要小得多了。此为定义性的反驳,如此名反映了此等反驳的界定行为性质的属性。其三,实施了被指控的行为,但主张是合法实施的。

---

① See William Forsyth, *Life of Marcus Tullius Cicero*, Vol. I, Charles Scribner and Company, New York, 1865, p. 124.

② 参见〔古罗马〕西塞罗:《西塞罗全集·修辞学卷》,王晓朝译,人民出版社 2007 年版,第 146 页。

③ See Malcolm Heath, "The Substructure of Stasis – Theory From Hermagoras to Hermogenes", In *Classical Quarterly*, Vol. 44(1994), p. 114.

例如,我确实打烂了你的坛坛罐罐,但出于紧急避险的合法目的。此为合法性的反驳,在希腊语中叫做“性质的争点”①,但拉丁人专门造了“合法性”的一词来取代希腊式的表达,作为希腊迷的西塞罗因此说“这个名词不怎么好听”。

以上三种反驳是希腊人叫做“争点”,拉丁人叫做“案件的属性”的辩护战略的不同形式。它不仅被运用于司法性的实践问题中,而且也被运用于审议性的和赞扬性的实践问题中。例如,哥伦布因发现美洲赢得了巨大声望,有人出于嫉贤妒能的人性弱点进行如下反驳:第一是怀疑有这件事情;第二是否认它的重要性;第三是尽管承认是他干出来的,但别人在他之前早干了,并留下了资料。具体来说,哥伦布对美洲的发现是因为得到了一位先行者留下的地图和其他资料。② 实际上,第一个反驳采取的就是否定性的争点;第三个反驳采用的就是定义性的争点。

在不同的情形,要采用不同的争点。在这一方面,“待决之事”是关键的因素。如果它不清楚,要采用推测的争点;如果它清楚但不完全,要采用定义的争点;如果它完全,要采用性质的争点。那么,什么是“待决之事”?简言之,它是法官在控辩双方的观点交换中要决定的事情。只有在控辩裁三方的关系中才能说清这一术语的含义。兹以西塞罗自己谈论的奥皮缪斯杀害格拉古案为例说明之:

控告1:奥皮缪斯杀了格拉古。

辩护1:这种杀戮是合法的。

法官1:[探究]奥皮缪斯杀格拉古合法吗?

辩护2:[主张]我为公共安全和保存国家利益合法行事。

控告2:[支点]你有合法权力不经审判杀害一个市民吗?不管他如何堕落!

法官2:[待决之事]他有权力把一个颠覆国家的市民在未被定

---

① See Malcolm Heath, “The Substructure of Stasis – Theory From Hermagoras to Hermogenes”, In *Classical Quarterly*, Vol. 44(1994), p. 114.

② 参见〔美〕塞·埃·莫里森:《哥伦布传》(上卷),陈太先、陈里仁译,商务印书馆 1995 年版,第 120 页。

罪的情况下置于死地吗?①

这一讨论的背景是这样的。公元前121年,盖尤斯·格拉古当选为保民官,他进行多项改革,其中包括把司法权从元老阶级转移到骑士阶级手中,无偿剥夺权贵超额占有的公地,等等,引起了激烈的阶级矛盾,不得不组织卫队保护自己。他临死前的一天,与平民安提拉斯对视,其党人以为格拉古的怒目是行动的讯号,于是抽剑把安提拉斯杀死。这样他处于道义上的不利地位,执政官命令部队在卡皮托尔山集中。元老院召集格拉古来元老院议事地答辩。格拉古不来。在这种情况下,元老院发布最后决议:让执政官L.奥皮缪斯不要让宪法蒙受损害(Uti L. Opimius consul videret ne quid res publica detrimenti caperet)。奥皮缪斯根据这个决议号召元老和骑士武装起来。② 格拉古及其党人也武装起来,跑往阿文丁山(这是属于平民的山,并且是多次平民撤离运动的根据地),希望占据这个山岗与元老院议和。他们从城中跑过的时候,允诺解放奴隶,但无人听他们的。他们占据戴安娜神庙设防。他们派出的使者被执政官逮捕,执政官的军队进攻格拉古党人。格拉古逃亡,在将被捕时让其奴隶把他杀死。③ 奥皮缪斯另外杀死了约3000名格拉古党人。④ 因为违反《瓦雷流斯申诉法》(公元前509年)和《波尔求斯法》(颁布于公元前154年,规定对不遵守申诉权规定的长官处死刑),奥皮缪斯事后受到审判。他并不否认自己违法,但说自己的行为是根据元老院决议为了国家利益实施的。他被开释,这意味着国家利益可以为不法行为开脱。⑤

这一例示不仅说清了什么是"待决之事",也说清了什么是"支点",

---

① 〔古罗马〕西塞罗:《论演说家》,王焕生译,中国政法大学出版社2003年版,第303页。See also Malcolm Heath, "The Substructure of Stasis - Theory From Hermagoras to Hermogenes", In *Classical Quarterly*, Vol. 44 (1994), p. 118.

② See Th. N. Mitchell, "Cicero and the Senatus Consultum Ultimum", In *Historia: Zeitschrift für Alte Geschichite*, Bd. 20, H. 1 (1971), p. 47.

③ 参见〔古罗马〕阿庇安:《罗马史》(下卷),谢德风译,商务印书馆1976年版,第24页及以次。

④ See Th. N. Mitchell, "Cicero and the Senatus Consultum Ultimum", In *Historia: Zeitschrift für Alte Geschichite*, Bd. 20, H. 1 (1971), p. 48.

⑤ See Th. N. Mitchell, "Cicero and the Senatus Consultum Ultimum", In *Historia: Zeitschrift für Alte Geschichite*, Bd. 20, H. 1 (1971), p. 48.

两者是关联的，支点是决定待决之事的处理结果的道理，也是辩护人应着力经营的地方。一旦攻克它，胜诉将接踵而来。

如前所述，待决之事的样态要决定争点的形态。如果它不清楚，要采用推测的争点。如果它清楚但不完全，要采用定义性的争点；如果它完全，要采用性质的争点。那么，什么是待决之事的清楚和完全？伪奥雷流斯·奥古斯丁（Pseudo Aurelius Augustin）在这方面做了说明。待决之事是对7个特殊疑问句的疑问词的回答：谁？什么？何时？何地？为何？怎样？以何手段？如果它们全部或至少多数合乎逻辑地凑齐了，得到的结果可作为待决之事。[①] 换言之，上述7个特殊疑问句或其多数都得到回答了，待决之事就完全了；如果对其中之一或数个有疑问，例如，对格拉古是否为罗马市民有疑问（在商议对卡提林纳案件的处理过程中，马尔库斯·伽图就认为卡提林纳分子是被当场拿获的叛国犯，立即被剥夺了罗马市民权，因而可以不经审判处死[②]），则待决之事不清楚。不清楚的，要采用推测性的争点，例如辩称，除非格拉古在被杀时是否罗马市民得到确定，很难正当地杀他。待决之事清楚但不完全，指的是7个特殊疑问句并未凑齐全部或其多数，但其中没有“怎样”的情形。此时要采用定义性的争点澄清行为的性质。

如果待决之事是法律的规定，则有合法性的争点之运用。法律的规定在三种情形有辩护余地。其一，规定模糊，可以有不同的解释。这时候可以说，法律的规定的含义并非如对手所理解，而是另外的、有利于自己的样子；其二，立法者口头表达了一个意思，但他就同一事项制定的法律表达了相反的意思，此时可说立法者的真意优先于法律的文字，从而逃脱法律的规定；其三，就同一事项制定了两个矛盾的法律，此时可以拿一个法律反对另一个。当然，法律的规定只是运用合法性的争点的一个地方，在“准法律”即遗嘱和合同中，上述三种情形同样存在，因此也有运用合法性争点的余地。

---

① See David Goodwin, “Controversiae Meta - Asystatae and the New Rhetoric”, In *Rhetoric Society Quarterly*, Vol. 19, No. 3 (Summer, 1989), p. 210.

② 参见徐国栋：《罗马法与现代意识形态》，北京大学出版社2008年版，第284页。

四、理论问题

不确指的问题又称理论问题或预设,它来自实践问题,但淡化了实践问题的产生场景。沿着它的一个方面片面展开,例如把前述的换俘问题提升为应如何一般地处理和对待俘虏问题。[①] 这个问题之提出,不是为了解决一个紧迫的案件,而是为了进行一般的伦理思考,因此属于理论问题。按西塞罗的说法,理论问题是实践问题的一部分,这是说理论问题来自实践问题,因而与实践问题密切关联。西塞罗又说,所有的理论问题都包括实践问题的某些要素。确实,如何处理和对待俘虏的理论问题撇开了罗马与迦太基交换俘虏案中的多数方面,只保留了其中的如何对待俘虏的方面。

理论问题又分为两种,其一是认识问题;其二是行动问题。前者以一般的"知"为对象,无任何功利目的;后者把"知"与"行"结合起来,把知晓转化为行动,从而具有实践性。

认识问题又可三分,各有回答之道。其一,问某物是否存在?例如问国家和法是如何产生的?这确实是一个理论家的问题,具体办案的律师恐怕不会有此等问。其二,问某物是什么?这似乎是在解决了某物的存在问题之后的接续问题。例如问国家和法是什么?其三,问某物怎么样?这是接续问题的接续问题,例如问有国家与法好还是没有它们好?显然,卢梭对此的答案是消极的。[②]

如前所述,不同的问题有不同的解释方法。对于第一种认识问题,用推测解释。推测又有四法:其一,某物是否存在,例子是"有高尚吗?公正是一个有形的物呢还是仅存在于意识中的东西";其二,该物从何处来?例子是"美德是天生的还是习得的";其三,是何原因造成该物?例子是"用什么东西造就口才";其四,该物是否会发生改变?例子是"口才是否可因某种变故变成木讷"?

对于第二种认识问题,用定义解释。定义之道有五。其一,特点,它

① 参见〔古罗马〕西塞罗:《论演说家》,王焕生译,中国政法大学出版社2003年版,第585页。
② 在其1755年出版的《论人类不平等的起源和基础》一书中表达了这种观点。

是构成一个概念的因素，例子是“公平是否为对强者有利的事情”。[①] 其二，特性，例子是“悲伤是只落在人的身上，还是也落在动物的身上”这个问题似乎假定悲伤只是人的特性，很有人类中心主义的味道，但动物何尝不具有悲伤感？例如牛面临杀戮而流泪的时候。其三，分部，例子是“善有三种吗”。三种善，分别是身体的、精神的和外在的。[②] 身体的，有速度、力量、尊严、健康等；精神的，有谨慎、正义、坚定、中庸等；外在的，有财产、金钱、亲戚、出身、朋友、祖国、权力等。[③] 其四，分种，西塞罗说分种的方式与分部同，由此产生分部与分种的关系问题，这是一个困难的问题，因为现代逻辑学不再关注分种定义和分部定义。意大利学者理波萨迪的解释是：三种善不仅符合分部，而且符合分种。把它们看做最可欲的东西的部分时，导致分部；把它们看做善的概念的种时，导致分种。[④] 其五，描述，例子是“贪婪是怎样的，献媚者是怎样的”这样的描述式定义也有助人认识对象之效。有意思的是，西塞罗在这里（第 83 节）罗列的五种定义法与他在第 26 节和第 28 节中罗列的四种定义法并不协调，至少增加了描述式定义。理波萨迪认为这是后来的添加。[⑤] 看来，西塞罗写《地方论》是边想边写，一挥而就，没有回过头来做一番润饰的。

五、行动问题

行动问题是应如何做的问题。涉及外在行为的，谓之关于义务的问题；涉及内在行为的，谓之关于内心情绪的问题。义务论是关于应为和不应为的理论，它与实践问题相似而不同。“相似”，两者都关乎应如何做；“不同”，实践问题关注的是特定条件下的特定人应如何做，例如，我的著作权正受到许多网站的侵害，我应否起诉它们？而关于义务的问题关注

① 诡辩学家 Kallirles 则认为法律是弱者的利益之所系。参见梅仲协：《古代希腊的法律思想》，载《判例与研究》2009 年第 1 期，第 5 页。

② Cfr. Benedetto Riposati, Studi sui Topica di Cicerone, Edizioni dell'Università Cattolica del S. Cuore, Milano, 1947, p. 193.

③ Cfr. Benedetto Riposati, Studi sui Topica di Cicerone, Edizioni dell'Università Cattolica del S. Cuore, Milano, 1947, pp. 209ss.

④ Cfr. Benedetto Riposati, Studi sui Topica di Cicerone, Edizioni dell'Università Cattolica del S. Cuore, Milano, 1947, p. 193.

⑤ Cfr. Benedetto Riposati, Studi sui Topica di Cicerone, Edizioni dell'Università Cattolica del S. Cuore, Milano, 1947, p. 193.

的是脱离了特定时空条件的人应如何做，例如，一个作者应如何对待侵害著作权的行为？两者都追求对一种行为的应对方案，不过抽象性不同而已，所以，西塞罗"理论问题是实践问题的一部分"之言不虚。尽管如此，在西塞罗的时代，义务问题似乎属于法学家，西塞罗在写了《地方论》不久就写了《义务论》，是对这一专题的展开；实践问题则属于律师和其他实务人员。对于义务问题，西塞罗举的例子是"应生儿育女吗"？这是一个令西塞罗时代的罗马统治者头痛的问题，那时候的人们已因为贪图安逸不怎么愿意生孩子了，致使西塞罗的学生、罗马的第一任实质上的皇帝奥古斯都在不久的将来要制定法律强制人们结婚并生育。[①] 看来，西塞罗早已把生儿育女问题看得超出了私法自治的范围，把它看做是市民对国家应尽的义务。这是一种很先进的观念。

关于内心情绪的问题似乎就是道德问题。西塞罗对此举的例子是"应劝人保卫共和国、追求赞誉、追求光荣吗？"这些问题都涉及是非、美丑的判断，涉及对良好情操的培养，属于道德教化的领域，而且具有极大的实践性。"保卫共和国"当特有所指，在西塞罗写作《地方论》时，罗马正爆发恺撒集团与庞培集团的内战，前者欲打碎既有的共和体制建立帝国，后者欲维护既有的共和体制。在两巨头的角力中，每个能思考的罗马人都要做出自己的选择，西塞罗自己的选择是追随庞培保卫共和国。他可能不仅自己这样做，而且还劝说他人这样做，由此有了上述问题。这一问题是对前文已论及的"智者是否应涉身国事"的问题的积极回答。但西塞罗的投奔是曲折的：从他在佛尔米亚的别墅出发，经陆路南下至库马，再从这里渡过墨西拿海峡，进入爱奥尼亚海后开始北上，然后在希腊的西岸登陆。这比从布林迪西出发走海路到达阿非利加要多出6倍的路程[②]，本书就是在这一投奔之路上完成的。这种路径选择反映了他优柔寡断的性格。尽管如此，西塞罗在庞培败亡、恺撒得势的情况下为了自己的这一选择付出了性命的代价：后来被恺撒派的安东尼杀死，但他的爱国之情感染了恺撒的重孙辈，他们读西塞罗的书并对作者为何人感到好奇，

---

① 参见徐国栋：《罗马私法要论——文本与分析》，科学出版社2007年版，第64页。

② 参见〔日〕盐野七生：《罗马人的故事Ⅴ：恺撒时代（卢比孔之后）》，黄红杏译，三民书局1998年版，第45页。

奥古斯都对他们做了“他知识丰富且深爱祖国”的回答。[①] 总之，西塞罗通过关于义务的问题和关于内心情绪的问题的二分，完成了对“身”与“心”的规制的区分，前者以义务规制，换言之，以法律规制；后者以道德规制，施加道德教化的主要手段是演说，它能够通过调动人们的情绪影响其道德情感。掌握它就是掌握一种治国的技能，不同于掌握法学就是掌握料理一些案件的技能。两者高下有分。故西塞罗始学法律，后改攻演说术，在他及当时的许多人看来，这是从“糠箩”跳到了“米箩”。

第六节　西塞罗的问题与地方配合理论研究

这一部分讲什么问题适合用什么地方的论据解决。尽管所有的地方都适合多数问题，但某些地方更适合某个问题。因此，寻找特定地方与特定问题的相配程度，十分重要。西塞罗告诉我们，对于认识问题中关于某物是否存在的问题，以推测解释之。而推测要用到原因、结果、同源词的地方；对于认识问题中的某物是什么的问题，要以定义解释，其中包括特性定义、属性定义、分部定义、分种定义，外加描述定义；对于某物怎么样的问题，可以区分解释，把讨论的对象与其他相关的事情联系起来考察。

但在谈论适合于行动问题的地方时，无论是对关于义务的问题还是对关于内心情绪的问题，西塞罗都没有例示适合它们的具体地方，只是一般地谈到了地方与问题的调配。

就实践问题而言，西塞罗只给出问题而不给出适合它们的地方。被给出的问题有四组。第一组是司法性的、审议性的和赞扬性的问题的三驾马车；第二组是否定的争点、定义的争点和合法性的争点的三合一；第三组是合法性讨论名目下的三种状况：模棱两可、文句与意思不一、对立的规定；第四组与演说的分部相应，分为开头、叙事、随叙事之完结而来的信实、结尾。对于前两组问题，西塞罗不讲要以哪些地方解决，只讲“它们本身的目的指出了它们必须用什么地方”。对于后两组，西塞罗仍然如此，只讲关于这一问题他已在别的地方讲过了。这种表达，似乎是把此书当做一个引子，推动特雷巴求斯去读他的其他著作。

---

① 参见〔日〕盐野七生：《罗马人的故事 V：恺撒时代（卢比孔之后）》，黄红杏译，三民书局 1998 年版，第 383 页。

第二章 《地方论》中涉及的法律问题研究

第一节 序 言

正如阿尔多·贝特鲁奇教授在《西塞罗的〈地方论〉导言》中所写的，西塞罗在其袖珍著作的前50节涉及罗马私法的许多方面，不妨可以说，《地方论》也是一部法律著作，甚至在西塞罗的涉法著作中被认为是法律性最强的。[1] 由此，它首先经受了荷兰学者莱顿(F. G. v. Lynden)在这方面的研究，形成了《图留斯在〈地方论〉中阐述的法理学解释》(Interpretatio Iurisprudentiae Tulliannae in Topicis Expositae, Lugd. Batav. 1805)；其次经受了法国学者德·卡斯克雷(Gaston François Marie de Caqueray)在这方面的研究，其《对包含在西塞罗作品中的私法段落的说明》凡601页，其中论述《地方论》中的私法问题的篇幅占90页；再次，经受了意大利学者克里佛(Giuliano Crifò[2])的这方面研究。最后，经受了德国学者福尔曼从民法角度展开的研究。[3] 我也想在这一方面做一番研究，因为我们平常接触的罗马法文本多属于古典时期(从公元前27年起，至285年戴克里先即位止)，而西塞罗的《地方论》反映的恰恰是前古典时期[从公元前367年颁布《李其纽斯和塞克斯求斯法》(Leges Liciniae Sextiae)起，至公元前27年奥古斯都建立元首制止]的罗马法，在罗马法

---

① Voir Gaston François Marie de Caqueray, Explication des passages de droit privé contenus dans les oeuvres de Cicéron, Durand, Paris, 1857, p. VII.

② Cfr. Giuliano Crifò, Per una lettura giuridica dei Topica di Cicerone, In Annali dell'Istituto Italiano per gli Studi Storici, Napoli, 1967 – 68.

③ M. Fuhrmann, Die zivilrechtlichen Beispiele in Ciceros Topik, In T. Schirren – G. Ueding (eds.), Topik und Rhetorik. Ein interdisziplinäres Symposium, Tübingen 2000.

文献史上具有继往开来的地位,具有特别的文献学意义。尽管如此,为了避免重复,贝特鲁奇教授在其《导言》中已论述过的这方面问题,我将略而不论或从简从新论述。以下按理论法学—民法学各分支—其他的顺序介绍西塞罗对这些问题的阐述。

第二节　法学基础理论

一、法的定义

第 31 节中提出了法的定义:法律、习俗和衡平的合成物。这是一个第 28 节阐述的分部式定义,它必须罗列被定义对象的所有的部分,用现代人的话来说,是外延罗列式定义。既然如此,第 31 节中体现的法的定义就包括西塞罗时代的罗马人认为的法的全部外延。我们看到,在这一外延中,既有国家主义的成分:法律,又有民粹主义的成分:习俗,还有司法能动主义的成分:衡平,这一体制跟《法国民法典》在渊源体制上的单纯国家主义立场形成对照,很符合现代先进法典中的多元的、立法与司法相结合的、人民间接立法与直接立法相结合的法律渊源体制。通过这一片段,我们看到了当时法律渊源制度的开放性,这种开放性影响了民法自古以来的名称:为何在现代西方语言中称民法而不称民律?因为法包括了律,而且还包括了其他,如果不认为制定法是民法的唯一渊源,称民法是不可避免的。

二、法的起源问题

就法的起源问题,第 82 节罗列了两种对立的观点。其一是自然论;其二是人为论。这是对自公元前 6 世纪即在希腊学界争鸣的两种法的起源说的提及。自然论认为作为非血缘组织的国家由血缘组织的家庭发展而来,家国同源,君权来自父权,从此等君权中派生了法。人为论即社会契约论,它认为在有国家与法的状态前人类处在自然状态中,后来洪水灭世,残留下来的人生活在洪水隔绝的山顶上,不能相互交往,他们的生活很简单,没有贫富的区别,因此没有争吵和斗争,也没有法律,只按前人的习惯生活;但他们有一种被称作首领制(Dynasty)的政治制度——这就是西塞罗所说的人所处的某种状况。洪水消退,人们从山上来到山下从事农业,为了保卫自己防御野兽而建造城墙。居住区扩大,矛盾也增多了,开始需要法律。他们遂订立协议,保证彼此互不伤害,由此达成个人的幸福,为了实现这一协议,人们制定法律。① 这就是西塞罗讲的由之产生了法的协议。在自然论与社会契约论的竞争中,西塞罗自己信仰后者。②

三、市民法的定义

许多人都知道,古罗马的市民法与现代的民法不同,前者是世俗法的整体,后者是这一整体的一个部门③,因此,探讨市民法一词古今含义的变迁为一有意思的工作。西塞罗的《地方论》为这一工作提供了有价值的资料。其第 9 节把市民法定义为"为同一城邦的人确立的公平,以保护他们的财产"。此为对市民法的内涵概括式定义。学者考证它出自伽鲁斯·阿奎流斯。④ 第 28 节又把市民法定义为"由法律、元老院决议、判例、法学家的权威、长官的告示、习俗和衡平构成的法"。这是对市民法的外延描述式定义。前一个定义把市民法界定为以保护财产为目的的法,颇有物文主义的味道,舍弃了市民法中的人法,即主体资格法,但若不做这一舍弃,就不可能把对财产的保护与公平连接起来,因为主体资格法把人依出生和表现分为三六九等,恰恰是不讲公平的。第二个定义罗列了市民法的七大渊源,首先它告诉我们,在罗马,判例被作为法的渊源,并不采用后世大陆法系的制定法主义;其次,它告诉我们,"判例"和"长官的告示"(包括裁判官的告示)并非一回事,前者才是真正的判例法,后者不过是政策宣示;第三,它告诉我们,法学家在这一渊源体系中的角色并不仅限于做出解答,而是提供权威,这种权威的运用比解答要广泛,可以渗透到其他的法律渊源中,例如,制定法律、元老院决议、长官告示的过程中,可能有法学家的权威发挥作用,因此,法学家在创制法的过程中具有崇高的地位。按意大利学者瓦卡的解释,衡平不是一个独立的渊源,而是涉及所有其他渊源的跨门类渊源,换言之,在制作其他渊源时,都要以衡

---

① 参见汪子嵩等:《希腊哲学史》(第 2 卷),人民出版社 1993 年版,第 1111 页。

② 参见徐国栋:《共和晚期希腊哲学对于罗马法的技术和内容的影响》,载《中国社会科学》2003 年第 5 期。

③ 参见徐国栋:《民法总论》,高等教育出版社 2007 年版,第 27 页及以次。

④ Cfr. Giuliano Crifò, Per una lettura giuridica dei Topica, In Annali dell' Istituto Italiano per gli studi storici, I (1967/1968), Napoli, p. 140.

平为宗旨。[①] 在这里,衡平似乎不是作为渊源,而是作为民法的基本原则存在的。第四,它告诉我们,元老院决议成为法律的时间可能比人们想象的要早。

元老院决议是元老院针对高级长官的咨询做出的解答。长官通常遵循之,由此,元老院决议转化为告示等。[②] 有的元老院决议是对平民会决议的转化,据此让它获得也约束贵族的效力。元老院决议通常规定偶然事件。[③] 共和时期,元老院决议的效力以一年为限。[④]

在共和时期和帝政初期,罗马的立法权由百人团大会行使。到了帝政时期,罗马已不是小国寡民状态,而是泱泱大国,直接民主已不合实际。在这种情况下,提贝留斯皇帝把过去的长官由民会选举改为由元老院选举。[⑤] 这诱使人们相信民会的立法权也已由民会转给元老院。[⑥] 实际上,元老院取得立法权的时间可能早于它成为选举机关的时间,因为在西塞罗于公元前 44 年完成的《地方论》第 28 节中就把元老院决议当做与法律并列的法的渊源,这个时间比提贝留斯当皇帝的时间早得多。而且,公元前 449 年,执政官坡梯图斯和巴尔巴图斯就提议颁布了《关于元老院决议的保管的瓦勒流斯和奥拉求斯法》(Lex Valeria Horatia de senatusconsultorum custodia),其中规定元老院决议应在谷神切勒斯(Ceres)的庙宇之中保管,并处于平民营造官的看护之下。可见当时就有了元老院决议。在公元前 82 年—公元前 79 年的期间,颁布了《关于山区村落的元老院决议》(S. C. de Pago Montano),禁止在埃斯奎利诺地区(Campo Esquilino)倾倒粪便和尸体,并规定平民营造官可以对违禁者提

---

① Cfr. Letizia Vacca, Metodo Casistico e Sistema Prudenziale, CEDAM, 2006, p. 242.

② See Adolf Berger, "Encyclopedic Dictionary of Roman Law", Philadelphia: *The American Philosophical Society*, 1991, p. 696.

③ Cfr. Mario Talamanca (sotto la direzione di), Lineamenti di Storia del Diritto Romano, Giuffrè, Milano, 1989, p. 204.

④ Véase Jose Francisco Diaz, Historia de Senado romano, Barcelona, Establecimiento Tipográfico de Luis Tasso, 1867, pag. 208.

⑤ 参见〔古罗马〕塔西陀:《编年史》(上册),王以铸、崔妙因译,商务印书馆 1983 年版,第 16 页。

⑥ Cfr. Pietro Vermiglioli, Elementi ossiano Istituzioni Civili di Giustiniano Imperatore, Perugia, 1830. p. 55.

起拘禁之诉(Manus iniectio)和扣押之诉(Pignoris capio)。[①] 但是,在考虑这一问题时,须区分规范创制权与制定市民法规范权,前种权力元老院早就享有,它主要是针对高级长官(执政官、裁判官、保民官等)的咨询以投票的方式做出集体的解答,此等解答形式上只对征求解答的长官有约束力,通过此等长官的立法活动(例如发布告示)间接约束普通民众,在这个意义上,元老院决议和裁判官告示之间存在包容关系;后者则是制定直接约束普通民众的市民法规范,这种权力元老院在1世纪末2世纪初才取得。[②] 在163年出版的盖尤斯《法学阶梯》1,4中,已确定元老院决议为法的渊源之一,但附带说明对此有争议。[③] 也有人认为在2世纪中叶元老院才获得立法权。[④] 到了乌尔比安的时代,元老院决议是法律就无可争议了。

四、自然法的内容

这是第90节涉及的。自然法是自然状态中的法,我们现在理解的作为实在法之上的高级法意义上的自然法的观念很晚才出现,这样的自然法已经跟自然状态脱钩了。自然状态就是人们达成社会契约之前所处的状态。这种状态,有的作者把它描述得很坏,西塞罗就是其中之一。其时也,“人类到处漫游,像动物一样东零西散,除了树上的果子外没有别的食物。当时没有理性,只有强力决定一切。人们一点没有崇拜神的观念,也没有对其同类尽义务的观念。没有结婚问题,也没有牢固的亲属关系问题。正义的好处未尝闻。处在无知和野蛮的黑暗中,灵魂为兽性的本能和杂乱无序占据,为了满足此等本能,只能滥用身体的强力”。[⑤] 如此,政治状态对自然状态的取代是进化;也有的作者把它描述得不错,智者希庇

---

① Cfr. Francesco Casavola, Studi sulle azioni popolari Romane, Fondazione Nuove Proposte Martina Franca, Napoli, 1958, pp. 59s.

② Cfr. Mario Talamanca (sotto la direzione di), Lineamenti di Storia del Diritto Romano, Giuffrè, Milano, 1989, p. 201.

③ 参见〔古罗马〕盖尤斯:《法学阶梯》,黄风译,中国政法大学出版社1996年版,第2页。

④ See Adolf Berger, *Encyclopedic Dictionary of Roman Law*, Philadelphia: The American Philosophical Society, 1991, p. 696.

⑤ Véase Cicero, De la Invencion, Ciceron, In Nicolas Estevanez edi. Obras Escogidas, Casa Editorial Canier Hermanos, Tomo Primero, Paris, s/a, p. 208.

亚就是其中之一。他认为,根据自然,人们是相亲相爱的、平等的;而规范是人类的暴君,它将人分为三六九等,将原始的平等败坏了。[①] 因此,政治状态对自然状态的取代是退化。在第 90 节中,西塞罗告诉我们自然法的内容就是各得其所和报复权两条规范,这样的自然法当然是不错的,故被乌尔比安采用为正义的内容,曰:正义是分给每个人属于他自己的权利的永恒不变的意志(D. 1,1,10pr.)[②],继而被优士丁尼在自己主持的《法学阶梯》中采用(I. 1,1pr.)。[③] 各得其所是一种生活态度。每个人都是分配者,同时又是受分配者,所以要把别人该得的给他,这样才能得到自己该得的。当然,报复权存在之时,就是没有公权力或此等权力软弱之际,由于人人生来在体力和智力上强弱不一,承认报复权几乎等于承认强者的霸权,这是不好的安排。因此,即使美好的自然状态也要向政治状态过渡。无论如何,第 90 节展示的善的自然状态与西塞罗在《论寻找》中展示的恶的自然状态形成对立,如何解释两者的矛盾?我认为,《论寻找》中表达的是西塞罗自己对自然状态的看法,第 90 节展示的是他人的相应看法。

五、公平的类型

第 90 节首先把公平分为自然的公平和制度的公平,对于后者,又分为法律上的公平、协议上的公平和习俗上的公平。其次把公平分为神的、死者的和人的。这种公平与我们对公平的法律—道德的相对狭义理解差别甚大,展现了那时候人的意识形态。其中首先有自然的公平与制度的公平的对立。例如,以血洗血的复仇行为符合自然的公平,因为那是无公权力的自然状态的观念的残留,但复仇却不符合制度的公平,按这种公平观,受害人应通过国家司法机关惩罚加害人而不得自己动手,因为制度的公平是已有了公权力的政治状态的观念。制度包括法律、合同和习俗,三者构成广义的法,各有其公平。例如,我自行放弃自己的某一权利以利于

---

① 参见汪子嵩等:《希腊哲学史》(第 2 卷),人民出版社 1993 年版,第 220—221 页。

② 参见〔古罗马〕优士丁尼:《学说汇纂》(第一卷),罗智敏译,中国政法大学出版社 2008 年版,第 13 页。

③ 参见〔古罗马〕优士丁尼:《法学阶梯》(第二版),徐国栋译,中国政法大学出版社 2005 年版,第 11 页。

相对人,这不符合法律上的公平,但我是自愿通过协议做此事的,因此符合协议上的公平。跳出凡界看公平,它是一个不仅涉及人,而且涉及神和死者(罗马人把他们理解为一种小神)。这里的神非基督教的一神即上帝,而是具有人的各种弱点的地中海世界的多神。对于他们,也存在公平问题,著名的"金苹果"难道不是让许多神感到不公的原因吗?对于死者来说,如果他解放一个奴隶,附加的条件是被解放奴隶每年来墓前点两次灯,后者背信未点,难道不是对死者的不公吗![①] 在罗马法上,坟墓被定为安魂地不受侵犯,侵犯者难道不是对死者不公吗?通过以上分析,我们可以知道,公平是罗马人的一个充塞宇宙,涉及多种主体的概念,活人和死人、神都是其主体,而我们的公平观是完全人文主义的,只以人(甚至仅仅是现世的人)为主体。现在我们感到了这种人类中心主义的、现世主义的公平观的不足,开始考虑把动物和下一代人以及未来的世世代代的人列为公平的主体,我们不能不说这样的公平观是对罗马人既有的公平观的回归。

六、经济人假说与利他主义的并存的法律的人性论基础

经济人假说是第 69 节毫不掩饰地揭示的。在该节中,西塞罗明确提出,在权衡轻重时,把自身欲求的东西看得重于为他人欲求的,把亲属看得重于非亲属,把自己的看得比他人的为重,一副人不为己、天诛地灭的派头,以此张扬了市民法的经济人基础。但在第 71 节中,西塞罗又提出要表彰通过出主意和出力帮助市民的人,并在第 84 节中,提出"为祖国而死高尚吗"这样的问题,还在第 78 节中高度赞扬伽图、雷流斯、西庇阿等罗马人的民族英雄,由此又褒扬利他主义,形成在同一个文本中两种理想人格的矛盾。这种矛盾保留在现代民法中,它既有所有权等基于经济人假说的制度,又有诚信原则等基于利他主义的制度。

---

① 莫特斯丁在其《解答集》第 10 卷中报道了这样一个遗嘱:梅维亚临死前遗留给她的奴隶萨库斯、埃乌提基娅以及依内娜以附条件的自由权,她是这样措辞的:"令我的奴隶萨库斯以及我的婢女埃乌提基娅、依内娜,全部在这一条件下成为自由人:他们要隔月到我的坟前点灯并对死者分发供品。"(D. 40,4,44)参见〔意〕桑德罗·斯奇巴尼选编:《民法大全选译·法律行为》,徐国栋译,中国政法大学出版社 1998 年版,第 99 页及以次。

第三节　民　　法

一、人法

(一) 一词两义的监护

第46节展示了适婚妇女与男女被监护人消极行为能力的差别,前者可以不经监护人授权受领给付;后者则非经其监护人授权不能受领此等给付。此节想说的是两类被监护人受监护人约束程度上的差别,由于第46节是以种差为推理依据,实际上讲的是对妇女的监护——此处的适婚妇女,肯定在12岁以上,否则就是女被监护人——与对未适婚人监护的不同,前者实际上是保佐,不然会闹出女性在12岁前受监护,在12~25岁之间受保佐,从25岁到死亡再受监护的能力倒退悖论。只有对未成年人的监护才是真正的监护。第46节也证明西塞罗时期的罗马妇女实际上具有一定的行为能力。

(二) 西塞罗时代的解放奴隶方式

第10节罗列这些方式为登记解放、执仗解放和遗嘱解放。据学者考证,这一片段来自法学家埃流斯的论述。① 它们都属于要式解放,由于本节采用的是穷尽式列举,可见在西塞罗写作本书的时代,略式解放方式(例如设宴解放、书面解放等)尚未产生。所以,当时从奴隶转化为自由人的门槛还很高,考虑到第29节中关于族亲的定义中对享有贵族身份者其祖先无人当过奴隶的要件的强调,我们可以看到当时的阶级界线比较清晰。

(三) 复境权定义

这是第36节和第37节分别提供的:首先是分部式定义,罗列奴隶、船、驮骡、马、拉车的牝马是复境权的适用对象,第37节似乎还把自由人作为适用对象;然后是内涵概括式定义:从我们的手落到敌人手中的物从它们所在的边界出去后又回来了。在这个定义中,Limen是国界的意思。“出去”,可以因为抢夺,也可以因为意外,例如本国的公马追求异国的母

---

① Cfr. Giuliano Crifò, Per una lettura giuridica dei Topica, In Annali dell' Istituto Italiano per gli studi storici, I(1967/1968), Napoli, p. 120.

马,无论何种原因,都导致内国人的所有权的中止,这似乎是对市民法的空间效力的一个说明,可以用来证明国际关系的自然敌对论。依此论,内国的人或物到了与该国订有同盟条约的国家,内国法对于这些人或物的效力会得到承认;但如果到了其他国家,等于到了敌国,内国法的效力得不到承认。

二、亲属法

(一) 族亲的定义

体现在第29节:“族亲是有共同的族名,其先祖未当过奴隶、未承受过人格减等的人。”这一定义给我强烈的震撼:罗马人在维持贵族队伍成员的纯洁性上非常着力,要求他们祖先高贵且品行良好,家产殷实。事实上,只有贵族才有族亲,所以贵族的全名中包括族名,平民的名字中不包括这一部分。西塞罗在推敲这一定义的过程中,增加了其先祖是生来自由人和未当过奴隶两项条件,在我看来,这两个条件是同一的,实际上是一项条件:先祖无人当过奴隶。因为当过奴隶得到解放才会产生解放自由人问题,没有人当过奴隶,先祖就当然是生来自由人。这样的族亲设定肯定叫苏拉的被解放奴隶空欢喜一场,这位独裁者敢于交出权力,但为了获得安全,他在交出权力前赋予自己的1万名解放自由人科尔内流斯的族名。[①] 根据西塞罗在此处的说明,这1万个人尽管都叫科尔内流斯了,但并非苏拉的族亲,正犹如美国南北战争后许多被解放的奴隶都叫华盛顿了,却并不能因此成为华盛顿的族亲一样。阶级的鸿沟不是通过改一个名字就可以填平的。至于祖先未承受过人格减等的条件,必须结合西塞罗时代的条件理解。我们熟悉的大中小三分制的人格减等制度产生于帝政初期,换言之,在西塞罗时代尚未产生。这个时代流行的是大减等和小减等的二分制,在这一二分制中,人格大减等是丧失自由和市民身份;人格小减等是变为准奴隶(Mancipium)。[②] 显然,只能把“未承受过人格减等”解释为未被剥夺过市民权(如果解释为未被剥夺过自由,又与未当过奴隶的条件重复了),并未曾破产过(当过债奴)。确实,长期以来,破

---

① 参见〔古罗马〕阿庇安:《罗马史》(下卷),谢德风译,商务印书馆1976年版,第85页。

② See Alba Romano, Capitis Deminutio minima. An Unresolved Problem, On http://www.ucm.es/BUCM/revistas /fll/11319062/articulos/CFCL9292220049A. PDF, p. 51. 2007年1月25日访问。

产者都发生破廉耻。

（二）有瑕疵婚姻解除后子女的归属

第 20 节告诉我们，如果某个罗马妇女与一个无通婚权的男子（即外邦男子）结婚，根据万民法，所生的子女随母亲的身份[①]，换言之，是罗马市民，丈夫对此等子女不享有家父权，因为一个外邦人对罗马市民享有权威不为罗马立法者所愿见。这对跨国夫妻离婚后，妻子不必把嫁资留给丈夫扶养子女，显然，这时的子女归母亲管领，因为孩子们的父亲对他们不享有家父权。这种情形构成第 19 节体现的规则的一个例外。此时的母亲当然要用自己的嫁资扶养自己的孩子了，不过，她对孩子们的权威叫做什么？是家父权吗？这似乎是男权主义的罗马法不曾考虑的一个问题。

（三）有夫权婚姻中嫁资的归属

第 23 节讲，有夫权婚姻中的妻子的嫁资的所有权归丈夫，此等嫁资被视为女方对男方的赠与，丈夫可自由处分之，不负返还义务，形成夫妻共同财产。这样的安排与第 19 节隐含的夫妻分别财产制形成对照，它流行于西塞罗的“当代”，而夫妻共同财产制是一种更古老的制度。把不同时期的制度放在一个文本里谈，构成西塞罗的《地方论》的特色之一。丈夫取得嫁资所有权的安排对妻子不利，但在离婚少的情况下，不会发生什么问题。到了帝政时期以后，为了保护妇女的利益，嫁资制度改成妻子保留所有权，丈夫享有用益权，同时负离婚时的返还义务。

（四）丈夫的离婚过错导致他对子女的扶养责任加重

这是第 19 节的内容，改用现代话来说就是，子女本应由夫妻双方的财产扶养，就妻子而言，是用自己的嫁资提供此等扶养，但如果由于丈夫的过错导致离婚，她就免除以自己的嫁资扶养子女的责任，换言之，扶养子女的责任要全部由丈夫的财产承担，由此达到了对过错者的惩罚。这样的安排显示出夫妻分别财产制的背景，而这种财产制又依托于无夫权婚姻，这恰恰是西塞罗的时代即共和晚期的最流行的婚姻形式。从第 19 节的文句来看，子女属于丈夫，离婚的妻子不能带走子女，所以假设她是离婚的过错方，她也没有以自己的财产扶养子女的机会，承受的制裁是丧失嫁资返还请求权，把这笔财产留在丈夫处扶养子女而已。所以，第 19

① 参见〔古罗马〕盖尤斯：《法学阶梯》，黄风译，中国政法大学出版社 1996 年版，第 30 页。

节一方面体现了西塞罗时代的罗马离婚法把过错与财产损益挂钩的做法,另一方面体现了丈夫与妻子在子女支配权上的极不平等地位。

三、继承法

(一) 遗产的定义

出自第29节:在某人死亡之时既不通过以遗嘱做出的遗赠,也不以占有的名义持有的依法移转给他人的资金。正如贝特鲁奇教授在本书的序言指出的,该定义强调遗产是一种资金,与我们日常理解的体现为各种有价值的实物的遗产的概念存在区别。事实上,这样的遗产定义是罗马人的按份额指定继承人的方式的基础,这种方式与就特定物指定继承人(Heredis Institutio ex Re Certa)的方式相对立。按这种方式,遗嘱人可规定甲继承人分得某物,乙继承人分得某物,等等,这种方式的特点是某个继承人分得的遗产与总遗产价值的比例关系不清楚,它为希腊—埃及地区采用,不为早期的罗马人接受,他们认为此等情形中的所谓继承人实际上是受遗赠人。这样的不接受也为了维持继承的移转集合物的方式的性质。而按份额指定继承人的方式有两个要求:其一,货币化而非以实物方式分配遗产;其二,一个继承人能一目了然地知道自己的所得在整个的待分配遗产中的比例,因而是一种非常透明的遗产分配方式。

上述遗产定义把遗赠排除在遗产之外,把遗产信托也排除在外(以占有的名义持有……的资金),看来只有继承人基于亲属关系得到的能自己享受的资金才算遗产。

(二) 裁判官对妇女、奴隶、离弃祖国者、少年人等无遗嘱能力者遗嘱的执行

这是第18节的内容。该节告诉我们,妇女没有订立遗嘱的能力,但经受过人格减等的妇女除外,尽管根据市民法,她们的遗嘱中指定的继承人还是不能根据此等遗嘱取得遗产,但裁判官允许他们以遗产占有的名义取得此等遗产,于是,经受过人格减等的妇女取得了实质上的遗嘱能力。导致丧失自由权和市民权的人格大减等当然使妇女丧失遗嘱能力,但它们似乎与本节的关系遥远。与之接近的是人格小减等,它让妇女处于夫权下,从而摆脱了宗亲的法定监护。这个时候她还是不能立遗嘱的,只有在她是通过买卖婚处于夫权下又被丈夫转卖并被买受人解放,她才能如此。通过这种方式,她成为完全的自权人。当然,这一过程是被她操

纵的,目的是规避法律。[1] 我们看到,罗马人对于不利于自己的法律,不是公然地违反,而是设法规避,对法律比较尊重。

第 18 节是把关联的推理方法运用于法律。所谓关联,是一种与一个事实相伴随的附属情境,如果此等事实发生,则该附属情境也会发生。[2] 在第 18 节中,经受过人格减等的妇女是主事实,奴隶、离弃祖国者、少年人是附属情境。既然人格减等的妇女可取得事实上的遗嘱能力,则奴隶、离弃祖国者、少年人也能如此。

奴隶是什么无须说明。离弃祖国者是那些长期私自离别自己国家的罗马市民,相当于我们现在说的偷渡客,他们因"偷渡"丧失罗马市民权[3];少年人(Puer)指 7 ~ 16 岁的孩子。[4] 奴隶无遗嘱能力自不待言;离弃祖国者丧失了作为遗嘱能力成立要件之一的罗马市民身份[5],也无遗嘱能力。少年人的男性不满 14 岁者、女性不满 12 岁者不可立遗嘱(D. 28,1,5)[6],所以,这三种人都不具有市民法上的遗嘱能力,但裁判官基于仁慈,通过允许根据这些人的遗嘱进行遗产占有赋予了他们事实上的遗嘱能力。由此可见,在西塞罗的时代,奴隶就具有一定的事实上的权利能力甚至自己的财产(因为没有财产可以订立遗嘱又有什么用呢?),即使在罗马法尚未受到基督教洗礼的情况下,他们也不是什么"会说话的工具";法律对待偷渡客的态度变得宽容,如同当代中国人对到国外当教练领队与自己的排球队对抗的同胞变得宽容;少年人开始取得了一定的独立于父亲的地位,他们不必一定要把自己的遗嘱作为父亲遗嘱的一个附件而可以订立自己的遗嘱了,他们的财产也与父亲的财产在一定程度上区分开来,不然,他们拥有的遗嘱能力是无用的。

(三) 通过解释遗嘱确定遗赠物的范围

这是第 13 节、第 16 节和第 53 节的内容。一个遗嘱人把所有的银子

---

① 参见〔古罗马〕盖尤斯:《法学阶梯》,黄风译,中国政法大学出版社 1996 年版,第 42 页。

② Cfr. Benedetto Riposati, Studi sui Topica di Cicerone, Edizioni dell'Università Cattolica del S. Cuore, Milano 1947, p. 114.

③ 参见黄风:《罗马法词典》,法律出版社 2002 年版,第 108 页。

④ 参见谢大任主编:《拉丁语汉语词典》,商务印书馆 1988 年版,第 452 页。

⑤ 参见周枏:《罗马法原论》(下册),商务印书馆 1994 年版,第 452 页。

⑥ 参见〔意〕桑德罗·斯奇巴尼选编:《婚姻·家庭和遗产继承》,费安玲译,中国政法大学出版社 2001 年版,第 241 页。

都遗赠给妻子。死者家里有银锭和银币两种形式的银子,前者属于银子无问题,后者呢?按银子与银币的逻辑关系,前者是属概念,后者是种概念,遗嘱中说到了前者,就自然包括后者,由此,银币也应归入遗赠物。但行使债权可能得到的银币不应归入,理由似乎是只有现实的银子可作为这种情形中的遗赠物,作为期待物的银子不可。这样,第13节、第16节和第53节就为我们提供了按逻辑方法解释遗嘱的一个实例,并展示了罗马人对现实物和期待物的区分。

(四)附限制人身自由停止条件的遗赠的效力问题

第14节告诉我们这么一个附条件的遗赠:法比娅要么与遗嘱人缔结有夫权婚姻并得到遗赠,要么缔结无夫权婚姻丧失受遗赠权。这一遗赠包含限制法比娅选择夫妻关系形式自由的条款,西塞罗认可了这样的条件有效。但帕比尼安在D.35,1,71,1中表达了相反的意见:遗赠给蒂丘斯100个钱币,条件是娶寡妇梅维娅为妻,帕比尼安认为丧失的遗赠相当于罚金,此等罚金被用来剥夺当事人婚姻选择上的自由。[①] 看来,在罗马法学家之间就限制自由的条件的效力问题有宽严不一的看法。

(五)遗赠执行人的死亡不影响遗赠的效力问题

这是第21节的内容:一个家父把对女奴的用益权遗赠给自己的妻子,此等遗赠从他们的儿子的继承份额中开支,此等儿子被设立了一个替补继承人。此时儿子处在继承人兼遗嘱执行人的地位。不巧的是,他在履行完自己的遗嘱执行人职责前死亡,那么,家母的遗赠期待权是否落空呢?西塞罗做了否定的回答,言下之意是接替儿子地位的替补继承人要承担这一给付,这样的处理显然保护了家母的信赖利益,但基于衡平科加了替补继承人额外的负担。西塞罗提及的这样的解释有利于死者的妻子,因为若不如此解释她根本继承不到遗产。

(六)替补继承人制度

体现在第44节提到的库流斯作为未成年人的替补继承人继承科泊纽斯遗产案中。该案作为一个法庭演说技巧的范例,其案情和法庭辩论过程被西塞罗在《论寻找》《论演说家》《布鲁图》《为切其流斯辩护》《地方论》中保留许多,晚一些的昆体良也在自己的《演说术阶梯》(7,6,9-

① 参见〔意〕桑德罗·斯奇巴尼选编:《民法大全选译·法律行为》,徐国栋译,中国政法大学出版社1998年版,第93页。

10)中对该案做了报道。[①] 两个作者都对此案中的法律要点以及原被告双方代理人演说的成败得失进行了分析。近现代法学家更多地把此案看做大陆法系第一个遗嘱解释的经典范例倾注了不少研究,他们的研究成果大多反映在本章的注释中,这些作者的国籍告诉我们对库流斯案件的研究的国际性。在国内,周枏先生的《罗马法原论》也涉足这个案件的分析[②],可惜过于简略且有一些误述。[③]

库流斯案件的案情大致如下:公元前 93 年,某个科泊纽斯(Coponius)误以为妻子怀孕,而自己大限将至,故针对自己的遗腹子立下遗嘱:其辞曰:"如果为我生了一个或几个儿子,让他或他们做我的继承人。如果我的儿子在他成为自己的监护人前死亡,那么让他当我的继承人。"[④]此语最后一句中的"他",指库流斯(Manius Curius)。通过最后一句的安排,库流斯成为科泊纽斯可能的儿子的替补继承人。替补继承分为普通替补和未成年人替补,库流斯勉强属于后者。前者是遗嘱人指定两个或更多顺位的继承人,如果第一顺位的继承人先于他死亡或不能继承,则由第二顺位的继承人继承。以此类推。后者是父亲为自己未适婚的儿子代订遗嘱处分后者的遗产,条件是遗嘱人的儿子成为继承人,而在适婚前死亡,此时,替补继承人成为上述儿子的继承人。这样就避免了自己的儿子无遗嘱而死,假若替补继承人真的取得了遗嘱人的遗产,他的地位很类似于连续信托中第二个信托的受益人,所以,无妨把科泊纽斯与库流斯之间的关系描述为信托替补(Fiduciary substitution)。

在整个遗嘱中,遗嘱人以"如果为我生了……儿子"的文句明确承认了自己是否有孩子的不确定性。[⑤] 科泊纽斯死后,其妻并未生育,看来她

---

① Cfr. Rino Faranda e Piero Peccheiura, L' Institutione Oratoria di Marco Fabio Quintiliano, UTET, Vol. I, 1968, p. 99.

② 参见周枏:《罗马法原论》(下册),商务印书馆 1994 年版,第 473 页。

③ 例如,周枏先生说科泊纽斯指定库流斯为其遗腹子的监护人兼替补继承人。事实上,只存在替补继承人指定,不存在监护人指定。周枏先生加上这个指定,可能是错看了遗嘱中的"如果我的儿子在他成为自己的监护人前死亡"的文句。

④ 参见〔古罗马〕西塞罗:《西塞罗全集·修辞学卷》,王晓朝译,人民出版社 2007 年版,第 246 页,译文有改动。

⑤ See John W. Vaughn, "Law and Rhetoric in the Causa Curiana", In *Classical Antiquity*, Vol. 4, No. 2(1985), p. 212.

要么是自己求子心切，产生了虚假的妊娠反应；要么就是以诈孕有所图。[1] 无论如何，科泊纽斯的妻子未生下孩子导致科泊纽斯的最近的宗亲马尔库斯·科泊纽斯作为法定继承人要求遗产，因为按《十二表法》第五表第4—5条规定的法定继承顺位，在没有当然继承人（第一顺位的继承人）的情况下，遗产由最近的宗亲继承（第二顺位的继承人）。换言之，马尔库斯认为死者的遗嘱因为无人根据它继承遗产失效了，科泊纽斯陷入了无遗嘱而死，其遗产转入法定继承。这是罗马人最不愿遇到的情况，正如梅因所说的："诅咒一个敌人，说他要死而无遗嘱要比任何诅咒都苛酷。"[2]因为某个宗亲相对于被继承人的亲等因为亲属的死亡和出生不断变化，确定最近亲等的时间应该是被继承人死亡的时间（在确实未立遗嘱的情形如此）或所有的遗嘱继承人都拒绝接受遗产的时间（在立了遗嘱的情形如此），因此，"最近的宗亲"的形成意味着偶然，很像轮盘赌。当然，谁也不愿自己的遗产落到不是自己预计的人的手中。而且，罗马的继承并不以析产为前提，所以，如果当然继承人继承，他们在成年的情形参与了遗产的形成，其继承具有析产与传承遗产的二重性，析产的成分的存在使他们取得遗产更有道德上的正当性，而最近亲等的宗亲并未参与遗产的形成，他们取得遗产缺乏道德上的正当性。

然而，库流斯也出来主张遗产，他说科泊纽斯的妻子没有生下孩子不应影响他厚待自己的意图的实现。按西塞罗的观点，库流斯这样做是鲁莽的。他说："难道有人根据家父在其儿子出生前订立的遗嘱要求遗产？任何人都不会，因为儿子出生会打破遗嘱。这种类型的案件在法律上不许争论。"[3]此语涉及的悖论在于：遗嘱由于未考虑到母腹中的子女要因此等子女的出生打破，因为罗马人遗嘱的有效要件是要考虑到所有的法定继承人和所有的遗产，不许留空白，而科泊纽斯的遗嘱恰恰考虑到了此等子女订立，此等子女的出生是否要打破遗嘱是一个问题，此等子女不出生遗嘱是否还有效更是一个问题。基此，马尔库斯·科泊纽斯与库流斯

---

① 关于罗马法对诈孕的处理，参见徐国栋：《罗马私法要论——文本与分析》，科学出版社2007年版，第103页及以次。

② 〔英〕梅因：《古代法》，沈景一译，商务印书馆1959年版，第124页。

③ M. T. Cicero de Oratore, Or, His Three Diaglogues upon the Character and Qualifications of an Orator, R. P. & C. Williams, Cornhill Square, 1822, p. 96. 此处的"打破"的意思是后发无效。

相持不下,形成诉讼。案件由百人法院审理。

什么是百人法院?百人法院(Centumviri)产生于公元前3世纪,主要审理遗产继承和大额财产索还案件。它与十人法院(xviri stliiibus judicandis)并立,共同构成裁判官主持的常设法院,后者主要负责审理个人身份案件,例如自由身份案件。[①] 百人法院起初有法官105人,他们来自35个部落,每个部落有3个名额。他们分为4个法庭(Tribunalia)办案,因此,某案实际参审的法官不会有100人。后来,百人法院的人数增加到180人。该法院不承担案件的法律审(in iure),此等程序由长官(例如裁判官)承担。在法律审完成后,案件才到从百人法院的名单中选出的法官组成的法院,进行事实审(in iudicio)程序。这种法院于3世纪消失[②],因为那时统一完成法律审和事实审的非常法院已经建立。所以,百人法院只存在于罗马适用法律诉讼和程式诉讼的时期。

库流斯案件的法律审是由什么长官完成的?今已不可考,也不重要,但盖尤斯告诉了我们这一法律审包含誓金之诉:"显然,在向百人法院提起诉讼时,首先应当在内事裁判官或外事裁判官前依照法律进行誓金之诉"(4,31)。[③] 誓金之诉是当事人在诉讼进行中各宣誓证明其权利正当的程序,誓金按诉讼标的的一定比例抽取,败诉者丧失誓金。例如,《十二表法》第二表第1条规定:诉讼标的在1000阿斯以上,交誓金500阿斯;标的不满1000阿斯,交誓金50阿斯。关于自由身份之诉,一律交50阿斯的誓金。[④] 所以,库流斯跑出来争遗产是有风险的。史料未告知我们科泊纽斯的遗产价值几何,假若在1000阿斯以上,库流斯不光得不到遗产,而且要承担科泊纽斯遗产额一半的罚款,后果不可谓不严重。

对于库流斯案的事实审,西塞罗留下了较为完整的记录。我们由此得知,当时最有名的法学家昆图斯·穆丘斯·谢沃拉担任M.科泊纽斯的代理人(科泊纽斯很可能是谢沃拉的门客,谢沃拉为他出庭可能是尽恩主

---

① See A. H. J. Greenidge, *Roman Public Life*, MacMillan and Co., Limited, London, 1901, p. 236.

② See Adolf Berger, *Encyclopedic Dictionary of Roman Law*, Philadelphia: The American Philosophical Society, 1991, p. 386.

③ 〔古罗马〕盖尤斯:《法学阶梯》,黄风译,中国政法大学出版社1996年版,第302页。译文有改动。

④ 参见徐国栋、〔意〕阿尔多·贝特鲁奇、〔意〕纪慰民译:《〈十二表法〉新译本》,载《河北法学》2005年第11期。

的义务,以此报偿作为门客的科泊纽斯提供的服务),当时最有名的演说家L.克拉苏斯(Lucius Licinius Crassus,公元前140—公元前91年)担任库流斯的代理人。两者都大名鼎鼎,前者是法学家中的演说家,后者是演说家中的法学家。谢沃拉是公元前95年的执政官;克拉苏斯是同年的执政官。他还在公元前92年担任监察官。[①] 用我们今天的话来描述,是两位前总理级的高官在库流斯案件中"碰撞"上了。

案发时,遗产似乎已在库流斯手中,故案由是要求遗产之诉(Hereditatis petitio)。[②] 这是一种合法继承人向遗产占有人要求返还遗产物的诉权,由此,马尔库斯·科泊纽斯处在原告的地位,这导致其代理人谢沃拉先发言,这使得他处在立论的地位。按理说,这是一个有利的地位,因为科泊纽斯遗嘱的问题太多了。首先,依事理之性质,未成年人的替补继承人指定以未成年人已经存在为条件,而科泊纽斯在未成年人尚未存在的情况下就为他指定了替补继承人,这样的指定应该无效,如同在只有一个鸡蛋的情况下就蛋孵化出的鸡,鸡再生的蛋,再孵化的鸡作处分的遗嘱不可能有效一样(事实上,科泊纽斯的地位比这里的"鸡农"更糟,后者手里还有一个蛋,他却连一个"蛋"都没有,只是相信他妻子肚子里有一个"蛋"),因为那第一个蛋能否被孵化为鸡或是否被蛇偷吃都是一个问题。对于科泊纽斯来说,即使他妻子真的怀孕了,还有流产的可能呢! 其次,退一万步讲,科泊纽斯的妻子真的怀孕了,其胎儿是否有遗嘱能力,也是个问题,通常的规则是自然人必须活着出生才有此等能力,因为按照古法,胎儿属于不确定的人,不具有遗嘱能力。[③] 确实,此等胎儿是否能活着出生,是单数还是复数,都属于未知之数。遗嘱人科泊纽斯深明此点,其遗嘱同时考虑了单胞胎和多胞胎的情形,以避免陷入被指定者不确定的不利局面。但为了照顾胎儿,库流斯案件时代的罗马法显然已赋予了胎儿消极的遗嘱能力,不然科泊纽斯就不会公然指定其遗腹子为

---

① See Michael C. Alexander, Trials in the Late Roman Republic, 149 BC to 50 BC, In *Phoenix*, Supplementary Volume xxvi, p. 48.

② See Michael C. Alexander, Trials in the Late Roman Republic, 149 BC to 50 BC, In *Phoenix*, Supplementary Volume xxvi, p. 48.

③ Véase Pedro Gómez de la Serna, D. Justiniani Institutionum Libri IV, Tomo I, Libreria de Sanchez, Madrid, 1856, pag. 126. I. 1, 13, 4.

继承人了,但基此的遗留的效力取决于胎儿活着出生。[①] 而在科泊纽斯继承案中,这个条件未成就,也不可能成就。这样,科泊纽斯的遗嘱以其妻生育男孩为成立条件,这个条件不成就,他的遗嘱就无效,其遗产应按法定继承处理。这样办按市民法当然没错,但把科泊纽斯置于无遗嘱而死的悲惨境地,犯了罗马人的大忌,违反了罗马法中的拯救遗嘱效力原则。[②] 非独此也,如此还剥夺了库流斯对科泊纽斯遗产的期待权,而科泊纽斯之所以把库流斯指定为其遗腹子的替补继承人,可能是为了酬报先前给予自己的恩惠,剥夺了他的期待权,就把科泊纽斯置于了忘恩负义的境地。总之,严格依法办事可能拘泥于法律的文句,忽略了其精神[正因为这样,较早研究库流斯案件的德国法学家约翰内斯 Johannes Stroux(1886—1954 年)把自己著作的标题定为《法之极,不法之极》(Summum ius, summa iniuria)[③],真是一语破的!],而且可能把法律与人情对立起来。何去何从?谢沃拉必须做出选择,且让我们看他如何选择。

遗憾的是,他采取了"不法之极"的解释。他利用文句与意思的关系(Scriptum et volontas)的地方[④]展开论述,采取了文句应与意思一致的方略。在他看来,如果科泊纽斯真想让库流斯当继承人,他应当在遗嘱中写上"让我的儿子成为我的继承人。如果我的儿子不能成为我的继承人,或

---

① 然而,由于在许多其他问题上,遗腹子女被认为如同已出生,在这一问题上也已决定,遗腹子女同已出生的子女一样,可以通过遗嘱被赋予监护人,只要他们处在这样的情况中:如果他们在尊亲生存时出生,他们会作为自权继承人并处在后者的权力下。参见〔古罗马〕优士丁尼:《法学阶梯》(第二版),徐国栋译,中国政法大学出版社 2005 年版,第 67 页。

② D. 34,5,24(25). 马尔切勒:《学说汇纂》第 11 卷:如果遗嘱中有模棱两可或甚至是错误的规定,它要受到宽宏大量的解释,按宽宏大量的解释,任何被设想为可信的意图,必须得到相信。D. 32,69pr.. 马尔切勒:《解答集》单卷本:除非遗嘱人显然另有所指,不必背离文句的意思。D. 50,17,12. 保罗:《萨宾评注》第 3 卷:在遗嘱案件中,我们把遗嘱人的意思解释得更完整。D. 50,17,114. 保罗:《告示评注》第 9 卷:对模糊不清的文句,通常要注意其更合于情理的意思或起草人在多数情况下惯于赋予的意思。参见〔意〕桑德罗·斯奇巴尼选编:《民法大全选译·法律行为》,徐国栋译,中国政法大学出版社 1998 年版,第 105 页及以次。发表上述言论的法学家都属于帝政时期,晚于共和时期的克拉苏斯许多。所以,Johannes Stroux 说他开启了法解释史上的一章,并非无理。

③ Vgl. Johannes Stroux, Summum ius, summa iniuria. Ein Kapital aus der Geschichte der interpretation iuris, Leipzig/Berlin, 1926.

④ 在希腊—罗马的修辞学中,"文句与意思的关系"是一个地方,论者可以从"文句"方向发力压倒"意思",也可从"意思"方向发力压倒"文句"。这个地方既可用于解释—批评法律,也可用于解释—批评合同、遗嘱等私人文书。

如果成为我的继承人但在适婚前死亡,库流斯成为继承人"的标准文句,但他未这样写,这就意味着库流斯不能当继承人。谢沃拉充分而准确地引用法律条文和古代先例从正面证明自己的观点。同时还从维护法律的安全性的角度从反面证明自己的观点:如果忽略遗嘱中的准确用语,而是要凭猜测来确定遗嘱人的意图,要是能干的律师能颠倒头脑简单的人写成的文字,那就是给普通人设下的一个圈套。所以,应坚持严格解释的原则,谢沃拉说自己的父亲普布流斯(Publius)就是这样做的。[1] 既然遗腹子根本不存在,库流斯当不了继承人,那就要适用法定继承。自然要由最近的宗亲马尔库斯·科泊纽斯继承遗产了。

被告代理人 L. 克拉苏斯后发言。他的发言的许多内容是对谢沃拉的论点的批驳证明他发言在后,先发言者处在立论的地位,后发言者处在驳论的地位。他的发言分为三个层次。首先是对谢沃拉的调侃,说他像一个在海边找到一个桨架就想据此造一条船的小男孩一样,打算根据一丁点理由建立其立论。[2] 这"一丁点理由"为何?按匈牙利学者 Miklós Könczöl 的研究,是"一个人必须生了才能死"这一命题[3],他对科泊纽斯遗嘱无效的整个论证都端赖于此。既然预想的遗腹子未生,他就不会死,所以,涉及他的替补继承人指定就无效。由于整个遗嘱仅以继承人指定和替补继承人指定为内容,遗腹子的不出生犹如第一块骨牌,带动了整个多米诺骨牌的倒塌。这样的抠字眼解释当然无逻辑错误,但它未考虑到遗嘱人以及替补继承人的利益,显然不足取。其次,克拉苏斯像谢沃拉一样,采用文句与意思的关系的地方立论,不过方向相反。谢沃拉采取的是文句方向,克拉苏斯则采取的是意思的方向。他认为,遗嘱人的真意显然是在自己的儿子没有一个活到适婚年龄时,库流斯成为他的继承人,无论自己的儿子在他死时尚未出生还是未适婚而死,都是如此。[4] 当然,真正

---

[1] 参见〔古罗马〕西塞罗:《西塞罗全集·修辞学卷》,王晓朝译,人民出版社 2007 年版,第 720 页。

[2] 参见〔古罗马〕西塞罗:《西塞罗全集·修辞学卷》,王晓朝译,人民出版社 2007 年版,第 721 页。

[3] See Miklós Könczöl, "Law, Fact and Narratives in Ancient Rhetoric: The Case of the Causa Curiana", In *International Journal for the Semiotics of Law*, Vol. 21, 2008, p. 30.

[4] 参见〔古罗马〕西塞罗:《西塞罗全集·修辞学卷》,王晓朝译,人民出版社 2007 年版,第 721 页。

发生的是第一种情形,也就是科泊纽斯死时他的儿子尚未出生的情形。如前所述,这种情形应不包括在未成年人的替补继承制度的涵摄范围内,显然,克拉苏斯为了达到自己的解释目的,对未成年人的替补继承制度进行了一个目的性扩张。为了掩盖此举的破坏性,克拉苏斯强调大部分人都这样写遗嘱,而这样写是有效的,并且始终有效。[①] 这样就完成了“众人皆错的即为对”的论证。正犹如在中国大陆地区多数人把曝(Pù)光读成曝(Bào)光导致后者取代了前者,也正犹如在四川省,众人都把“臀(Tún)部”读成“臀(Diàn)部”导致前者在该省成为错误。这只是克拉苏斯的正面论证,同时他还做了如下反面论证:反过来讲,如果遗嘱人愿意将其遗产留给法定继承人,便会指定他为其儿子的替补继承人,但他并未指定,这便意味着排斥他们。[②] 最后,克拉苏斯从具体上升到一般,强调遗嘱行文的自由,支撑此等自由的是对遗嘱人意图的尊重,有了这种尊重,遗嘱文句的某种程度的不合常规便不重要。克拉苏斯认为这样的安排是正义和平等的。相反,如果要按谢沃拉的要求立遗嘱,就无人敢立遗嘱了。到这里,克拉苏斯走向了强词夺理:谢沃拉有何专制权力要求人们这样立遗嘱?[③] 之所以说克拉苏斯“强词夺理”,乃因为他把市民法的要求硬说成谢沃拉的要求,投那些马马虎虎订遗嘱的人所好,把他们的丢三落四合法化。然而,多数人都是丢三落四的,讨厌循规蹈矩的,这点加上克拉苏斯高超的演说技巧,让他在法庭上赢得了一个满堂彩,他的当事人也因此胜诉,作为后果,马尔库斯·科泊纽斯痛失相当于科泊纽斯遗产一半价值的誓金,可谓求得遭失。无论克拉苏斯的演讲对于严格法治具有怎样的破坏性,遗嘱人科泊纽斯若在天有灵,当感谢他和百人法院,因为他们拯救了遗嘱的效力,避免了让他无遗嘱而死。而且,库流斯也应做同样的感谢,因为克拉苏斯把明示的未成年人替补继承解释成默示的普通

---

① 参见〔古罗马〕西塞罗:《西塞罗全集·修辞学卷》,王晓朝译,人民出版社 2007 年版,第 721 页。

② 参见周枏:《罗马法原论》(下册),商务印书馆 1994 年版,第 473 页。See also William Forsyth, *Hortensius, the Advocate, An Historical Essay on the Office and Duties of an Advocate*, Jercy City, Frederick D. Linn & Company, 1882, pp. 97s.

③ 参见〔古罗马〕西塞罗:《西塞罗全集·修辞学卷》,王晓朝译,人民出版社 2007 年版,第 721 页。

替补继承从而避免了法定继承①,他的替补继承人的地位得到了拯救。

库流斯案展示了两个有意味的对立。一是遗嘱解释上的字面解释说与真意解释说的对立,二是罗马辩护士队伍中法学家派与演说家派的对立。容分述之。

在遗嘱解释上的字面解释说与真意解释说的对立中,后者获胜,因为它对遗嘱的解释不是从文句出发而是从衡平出发,注重的是遗嘱的精神而非遗嘱的文句。这一转变据说是在希腊的衡平思想的导引下完成的。② 但克拉苏斯的胜利仅仅是昙花一现,因为他对科泊纽斯遗嘱的解释太狂飙突进了,故罗马人并不把库流斯案件的判决结果作为先例遵循,只是到了马尔库斯·奥勒留与维鲁斯共治时期(161—169 年),两个皇帝颁布的一个敕令才确立了库流斯案件中包含的原则。③ 其辞曰:“一旦父亲为其未适婚儿子就两种情形之一指定了替补继承人,他被视为就两种情形指定了替补继承人,即其儿子不曾作为继承人存在的情形以及虽存在过但在未适婚时死亡的情形。”④其中最后一句提到的“其儿子不曾作为继承人存在的情形”就是科泊纽斯遗嘱运作后的情形。所以,克拉苏斯的代理辞对于这一法律漏洞的填补有功。从此以后,罗马人不需要依靠解释处理科泊纽斯遗产继承案了,依靠法律即可。

在罗马辩护士队伍中法学家派与演说家派的对立中,也是后者获胜。这真是现代人认为奇怪的现象,但在罗马共和时期却并不奇怪。首先我们要注意案件是百人法院审理的,其中的几十个法官并非专业人士,他们具有“不怎么讲法律,但讲感情”的特征,说服他们的最好技艺不是法学,而是演说术。⑤ 正因为这样,罗马共和国中演说家的地位高于法学家,西塞罗本人基于这种地位势差对法学始乱终弃。他起初学法学,后来改为

---

① See Miklós Könczöl, “Law, Fact and Narratives in Ancient Rhetoric: The Case of the Causa Curiana”, In *International Journal for the Semiotics of Law*, Vol. 21, 2008, p. 29.

② See John W. Vaughn, “Law and Rhetoric in the Causa Curiana”, In *Classical Aantiquity*, Vol. 4, No. 2(1985), p. 208.

③ See Richard A. Bauman, *Lawers in Roman Republican Politicis: A Study of the Roman Jurists in their Political Setting, 316 - 82 BC*, CH. Beck, München, 1983, p. 349.

④ D. 28, 6, 4pr., See *The Digest of Justinian*, edited by Mommsen and Alan Watson, University of Pennsylvania Press, Philadelphia, 1985, Vol. 4, p. 851.

⑤ 参见〔古罗马〕西塞罗:《论演说家》,王焕生译,中国政法大学出版社 2003 年版,第 175 页及以次。

学习修辞学,此乃因为他认为法学低于修辞学,只有不具有演说家品质的人才成为法学家。而所谓的演说家就是当时的律师,他们为了在法庭辩论中获胜,必须掌握辩证法。法学家与演说家的区别,在于他们鄙视言辞,重视真理,因此,其风格清楚、具体和简单,他们的解答以被授予的权威为基础,因此简短,不作过分的解释和推理。① 而演说家则是相反的风格。按苏格拉底的说法,他们认为人们在法庭里关心的不是真理,只考虑怎么说服人,而这是带有或然性的,主要的是能迎合大多数群众的意见。② 所以,真理讲过了头,完全忽略了说服可能也是糟糕的事情。把历史的链条放长一些也可以这样说:上述继承案中表现了法学家和演说术家在工作方法上的差别,也为演说术与法学的合流埋下了伏笔。到了帝政时期,公立的修辞学校的课程就把修辞学和法学结合起来了。

四、物权法

(一) 要式移转物的转让的定义

该定义出现在第 28 节,此等转让被定义为以要式买卖(Nexum)或拟诉弃权在依市民法有能力这样做的人之间由一方交付给另一方的物。这一定义首先说明,在西塞罗的时代,要式移转物与略式移转物的分类仍然存在(后来被优士丁尼废除)。要式移转物有土地、房屋、奴隶、驮畜、乡村地役权等,它们是农业社会特别重要的财产,为了彰显其重要,其移转必须采取要式。这一定义还告诉我们,“要式”就是 Nexum 和拟诉弃权两种形式,这与我们习见的要式包括要式买卖(Mancipatio)和拟诉弃权的说法相悖,而且也与把 Nexum 理解为单纯的债务口约的说法③相悖,因为如果 Nexum 真的是债务口约,它就不该作为移转要式移转物的形式。看来,Nexum 的含义必须重新解释。事实上,把它解释成要式买卖就可以解脱上述窘境,确实,西塞罗的《地方论》的中世纪评注者波爱修斯就把 Nexum 与盖尤斯定义的 Mancipatio(要式买卖)等同。而且,当代俄国法

---

① Cfr. Manuel Jesus Carcia Garrido, Diritto privato romano, CEDAM, Padova, 1996, p. 17.
② 参见汪子嵩等:《希腊哲学史》(第 2 卷),人民出版社 1993 年版,第 845 页。
③ 参见周枏:《罗马法原论》(下册),商务印书馆 1994 年版,第 665 页。

学家列昂尼德·科凡诺夫教授也把 Nexum 解释成要式买卖。[①] 实际上,在远古罗马法中,Nexum 指一切铜衡式交易,是一个上位概念,Mancipatio 指涉及要式移转物的铜衡式交易,是一个下位概念。[②] 因此,说了 Nexum,Mancipatio 就在其中了。

（二）不动产与动产的分类

第 23 节提到《十二表法》第六表第 3a 条规定:土地的时效取得和追夺担保为期两年。这是关于土地的取得时效期间和追夺担保期间的规定。该节倡扬“凡对一个事情有效的,也该对与它类似的事情有效”的论证方法,故把这样的时效期间和追夺担保期间扩展适用于房屋,因为它“属于此类的一个”。这个“类”是什么?显然是不动产。所以,尽管第 23 节未有只言片语提到不动产,但该节实际上隐含着不动产与动产的划分。这是当代物权法的领导性的物的分类。

（三）有体物与无体物的分类

西塞罗在第 26 节中提出了类似有体物与无体物的二分法:“……定义是解释人们意图定义之物为何的话语。主要有两种,其一是说明存在之物的定义;其二是说明理解之物的定义。”第 27 节接着说:“我说的存在之物是可以视觉和触觉感知的事物,例如土地、房子、墙壁、檐滴、奴隶、动物、家具、库存的食物等。有时你们需要定义这类物中的某些物。我说的不存在的物是不能凭触觉感知、凭视觉看到,而是要凭心灵看到并理解的物,比如,取得时效、监护、族亲、血亲的定义,所有这些事物都无形体,但它们的被我叫做观念的形体存在于或印留于我们的智力活动中。”此语中的“观念”相当于斯多亚哲学中的 lekton(复数为 lekta),它是对对象的描述,有别于对象本身,它是无形的。[③] 从全段来看,西塞罗认为感知存在物的途径不仅有触觉,而且有视觉,因为按公元前 5 世纪后半叶的原子论创立者留基波(Leukippos,公元前 500—公元前 400 年)和德谟克里特(Democritus,公元前 470—公元前 380 年)的观点,任何感觉都是外在客

---

① Cfr. Leonid Kofanov, Mancipium e Nexum nelle leggi delle XII Tavole, On http://law.xmu.edu.cn/romanlaw/. 2008 年 8 月 20 日访问。

② Cfr. Okko Behrends, La Mancipatio nelle XII Tavoli, In Jura, XXXIII, 1982, Jovene, Napoli, pp. 81ss.

③ 参见李兆友:《斯多葛学派的语义理论》,载《思维与智慧》1994 年第 4 期,第 27 页。

体的原子的肖像与感官接触[1],所以,视觉也是触觉。西塞罗也举了一些法学方面的形上物的例子,但它们都不是权利,取得时效是一个过程,监护、族亲和血亲都是一种关系,所以,西塞罗的形上物的概念并不等同于盖尤斯的无体物概念。为何两位作者抱持对形上物的不同理解?乃因为盖尤斯缩减了无体的东西的概念,把它限制为若干特定的类型,以作为建构人法—物法二元私法体系的工具。[2]

(四)房屋彼此的间隔制度及其流变

这是第24节涉及的内容。我已在该节译文下的脚注中指出,谢沃拉关于"建筑物旁的空地"(Ambitus)的定义的后半部分不可解,但其前半部分还是很有意义的。它揭示了房屋彼此区隔制度的变迁。在远古时期,伴随着第一次分配土地,要求建筑物彼此之间留二尺半的空地,它被称为"建筑物旁的空地"[3],有便于通行、通风、过水、防止火灾蔓延的功能。而且具有保证家内灶火的神圣性的目的,在祭奠家神时,建筑物之间的距离可以保证礼拜仪式不受外来污染的风险。但公元前387年的高卢大火后,人们匆忙建房,加之建筑投机活动,这样的要求越来越不受尊重,人们以界墙来代替这样的空地。[4] 谢沃拉的"建筑物旁的空地"的定义的前半部分恰恰反映了这种转变。他讲到的"空地"由于界墙的广泛采用已不是"建筑物旁的空地",而是界墙屋顶下的空地了。

(五)人为的雨水定义

西塞罗在第39节提出的这一定义据说来自杜贝罗(Aelius Tubero)[5],它把雨水分为有天落之水和天落致害之水两类,法律上的仅指后者,这样,雨水造成的损害就有了天灾(天落水和地势的瑕疵)和人祸(有害工程、与其他来源的水的混合)两个方面,法律要求排除的是后者

---

① Véase Alejandro Guzman Brito, Historia del Concepto de Cosas Incorporal, En AA. VV., IX Congreso Latinoamericano de Derecho romano(Xalapa – Veracruz – México 18 – 20 agosto 1994), pag. 304.

② 参见徐国栋:《罗马私法要论——文本与分析》,科学出版社2007年版,第161页及以次。

③ Cfr. Antonio Guarino, Diritto privato romano, Jovene, Napoli, 1994, p. 649.

④ Véase Alvaro D'Ors, Derecho privado romano, Ediciones Unversidad de Navarra, Pamplona, 1986, pag, 180. Cfr. Laura Solidoro Maruotti, La tutela dell' ambiente nella sua evoluzione storica. L' esperienza del mondo antico, Torino, 2009, p. 82.

⑤ Cfr. Giuliano Crifò, Per una lettura giuridica dei Topica di Cicerone, In Annali dell'Istituto Italiano per gli Studi Storici, p. 122.

而非前者,因为前者是不可抗力,后者有人的参与,因此可以谈过错,既然有过错,就可以谈责任。雨水本来是一个自然的概念,就是天落之水,但经过罗马法学家的加工,它背离了自然,变成一个人为的概念,掺杂了有害工程和与其他来源的水混合等因素,服务于调整雨水排放的目的。这种安排充分表现了罗马法学家铸造法律概念为自己的正义目的服务的能力。

(六) 调整地界之诉和排放雨水之诉

这是第 23 节和第 43 节共同涉及的罗马物权法制度。在古典法中,调整地界之诉处理界线争议(Controversia de Fine)和地块争议(Controversia de loco)。弗隆迪努斯(Frontinus,公元前 43 年—103 年)的《论争议》对这方面做了详细的描述,下面加以介绍:

界石位置争议。它发生在两个或更多的邻人间。在两个人间发生,针对的是界石要严格地放置(Rigor)还是合理地(Ratio)放置的问题。在多数人中发生,针对的是要放三面还是放四面的问题。界石最初是土地丈量员(Mensor)放置的,如果在接下来的时间第二占有人觉得不便,可能与不同的相邻占有人发生争议,可以起诉把界石挪到别的地方。

严格争议。它涉及相邻地之间的形势,在就界石的安排或就《马米流斯地界法》(Lex Mamilia de Limites)规定在 5 尺的间隔区之间的其他标记的安排在两人或更多人之间讼争时,有这种争议之发生。

界线争议与严格争议类似,也关于《马米流斯地界法》规定的 5 尺的间隔区,但它涉及此等间隔区的转弯,此等转弯因为土地内包含弯地、河流、高山等地形造成。

地块争议是物权之诉[①],对象是超过书面记载的土地宽度,经常就弯地里的各种界标提起,例如沟渠、界树、田埂等。[②]

土地面积争议。它发生在分配公地的过程中。所以首先需要讲清楚罗马人是怎样给土地划界分公地的。划两条线。第一条从东到西,谓之横线(Decimanus);另一条从南到北,谓之纵线(Cardine)。横线把土地分

---

① 参见〔意〕彭梵得:《罗马法教科书》,黄风译,中国政法大学出版社 1992 年版,第 239 页。

② Cfr. Sextus Iulius Frontinus, De Controversiis Agrorum, 15, Su https://www.thelatinlibrary.com/frontinus/contro.shtml. 2012 年 12 月 5 日访问。

为右地和左地,纵线把土地分为前地(Citra)和后地(Ultra)。[①] 好,现在给蒂丘斯分地。横线造成的右地是第三,纵线造成的前地是第四,他抽签得到了三,则第四要给相邻的百人团。但如果允诺的土地面积不够,就发生这种争议。

属性争议。指针对土地到底是放牧地、耕地还是林地等发生的争议。此等争议有意义,因为如果是放牧地,它就是公有的。属性争议很容易被误解为“所有权争议”。

占有争议。如果继承或买受其类别有争议的土地,则会出现占有争议,所以,占有争议是属性争议的延伸。

洪水引起的争议。顾名思义,河流改道,把一块土地当做新河床,留下旧河床的,造成失地人如何补偿的问题,以及其他问题。

地域权利争议。指涉及施工权的争议。罗马城界(Pomerium)内的土地和罗马城外的土地在此问题上待遇不同。在城内土地上,私人施工没有选择自由,城外土地则相反。

余地争议。一旦百人团的部分人或整个百人团没有被分配并占有土地,则发生这种争议。

公共地方或罗马人民的地方或殖民地、自治市的地方的争议。一旦一个地方既未分配,又未出售而由某人占有,就发生这种争议,例如,河流留下的旧河床属于罗马人民,还有森林等。

残留地争议和克鲁西乌姆以外的地方(Extraclusis)争议是涉及已分配之地的争议。残留地要么是不平坦的地方,要么是奠基者任意留下的其边界未被接受的地方。克鲁西乌姆以外的地方是根据衡平法的余地,它在国门之外,在邻国之间。

圣地和安魂地争议。涉及改变这两种地方用途的人,例如改作菜地,要恢复原状。

雨水过境争议。涉及收集雨水的土地能否通过旁边的土地排放它们的争议。

通行权争议。它关于两块土地间宽度为 5 尺的界线之维持,出自公元前 109 年的《马米流斯地界法》。它规定田地间应留 5 ~6 尺的空地,它

---

① Cfr. Sextus Iulius Frontinus, De Limitibus. Su https://www. thelatinlibrary. com/frontinus/lim. shtml,2012 年 12 月 5 日访问。

们不能以时效取得。殖民地法也规定任何界线都要用作公共通道,但坎坷不平等原因造成一些地方未留此等通道,邻近的占有人的通行权被否定的,引起这种争议。为了确定此等地界,裁判官可任命三名仲裁人。

混合争议。包括邻地果实争议等。

以上说明反映了共和末期和帝政初期的罗马曾有土地公有制,这种制度与战争的关系,以及罗马对各种类型的土地的管理。外加罗马殖民城市的布局,是一幅罗马土地制度的图画。

第23节和第43节涉及的调整地界之诉指地界争议。[①] 这一诉权仅适用于乡村土地的边界,不适用于城市土地之间的边界,因为这种边界最好叫做相邻,而且它在多数情况下是根据界墙确定的(D. 10,1,4,10)。[②]

排放雨水之诉是调整低地对高地的受水关系的诉权,基本的原则是低地应接受高地自然流下之水,不接受人为流下之水。[③] 排放雨水之诉也只适用于乡村土地,正如乌尔比安所说的:"必须知道这种诉权只能适用于雨水损害了乡村土地的情形。如果是建筑物或城镇受到了损害,本诉不适用。"[④]那么,城市里也有雨水排放问题,如何解决呢?乌尔比安告诉我们,可提起否认檐滴权或过水权的诉讼解决[⑤],也就是不允许邻人屋顶上的水流在自己的土地上,不许邻人通过自己的土地把他土地上多余的水排出去。但邻人土地上的多余之水总得有个出处,这个出处应该是建筑物之间的空地(Ambitus),它类似于乡村的界线(Fines),起区隔两个不动产的作用,不过它窄得多,只有两尺半宽。所以,波爱修斯分析道:如果城市的地界未得到调整,水就不能从城市导出。[⑥] 说的是地界调整后在两个不动产间留的界限可起到导水的作用,没有这个界限,水就要走邻

---

① Voir Gaston François Marie de Caqueray, Explication des passages de droit privé contenus dans les oeuvres de Cicéron, Durand, Paris, 1857, p. 45. Cfr. Emilio Costa, Cicerone Giureconsulto, Nicola Zanichelli, Bologna, 1927, p. 115.

② See *The Digest of Justinian*, edited by Mommsen and Alan Watson, University of Pennsylvania Press, Philadelphia, 1985, Vol. I, p. 307.

③ Cfr. Emilio Costa, Cicerone Giureconsulto, Nicola Zanichelli, Bologna, 1927, p. 114.

④ See *The Digest of Justinian*, edited by Mommsen and Alan Watson, University of Pennsylvania Press, Philadelphia, 1985, Vol. I, p. 396.

⑤ See *The Digest of Justinian*, edited by Mommsen and Alan Watson, University of Pennsylvania Press, Philadelphia, 1985, Vol. I, p. 396.

⑥ Cfr. Anicii Manlii Severini Boethii in Topica Ciceronis, 1080C.

人的土地了。当然,罗马在埃特鲁斯王时期起建立的丰富的下水道也能起到排水作用。西塞罗的这番推论似乎告诉我们,在他的时代,涉及 Fine 的地界调整之诉也适用于城市。无论如何,西塞罗对地界调整之诉和雨水排放之诉的介绍折射了其时代的罗马人的一种城市管理实践:为了走水及其他目的,法律强令在城市不动产之间留空地,这是最早的城市规划实践,服务于防险的公益目的。

(七) 潜在损害担保的范围问题

这是第 22 节提出的问题:界墙两边的所有人都有权连着此等界墙与其成 90 度角搭建一堵自己的墙,这种墙可以是比较结实的实心墙,也可以是比较容易崩溃的镂空墙——镂空的方式是在墙体上留出若干拱形的孔洞——后来,界墙由于某种原因需要拆除,按罗马法,拆除人要提出潜在损害担保,保证自己在施工中不对他人造成损害,如果造成,一定赔偿。结果,施工导致了镂空墙垮塌,而实心墙安然无恙。镂空墙的垮塌在潜在损害担保的范围内吗?西塞罗的答复是否,因为潜在损害担保的对象只是施工缺陷引起的损害,关联物自身缺陷引起的损害不在这一范围内,因为一堵留出了如此多的拱形孔洞的墙,离开了界墙的支撑,确实是容易垮塌的。从根本上说,拆除人之所以不承担这一责任,还是因为他没有过错。所以,潜在损害担保的范围最终是依据损害是否包括担保人的过错确定的。

(八) 阿奎流斯关于海滩的定义

这是第 32 节提供的。这里的海滩,拉丁文是 Litus,该词既有海滨的意思,也有海滩的意思。[1] 就什么是 Litus,古罗马法学家间有不同的解释。西塞罗在这里引述,并由杰尔苏(Publius Iuventius Celsus Titus Aufidius Hoenius Severianus,约 96—约 138 年)佐证的是阿奎流斯的最小解释:在就海滨发生的案件中,就你们主张全部属于公共物的海滨,对那些问 Litus[2] 归谁和是什么的人,通常这样下定义:"海浪拍打的区域。"这样的解释下的"海滨"实际上是海滩,这是一个为浪退与浪进留下的运动区,是水陆之间的过渡带,依我个人的海滨生活经验,顶多有一米的进深。这一解释出于扩张私人所有权的考虑,反对把过多的海滩解释为万民法上的物。

值得比较的是杰尔苏和优士丁尼《法学阶梯》的作者之一多罗兑乌

---

① 参见谢大任主编:《拉丁语汉语词典》,商务印书馆 1988 年版,第 327 页。

② 该拉丁语单词既有海滨的意思,也有海滩的意思。

斯(Dorotheus,6 世纪的拜占庭法学家,534 年是其兴盛年)对海滩的较大解释。杰尔苏说海滩是最大海浪所及的地方(D. 50,16,96pr.)。最大浪形成于灾害性天气中,此时的浪要越过水陆交接地带及于长年干燥的海滩甚至滩外陆地。[①] 这样,海滩即万民法上的物的范围扩大了。对此,多罗兑乌斯觉得还不够,再加上“冬季的最大浪”(Hibernus fluctus maximus, I. 2,1,3[②])的限定。产生这样的文本的地中海,夏季平和,冬季多风暴,夏天的大浪再大,波及面也不如冬季的大浪的波及面,这样进一步地明确了海滨(实际上是海滩)的范围。

最后还有马尔西安(Aelius Marcianus,3 世纪法学家)对海滩的最大解释值得比较。他在其《法学阶梯》第 3 卷(D. 1,8,6pr.)中说:“在海滨建造房屋的人,于建筑物存在期间为地基的所有人……”根据建筑学的基本要求,人们不会亦不能在水陆交界处意义的海滩上建造房屋。根据安全的要求,人们也不会在冬季大浪所及的范围内建造房屋,因此,马尔西安在这一片段中意指的 Litus 肯定比阿奎流斯、杰尔苏和多罗兑乌斯意指的要宽,尽管我们不知晓其具体范围(《智利民法典》第 613 条规定的是 8 米[③])。马尔西安扩张 Litus 范围的目的在于扩大外邦人在内国的活动空间,增进国际交往。

(九) 共同放牧权制度

这体现在第 12 节中。前面讲到的属性争议也涉及这一方面。共同放牧地是用于放牧的公地,氏族解体时大部分集体土地在氏族内部的家父间进行了分配,但保留了一小部分土地的集体所有属性用来作为共牧地。城邦力量加强后,城邦成为此等土地的所有人。共牧地由相邻土地的所有人根据公共放牧权利用,此等权利作为土地的从物随土地移转。[④]

---

① 当然,杰尔苏把自己的这一改进仍说成是西塞罗的意见(实际上是西塞罗转述的阿奎流斯的意见)。

② 参见〔古罗马〕优士丁尼:《法学阶梯》(第二版),徐国栋译,中国政法大学出版社 2005 年版,第 111 页,译文有改动。

③ 参见徐国栋主编:《智利共和国民法典》,徐涤宇译,金桥文化出版(香港)有限公司 2002 年版,第 150 页。

④ Cfr. Feliciano Serrao, Diritto private economia e società nella storia di Roma, Prima parte, Editore Jovene, Napoli, p. 286. 参见汪洋:《罗马法上的共有土地制度》,载《比较法研究》2009 年第 4 期,第 73 页。

同时,当罗马人设立殖民地时,也留出部分土地为公共放牧地,它们归相邻的各个农场共有。① 公共放牧地允许共有人放牧10头大牲畜,50头小牲畜,超过此数放牧的牲口要缴费。② 随着公地制度的消亡,共同放牧地制度也消亡。按贝特鲁奇教授的序言,这种消亡在西塞罗写作此书的时代已发生了。无论如何,西塞罗对共同放牧地制度的说明,有利于证成古代公有制的存在,让人得出私有制并非自古就有的结论。

(十) 用益物的风险承担

这是第15节的内容。用益物上实际上有空虚所有人和用益权人两个权利人,如果用益物在用益权存续期间发生毁损灭失,风险由谁承担?第15节的答案是由用益权人承担,即由物的实际占有人承担,这样的安排比较公平,可刺激用益权人爱护并合理使用用益物。在确立这一规则后,第15节把该规则完全类同于继承人在用益权被遗赠的奴隶死亡的情形无义务交付他的规则。实际上,这是两种情况。第一种情况已如上述,第二种情况是遗嘱人死亡后,继承人负责向用益权人交付被作为用益物的奴隶(这时他的角色一方面是遗嘱执行人,另一方面是奴隶的空虚所有人),在交付尚未完成之际,奴隶死亡,发生继承人是否要补交一个奴隶的问题。如果回答"是",则用益物的风险由空虚所有人承担;如果回答"否",则用益物的风险由期待的用益权人承担。两种情形有两点不同:其一,第一个情形中的用益权人享有的是现实的用益权,第二个情形中的用益权人是期待的用益权的属主;其二,第二个情形中的继承人仅仅是空虚所有人;而第二个情形中的继承人兼具遗嘱执行人和空虚所有人的身份。因此,西塞罗把两种情形完全类同不妥。

(十一) 用益权与使用权的关系以及可消耗物能否充当它们的客体问题

该问题由第17节提出,该节讲丈夫把自己的全部财产(包括酒窖和油窖)都遗赠给妻子,按理说,用益权人可以消费用益物,换言之,这个妻子应该可以食用酒窖中的酒和油窖中的油,但这样的安排一是可能有违用益权(usufructus)这个词的本质——使用果实,酒窖和油窖不是一棵可以结果的树,可以自身生长出酒和油来;二是可能违反了用益权的客体必

① 参见〔古罗马〕绥克斯图斯·尤流斯·弗伦迪努斯:《论土地的类型》,徐国栋译,未刊稿。

② 参见汪洋:《罗马法上的共有土地制度》,载《比较法研究》2009年第4期,第73页。

须是不消耗物的要求,于是,第 17 节的作者把妻子的权利限缩为使用权。从上下文来看,用益权与使用权的区别是后者不包括处分权而前者包括,食用是事实上的处分的一种形式,由于无处分权,她当然不能饮酒食油了。但这样的使用权有什么意义呢?而且,它的客体酒和油如果不被食用,有败坏的可能(并非所有的酒都越陈越好,有的酒陈过了头会变成醋),贝特鲁奇教授在其《导言》中介绍了这种困局的解决:妻子可以食用酒窖和油窖中包含之物,但用了多少,要补回多少。这样的解决当然不错,但提出了使用权的客体可否为消耗物的问题。我们知道,罗马法学家经过争论,到优士丁尼时代才确立了作为可消耗物的现金也可作为用益权客体的规则(I.2,4,2)[①],并把这种权利称为准用益权,但仍明确排除酒和油可作为用益权客体(I.2,4,2)。[②] 我们知道,使用权是一种经过限缩的用益权,两者的法理基本相同,既然酒和油不能作为用益权客体,自然不能作为使用权客体,但第 17 节却在一个早得多的时期,承认了酒和油可以作为使用权的客体,当然属于先锋性的规定,无论它的普适性如何,它对有关个案的解决是妥帖的。

(十二)取得时效和追夺担保

第 23 节转述了《十二表法》第六表第 3a 条的规定:"土地的时效取得和追夺担保为期两年,所有其他的物件时效取得为期一年。"这一规定承认了对违反形式要件的法律行为可以通过时效有效。在《十二表法》的时代,土地是要式转移物,必须以要式买卖或拟诉弃权的方式转让。如果当事人未遵循这些形式,以单纯的交付移转土地,法律如何处理呢?如果不承认有效,接受人已现实占有土地,法律与生活现实会发生冲突,显然不合适;但要马上承认此等交易的效力,不利于法律的威信,因此,这一规定采用了一个折中的办法,允许接受人通过一定的时效期间克服交易形式的缺陷,取得标的物的市民法上的所有权。由此造成这样的问题:出让人在为形式有缺陷的转让前享有完全的市民法所有权,转让实施后时效完成前,接受人对标的物不享有市民法上的所有权,他享有什么权利呢?

---

① 参见〔古罗马〕优士丁尼:《法学阶梯》(第二版),徐国栋译,中国政法大学出版社 2005 年版,第 141 页及以次。

② 参见〔古罗马〕优士丁尼:《法学阶梯》(第二版),徐国栋译,中国政法大学出版社 2005 年版,第 141 页及以次。

第一种说法是占有权;第二种说法是功用所有权,后一概念在中世纪得到了很大的发展。占有权与所有权的对立,酿造了事实与法律的对立。而这种事实受到法律的保护,谓之保护形成中的所有权。以上是这一规定前半句适用的第一种情况,即出让人转让自己的土地的情况,其中只有两方当事人。

这一规定的后半句关于追夺担保的规定涉及第二种情况,即出让人转让他人的土地给接受人的情况,此时有三方当事人,“他人”可向接受人追夺自己的土地,此时出让人应承担权利瑕疵担保责任。本条规定出让人对接受人的权利瑕疵担保期为两年,因为此时接受人已经因时效完成取得土地所有权,即使“他人”追夺财产,追夺担保变得无用了。“他人”只能找出让人算账。

这一规定区分不动产和动产规定了不同的时效期间,因为前者更重要,因此取得的手续要复杂一些。但总的来说,两种客体的时效期间都不长,反映了立法者尽快稳定交易关系的愿望。

(十三) 加工后形成的新物的归属

第58节后部说:原因有两种,第一种是以自己的力量确定地引起从属于自己的某物的原因,如火引燃物;第二种是其自身无结果性,但如果没有它就不能有结果的原因,如某人愿意把青铜说成雕像的原因的情形,因为若无青铜,雕像就做不成。按此段,如果某人以他人的青铜做成了雕像,在加工人与青铜的所有人就雕像的归属发生争议的情况下,雕像应归青铜所有人,因为按原因说,没有青铜,雕像就做不成。当然,他应向诚信的加工人支付加工费。这种观点为后世的萨宾派采用。[①] 该派的代表人物保罗说:就一切不能恢复其先前类属的东西,必须说,如果材料维持其旧,只不过形式发生了改变,例如,如果你用我的铜做了一个雕像,用我的银做了一个杯子,我依然是物件的所有人(D. 41,1,24。保罗:《萨宾评注》第14卷)。但对立的普罗库鲁斯派认为应把雕像判给加工人,而青铜所有人得到代价。这种安排当然更垂青艺术创作活动,正犹如萨宾派的安排更倾向于所有权的安定性。双方的争执在优士丁尼手里以折中的方式解决:如果新物件能被还原成材料,材料的前所有人被认为是所有

---

① 参见〔荷〕特莎·雷森:《罗马法中绘画创作引起的添附问题》,徐国栋译,载《厦门大学学报》(哲学社会科学版)2014年第1期。

人;如果不能被还原,制作人最好被认为是所有人。例如,铸造的容器,可被还原为铜、银或金的生锭,而酒、油或粮食不能被回复为葡萄、橄榄和谷穗,而蜜酒也确实不能被回复为酒和蜜(I. 2,1,25)。[①] 但此论在利用他人的金属制作雕像等艺术品的情形,会造成可笑的结果:金属所有人取得艺术品,艺术家倒是只能得到其贡献的价值了。所以,优士丁尼的折中说在用他人的青铜制作雕像的情形,还是萨宾派的学说。显然,该说对雕塑家采取了蔑视的态度。

五、债法

(一) 诚信关系的类比扩张、受托人与代理人的分野

第42节列举监护人、合伙人、受托人和受信托人都负有诚信义务,从它们出发,运用类比推理得出代理人也负有诚信义务的结论,因为他的活动性质与监护人、合伙人、受托人和受信托人的活动性质相同,他们不过是不同形式的受托人而已。[②] 在这一上下文中,出现了叫现代人感到困惑的监护与一些合同关系的并列,委任与代理的并列。罗马人的观念与我们不同,因此把这种并列看做理所当然的。就监护而言,罗马人认为它是准契约,因而把它与合同关系并列并无很大的障碍,而我们现代人没有把监护跟契约挂钩,而是把它看做准家庭关系,因此感到它与契约并列不妥。就委任与代理的关系而言,罗马人认为前者是合意契约的产物,后者是事实地位(例如家子或奴隶的地位)的产物,所以把两者并列并不困难,而现代人认为委任是代理的基础关系,受托人是代理人的针对第三人的称呼,所以觉得把委任与代理并列有困难。

(二) 诚信诉讼、信托之诉、返还妻财之仲裁的程式

这是第66节涉及的内容。它告诉我们,诚信诉讼的程式是"依诚信";妻财之诉的程式是"最公平的即为最好的"。第66节未告诉我们"在好人间以好的方式行事"的程式依附于何种诉权,但西塞罗在自己的《论义务》3,15中告诉我们它依托的是信托(fiducia)之诉。[③] 所以,第66

---

① 参见徐国栋:《优士丁尼〈法学阶梯〉评注》,北京大学出版社2011年版,第182页。

② Voir Gaston François Marie de Caqueray, Explication des passages de droit privé contenus dans les oeuvres de Cicéron, Durand, Paris, 1857, p. 81.

③ 参见〔古罗马〕西塞罗:《论义务》,王焕生译,中国政法大学出版社1999年版,第301页。

节至少为我们保留了三种程式诉讼时期的程式。

诚信诉讼是严法诉讼的对称,前者用来调整诚信合同,后者用来调整严法合同。诚信合同有合伙、委任、无因管理等①,其他的都是严法合同。在西塞罗所处的程式诉讼时期(这一时期大致从公元前17年延续至公元294年戴克里先颁布允许各省总督自行审案的命令),审判程序分为法律审理和事实审理两个部分,前者由裁判官负责,其工作成果表现为一个"程式"(Formula),其主文包括法官的任命、请求原因、原告的请求(Intentio)、判决要旨四个部分;其附录包括前书(Praescriptio)与抗辩两个部分。诚信诉讼与主文中的"原告请求"和"判决要旨"两个部分有关。首先,原告可在请求部分对被告提出"依诚信应该对他给或做的任何事情"(Quidquid sibi dare facere oporteret ex fide bona)的请求。其次,裁判官在审查原告的请求后,根据有无确定标的以及原告是否有"依诚信"的请求,决定是否在程式书状中写上"依诚信"字样。对无确定标的而原告附有"依诚信"的请求的,裁判官则将有"依诚信"字样的程式书状交给法官,其格式是这样的(以寄托合同为例):"任命某某为法官。争讼的事实是:奥路斯·阿杰流斯在努梅流斯·内基丢斯处寄托了一个银盘,从这一事实出发,法官要判处努梅流斯·内基丢斯依诚信应该对奥路斯·阿杰流斯给或做的任何事情。如果查明并非如此,则开释被告。"②得到这一程式书状的法官即按诚信诉讼的方式对此案进行事实审。凡程式书状上未附注"依诚信"字样的都是严法诉讼。因此,诚信诉讼实际上得名于"原告请求"和"判决要旨"中的"依诚信"的附语。在这种诉讼中,法官可斟酌案情自由裁量,根据当事人在法律关系中依诚信应为的标准调整其权利义务,不必严守法规和拘泥形式,而按公平正义的精神为恰当的判决。③

信托之诉保护的信托(Fiducia)是要物契约的一种类型,是一个与铜衡式买卖或拟诉弃权配合使用的简约,据此,受信托人保证被移转的要式

---

① Voir Gaston François Marie de Caqueray, Explication des passages de droit privé contenus dans les oeuvres de Cicéron, Durand, Paris, 1857, p. 86.

② 〔古罗马〕盖尤斯:《法学阶梯》,黄风译,中国政法大学出版社1996年版,第310页。译文有改动。Anche si vede Mario Talamanca, Istituzioni di diritto romano, Giuffrè, Milano, 1990, p. 310.

③ 参见周枏:《罗马法原论》(下册),商务印书馆1994年版,第584、885、892页及以次。

转移物的所有权在一定的条件成就后返还于信托人。按盖尤斯的记载,信托分为与朋友信托和与债权人信托两种。[①] 前者适用于当时尚不被法律承认的寄托和使用借贷;后者适用于担保债务。由于移转了标的物的所有权,受信托人可享有和处分标的物。而信托简约不符合法定的形式要件,且其内容多规避法律,因此得不到法律的正式保护(信托人只能通过一年的时效收回自己的物),在此情境下,物能否得到返还完全取决于受托人的信用。公元前1世纪即西塞罗的时代,裁判官采用了信托的事实诉保护信托人从受托人收回物的行为,后来,它转化为"依诚信的信托法律诉"。"在好人间以好的方式行事"的程式,可能就是裁判官在公元前1世纪加在程式书状上的。当信托诉转化为依诚信的法律诉之后,裁判官就改在程式书状上加"依诚信"的程式了。

返还妻财之诉首先提出仲裁中的仲裁员与诉讼中的法官的区别为何之问题。实际上,自《十二表法》以来罗马立法者就并用仲裁员和法官,他们都受裁判官的委派审理案件,两者的差别非常小。大略言之,法官独任审案,仲裁员合议为同样事;法官的资质要求高,例如为元老;仲裁员的资质要求低,无官位要求;法官既可被指定审理诚信诉讼,也可被指定审理严法诉讼;而仲裁员只能被指定审理诚信诉讼,因此,仲裁员的自由裁量权比较大。事实上,Arbiter 一词就是从 Arbitrium(自由的裁断)而来。[②]

第66节告诉我们,在返还妻财之诉中,裁判官的授予的程式是"最公平的即为最好的",那么,仲裁员如何根据这一指示行动?

我们知道,妻财就是妻子带到夫家的嫁资。此等嫁资丈夫享有经营管理权,但所有权还是妻子的,故在离婚的情况下丈夫要返还此等嫁资。此等义务之履行涉及两个因素:一是返还多少?因为如果妻子对于离婚之发生有过错,丈夫可扣留一定的嫁资,例如,可就妻子的重过失(例如通奸)扣留1/6的嫁资;可就妻子的轻过失(例如偷配钥匙)扣留1/8的嫁资。[③] 即使妻子对离婚无过错,由于孩子最通常要留在丈夫家,丈夫也可扣留一定数量的嫁资作为孩子将来的扶养费。二是在什么时间返还。由

---

① 参见〔古罗马〕盖尤斯:《法学阶梯》,黄风译,中国政法大学出版社1996年版,第98页。

② See Thomas Baty, "The Difference between Arbiter in the Roman Sense and Modern Arbitrators", In *University of Pennsylvania Law Review and American Law Register*, Vol. 65, No. 8 (Jun., 1917), pp. 734ss.

③ Cfr. Riccardo Astolfi, Il Matrimonio nel Diritto Romano Classico, CEDAM, Padova, 2006, p. 304.

于妻子带入夫家的嫁资已与丈夫的财产融合在一起，骤然要求丈夫向妻子返还嫁资会引起丈夫财产状况的动荡，法律因而允许丈夫在 3 年的期限内按 3 个期次返还嫁资，每年返还 1/3。丈夫的离婚过错导致此等期限利益受损。过错是通奸的，3 年的期限利益全部丧失；因为其他过错的，期限减半，即每 6 个月返还 1/3。[①] 仲裁人的职责是在离婚时夫妻就嫁资返还发生争议的情况下，根据夫妻双方对于离婚发生的过错状况决定丈夫要返还多少嫁资，在什么时间返还。得到的最公平结果可能有利于丈夫，这样他需要返还的财产少，返还的时间限制宽松；也可能有利于妻子，这样她得到返还的嫁资多，在尽可能短的时间内得到返还。

以上信托之诉和返还妻财之诉与诚信诉讼并列，证明它们在西塞罗的时代，尽管具有诚信诉讼的实质内容——法官享有较大的自由裁量权——但还不具有诚信诉讼的名目。直到在优士丁尼《法学阶梯》中，妻财之诉才转入诚信诉讼的名目下，而信托被分化为寄托和使用借贷，这两个衍生物被纳入诚信诉讼的行列。这证明，现代的诚信原则并不单单起源于罗马法上的诚信诉讼，一些与诚信诉讼并列并具有相似属性的制度对于现代诚信原则的形成也有贡献。

（三）准奴隶、非债清偿和要物之债

这是体现在第 45 节中的制度。该节拟制了这样的情况：某家父有一个准奴隶，他十分喜欢后者，遂给了后者贵重的礼物，这是后者不能接受的，由此发生后者能否成为此等礼物的所有人之问题。由于家父行使家庭财产的所有权不能出于自己的利益，而是要出于家族的利益，这样的大额赠与当然要因为损害了家族利益无效，故受赠人不得成为赠与物的所有人。但“越权”的家父也不能完全无事，故西塞罗以设问的方式提出他是否要承担要物之债（re obligavit）的问题。什么是 re obligavit？盖尤斯《法学阶梯》中恰恰有这一表达（re obligatur，这是直陈式现在时被动态，而 re obligavit 是直陈式未完成时主动态），指从实行了错误的给付的人接受了不应接受的东西的人（非债清偿的受偿人或不当得利人）承担的返还责任。[②] 运用这一原理于第 45 节描述的情形，应是收受重礼的准奴隶

① 参见周枏：《罗马法原论》（上册），商务印书馆 1994 年版，第 198 页。

② 参见〔古罗马〕盖尤斯：《法学阶梯》，黄风译，中国政法大学出版社 1996 年版，第 226 页及以次。

承担返还所收之礼的责任,而西塞罗讲的是相反的情形:送礼人的追回礼物的责任。看来,西塞罗在第 45 节中突破了要物之债的通常含义,把它从一种收物人的责任扩张为给物人的责任。

(四) 过失伤人的赔偿

第 64 节转述的《十二表法》第八表第 24a 条规定:"某人并非想投掷武器,但武器脱手的……"这一规定缺少制裁部分,根据其他渊源找到的本条制裁是"应处以以公羊一只祭神"。完整的规定告诉我们罗马过失侵权法的发展脉络:最初,以牙还牙的对象不仅包括故意造成的杀戮或伤害,而且包括过失造成的。但在一个中间期间,以奉献一只公羊给受害人的血亲取代报复,这是一个进步。此处的公羊是一种赔偿品。最后发展为不对受害人的亲属为赔偿,而是向神献祭,这一规定似乎假定武器脱手是神操纵的,与人无关,但为了避免神再为此等行为,应以公羊祭奠之。

根据英国学者克罗福德的研究,本条最早来自努马的王法,不过规定公羊要献给受害人的血亲。[①] 努马的杀人罪立法把杀人分为故意和无意两种,体现了法律对人的意图的关注。据说其规定来源于圣法,因为圣法已经凸显了故意犯罪与无心之过的区别。也有人说本条受德拉古立法影响。[②] 总之,本条表明《十二表法》时期的罗马人已区分了故意和过失规定刑罚。

第四节 其 他

(一) 法官受贿的处理

体现在斯塔雷努斯受贿案中。盖尤斯·埃流斯·斯塔雷努斯(Gaius Aelius Stalenus)是个生卒年月不详的人物,所有关于他的记载都是西塞罗提供的——西塞罗未说过他一句好话,证明他们间有私人的仇隙——所以他应该是西塞罗的同时代人,即共和晚期的人物。他审理过公元前 74 年的奥皮雅尼库斯(Oppianicus)案件。以在审理中受贿著名。奥皮雅

① See M. H. Crawford (edited by), *Roman Statutes*, Vol. II, institute of Classical Studies, University of London, London, 1996, p. 693.

② 参见陈帮锋:《意外事故理论研究——以罗马法为中心》,厦门大学 2012 年博士学位论文,第 42 页。

尼库斯是富有的罗马骑士克鲁恩求斯(Cluentius)的岳父,他谋杀了克鲁恩求斯的父亲,娶其母,他发现如果克鲁恩求斯死亡,其财产将归其母亲继承,于是他图谋毒死克鲁恩求斯,但被发现并受控告。案件由16个法官审理,斯塔雷努斯为其中之一,他首先接受了奥皮雅尼库斯64万塞斯特斯的贿赂,但对他投了有罪票,因为他又从克鲁恩求斯收受了数目更大的贿赂。但在交付贿赂时被马麦尔库斯·埃米流斯(Mamercus Aemilius)手下的曾担任行省副总督、市长官、军事保民官的西塞罗的好友提图斯·阿纽斯(Titus Annius)听见了,于是遭到审判,但未导致死刑。斯塔雷努斯的罪名应该是索贿罪(Crimen concussionis),即法官要求当事人给付钱财,否则实施或不实施一定的职务行为的犯罪。[①] 后来该罪被搜刮钱财罪(Crimen reptundarum)吸收,对该罪的处罚是返还被搜刮的钱财,另科处双倍的罚金。[②] 从西塞罗的记述来看,斯塔雷努斯由于受贿受过审判,并因为返还搜刮的财产并交付罚金过关。他的死于非命发生在受贿事件之后,他后来转任财务官,其间煽动兵变,被按国事罪判处死刑。[③] 他过去的受贿行为可能成了本次裁判的一个量刑情节,加大了他受死罪的可能性,因此西塞罗说他"因为这些事"被处死刑。国事罪在罗马法史的不同时期有不同的含义,可以简单地概括为危害国家安全和尊严的行为。

(二)国际法上的交出加害人制度

体现在奥斯提流斯·曼奇努斯(Gaius Hostilius Mancinus)案中。曼奇努斯是公元前137年罗马的执政官,是年率军与努曼提亚人作战,遭受围困后被打败,与敌人缔结了不光彩的和平誓约。但罗马元老院不认可这一协议,为了解脱遵守这一誓约的义务,罗马人通过一个平民会决议,把捆起来的裸体的曼奇努斯交给敌人任意处置,但敌人退回了这个被交出者。[④]

---

① 参见黄风:《罗马法词典》,法律出版社2002年版,第75页。

② 参见黄风:《罗马法词典》,法律出版社2002年版,第76页。

③ See William Smith, Dictionary of Greek and Roman Biography and Mythology, p. 898, On http://www. Ancient library. com /smith – bio /3231. html,2006年10月16日访问。

④ 关于这一案件,除了彭波尼的上述记载外,详细的记载见于奥鲁斯·杰流斯的《阿提卡之夜》6,9,12中。阿庇安的《罗马史》(上册)第129页、第131页(谢德风译,商务印书馆1979年版)中也有详细的记载。努曼提亚人不接受曼奇努斯的原因,也许可参见李维的《罗马史》9,8–15报道的另一个类似案例,在这个案例中,罗马的敌人不接受被交出者的原因是不给罗马人以破坏誓约的借口。

于是在法学家中爆发了一场关于曼奇努斯能否恢复市民权的争论。有人持反对说,普布流斯·穆丘斯·谢沃拉就是这样。西塞罗受其影响,在第37节中也持此说。认为敌人既然未接受曼奇努斯,就不存在退回的问题,因此不应认为他依复境权回来。但也有人持肯定说并且得胜,这导致罗马共和国专门为曼奇努斯通过一个法律为他重新成为罗马市民扫除法律障碍。曼奇努斯甚至后来取得了裁判官职位。这个案例揭示出罗马国际法的如下问题:元老院的批准权构成对执政官的缔结条约权的制约;如果元老院认为丧权辱国不批准执政官订立的条约,必须把后者交给敌对国。敌对国如接受,被交出者成为接受国的市民——这跟处在奴隶地位的被俘者不同,由此发生被交出者若回到罗马,是否能对他们扩张适用复境权法问题,焦点在于该被交出者是否被敌人接受过。若是,则适用之;若否,则不适用之。但最后这个底线被突破了:没有被敌人接受的曼奇努斯也根据复境权法复权,重新取得罗马市民身份并担任高级公职。

（三）证据的定义

第73节及以下数节提出这一定义:“一切从某种途径从外在的物取得以达成信实的东西。”这一定义很广,包括宗教、日常生活、法学等方面的含义。就宗教而言,西塞罗认为“世界本身及其全面的秩序和装饰”本身就是神的存在的证据;就日常生活而言,年长本身产生信实;就法学而言,经过拷打(鞭打、悬吊、烙铁)的人之所言可信,这就是证言了,西塞罗的这番话似乎证明他的时代允许把拷打作为收集证据的正当方法,但适用对象可能只有奴隶和卑贱者。奴隶自古就可被拷打。但卑贱者到了公元前2世纪才可被拷打,高尚者只有在犯有国事罪时才可以被拷打。[①] 但拷打毕竟不值得赞扬。无论如何,由于西塞罗对证据一词的跨宗教—法律运用,使我们相信,在他的时代,有一些宗教—法律制度存在。

（四）法学家与辩护律师的关系

这是第65节涉及的内容,它反映出的两者的关系是这样的:前者是后者的律师,换言之,是律师的律师,依后者的要求提供建议,甚至“理论长矛”。有人说,两者的关系大致上是师生关系[②],但法学家有时自己也

① See Edward Peters, *Torture*, University of Pennsylvania Press, Philadelphia, 1996, p. 18.

② Cfr. Gianluca Sposito, Il Luogo dell' Oratore: Argomentazione Topica e Retorica Forense in Cicerone, Edizione Scientifiche Italiane, Napoli, 2001, p. 13.

上庭。由此可见，罗马法学家的实践性有直接和间接两种体现，直接体现是出庭打官司，有如西塞罗承办民刑案件，谢沃拉在库流斯案中与克拉苏斯对阵；间接体现是指导更经常出庭的律师办案，为此写作《解答集》类型的著作。这种制度似乎与英国法中的出庭律师和不出庭律师的区分对应，也与中国的律师做得越牛越不出庭的现实对应。

（五）西塞罗在《地方论》中所谓法律论述的渊源

或问，以上谈论涉及的法律问题和观点都是西塞罗随机想到并随口表达的吗？后人的答案是否定的。朱里亚诺·克里佛教授认为，这些问题和观点都来自西塞罗的法学同学昆图斯·穆丘斯·谢沃拉的《定义集》单卷本。[①] 德国学者 M. Scherillo 甚至把被收录在优士丁尼《学说汇纂》中的谢沃拉的《定义集》的片段与《地方论》的第 12—17 节、第 18—23 节、第 28—29 节、第 37 节、第 38—39 节、第 43 节相比较，得出了它们具有同一性的结论。由于这些观点反映了谢沃拉的个性，所以，西塞罗在《地方论》中表达的法律观点有的与流行的罗马法学家观点不一致。例如，对第 13 节和第 53 节表达的如果遗赠所有的银子给妻子，就要把留在家里的所有银币遗赠给她的观点，乌尔比安在其《萨宾评注》第 20 卷（被收录于 D. 34,2,19pr.）中表达了不同的看法，他是这样说的："如果金子和银子被遗赠，遗留下来的任何金子和银子都是遗赠物的一部分，不论它们是经过加工的还是仍然是原料的，但已决定：铸币不构成遗赠物的一部分。"[②]乌尔比安的理由，大概也是银币不是银子的属的种吧！另外，在《地方论》的法律论述中，还存在西塞罗在此处的论述与他在其他地方就同一问题做出的论述矛盾的问题。这点我在说明西塞罗在《地方论》描述的自然状态不同于他在《论寻找》中描述的自然状态时已指出，并说明了原因。

---

① Cfr. Giuliano Crifò, Per una lettura giuridica dei Topica, In Annali dell' Istituto Italiano per gli studi storici, I (1967/1968), Napoli, p. 119.

② See *The Digest of Justinian*, edited by Mommsen and Alan Watson, University of Pennsylvania Press, Philadelphia, 1985, Vol. III, p. 151.

第三章　西塞罗的《地方论》与古罗马的修辞学教育

第一节　什么是西塞罗的地方论

一、地方论是演说辞写作之道

至此,我完成了对西塞罗《地方论》的概览,可以回答什么是西塞罗的《地方论》这一问题了。

在我看来,西塞罗的《地方论》是一个演说辞写作指南,其基本结构是地方—问题—地方与问题的搭配。学生熟悉这三大块,相当于记熟了乘法口诀表,可以节省思考的时间,能不假思索或稍加思索地写出好的演说词。

按西塞罗在《论演说家》(公元前 55 年)中的说明,演说术由五个部分组成,第一是寻找(Inventio),即选择恰当的主题和论点的艺术;其次是布局谋篇(Dispositio),即有效地排列材料;第三是文体风格(Elocutio),即用语言艺术地表达思想,并把它们写成句子;第四是记忆(Memoria),即把写作结果按一定的技巧记在大脑里;最后是演讲技巧(Pronuntiatio),就是用恰当的声音和姿态发表演讲。[①] 显然,地方论首先是演说术的第一部分"寻找"的工作对象,寻得的可得出论据的地方的方法就是地方论。其次,地方论中的地方与问题的配合论是布局谋篇部分的实质内容。再次,地方论中也有涉及问题风格的因素,例如,运用虚拟的例子的艺术、借喻

---

① 参见〔英〕理查德·詹金斯编:《罗马的遗产》,晏绍祥、吴舒屏译,上海人民出版社 2002 年版,第 332 页及以次。也参见〔古罗马〕西塞罗:《论演说家》,王焕生译,中国政法大学出版社 2003 年版,第 97 页。

的艺术等,都可以改善文体风格。最后,地方论也有助于对演讲稿的记忆。记忆分为文句的记忆和内容的记忆,前者是死记硬背,机械地重复背诵对象;后者是重构或"翻译"储备的知识的过程,它可以起到强化记忆内容并给它增添色彩的作用。现代人采用前一种记忆概念,罗马人采用后一种记忆概念。① 既然如此,地方就是记忆的线索。一篇演讲辞是选择什么地方写成的?这些地方包含哪些可能的论据?这些知识犹如模块,一旦熟悉了它们,模块中可以填充的内容很快可被回忆起来。尤其要注意的是,地方论发展到后世,成为一种记忆之道②,这点在本书第五章第七节第二目再讲。无论如何,可以看出,地方论是演说术中的实质部分,涉及它的头四种技能,只有表达这个部分与它无关。

幸运的是,持我这种看法的作者不少。例如,简路加·斯波西多(Gianluca Sposito)就认为,西塞罗的《地方论》指明了一种正确的方法,据以把各种联系以及包含此等联系的命题勾连起来并相互协调。③ 这实际上是认为,西塞罗的《地方论》反映的是一种组织写作材料的艺术。菲韦格更直截了当地认为,地方论是准备演说辞的草稿的艺术,通过运用收集的地方来促进此等准备。④

二、地方论是写作辩护辞的艺术

在我看来,还可以进一步说西塞罗的《地方论》主要讲的是写作辩护辞的艺术。作为一名执业律师,西塞罗关注的重点是法律。诚然,在本书的前50节,他援引了不少当时的罗马法规定说明演说术的问题,但在后50节,他减少了但未放弃对法律问题的关注。他在讲认识问题时涉及的法律问题不少,在讲实践问题时则展开说明辩护之道——争点的三种形态以及相应的待决之事理论和支点理论,由此使全书的轴心转到了辩护

---

① See Michael Leff, "Commonplace and Argumentation in Cicero and Quintilian", In *Argumentation*, Vol. 10(1996), Kluwer, pp. 449s.

② 参见〔意〕阿尔贝托·安杰拉:《原来古罗马人这样过日子!》,廖素珊译,商周出版社2011年版,第216页。

③ Cfr. Gianluca Sposito, Il Luogo dell' Oratore: Argomentazione Topica e Retorica Forense in Cicerone, Edizione Scientifiche Italiane, Napoli, 2001, p. 37.

④ Cfr. Antonio Villani, Topica e Sistematica nella Giurisprudenza, L' Arte Tipografica, Napoli, 1970, p. 22.

上。西塞罗这样做,还由于演说术本身的法律性或曰辩护辞性。无论是西塞罗的《论演说家》还是昆体良的《演说术阶梯》,都有浓厚的辩护学教程色彩。所以,把西塞罗的《地方论》看做一个辩护辞的写作教程,不算过分。

那么,《地方论》或一般的演说术为何忽视控告之道呢?因为在西塞罗的时代,没有专门的检察官,品行良好的市民如果愿意,都可以充当公诉人。但他们的法律知识和辩才有限,一般都聘请律师这么做,所以还多是律师当控告人,作为律师的西塞罗自己就多次扮演这一角色。我们知道,控告之道是辩护之道的反面,通晓后者的人不难通晓前者。而且,如同下文将说明的,在罗马的初级法学教育中,有赞美或者责骂的教学单元。赞美属于辩护,责骂属于控告,两者互通,以前者为重。

三、地方论的非科学性

西塞罗以《地方论》引导写作的辩护辞是以言辞形式而非书面形式发表的。因为所谓的修辞学,就是研究如何对公众讲话的学问。[①] 根据后人的研究,这种辩护辞的效果是哗众取宠、夸张、有笑有泪[②];"通过其烟幕及其哈哈镜搞乱法官的心灵"。[③] 这种效果与地方论起源于希腊的审判制度有关。这种审判的特点是言辞性、公开性、群众性、外行性(即法官不懂法律),其中尽管有当事人之间的言辞交换,但没有在真正理性层面上的讨论,只有对立的论证,因而不利于法律科学的发展。在希腊,有活跃的审判而无像样的法学,不是偶然的。而且,法官在制作判决时没有多少自由,他们只能在控告人和被告(或其辩护人)提出的两个方案中选择,故地方论专家都试图劝说他们不通过客观评价、事实证据的推理以及规范资料的论证,而是通过运用演说术中的各种地方——通常是骗

① 参见洪汉鼎:《诠释学与修辞学》,载《山东大学学报》(哲学社会科学版)2003 年第 4 期,第 12 页。

② 参见〔日〕盐野七生:《罗马人的故事 V:恺撒时代(卢比孔之前)》,李曼蓉、李壁年译,三民书局 1998 年版,第 381 页。

③ Cfr. Gianluca Sposito, Il Luogo dell' Oratore: Argomentazione Topica e Retorica Forense in Cicerone, Edizione Scientifiche Italiane, Napoli, 2001, p. 53.

术——达成判决[①],其要旨在于把最弱的论证弄成最强。[②] 因为支撑这种审判的地方论认为自己的领域是意见而非真理,意见的特点是多种多样,自己的使命是提供工具来强化或削弱某种意见。[③] 所谓意见,是在知与不知之间的东西。[④] 对于明确的结论的探讨属于知识,对于辨证的结论的探讨属于意见。因此,地方论概念本身的一般前提就是存在意见的冲突,此种冲突不可能通过逻辑的或经验的证明解决,但它并不尝试通过在物理上消灭对立的意见解决冲突问题,而是尝试停留在意见的舞台上解决之,换言之,通过诉诸其他的意见解决。[⑤] 地方论张扬的是劝说性的貌似有理,它并不必然与真理重合。真理是终局性的;而意见总是可以在讨论中撤销的。[⑥] 在这个意义上,我们可以说地方论是不科学的。确实,人们运用地方论并非为了寻找真理,而是为了追求修辞的成功,赢得多数人的掌声。[⑦] 这很有点像辩论赛,其参加者可以不管自己的确信采取正方或反方的立场,各说出一大堆理由并谋求战胜对方,完成某种诡辩。地方论的这种属性实际上是律师的工作性质决定的:他们对不特定的公众提供法律服务,其服务对象的行为即使为他们厌恶,他们也要为之找出辩护理由。由于偶然的机遇,他们又转而为完全对立的另一方服务,他们照样要找出一些辩护理由。所以,他们的工作在某种程度上与真理无关,只与如何找到论据有关。

我们在本书第七章将看到,地方论的这种非科学性在一个时期内导致了其衰落,但在另一个时期内又导致了其复兴。为何有如此轮回?乃

---

① Cfr. Gianluca Sposito, Il Luogo dell' Oratore: Argomentazione Topica e Retorica Forense in Cicerone, Edizione Scientifiche Italiane, Napoli, 2001, p. 17.

② Cfr. Gianluca Sposito, Il Luogo dell' Oratore: Argomentazione Topica e Retorica Forense in Cicerone, Edizione Scientifiche Italiane, Napoli, 2001, p. 22.

③ Cfr. Gianluca Sposito, Il Luogo dell' Oratore: Argomentazione Topica e Retorica Forense in Cicerone, Edizione Scientifiche Italiane, Napoli, 2001, p. 24.

④ Cfr. Antonio Villani, Topica e Sistematica nella Giurisprudenza, L' Arte Tipografica, Napoli, 1970, p. 19.

⑤ Cfr. Gianluca Sposito, Il Luogo dell' Oratore: Argomentazione Topica e Retorica Forense in Cicerone, Edizione Scientifiche Italiane, Napoli, 2001, p. 24.

⑥ Cfr. Gianluca Sposito, Il Luogo dell' Oratore: Argomentazione Topica e Retorica Forense in Cicerone, Edizione Scientifiche Italiane, Napoli, 2001, p. 13

⑦ Cfr. Antonio Villani, Topica e Sistematica nella Giurisprudenza, L' Arte Tipografica, Napoli, 1970, p. 22.

因为在“一个时期”被看做消极因素的非科学性，在“另一个时期”被看做积极因素并被张扬之。

第二节　西塞罗时代的罗马修辞学教育与地方论

一、希腊修辞学入侵罗马与本土派的抵抗

前文已述，地方论从属的修辞学发源于希腊，西塞罗的《地方论》是把希腊修辞学本土化的产物。这一本土化过程是如何发生的？在这一蓝本转化为摹本的过程中发生过怎样的变形？值得探讨。

公元前272年，李维尤斯·安德罗尼库斯(Livius Andronicus)从被罗马人攻陷的Tarentum(现在的塔兰托)来到了罗马，他是第一个用拉丁语写作的希腊人，因此被认为是拉丁文学的奠基者。他在罗马的工作是担任私人的家庭教师，为东家的儿子教拉丁语和希腊语。为方便教学，他把荷马的《奥德赛》译成了拉丁文。[①] 拉丁诗人昆图斯·埃纽斯(Quintus Ennius)出生在意大利，但学会了希腊语，是半个希腊人。他在罗马教希腊和拉丁文学。[②] 他是公元前204年被老伽图从撒丁岛带到罗马的，老伽图后来被誉为第一个掌握雄辩术的罗马人，这一成就与这一经历可能有关。Mallos的Crates是帕加马学派的著名学者、语法学家和演说家，他作为帕加马的使节于公元前168年到罗马来，由于受伤留在罗马，不甘闲暇，为所有愿意听的人讲文学和语法。[③] 这些人的活动都构成希腊文化的入侵，它导致了本土文化偏重论者的不满，他们的能量不小，促使元老院于公元前161年颁布决议，授权裁判官马尔库斯·彭波尼从罗马驱逐希腊哲学和修辞学教师，因为他们的教学被认为在道德上有害。[④]

---

① See Aubrey Gwynn, *Roman Education, From Cicero to Quintilian*, Oxford at Clarendon Press, 1926, p. 34.

② See Aubrey Gwynn, *Roman Education, From Cicero to Quintilian*, Oxford at Clarendon Press, 1926, p. 35.

③ See Aubrey Gwynn, *Roman Education, From Cicero to Quintilian*, Oxford at Clarendon Press, 1926, p. 36.

④ Cfr. Gianluca Sposito, Il Luogo dell' Oratore: Argomentazione Topica e Retorica Forense in Cicerone, Edizione Scientifiche Italiane, Napoli, 2001, p. 14.

到底怎样有害？可以参看苏格拉底对高尔吉亚鼓吹的修辞学的批评：高尔吉亚把修辞术界定为一种说服他人接受支配的技艺，实际上是一种谋取政治权力的统治术。苏格拉底区别两种不同的“说服人”。一种是根据学得的知识分辨正确和错误来说服人；另一种是只根据似是而非的论辩使人“相信”，好像也说服人了，但并不能在法庭和公众集会上教给人们知识和真理，让他们区别正确和错误。[1] 后一种说服人的人就是演说家。苏格拉底无非认为演说家是耍嘴皮子的，不如医生和军舰制造师有真才实学。柏拉图也对修辞学无好感，说诡辩家“认为似真比真更值得崇尚；他们利用他们话语的潜能赋予小事情伟大事情的表象，赋予大事情渺小的表象；他们赋予新生事物古老的表象，给古老的事物以新生的表象，为了阐述任何一个主题，他们发现了一个方法，既可简洁同时又可无限发挥”。[2] 这样被柏拉图描绘的演说家简直是魔术师和假造古董者！罗马元老院的决议可能是根据苏格拉底式的意见制定的，但它的执行情况不佳，希腊教师还是纷纷来到罗马。公元前 156—155 年，斯多亚派的哲学家第奥根尼与柏拉图学园派的卡尔内亚德、逍遥派的克里托劳代表雅典出使罗马，反对罗马人因为雅典人摧毁噢罗伯斯(Oropus)港市课加的 500 塔兰特罚金。他们在罗马发表演说，深得罗马青年人的钦佩，后来被老伽图赶走。[3]

二、罗马人继受希腊修辞学

(一) 通过留学希腊继受

但罗马人对希腊修辞学等学问的喜爱不减，他们采取两种方式学习这一学问。其一是留学希腊。走这条路的有西塞罗的前辈提图斯·阿尔巴求斯(Titus Albacius)，他自年轻时就住在雅典，非常熟悉伊壁鸠鲁哲学。[4] 公元前 70 年死在财务官任上的盖尤斯·西奇纽斯(Gaius Sicinius)

---

① 参见汪子嵩等：《希腊哲学史》(第 2 卷)，人民出版社 1993 年版，第 388 页。

② 〔法〕克琳娜·库蕾：《古希腊的交流》，邓丽丹译，广西师范大学出版社 2005 年版，第 114 页及以次。

③ 参见〔英〕伯特兰·罗素：《西方哲学史》(上卷)，何兆武、李约瑟译，商务印书馆 1963 年版，第 300 页及以次。

④ Cfr. Cicerone, Bruto, A cura di Enrica Malcovati, Oscar Mondadori, Milano, 1996, p. 105.

则出自古希腊的埃尔马哥拉斯(Hermagoras)学派。[1] 此外,西塞罗的《论法律》中谈话的参加者阿提库斯(真名 Titus Pomponius,公元前 109—公元前 32 年)是个长期侨居雅典的富有罗马骑士,信奉伊壁鸠鲁哲学。[2] 因为非常希腊化,得了个"阿提库斯"的外号,是"阿提卡人"的意思,这是"雅典人"的另一种说法。塞尔维尤斯·苏尔毕丘斯·路福斯出身贵族,担任过多种公职,于 51 年担任执政官。他在罗德岛师从阿波罗纽斯·莫洛(Appollonius Molo)研究辩证法和修辞学,并开始了他作为演说家的生涯,最终达到了第一等的程度。[3] 西塞罗自己也是个留希学生,尽管他的基本教育是在罗马完成的,但在希腊接受了研究生教育。[4] 事情这样的:公元前 79 年,西塞罗因得罪苏拉避居雅典,在那里听过非学园派的哲学家安条科(Antiochus)的课程。苏拉一死(公元前 78 年),西塞罗即回罗马,途中走了一年,经罗德岛,又去了小亚细亚,在那里听了耶诺克勒斯(Jenocles)、狄奥尼修斯(Dionisius)和梅尼普斯(Menipus)的修辞学课程。他在罗德岛与哲学家阿波罗纽斯(Apollonius)和波赛唐纽斯(Poseidonius)交往,后者属于斯多亚学派。阿波罗纽斯不懂拉丁语,请求西塞罗用希腊语讲话,西塞罗就用这种外语发表演讲,在别人的一片赞誉声中讲完。阿波罗纽斯沉默不语,西塞罗细问何故?阿波罗纽斯说:"我在为希腊的命运悲伤,因为我看到希腊人最后的优势——知识和雄辩——也已经到了罗马。"[5]这一故事表明,在西塞罗的时代,古希腊的学术在罗马已本土化,且有青出于蓝而胜于蓝之势。而且我们还必须知道,西塞罗在因错误处理卡提林那案件而受处分时(公元前 58 年),也因被放逐的原因到希腊深造哲学。

(二) 通过希腊家教继受

其二是延留希腊老师在家庭施教。波利比阿(约公元前 200—公元前 118 年)因亚该亚同盟战败于罗马到罗马当人质,被路求斯·埃米流

---

① Cfr. Cicerone ,Bruto,A cura di Enrica Malcovati,Oscar Mondadori,Milano,1996,p. 199.

② 参见王焕生先生为西塞罗《论法律》的中译本(中国政法大学出版社 1997 年版)所做的注释(第 179 页)。

③ Cfr. Manuel Jesus Carcia Garrido,Diritto privato romano,CEDAM,Padova,1996,pp. 11s.

④ See H. J. Haskell,*This was Cicero*,Alfred A. Knopf,New York,1942,pp. 90ss.

⑤ La vida de Ciceron por Plutarco,In Nicolas Estevanez edi. Obras Escogidas,Casa Editorial Canier Hermanos,Tomo Primero,Paris,s/a,p. 5.

斯·保鲁斯(Lucius Aemilius Paulus,公元前229—公元前160年)聘为其儿子的家庭教师。他在公元前152年短暂地回到马其顿,然后一直居住在罗马,忠诚于罗马共和国并有许多罗马上层阶级的朋友,其中包括其学生埃米流斯·西庇阿,斯人搞了所谓的西庇阿圈子,这是一个希腊迷的社团。[①] 两格拉古[提贝留斯·格拉古(公元前163—公元前132年)、盖尤斯·格拉古(公元前153—公元前121年)]的母亲科尔内利娅为他们聘请了最好的希腊雄辩术老师和哲学老师教他们。[②] 斯多亚哲学家巴内修(Panaetius)于公元前138年移居罗马讲学,其弟子有占卜师昆图斯·穆丘斯·谢沃拉和法学家杜贝罗(Q. Aelius Tubero)。公元前129年西庇阿死后,他轮流在雅典和罗马居住。[③] 波塞唐纽斯是巴内修的弟子,曾在罗马世界旅行并传播其学术。[④] 此外,罗德岛的莫洛(Molo)就在罗马活动,西塞罗学过其课程。[⑤] 斯多亚哲学家迪奥多图斯(Diodotus)长期住在西塞罗家里教学,西塞罗师从他学习。[⑥]

三、罗马的修辞术学校

(一) 罗马的学校类型及其课程

最后的发展是建立专门的修辞术学校。罗马人的学校分为小学(Ludus litterarius)、中学(称语法学校)和大学(称修辞学校)三级。公元前3世纪中叶,斯普流斯·卡尔维流斯(Spurius Calvilius)建立了一所学校,有可能在其中进行文法教育。[⑦] 公元前1世纪,骑士斯蒂罗创办了一所拉丁文法学校。这些修为都以中学为对象。公元前92年,马略(公元

① See the Entry of Polybius, On http://en. wikipedia. org/wiki/Polybius, 2012年12月23日访问。

② 参见陈砚玲:《古代罗马教育特征论析——共和时期至帝国初期》,东北师范大学2006年硕士论文,第22页。

③ See the Entry of Panaetius, On http://en. wikipedia. org/wiki/Panaetius, 2012年12月23日访问。

④ See the Entry of Posidonius, On http://en. wikipedia. org/wiki/Posidonius, 2012年12月23日访问。

⑤ Cfr. Cicerone, Bruto, A cura di Enrica Malcovati, Oscar Mondadori, Milano, 1996, pp. 233ss.

⑥ Cfr. Cicerone, Bruto, A cura di Enrica Malcovati, Oscar Mondadori, Milano, 1996, p. 235.

⑦ 参见〔英〕博伊德、〔英〕金:《西方教育史》,任宝祥、吴元训主译,人民教育出版社1985年版,第65页。

前157—公元前86年)的门客普罗求斯·伽鲁斯(Plotius Gallus)创办了第一所拉丁修辞学校[①],出版了《致艾伦纽斯的修辞学》(Rhetorica ad Herennium)试图普及高等文化,但很快被监察官(其中之一是精通希腊修辞学的罗马演说家克拉苏斯)要求放弃其教学,因为必须回到古老的规则。[②] 所谓古老的规则,就是通过希腊语学习修辞学。[③] 看来,监察官的这一禁令反映了"海龟"对"土鳖"的蔑视。尽管结局不好,这却是一个重大的事件,它透露如下信息:第一,在伽鲁斯之前也许有过希腊语的修辞学校,伽鲁斯创办拉丁文的修辞学校,明显有把希腊学问本土化的意图。第二,伽鲁斯的此举等于开创了使用拉丁语的高等教育,其意义相当于在中国开设第一家用中文授课的西式大学的意义。但修辞学校的重建似乎是在韦斯巴芗皇帝时代的事情,他建立了公立的希腊语修辞学校和拉丁语的修辞学校,给教授10万塞斯特斯的年薪。[④]

在西塞罗和恺撒的时代,修辞学尽管是上流社会子弟的必修课程,但学习往往通过私聘老师进行。就西塞罗而言,十岁之前,很可能是家里的希腊奴隶担任老师。十几岁的时候,被禁止上拉丁语的修辞学校,博学的人劝他,天才最好还是通过希腊语练习来培养。[⑤] 理由之一是最好的这方面的老师都是希腊人,尽管他们身在罗马,但其拉丁语并未好到能表达修辞学的观念的程度。[⑥] 迁居罗马后,他师从过诗人Archias、雅典人Philo和伊壁鸠鲁派的Phaedrus学习哲学[⑦],师从过罗德岛的莫洛(Molo)学习

---

① 参见〔英〕博伊德、〔英〕金:《西方教育史》,任宝祥、吴元训主译,人民教育出版社1985年版,第65页。

② Cfr. Aulo Gellio, Notti attiche, Vol. II. Biblioteca Universale Rizzoli, 1997, Milano, p. 1045.

③ See Anthony Corbeill, "Rhetoric Education in Cicero's Youth", In James M. May (edited by), *Brill' Companion to Cicero, Oratory and Rhetoric*, Leiden, 2002, p. 24.

④ Cfr. Rino Faranda e Piero Peccheiura, L' Institutione Oratoria di Marco Fabio Quintiliano, UTET, Vol. I, 1968, p. 10.

⑤ See Anthony Corbeill, "Rhetoric Education in Cicero's Youth", In James M. May (edited by), *Brill' Companion to Cicero, Oratory and Rhetoric*, Leiden, 2002, p. 27.

⑥ See Anthony Corbeill, "Rhetoric Education in Cicero's Youth", In James M. May (edited by), *Brill' Companion to Cicero, Oratory and Rhetoric*, Leiden, 2002, p. 29.

⑦ See William Forsyth, *Life of Marcus Tullius Cicero*, Vol. I, Charles Scribner and Company, New York, 1865, Vol. I, p. 33.

修辞学。[①] 还师从过斯多亚哲学家迪奥多图斯(Diodotus)学习辩证法,外加音乐和几何。[②] 其间,他读的是希腊语的论文,写作练习也用希腊语进行。[③] 另一方面,其舅舅盖尤斯·阿库雷奥(Gaius Aculeo)教过他法律。公元前90年,西塞罗跟当时的著名法学家占卜师昆图斯·穆丘斯·谢沃拉学习市民法。[④] 就恺撒而言,他家聘请了在埃及的亚历山大完成学业的语法学家高卢人马尔库斯·安托纽斯·尼佛(Marcus Antonius Gnifo)为师,学习了语法、修辞学、辩证学、数学、几何学、历史、地理等课程。[⑤] 后来,恺撒还到罗德岛听过西塞罗的老师莫洛的课程。过了家庭教育阶段,罗马青年就是在实践中学习修辞学了。西塞罗认为修辞学校弊大于利,因为学校里的老师自己都无公共演讲经历,他们不过根据经验规则教学。[⑥]

也许特雷巴求斯并非上流社会子弟,在排除西塞罗把他设定为无知的对话角色的可能后,我们从西塞罗的《地方论》知道,他未受过修辞学训练,甚至可能不懂希腊语,所以才会求西塞罗把亚里士多德的《地方论》的内容介绍给他。

(二)修辞术学校训练学生的初级方式

史料未告诉我们西塞罗、恺撒学习过的修辞学课程包括哪些内容,但离他们的时代最近的塔尔苏斯的埃尔摩杰内斯(Hermogenes,马尔库斯·奥勒留皇帝时代的人)写的《初级练习》(Progymnasmata)被6世纪早期的普里西亚努斯(Priscianus)翻译为拉丁文,其中介绍了修辞学的学生要

① See William Forsyth, *Life of Marcus Tullius Cicero*, Vol. I, Charles Scribner and Company, New York, 1865, Vol. I, p. 34.

② See William Forsyth, *Life of Marcus Tullius Cicero*, Vol. I, Charles Scribner and Company, New York, 1865, Vol. I, p. 35.

③ See Anthony Corbeill, "Rhetoric Education in Cicero's Youth", In James M. May (edited by), *Brill' Companion to Cicero, Oratory and Rhetoric*, Leiden, 2002, p. 24.

④ See Anthony Corbeill, "Rhetoric Education in Cicero's Youth", In James M. May (edited by), *Brill' Companion to Cicero, Oratory and Rhetoric*, Leiden, 2002, p. 26.

⑤ 参见〔日〕盐野七生:《罗马人的故事V:恺撒时代(卢比孔之前)》,李曼蓉、李壁年译,三民书局1998年版,第20页。

⑥ See Aubrey Gwynn, *Roman Education, From Cicero to Quintilian*, Oxford at Clarendon Press, 1926, p. 97.

做的练习科目。它与其他三部幸存下来的《初级练习》大同小异[①],故可以认为它代表了希腊—罗马修辞学教师训练学生的一般方法。介绍出来,可推知西塞罗和恺撒受到了同样或类似的修辞学训练。

这一训练按顺序分为如下部分:

1. 故事。即为了形象地表现一个真理而虚拟一个故事。说故事的目的并非故事本身,而是它包含的真理。在说完故事后,学生要说出该故事包含的意义。例如,一条狗叼着一块肉在河边跑,平静的河水映照出它跑的形象。它看到另一条狗叼着一块更大的肉在跑,于是它吐掉自己嘴里的肉去追那条狗,结果掉入水中。对这一故事可以这样评论:渴望更大东西的人毁了他们自己以及他们已有的东西。[②]

2. 叙事。即说清一件做过的事或想象已做过的事,要求清楚、精确、有说服力。按六个要素完成,也就是谁、什么、何时、何地、如何以及为何。这是法庭演说的必要部分,用来陈述案情。[③] 它们基本都属于西塞罗在其《地方论》中讲到的待决之事。

3. 逸事(χρεία,转写成拉丁字母是 Chreia,意思是"有用的")。指简短的、有用的关于某种特性的逸事。例如,一个成为战俘并要被卖为奴的人被问想得到什么? 答曰"自由"。这是关于说话简短的逸事。又如,阿里斯提德斯(Aristeides)在被问到什么是正义的时候回答,不想占有他人的东西。这是关于智慧的逸事。[④] 做这种练习时,老师提供学生某个智慧的说法,要求学生发展成一个道德论文的主题。[⑤]

4. 格言。跟逸事类似,不过其起源并不被明确地归之于某人,尽管

---

① See J. David Flemming,"The Very Idea of a 'Progymnasmata'",In *Rhetoric Review*,Vol. 22,No. 2,2003,p. 110.

② See Ronald F. Hock,Edward N. O'Neil,*The Chreia and Ancient Rhetoric*:*Classroom Exercises*,BRILL,2002,p. 23,p. 26.

③ See Justin T. Gleeson, and Ruth CA Higgins (Edited by), *Rediscovering Rhetoric*: *Law*, *Language and the Practice of Persuasion*,The Federation Press,Sydney,2008,p. 116.

④ See Hock,Ronald F.,Edward N. O'Neil (edited by),*The Chreia in Ancient Rhetoric*: *the Progymnasmata*,Vol. 1. Atlanta,Scholars Press. 1986,p. 111.

⑤ See Justin T. Gleeson, and Ruth CA Higgins (Edited by), *Rediscovering Rhetoric*: *Law*, *Language and the Practice of Persuasion*,The Federation Press,Sydney,2008,p. 116.

大家通常知道其起源。[①] 格言的例子如,小洞不补,大洞吃苦。西塞罗说格言来自生活,能准确表明生活中发生或必定发生的事情,例如“万事开头难”。[②]

5. 驳斥和确认。学生被提供一个作为标准的论据源的故事,并要求他们考虑该故事是否因为矛盾、没有说服力或不道德而有缺陷。[③] 作出否定结论并论证的过程,谓之驳斥。作出肯定结论并论证的过程,谓之确认。它可分为对人的论证和对行为的论证。前者可以做文章的地方包括名字(例如毛泽东的名字就意味着不凡:泽被东方)、性情、生活方式、财产、习惯、情感、兴趣、意图、成就、偶然行为和语言。后者可以做文章的地方包括地点、时间、场合和设施。[④]

6. 通用模块,直译是“共同的地方”。即标准化的处理论据的方法。练习时,学生被要求制作一个可适用于人所共知的范畴的实例的一般结论,例如浪费、通奸或暴君,同时练习发挥某些被设定的事实的被注意到的意义的技术。[⑤] 例如,在中国控告一个贪官,无非可以从“钱”和“色”两个方面入手。就前者,可以描述被控告者如何敛财,自然可以包括受贿、索贿、敲诈勒索等几个环节。就后者,可以描述被控告者如何养情妇,自然可以包括情妇的年纪如何轻,供养如何多,应其请求办事如何多,情妇如何骄横,她与正妻的争斗等因素。一个未来的检察官完成这些练习后,形成的模块在稍加调整后可用于控告这个贪官,以后也可用来控告其他贪官。形成了这样的模块后,可减轻演说家的思维负担,提高其写作效率。故西塞罗说:可被转用于许多案件的论据谓之共同的地方,它要么包含对一个无可争辩的陈述的发挥,要么包含一个对可疑的陈述的发挥。有些共同的地方被用于诉苦,有些共同的地方被用于支持有两种可能的

① See Justin T. Gleeson, and Ruth CA Higgins (Edited by), *Rediscovering Rhetoric: Law, Language and the Practice of Persuasion*, The Federation Press, Sydney, 2008, p. 116.

② 参见〔古罗马〕西塞罗:《西塞罗全集·修辞学卷》,王晓朝译,人民出版社 2007 年版,第 96 页。

③ See Justin T. Gleeson, and Ruth CA Higgins (Edited by), *Rediscovering Rhetoric: Law, Language and the Practice of Persuasion*, The Federation Press, Sydney, 2008, p. 116.

④ 参见〔英〕理查德·詹金斯编:《罗马的遗产》,晏绍祥、吴舒屏译,上海人民出版社 2002 年版,第 336 页。

⑤ See Justin T. Gleeson, and Ruth CA Higgins (Edited by), *Rediscovering Rhetoric: Law, Language and the Practice of Persuasion*, The Federation Press, Sydney, 2008, p. 116.

推理路线。例如,是要相信一个嫌疑犯还是不要相信?[①]

以上只考虑到了通用模块用于控告的情形,但中世纪的西班牙学者伊西多勒(Isidore,约560—636年)认为此等模块可用于辩护。他说:共同的地方属于展示性的问题中的责骂的属,但与责骂有所不同,因为与赞扬对反的责骂,专门给予实施了某些行为的人。人们通常在有犯罪行为时提出共同的地方。之所以被说成共同的地方,乃因为某人在身不由己的情况下犯罪,要责罚的与其说是人,不如说是犯罪本身,因为人们发现,所有的缺陷不是专属一个人的,而是许多人共有的。[②] 在此语中,通用模块涵盖的是人性的弱点。西塞罗对此等辩护的效果如此描述:共同的地方可以用来达成诉苦,通过它展示命运对于所有的人、所有人的弱点的力量。听到包含共同地方的演说,人的心灵会变得非常谦和、打算怜悯,因为听到他人的不幸,人会考虑自己的软弱。[③]

当然,通用的模块也可用于赞美人,其内容无非无私、勤奋、善待他人等。稍加增删,这样的模块可用于不同的表扬场合。实际上,教师在给学生写毕业鉴定的时候多采用通用模块。此等模块可以是德智体的三分法,也可以是政治与业务的两分法,等等。无论采用哪种模块,主要的内容都是对学生的表扬。

由于通用模块的通用性,历史学家卡修斯·狄奥(Cassius Dio,150—235年)发现,提贝留斯为奥古斯都发表的葬礼演说与安东尼为恺撒发表的葬礼演说在某些细节上相同。[④] 当然是后者学习前者。

7. 赞美和责骂。在这一练习中,老师教学生如何从好的方面和坏的

---

① See Cicero in Twenty-Eight Volumes, II, De Inventione, De Optimo Genere Oratorum, Topica, Translated into English by H. M. Hubbell, Cambridge, Massachusettes, Harvard University Press, London, William Heinemann LTD, 1976, p. 211.

② Cfr. Isidori Hispalensis Episcopi Etymologiarum sive Originum Liber II, 7, Su http://www.thelatinlibrary.com/isidore/2.shtml, 2012年12月19日访问。

③ See Cicero in Twenty-Eight Volumes, II, De Inventione, De Optimo Genere Oratorum, Topica, Translated into English by H. M. Hubbell, Cambridge, Massachusettes, Harvard University Press, London, William Heinemann LTD, 1976, p. 157.

④ See O. C. Crawford, "Laudatio Funebris", In *The Classical Journal*, Vol. 37, No. 1 (Oct., 1941), p. 26.

方面展示一个特定的主题(人或物)。[1] 就人而言,无妨从德智体三方面赞美他,从酒色财气四方面责骂他。就物(例如一盘菜)而言,无妨从色香味三方面赞美它,从材料(用料不好或偷工减料)、加工(厨师手艺不好或作料用得不当)、卫生(菜里发现厨师的头发)三方面责骂它。由此我们可看出,赞美和责骂往往构成通用模块的内容,但后者并不仅仅以前者为内容,例如,如前所述,它还包含诉苦的内容。赞美是下节要讲到的葬礼演说的主要内容。

8. 比较。是对赞美和责骂两种技巧的综合运用。[2] 其内容要么是双重赞美,也就是赞美两个被比较的人或物,要么是把赞美与责骂配合起来,也就是在被比较的人或物中,赞美一个,责骂一个。比较的对象也是人和物两类,但经常包括一些历史、神话或虚拟的人物。最著名的比较例子是普鲁塔克的《希腊罗马名人传》,他不时把希腊具有某一属性的人物与罗马具有类似属性的人物进行比较。比较的对象可以是家世(所属民族、国家、祖先、父母)、成长(教育、艺术训练、法律训练)、行为(心灵的高贵或邪恶、坚强或软弱、谨慎或冒失;身体的好坏,例如美还是平常、敏捷还是迟缓、有力还是疲弱;对资源运用的好坏,例如善用其高位、权力、财富或朋友),最后是一个比较结论。[3]

9. 模拟角色。要求学生想象某些特定的人在特定的情形会说什么,用直接引语的方式让叙述生动,此等引语也可用于彰显角色的特性。[4] 此等角色可以是历史人物,也可以是传说或虚拟的人物。[5] 例如,设想苏格拉底在接到毒药后会说什么。这种手法相当于现代的戏剧独白。典型的运用例是高尔吉亚写的《帕拉梅德斯辩护词》,这是一篇虚拟的帕拉梅德斯为自己的案件做出的辩护言论。

---

① See Justin T. Gleeson, and Ruth CA Higgins (Edited by), *Rediscovering Rhetoric*: *Law, Language and the Practice of Persuasion*, The Federation Press, Sydney, 2008, p. 116.

② See Justin T. Gleeson, and Ruth CA Higgins (Edited by), *Rediscovering Rhetoric*: *Law, Language and the Practice of Persuasion*, The Federation Press, Sydney, 2008, p. 116.

③ See Gideon O. Burton, Silva Rhetoricae, On pedagogy/progymnasmata/Comparison. htm, 2012年12月19日访问。

④ See Justin T. Gleeson, and Ruth CA Higgins (Edited by), *Rediscovering Rhetoric*: *Law, Language and the Practice of Persuasion*, The Federation Press, Sydney, 2008, p. 116.

⑤ See Gideon O. Burton, Silva Rhetoricae, On http://rhetoric. byu. edu/pedagogy/progymnasmata/Impersonation. htm, 2012年12月19日访问。

10. 描述。学生被要求在听众的想象中创造一个生动的场景。对于力图最大限度地影响其听众的演讲者来说，这是一种有用的技巧。[①] 如果描述的是一个人，要从头到脚进行；如果要描述的是一个事，要从头到尾进行。[②]

11. 命题(Thesis)。要求学生就赞成还是反对某些一般命题进行辩论，情境是法庭演说。例如，逃税一般是恶的；不害邻人是善的。[③] 其特点是对命题的讨论不涉及特定的个人，而是一般而论。此等辩论从一个序言开始，然后讲一个故事，再然后提出立论，接着提出驳论，最后做出小结。可以考虑的论据有合法性、正义、便利、可行性、体面、后果等。[④]

12. 法律。要求学生就赞成或反对一条法律进行演讲。[⑤] 此等法律可以是实在法，也可以是虚拟的法。此等练习是为了让学生看到问题的两面。可以考虑的论据有合法性、正义、便利、可行性、体面、后果等。例如，一个城市制定了这样的法律：被强奸的妇女可以选择处死罪犯或与他结婚。但一个人一夜间强奸了两个妇女。前一个要求处死罪犯，后一个要求与之结婚。[⑥] 关于这一法律的正当性的争议就出现了，如果一体地规定只能处死罪犯，就不会出现这样的困局。这当然构成反对这条法律的理由。无论如何，这一练习已渐渐脱离了初级练习的范围，进入联系实际阶段了。[⑦]

由上可见，这些练习从形式上看，是练习使用可以构成未来演讲稿的各种构件，将来写演讲稿时，根据不同的要求和情境把它们拼合起来就行

---

① See Justin T. Gleeson, and Ruth CA Higgins (Edited by), *Rediscovering Rhetoric: Law, Language and the Practice of Persuasion*, The Federation Press, Sydney, 2008, p. 117.

② See Gideon O. Burton, Silva Rhetoricae, On http://rhetoric.byu.edu/pedagogy/progymnasmata/Description.htm, 2012年12月20日访问。

③ See Justin T. Gleeson, and Ruth CA Higgins (Edited by), *Rediscovering Rhetoric: Law, Language and the Practice of Persuasion*, The Federation Press, Sydney, 2008, p. 117.

④ See Gideon O. Burton, Silva Rhetoricae, On http://rhetoric.byu.edu/pedagogy/progymnasmata/Thesis.htm, 2012年12月21日访问。

⑤ See Justin T. Gleeson, and Ruth CA Higgins (Edited by), *Rediscovering Rhetoric: Law, Language and the Practice of Persuasion*, The Federation Press, Sydney, 2008, p. 117.

⑥ 参见〔英〕理查德·詹金斯编：《罗马的遗产》，晏绍祥、吴舒屏译，上海人民出版社2002年版，第343页。

⑦ See Gideon O. Burton, Silva Rhetoricae, On http://rhetoric.byu.edu/pedagogy/progymnasmata/Law.htm, 2012年12月21日访问。

了。完成一个科目的练习,等于备好了一份建筑构件,众多的构件可以拼合成房子甚至大楼。从内容上看,它们根本上是律师的法庭演说练习,故修辞学教育还是以法律为中心,这是由修辞学的起源决定的。众所周知,修辞学最初是为了诉讼创立的。由此可以说,古希腊罗马的修辞学教育基本上是法学教育。

(三) 修辞术学校训练学生的中级方式

完成上述初级练习后,学生进入演说练习(gymnasmatum, Declamatio)阶段,也就是练习就特定主题写演说辞。其主题是想象的,涉及的人物是历史上的。这样的演说练习大别为两种,其一是倡议性的演说辞(Suasoria);其二是辩论性的演说辞(Controversiae)。前者是审议性的,后者是司法性的。前者通常从历史中采取一段故事作为议论的对象,例如,汉尼拔是否要进军罗马?后者是提出一个法律问题并作出赞成和反对的回答。例如,一些年轻人常去妓院,妓院老鸨劝告他们不要来,为此,她挖了一个洞并充满火于其中,当这些年轻人再来时,他们被活活烧死了。这些年轻人的父母控告老鸨危害国家。[①] 当然既可以提出赞成老鸨做法的理由,说她是为了维护道德的纯洁,也可以提出反对老鸨做法的理由,说她不是救人而是杀人,过于操切。显然可见,这样的练习是对学生在初级练习阶段掌握的知识的综合运用。例如,在写作倡议性的演说辞时就要用到在"故事"练习中掌握的资料。为了把故事说得清楚,要运用在"叙事"练习中获得的技能。又如,在写作辩论性的演说辞时,要综合运用在"命题""法律"等练习中获得的技能。总之,通过这样的练习,可以极大地提高学生的思辨和写作能力,并改善嗓音、提高肺部力量。[②] 确实,嗓音洪亮对于演说家非常重要,因为他们进行演说的集议场非常嘈杂,除了有各种集会的声音干扰,还有市声的干扰。[③] 进行辩论性的演说辞练习,直接为培养或提高律师业务能力服务。这也证明了罗马修辞学教育的法学性。如果说此等练习属于"空转",它们可以为学生从业后的"实转"打

---

① See Catherine Steel, *Roman Oratory*, Cambridge University Press, 2006, p. 75.

② 参见〔古罗马〕西塞罗:《论演说家》,王焕生译,中国政法大学出版社 2003 年版,第 99 页。

③ See Eric J. Kondratieff, "Reading Rome's Evolving Civic Landscape in Context: Tribunes of the Plebs and the Praetor's Tribunal", In *Phoenix*, Vol. 63, No. 3/4 (Fall - Winter/automne - hiver 2009), p. 325.

下良好的基础。所以，教室（Classroom）与法庭（Courtroom）是相通的。

（四）演说辞的基本结构

无论何种演说辞，在格式上都分为如下几个部分：（1）序言（exordium），其任务是将听众带入适合接受接下来演讲的状态；（2）叙述（narratio），就是说明已做的或者似乎已做的行为，就法庭演说而言，就是有技巧地讲清案情；（3）要点（partitio），是安排接下来要争辩的论点，一个好的要点制作可使接下来的长篇大论清晰易理解；（4）确认（confirmatio），是在辩论的过程中，为自己的论点增加可信度，增强权威感，采取措施最终使论点稳固；（5）辩驳（reprehensio），是运用论据损害、剥夺或弱化对手的确认。[①] 如果说确认是立论，辩驳则是驳论，既立且驳，为的是让自己的论证稳如泰山；（6）结语（conclusio），是对一个案件的总结，包括列举、义愤和主张三部分。列举是将前面分散的论点进行概括；义愤是制造听众对对手的敌意；主张则是提出最终要求。[②] 不难看出，这个六部曲中的许多部分都是对写作者在初级练习中掌握的技能的运用，例如，叙述、确认、辩驳等。由此可见罗马的演说术教育的实用性。

当然，对于一篇演说的构成，也有不同的看法。例如，有人认为一篇演说辞应包括七个部分。它们是：（1）序言；（2）叙述；（3）简短的概括（Proposito）；（4）要点；（5）确认；（6）驳斥；（7）结论。[③] 显然可见，相对于六部分说，此说增加了简短的概括的部分。而且，一篇演说不见得每个部分都有，例如，辩护性演说就可能没有控告的部分。这正是西塞罗的演说辞《为绥克斯图斯辩护》的情形。[④]

（五）演说辞的风格类型

一篇演说辞除了要具备以上内容外，还必须带有一定的风格。希腊

---

① See H. M. Hubbeli (Trans. by), Cicero in Twenty-Eight Volumes, II, De Invention, De Optimo Genere Oratorum, Topica, Cambridge, Massachusetts, Harvard University Press, London, William Heinemann LTD, 1976, p. 123.

② Cfr. Cicero, De Inventione, I. 98, 100, 106. See H. M. Hubbeli (Trans. by), Cicero in Twenty-Eight Volumes, II, De Invention, De Optimo Genere Oratorum, Topica, Cambridge, Massachusetts, Harvard University Press, London, William Heinemann LTD, 1976, pp. 147ss.

③ 参见高丰美：《罗马共和时期勒索罪及其审判程序探微——简评小斯考鲁斯勒索案》，载徐国栋主编：《罗马法与现代民法》（第七卷），厦门大学出版社 2010 年版，第 223 页注释 1。

④ 参见张恺丰：《西塞罗为绥克斯图斯辩护评介》，载徐国栋主编：《罗马法与现代民法》（第七卷），厦门大学出版社 2010 年版，第 164 页。

演说术有三大流派,即阿提卡派、亚细亚派和罗德岛派。阿提卡派就是雅典派,亚细亚派就是帕加马派,罗德岛派可望文生义。各派都有自己的风格。前者的风格是明晰、简朴;中者的风格是丰富、华美;后者的风格折前两者之中。西塞罗喜欢罗德岛风格,因为阿提卡风格显得枯燥,亚细亚风格显得浮华。①

第三节　修辞学教育与古罗马的公共生活

在其《论演说家》中,西塞罗把罗马人的公共生活概括为集议场、法庭、宣讲坛和元老院会堂②,这四个地方都是发表公共演讲的场所,容分述之。

一、集议场(Forum)

其含义相当于现代的用于公共集会和公共仪式的广场,同时具有市场的功能,其间开设一些店铺。故谢大任先生把 Forum 一词翻译为集议场。③ “集”,当是赶集之所的意思;“议”,当是议事之所的意思。除了上述两项功能,集议场还是公共建筑集中之所,罗马的成功人士都喜欢在集议场营建会堂(Basilica)献给国家供人民公共使用,捐献人得到的唯一好处是以自己的族名冠名所建会堂。最早这样做的有老伽图,他建有波尔求斯会堂。此等会堂可用于元老院开会、法庭审判,也可用于店铺、办公室。当然,进一步有人在集议场建庙纪念故去的伟人,尤其是其后人这样做。由于地方有限,后人不得不拆前人的建筑建自己的,恺撒和奥古斯都相继营建的优流斯会堂就是这样建成的。按克里斯琴·胥尔孙(Christian Hülsen)的描述,罗马的集议场总共有大约 45 个公共建筑。④按李维的记述,集议场中还有初级学校。阿庇尤斯·克劳丢斯绑架平民

---

① 参见王焕生:《古罗马文艺批评史纲》,译林出版社 1998 年版,第 112 页。

② Cfr. Cicero, De Orat. 1. 33. 中译文参见〔古罗马〕西塞罗:《论演说家》,王焕生译,中国政法大学出版社 2003 年版,第 23 页。

③ 参见谢大任主编:《拉丁语汉语词典》,商务印书馆 1988 年版,第 233 页。

④ Cfr. Christian Hülsen, Il Foro Romano: Storia e Monumenti, Su http://penelope.uchicago.edu/Thayer/I /Gazetteer/Places/Europe/Italy/Lazio/Roma/Rome/Forum_Romanum/_Texts/Huelsen*/home.html,2013 年 6 月 16 日访问。

少女维吉尼娅就是在她去集议场上学的路上实施的。[①] 所以，把集议场看做许多可以发表公共演讲的场所的集合名称，差强可也。其中最有演讲性的场所是宣讲坛、双子星神庙（Tempio di Castore e Polluce）和优流斯会堂。下文会分别讲到它们。

集议场的形状不甚规则，所以难以用长和宽的维度描述其形制，现代旅游资料把它的面积描述为大约半平方公里。[②] 英国学者纳撒尼尔·哈里斯说它长 100 米，宽 60 米。[③] 在一个没有扩音设备的时代，在一个这样开阔的地方讲话而让所有的人都听得见，而且他们要克服 45 个公共建筑的阻音和阻视，是不可能的。即使演说家经历了德摩斯梯尼式[④]或阿宝式[⑤]的训练，也不可能。

在西塞罗的时代前，罗马的市民大会在与集议场一墙之隔的大会场（Comitium，该词的意思就是"会议之所"[⑥]）召开，这个圆形的露天会所的面积只有一公顷，训练有素的演说家在这样的空间里演讲让大家都听得见，是可能的，但罗马人实行区隔投票与协商的体制。Comitium 只用来投票。由于不是一人一票制，而是一个百人团一票，决定一个团的一票如何投的协商在集议场进行，为了说服大家接受自己的提案，人们可以在这里演讲。当然是在宣讲坛上进行，围绕着这个高台的人是可以听清演讲内容的。听完以后人们去投票。在这个意义上，可以把集议场说成一个演讲场所。公元前 145 年，因为 Comitium 已过于狭窄，保民官李其纽斯·克拉苏斯把市民大会从 Comitium 移到集议场召开。从此，集议场成为一个政治斗争的舞台。演说家们除了在宣讲坛上面对集议场发表演说，也

---

① See *Livy with an English Translation by B. O. Foster in Thirteen Volumes*, *II*, London, William Heinemann, New York, G. P. Putnam's Son, 1922, p. 145.

② Cfr. Innonimato, Rome Guide · Itinerari · La Gloria dell' impero, Su http://www. rome – guide. it/italiano/itinerari /itinerari_impero. html, 2013 年 1 月 12 日访问。

③ 参见〔英〕纳撒尼尔·哈里斯：《古罗马社会生活》，卢佩媛译，希望出版社 2007 年版，第 131 页。也参见刘小青：《罗马共和晚期的执政官选举：以公元前 64 年为例》，华中师范大学 2009 年硕士学位论文，第 38 页。

④ 普鲁塔克报道，德摩斯梯尼以嘴含石块朗读大块文章的方式练习演讲。参见〔法〕克琳娜·库蕾：《古希腊的交流》，邓丽丹译，广西师范大学出版社 2005 年版，第 118 页。

⑤ 以音高著称的阿宝少时通过在火车经过时喊叫来练习扩张音量。

⑥ See Lily Ross Taylor, *Roman Voting Assemblies*, *From the Hannibalic War to thr Dictatorship of Caesar*, The University of Michigan Press, 1990, p. 2.

在双子星神庙的台阶上发表演说。大会场由此退出历史舞台，导致西塞罗不把它列为一个公共生活场所。

作为库里亚大会曾经的召集地点，Comitium 以前也用于审判。在王政时期，王就是在大会场听审民事案件以及刑事案件。① 民众审判也曾在这里举行。② 共和后，先是执政官，后是裁判官继续在这里审理民事案件。法国学者弗雷德里克·吉拉尔德的《罗马司法组织史》中包含 Comitium 的地图，从中可以看出这是一个方形的地方，其右侧就是裁判官法院。③《十二表法》第一表第 7 条对大会场上有法院提供了证明："如当事人不能达成和解，则双方应于午前到大会场或集议场进行诉讼……"④ 可见，在公元前 450 年及以后，大会场和集议场一样是审判地点。不过，当时无裁判官，此等职官只是到了公元前 366 年才设立⑤，所以，当时主持大会场的法院的应该是执政官。公元前 366 年后，裁判官接管了此等法院。在第二次布匿战争的坎尼战役那年（公元前 215 年），裁判官法庭搬到了公水库（Piscina publica）区。⑥ 在奥古斯都时期，这个地方被命名为第十二区，邻近阿庇尤斯大道。后来在这个地方建造了卡拉卡拉浴场。战后的不详的时间，裁判官法庭转而设在集议场。具体而言，设在立波井（Puteal Libonis）的旁边，它在大会场的边上达 3 个世纪，公元前 75 年或公元前 74 年，裁判官法庭移到了集议场的东南角，靠近奥雷流斯台阶的

① Voir Paul Frederic Girard, Histoire de L' organisation judiciaire des Romains, Arthur Rousseau Editeur, Paris, 1901, p. 184.

② See Eric J. Kondratieff, "Reading Rome's Evolving Civic Landscape in Context: Tribunes of the Plebs and the Praetor's Tribunal", In *Phoenix*, Vol. 63, No. 3/4 (Fall - Winter/automne - hiver 2009), p. 328.

③ Voir Paul Frederic Girard, Histoire de L' organisation judiciaire des Romains, Arthur Rousseau Editeur, Paris, 1901, p. 185.

④ 参见徐国栋、〔意〕阿尔多·贝特鲁奇、〔意〕纪慰民译：《十二表法新译本》，载《河北法学》2005 年第 11 期。

⑤ 参见徐国栋：《Praetor 的实与名——从正名开始的罗马公法研究》，载《求是学刊》2009 年第 4 期。

⑥ Voir Paul Frederic Girard, Histoire de L' organisation judiciaire des Romains, Arthur Rousseau Editeur, Paris, 1901, p. 185.

地方。[1] 因为集议场的西边基本为保民官的政治活动占据，裁判官无法进行自己的活动。甚至两者间有冲突。[2] 这样，裁判官法庭距宣讲坛的距离原来是十米，现在增加到了一百多米，超过了一个足球场的长度。这样的距离减少了来自在宣讲坛边举行的商议大会发出的噪音对裁判官法庭的运作的干扰，反之，也减少了在裁判官法庭发言的大嗓门演说家对商议大会的干扰。奥古斯都集议场建好后，内事裁判官法庭被移到此等集议场西边的一个半圆形拱顶(Exedra)里。[3]

公元前242年增立外事裁判官，由此产生了建立外事裁判官法庭的需要，此等法庭设在集议场上的库尔求斯洼地(Lacus Curtius)与森林之神(Marsyas)雕像的围栏之间。[4] 它处在集议场的中部。外事裁判官法庭在帝政时期移往奥古斯都集议场。[5] 此等法庭长8.9米，宽7.9米，面积约72平方米。[6]

在非常诉讼时期之前，无论是法律诉讼还是程式诉讼，都分为法律审和事实审两个阶段。裁判官法院只是一个进行法律审的场所。裁判官在集议场上的法庭完成法律审后指定法官，后者进行的事实审在集议场以外进行。很可能是在法官的家里进行。[7]

内事裁判官和外事裁判官的法庭实际上是露天广场上的一块地域而已，并非固定建筑。所以，为审判之需，常要搭建供辩护人和当事人使用

---

① See Eric J. Kondratieff, "Reading Rome's Evolving Civic Landscape in Context: Tribunes of the Plebs and the Praetor's Tribunal", In *Phoenix*, Vol. 63, No. 3/4 (Fall – Winter/automne – hiver 2009), p. 329.

② See Eric J. Kondratieff, "Reading Rome's Evolving Civic Landscape in Context: Tribunes of the Plebs and the Praetor's Tribunal", In *Phoenix*, Vol. 63, No. 3/4 (Fall – Winter/automne – hiver 2009), p. 344.

③ See Leanne E. Bablitz, *Actors and Audience in the Roman Courtroom*, Routledge, London, 2007, p. 19.

④ Cfr. Jerome Carcopino, La Vita quotidiana a Roma, Roma – Bari, Laterza, 1982, pp. 15s.

⑤ See Leanne E. Bablitz, *Actors and Audience in the Roman Courtroom*, Routledge, London, 2007, p. 21.

⑥ See Leanne E. Bablitz, *Actors and Audience in the Roman Courtroom*, Routledge, London, 2007, p. 30.

⑦ See Leanne E. Bablitz, *Actors and Audience in the Roman Courtroom*, Routledge, London, 2007, p. 33.

的坐席,给法官和执法官的座椅等。这些设施可在开庭后拆除。①

在恺撒和奥古斯都修造了优流斯会堂后,至少部分民事审判改为在这个会堂进行。② 该会堂长100米,宽36米。百人法院占据中央大厅,该厅面积为75米×16米。③ 百人法院管辖标准是标的价值在最低标的额(具体数额不详)以上的财产返还案件、家庭法案件和十万塞斯特斯以上的继承案件(尤其是遗嘱不合义务案件)的事实审。它分为四个法庭,每个法庭开庭时彼此用木质的隔板隔开,彼此并不隔音,所以发生过在一个法庭演说的律师得到其他三个法庭的听众喝彩的事情。④ 在这样小的空间发表演说,演说家不必担心人们听不见了。

与百人法院相对应的是十人法院(xviri stliiibus judicandis),它由塞尔维尤斯王创立,审理身份案件。裁判官主持审理,十人团作为陪审团作出裁决。在共和时期,十人团沦为每年由部落会议选举的小长官,成为二十六吏的一部分。⑤

如前所述,公元前149年,罗马颁布了《关于搜刮钱财罪的卡尔布尔纽斯法》(Lex Calpurnia de pecuniis repetundis),据此设立了审理搜刮钱财罪的常设刑事法庭(Quaestio perpetuae)。以后陆续设立了九个常设刑事法庭。通奸罪的常设刑事法庭也在集议场。⑥ 其他常设刑事法院都在集议场。⑦ 它们在裁判官法庭空闲时可能借用此等法庭开庭。

由上可见,从王政时期到共和晚期,罗马一直无司法大楼,审判在露天的集议场进行,由此保障了审判的公开性,并大大节约了司法成本,与

---

① See W. Forsyth, *Hortensius, the Advocate*, Frederick D. Linn & Company, 1882, p. 69.

② Cfr. Christian Hülsen, Il Foro Romano: Storia e Monumenti, Su http://penelope.uchicago.edu/Thayer/I/Gazetteer /Places/Europe/Italy/Lazio/Roma/Rome/Forum_Romanum/_Texts/Huelsen*/1/1.html,2013年6月16日访问。

③ See Leanne E. Bablitz, *Actors and Audience in the Roman Courtroom*, Routledge, London, 2007, p. 43.

④ See the Entry of Basilica Giulia, Su http://it.wikipedia.org/wiki/Basilica_Giulia,2013年6月16日访问。

⑤ See the Entry of Decemviri, Su http://en.wikipedia.org/wiki/Decemviri,2013年1月27日访问。

⑥ See Mary Alana Deminion, Staging Morality: Studies in the Lex Julia de Adulteriis of 18 BCE, A Thesis for degree of Master of Arts, University of Victoria, 2007, pp. 29s.

⑦ See Leanne E. Bablitz, *Actors and Audience in the Roman Courtroom*, Routledge, London, 2007, p. 28.

我国当下法院的豪华建筑形成对照。由于集议场多用于司法，它也被称为司法广场。Forum 在现代成为法院的同义词，例如，冲突法术语“法院地法”中的“法院”，就用 Foro 表示。Forum 的形容词 forense 被用来形容与司法相关的东西。

二、保民官的座椅所在处

保民官的座椅的拉丁文是 Subsellium，它是平民保民官的木制座位，至少可以坐三人①，与象牙椅相对。后者属于平常官员，前者属于非常官员。大约在公元前 493 年，在保民官设立后，他们被授予参与元老院讨论的权力（intercessio），为此，在元老院的大门口安置了保民官的木质座椅，这样他们可以跟随元老院会议的进程，从而运用他们的参与权，此等权力是以他们的帮助权（auxilium）为基础的。② 恺撒曾被授予坐在保民官的座椅上的权力③，奥古斯都也是如此。④ 公元前 449 年，通过《关于保民官权力的瓦雷留斯和奥拉求斯法》，保民官在元老院会场获得了座位，他们可以行使否决权。最终，保民官取得了召集元老院会议并提出议案的权力。⑤ 由此完成了保民官权力的性质从消极到积极的转变。

以上讲的是保民官的座椅与元老院的关系。就它与裁判官的关系而言，保民官的座椅处在大会场内的左侧，与过去的裁判官法庭相对。坐在这个位置上的保民官监督裁判官的活动，起上诉审的角色。所以，保民官的座椅是保民官的权力的象征。

这种权力有以下体现：

1. 否决权。（1）对执政官的否决权。首先，保民官可阻止他们征

---

① See Leanne E. Bablitz, *Actors and Audience in the Roman Courtroom*, Routledge, London, 2007, p. 53.

② 参见〔德〕特奥多尔·蒙森：《罗马史》（第二卷），李稼年译，商务印书馆 1994 年版，第 2 章。

③ See Cassius Dio, Roman History, 49, 15, 5 – 6, On http://penelope.uchicago.edu/Thayer/E/Roman/Texts/Cassius_Dio/41*.html, 2013 年 6 月 10 日访问。

④ See Cassius Dio, Roman History, 53, On http://penelope.uchicago.edu/Thayer/E/Roman/Texts/Cassius_Dio/41*.html, 2013 年 6 月 10 日访问。

⑤ See Oskar Seyffert, *Dictionary of Classical Antiquities*, 1894, edited by Henry Nettleship and J. E. Sandys, translated by various hands, p. 652. See Adolf Berger, *Encyclopedic Dictionary of Roman Law*, Philadelphia: The American Philosophical Society, 1991, p. 673.

兵,但不能阻止已开始的战争。其次,保民官可阻止执政官征税。再次,保民官可阻止执政官举行选举官员的市民大会,并阻止执政官在此等大会上掌控的其他活动。最后,保民官可阻止把法案交给市民大会讨论。[①] (2) 对裁判官的否决权。如前所述,保民官的座椅对着过去的裁判官法庭,遭遇不公的当事人可以求诸保民官。另外,对执政官的否决权基本上适用于对裁判官的情形。这方面的案例有保民官森普罗纽斯·布雷索(G. Sempronius Bleso)控告裁判官福尔维尤斯(GN. Fulvius)案,因为他在阿普利亚的战事中几乎丧失全部军队。[②] (3) 对低级长官候选人的否决权。保民官可行使否决权阻止任命所有城邦中的低级官吏:营造官、财务官、死刑三吏(tresviri capitales)等。

2. 强制权。包括因前任或者现任执政官在任期间所犯罪行对其进行逮捕、看守、可能提起罚金之诉或极刑之诉的权力。如果保民官没有强制权,他的否决权就毫无结果。此等权力又分为如下类型。

(1) 对执政官的强制权。这方面有如下案例:①保民官昆图斯·康西丢斯(Quintus Considius)和提图斯·格伦求斯(Titus Genuncius)针对执政官提图斯·梅内纽斯(Titus Menenius),因为他在对维爱的战争中摧毁了 Cremera 这个地方,实际的原因是他反对土地法,而土地法总是平民向贵族争取经济权利的形式。由于元老院的求情,本应判死刑的他被判罚款 2000 阿斯。[③] ②保民官盖尤斯·瑙求斯(Gaius Nautius)和路求斯·切蒂丘斯(Lucius Cedicius)针对执政官斯普流斯·塞尔维流斯(Spurius Servilius),理由是他在针对埃特鲁斯人的雅尼库鲁斯山战役中的过错,判了他死刑。[④] ③保民官马尔库斯·兑流斯(Marcus Duillius)和格内乌斯·希求斯(Gnaeus Siccius)针对阿庇尤斯·克劳丢斯,因为后者反对土地

---

① Cfr. F. Fabrini, Tribuni plebis, In Antonio Azara e Ernesto Eula, ed., Nuovissimo digesto italiano, Vol. XIX, Torino, UTET, 1975, pp. 790s.

② See The History of Rome by Titus Livius, Vol. III, Translated by George Baker, London, 1814, p. 351.

③ Cfr. Livio, Storia di Roma, I – III, A cura di Guido Vitali, Oscar Mondadori, Bologna, 1988, p. 329.

④ Cfr. Livio, Storia di Roma, I – III, A cura di Guido Vitali, Oscar Mondadori, Bologna, 1988, p. 331.

法。[1] ④保民官卡尔维尤斯(C. Calvius)针对罗密流斯·罗库斯·瓦提坎努斯(Romilius Rocus Vaticanus,公元前455年的执政官,公元前451年的十人委员会的成员)和维都流斯·齐古流斯(C. Veturius Cicurius),前者被罚款1万阿斯,后者被罚款1.5万阿斯,原因不明。[2]

(2)处罚违反《神圣约法》(leges sacratae)者的权力。《神圣约法》是一个团体的成员集体宣誓保证遵行的法,以消除将来有人放弃此等法律的可能。[3] 许多学者甚至把《神圣约法》与宣誓看做一回事。[4] 为了保障宣誓的集体性,拒绝宣誓者将被立即处死。[5] 发誓者还要彼此保证遵守誓言。背誓者将激起神怒。对违反《神圣约法》者的惩罚,不仅及于他个人,而且及于其家庭(包括子女和财产)或他所属的整个人民。[6] 罗马的《神圣约法》大多是骚乱的产物。[7] 换言之,是在两个阶级对立的情况下一个阶级为了集中力量达成的内部规章。具体而言,《神圣约法》是平民单方面的决定。保民官就是依据第一个《神圣约法》设立的平民职官。保民官可以直接处罚违反了《神圣约法》的人,把他们扔下塔尔贝雅(Tarpea)悬崖[8]或者处以财产献祭刑,受此等处罚者没有申诉权。这个权力的行使例有切索·昆克求斯(Caeso Quinctius)案。保民官盖尤斯·阿尔撒提出法案指定五人制定约束执政官的法律,切索·昆克求斯对此不满,毒打保民官,保民官奥鲁斯·维尔吉纽斯对他提出控告,把他抓住送牢,判处罚款。他在提出担保人(10个,每人交3000阿斯)后被释,逃到

---

① Cfr. Livio, Storia di Roma, I – III, A cura di Guido Vitali, Oscar Mondadori, Bologna, 1988, p. 351.

② Cfr. Livio, Storia di Roma, I – III, A cura di Guido Vitali, Oscar Mondadori, Bologna, 1988, p. 441. Cfr. Roberto Pesaresi, Studi sul processo penale in età repubblicana: Dal tribunali rivoluzionari alla difesa della legalità democratica, Jovene, Napoli, 2005, p. 46.

③ Cfr. Ferdinando Zucotti, Giuramento colletivo e leges sacratae, In Studi per Giovanni Nicosia, Vol. I, Giuffrè, Milano, 2007, p. 538.

④ Cfr. Pasquale Marottoli, Leges Sacratae, L. Morara, Roma, 1979, p. 35.

⑤ See Kurt von Fritz, Leges Sacratae and Plebei scita, In Schriften zur griechischen und römischen Verfassungsges – chichte und Verfassugstheorie, De Gruyter, 1976, p. 377.

⑥ Cfr. Ferdinando Zucotti, Giuramento colletivo e leges sacratae, In Studi per Giovanni Nicosia, Vol. I, Giuffrè, Milano, 2007, p. 514.

⑦ See Kurt von Fritz, Leges Sacratae and Plebei scita, In Schriften zur griechischen und römischen Verfassungsges – chichte und Verfassugstheorie, De Gruyter, 1976, p. 377.

⑧ 卡皮托尔山上的一处悬崖。在《十二表法》的时代有30米高,可以摔死人。

埃特鲁斯生活。①

（3）判处罚金权。保民官对平民和贵族都可以判以罚金。他们收取的罚款由财务官交付国库。这个权力的行使案例有：保民官马尔库斯·马尔求斯·塞尔莫（Marcus Marcius Sermo）及其同僚昆图斯·马尔求斯·希拉（Quintus Marcius Scilla）提议制定一个法律，对于不去分配给他们的行省的长官处以罚金。②

3. 平民部落大会召集权。保民官可以召集平民部落大会，贵族不能参加此等会议。《关于平民会决议的沃尔滕修斯法》之后，平民部落大会决议也具有约束贵族的效力，保民官因此可以提出法案，在平民部落大会上票决。到公元前 27 年，罗马共有 564 件法律，其中的 286 件是平民部落大会决议，164 件是百人团会议制定的，其中包括影响深远的《阿奎流斯法》，另外有 114 件制定主体不详。③ 这些立法主要反映了他们作为积极权力的行使者的角色。

以上是就保民官的消极权力而言，他们同时是积极权力的行使者，如前所述，他们可以召集元老院会议，也可召集平民大会，在此等会议上，他们都要作为提案人发表演说。他们在行使其干预权或否决权时，也要发表演说。平民们不满用财产作为为官的阶梯，就把修辞术当做获得政权的工具。他们当苦练修辞术才能当上保民官。两格拉古是这方面的代表，他们以口才著称。但维柯（1668—1744 年）认为这是对修辞学的滥用。④

三、宣讲坛（Rostra）

本名 suggestum，是“高地、演讲台、提出建议”的意思。⑤ 据说它建立

---

① Cfr. Roberto Pesaresi, Studi sul processo penale in età repubblicana: Dal tribunali rivoluzionari alla difesa della legalità democratica, Jovene, Napoli, 2005, p. 38. 参见〔古罗马〕李维著、〔意〕斯奇巴尼选编：《自建城以来》（第一至十卷选段），王焕生译，中国政法大学出版社 2009 年版，第 103 页。

② See Titus Livius, *The History of Rome*, Book 42, Evan T. Sage, and Alfred C. Schlesinger, Ed., p. 351.

③ 根据意大利罗马法学家 Feliciano Serrao 的统计。Cfr. Feliciano Serrao, Classi, partiti e legge nella repubblica romana, Pacini Editore, 1974, p. 198.

④ 参见〔意〕维柯：《新科学》，朱光潜译，人民文学出版社 1986 年版，第 570 页。

⑤ 参见谢大任主编：《拉丁语汉语词典》，商务印书馆 1988 年版，第 527 页。

在罗马的第一任王罗慕鲁斯的坟墓之上。[①] 罗马军队于公元前338年征服意大利重要的海港城市安提乌姆，把海战中俘获的大型船只烧毁，船上装的青铜的船首(Rostra)则运回罗马，放在集议场的讲坛上作装饰。[②] 后来，“船首”成为宣讲坛的代称。Rostra本来是装饰suggestum的，后来喧宾夺主了。[③] 其长度为23.8米，高3米，宽12米。[④] 在这么高大的一个台子(见下页附图)上讲话，没有一定的气场是压不住阵的。大会场中曾有一个宣讲坛。[⑤] 后来在集议场新建的宣讲坛仍靠近大会场。[⑥] 宣讲坛有时被当做要塞使用，从上投下致命的标枪。一些商议大会在宣讲坛下举行。[⑦] 听众可能达到一万人。[⑧] 一个时期，保民官住在宣讲坛上，差不多每天对民众发表演说。[⑨] 他们睡在宣讲坛旁边，以便抢在对手前在天亮时利用这个讲坛。[⑩] 但这个神圣的地方有时也被滥用，例如，奥古斯都

---

① See O. C. Crawford, "Laudatio Funebris", In *The Classical Journal*, Vol. 37, No. 1 (Oct., 1941), p. 18.

② 参见张献军:《古罗马钱币:方寸之间大历史》,载《世界文化》2007年第3期,第49页。

③ See Eric J. Kondratieff, "Reading Rome's Evolving Civic Landscape in Context: Tribunes of the Plebs and the Praetor's Tribunal", In *Phoenix*, Vol. 63, No. 3/4 (Fall – Winter/automne – hiver 2009), p. 326.

④ Cfr. Innominato, roma – rostra – ai – fori, Su http://www.antika.it/00863_roma – rostra – ai – fori.html,2013年1月12日访问。

⑤ Voir Paul Frederic Girard, Histoire de L'organisation Juridiciaire des Romains, Arthur Rousseau Editeur, Paris, 1904, p. 184.

⑥ See Eric J. Kondratieff, "Reading Rome's Evolving Civic Landscape in Context: Tribunes of the Plebs and the Praetor's Tribunal", In *Phoenix*, Vol. 63, No. 3/4 (Fall – Winter/automne – hiver 2009), p. 323.

⑦ See Eric J. Kondratieff, "Reading Rome's Evolving Civic Landscape in Context: Tribunes of the Plebs and the Praetor's Tribunal", In *Phoenix*, Vol. 63, No. 3/4 (Fall – Winter/automne – hiver 2009), p. 340.

⑧ See Eric J. Kondratieff, "Reading Rome's Evolving Civic Landscape in Context: Tribunes of the Plebs and the Praetor's Tribunal", In *Phoenix*, Vol. 63, No. 3/4 (Fall – Winter/automne – hiver 2009), p. 340.

⑨ See Eric J. Kondratieff, "Reading Rome's Evolving Civic Landscape in Context: Tribunes of the Plebs and the Praetor's Tribunal", In *Phoenix*, Vol. 63, No. 3/4 (Fall – Winter/automne – hiver 2009), p. 341.

⑩ See Eric J. Kondratieff, "Reading Rome's Evolving Civic Landscape in Context: Tribunes of the Plebs and the Praetor's Tribunal", In *Phoenix*, Vol. 63, No. 3/4 (Fall – Winter/automne – hiver 2009), p. 342.

的女儿尤利娅甚至在宣讲坛上宣淫。[①] 这就是可忍孰不可忍了，难怪奥古斯都要把她放逐到拿波里以西 70 公里的孤岛 Pandateria（现代的 Ventotena），5 年后改为流放到雷朱姆直到她死亡。[②]

不同阶级的长官有不同的讲坛，属于执政官的是 Rostra，属于裁判官的是 Medium forum，属于营造官的是 Castor 庙，它又称为双子星神庙（Tempio di Castore e Polluce）。[③] 它在优流斯会堂南方较高的台地上，有科林斯式的三根圆柱，是为了纪念公元前 484 年帮助罗马战胜埃特鲁斯人的双胞胎兄弟卡斯托雷和波鲁切建造的。这个神庙于公元前 484 年创建后曾多次重建。它常常被用作元老院的会场。

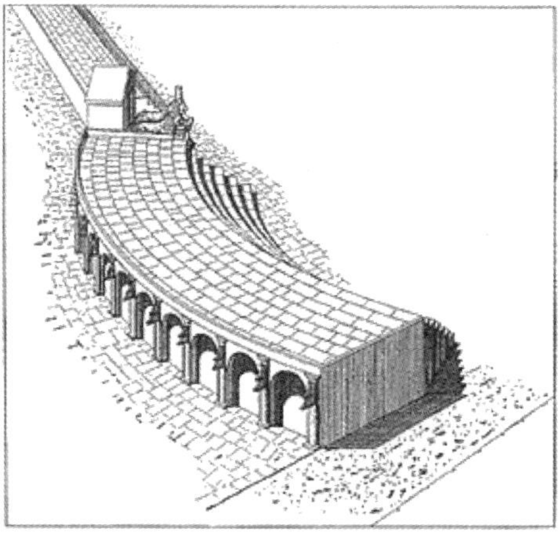

四、元老院会堂

有一个固定的元老院会堂 Curia Hostilia，由罗马的第三任王图鲁斯·奥斯提流斯（Tullus Hostilius）建造，故以其名命名。最初用来举行库里亚会议，此等会议由 30 名氏族代表组成，每个部落选举 10 名，换言之，每个

① See Catharine Edwards, *The Politics of Immorality in Ancient Rome*, Cambridge University Press, 2002, p. 61.

② 参见〔日〕盐野七生：《罗马人的故事 VI：罗马和平》，张丽君译，三民书局 1998 年版，第 263、265 页。也参见〔古罗马〕塔西佗：《编年史》（上册），王以铸、崔妙因译，商务印书馆 1981 年版，第 44 页。

③ See Norman W. DeWitt, "Litigation in the Forum in Cicero's Time", In *Classical Philology*, Vol. 21, No. 3 (1926), p. 223.

氏族选举一名。其职掌是批准王的任命并授予王谕令权。[①] 元老院会堂在大会场的北面，处在集议场的西北角，它长 85 米，宽 75 米。[②] 但元老院并不见得一定要在这里开会，通常选择在神庙开会。所谓神庙，是占卜官预定的地方，被选定的地方称为“庙”，并不见得一定是献给某个神的处所，这些地方是庞培尤斯会堂、优流斯会堂、信义女神庙[③]之类。[④] 例如，讨论对卡提林纳党徒的处理问题的元老院会议就是在协和神殿里召开的。不在这些地方召开的会议作出的元老院决议无效。公元前 46 年，西塞罗在元老院会堂发表了《为马尔库斯·马尔切鲁斯辩护》的演说。[⑤] 马尔切鲁斯出身罗马名门，担任过执政官。在内战中站在庞培一边，庞培死后避居 Lesbos，过了一段时间，元老院为他说项，要求恺撒原谅他，让他回国。在元老院作此等恳求时，西塞罗发表了这一演说，对恺撒表示感谢。[⑥]

69 年的《韦斯巴芗谕令权法》第 2 条规定：皇帝可合法地召集元老院会议并在其中发表或取消演说，通过上述演说或退席作成元老院决议，正如神君奥古斯都、提贝留斯·优流斯·恺撒·奥古斯都、提贝留斯·克劳丢斯·恺撒·奥古斯都·日耳曼尼库斯合法做过的。[⑦] 本条规定的是皇帝召集、主持元老院会议并在其中提出法案的权力，皇帝向元老院提出的法案称为演说（Oratio），显然法案必须以演说的方式向元老院宣示出来，

---

① See N. S. Gill, Curia, The House of the Roman Senate, On http://ancienthistory.about.com/cs/romearchitecture/a/aa012903a.htm，2013 年 1 月 30 日访问。

② See N. S. Gill, Curia, The House of the Roman Senate, On http://ancienthistory.about.com/cs/romearchitecture/a/aa012903a.htm，2013 年 1 月 30 日访问。

③ 参见〔古罗马〕阿庇安：《罗马史》（下卷），谢德风译，商务印书馆 1976 年版，第 15 页。

④ Cfr. Aulo Gellio, Notti Attiche, Traduzione Italiana di Luigi Rusca, Volume Secondo, BUR, Milano, 2001, pp. 1013ss.

⑤ See Lily Ross Taylor and Russell T. Scott, "Seating Space in the Roman Senate and the Senatores Pedarii", In *Transactions and Proceedings of the American Philological Association*, Vol. 100, 1969, p. 537.

⑥ See the Entry of Pro Marcello, On http://en.wikipedia.org/wiki/Pro_Marcello，2013 年 6 月 16 日访问。

⑦ 参见徐国栋：《元首制时代的罗马宪法文本研究——以〈韦斯巴芗谕令权法〉为依据》，载《现代法学》2013 年第 2 期。

通过元老院的票决成为元老院决议。在1—3世纪都是如此。[①] 直到206年后,皇帝的敕令才作为其本身具有法律效力。[②]

第四节 罗马人发表演说的场合与不同的演说的类型

一、演说术在罗马的崇高地位

罗马人对于演说术非常重视。小普林尼(61—113年)认为人生有三大功:最好的演说家、最好的将军、最好的元老。[③] 西塞罗对演说家的看重如同柏拉图对哲学家的看重,原因何在?因为修辞学是一种获得权力的技艺,相当于项羽想学的万人敌。按西塞罗的学说,市民社会的达成靠演说家。在有此等社会之前,"人类到处漫游,像动物一样东零西散,除了树上的果子外没有别的食物。当时没有理性,只有强力决定一切。人们一点没有崇拜神的观念,也没有对其同类尽义务的观念。没有结婚问题,也没有牢固的亲属关系问题。正义的好处未尝闻。处在无知和野蛮的黑暗中,灵魂为兽性的本能和杂乱无序占据,为了满足此等本能,只能滥用身体的强力"。[④] 这些就是所谓的自然状态了,这种不幸状况的结束要归因于演说家。他说:"这时出现了一个人,他无疑是伟大人物,他懂得人的精神的力量和伟大,他催生其萌芽,引导它、完善它。四散在旷野和隐藏在密林中的人们被他聚集在同一个地方,然后一步步地以全部的功利兴趣和高尚影响他们。起初,他们因缺少习俗而对抗,但随后他们由于智慧的语言和雄辩术而变得更驯服,于是这些人改变了粗糙和野蛮的状况而转为温和、具有社会性。"[⑤]照西塞罗这样的说法,城邦倒是由于演说术而建立的了。实际上,这种观念来自伊索克拉底(公元前436—公元前338

---

① 参见徐家玲:《早期拜占庭查士丁尼时代研究》,东北师范大学出版社1998年版,第230页。

② 参见徐国栋:《优士丁尼〈法学阶梯〉评注》,北京大学出版社2011年版,第45页。

③ See Catherine Steel, *Roman Oratory*, Cambridge University Press, 2006, p. 46.

④ Cfr. Cicero, De Inventio, In Nicolas Estevanez edi. Obras Escogidas, Casa Editorial Canier Hermanos, Tomo Primero, Paris, s/a, p. 208.

⑤ Cfr. Cicero, De Inventio, In Nicolas Estevanez edi. Obras Escogidas, Casa Editorial Canier Hermanos, Tomo Primero, Paris, s/a, p. 209.

年)。他认为,教育的目的是造就会说话的人,他们通过演讲可提供最高贵的理想去引导一个社会。①

共和国的宪法要求追求国家的高级公职者必须练习演说术②,因为每一次晋升都需要选票,此等选票要靠演说获得。

二、罗马人需要演讲的场合

不同的地方人们发表不同的演说。演讲的场合有如下列:

(一)市民大会

在共和时期,罗马人的民众大会有百人团大会、部落大会和平民部落大会,三者承担不同的功能。例如,百人团大会决定一切重要的法律和官员人选,并决定宣战与媾和等事务。三种民众大会都以区隔商议程序和投票程序为特征,前者称为商议大会(Contio),它由长官召集,具有非正式性,例如召开前无需占卜,只有召集者邀请的人可以对民众发表演讲。其目的在于通气和劝说,通常是劝说与会者支持某一法案。③ 听众听完演讲后即去投票。④ 显然,商议大会是一个演说家的舞台。商议大会首先可大别为民事的和军事的。民事性的又可大别为预备性的和非预备性的,前者为进行投票大会而召集,故称预备性的,有立法性的、司法性的、选举性的三种。前者用于解释和讨论法案;中者用于控告某人或为之定罪量刑;后者用于介绍被选举人。⑤ 后者不伴随投票大会,故称为非预备性的,它们有如下细类:政治性的、通气性的、为了发布告示的、关于凯旋式的、国势调查的、执行的、为长官就职或卸任而召集的、宣誓性的、财产祝圣性的(consecratio bonorum)、宗教事宜的、出葬前表彰的、小麦分配性的,等等。军事性的商议大会又可分为表彰性的和交付军人赠礼(dona

---

① See Quirinus Breen,"The Terms 'Loci Communes' and 'Loci' in Melanchthon",In *Church History*,Vol. 16,No. 4,(Dec. ,1947),p. 200.

② See William Forsyth,*Life of Marcus Tullius Cicero*,Vol. I,Charles Scribner and Company,New York,1865,Vol. I,30.

③ See Catherine Steel,*Roman Oratory*,Cambridge University Press,2006,p. 4.

④ See Lily Ross Taylor,*Roman Voting Assemblies*,*From the Hannibalic War to thr Dictatorship of Caesar*,The University of Michigan Press,1990,p. 2.

⑤ See James Tan,"Contiones in the Age of Cicero",In *Classical Antiquity*,Vol. 27,No. 1 (2008),pp. 189ss.

militares)的、镇压和惩罚性的、开战和终战的、联合两支军队的、命令与通气的、战前动员的,等等。①

罗伯特·莫尔斯坦-马克思(Robert Morstein-Marx)认为商议大会是实施和观察共和罗马政治行为的中心舞台。② 共和晚期,至少50%的商议大会是保民官召集的。③ 有时,商议大会非常吵,召集人只能用手势表达自己的意思。④

(二)元老院会议

共和时期,元老院的决定都要通过言辞辩论后作出,此等决定尽管无正式的法律效力,但如果它们未被否决,就具有事实上的法律效力。在此等会议上,主持的长官提出方案并以演说解释之,然后询问到场的元老们的意见,通常是从最资深的元老开始,尔后发言的元老讲话越来越短,最后演化到只简单地表示同意或反对。⑤ 元老院会议上的辩论经典是公元前63年12月5日西塞罗在协和神殿召开的元老院会议上就卡提林纳党人命运在罗马高官间展开的辩论。它被撒路斯提乌斯(公元前86—公元前35年)记录下来。在这场辩论中,当选执政官西拉努斯首先发言,他主张对卡提林纳分子适用极刑,另一当选执政官穆列那和其他元老也同意这一意见。但当选裁判官恺撒主张温和处理,提出把他们分到各自治市分别终身监禁并没收他们的财产。他似乎有先见之明,明确指出西拉努斯提出的惩罚是"法律过去没有规定过的",违反了《波尔求斯法》(Leges Porciae)。这里被援引的可能是马尔库斯·波尔求斯·伽图(Marcus Porcius Cato)于公元前198年或公元前195年制定的法律,它禁止不经申诉程序惩罚罗马市民。对于犯罪的罗马市民,不能消灭他们的肉体,允许

---

① Véase Francisco Pina Polo, Las Contiones Civiles y Militares en Roma, Zaragoza, Depto. de Ciencias de la Antiguedad (Univ. de Zaragoza), 1989, pag. 92ss.

② See Robert Morstein-Marx, *Mass Oratory and Political Power in the Late Roman Republic*, Cambridge University Press, 2004, p. 9.

③ See Eric J. Kondratieff, "Reading Rome's Evolving Civic Landscape in Context: Tribunes of the Plebs and the Praetor's Tribunal", In *Phoenix*, Vol. 63, No. 3/4 (Fall-Winter/automne-hiver 2009), p. 343.

④ See Eric J. Kondratieff, "Reading Rome's Evolving Civic Landscape in Context: Tribunes of the Plebs and the Praetor's Tribunal", In *Phoenix*, Vol. 63, No. 3/4 (Fall-Winter/automne-hiver 2009), p. 344.

⑤ See Catherine Steel, *Roman Oratory*, Cambridge University Press, 2006, p. 12.

他们亡命即可。根据西塞罗后来对他作出的批驳,恺撒可能还认为西拉努斯建议的处置违反了公元前 123 年颁布的《森普罗纽斯市民死刑法》(Lex Sempronia de capite civium)[①],该法禁止抛开百人团会议设立非常刑事法院处死罗马市民。因此,恺撒援引这一法律时,就已在指责元老院违宪把自己作为一个非常刑事法院了。所以,他建议"惩罚应当在法律规定的限度以内"。并对权力滥用的可能提出了告诫:"占居最高地位的人,他们却最少行动自由。在这里不应有偏颇不公和憎恶的情绪的地位,更不用说愤怒了。要知道,在别人身上被称为愤怒的东西,在一位领袖身上就是横傲和残暴。"[②]西塞罗然后发表了处死阴谋者的主张。继而,提贝留斯·尼禄(Tiberius Claudius Nero)提出折中方案:把卡提林纳分子关押到卡提林纳被打败并取得更多罪证后再处理。正当两种意见相持不下时,当选保民官马尔库斯·伽图(Marcus Porcius Cato)的发言一锤定音,他坚决主张处死卡提林纳分子以震慑那些已在费祖莱伺机进行军事行动的人。伽图反驳了恺撒的不得处死论。主张对供认不讳的卡提林纳分子,应该看做在现场拿获的叛国犯,可以实施即决处罚,不允许申诉。申诉只适用于非在现场拿获的罪犯。[③] 于是,绝大多数元老都同意实施死刑。卡提林纳分子被认为是叛国罪犯,被剥夺罗马市民权,因而可以不经民会的程序处死刑。[④] 于是,西塞罗安排三人刑事组为行刑做必要的准备工作。当晚,五名阴谋者在他的亲自监督下在罗马的国家监狱图利亚努姆(Tullianum)被绞死。[⑤] 从这个元老院辩论案例中可见,参与辩论者的演说大都以法律问题为内容,但辩论技巧也非常重要。例如,老伽图的演说就优雅而雄壮、愉悦而令人激发,滑稽中含严肃,简练而富于战斗性,因此留下了不少隽语。在说服罗马人不要不合时宜地坚持小麦的分配时他说:"同胞们,跟肚皮争辩确是一件难事,因为它没有耳朵。"他在抨击

---

① 参见〔古罗马〕西塞罗:《反卡提林纳第四演说》,载〔古罗马〕撒路斯提乌斯:《喀提林阴谋·朱古达战争》,王以铸、崔妙因译,商务印书馆 1995 年版,第 208 页。

② 〔古罗马〕撒路斯提乌斯:《喀提林阴谋·朱古达战争》,王以铸、崔妙因译,商务印书馆 1995 年版,第 137 页及以次。

③ 参见〔古罗马〕撒路斯提乌斯:《喀提林阴谋·朱古达战争》,王以铸、崔妙因译,商务印书馆 1995 年版,第 146 页。

④ Cfr. De Martino, Storia della Costituzione Romana, Vol. III. Jovene, Napoli, 1972, p. 163.

⑤ See H. J. Haskell, *This was Cicero*, Alfred A. Knopf, New York, 1942, p. 199.

奢侈之风时说:“如果在一个城里鱼价比牛价还贵,想保全这样的城邦实在不易。”①由于其辩才,老伽图的意见多得到接受。当然,这样的成果中有修辞学训练的功劳。

(三) 法庭

分为刑事法庭和民事法庭,两种法庭中都有诉讼参与人发表演说的机会。容分述之。

就刑事法庭而言,公元前149年,罗马颁布《关于搜刮钱财罪的卡尔布尔纽斯法》设立了审理搜刮钱财罪的常设刑事法庭取代了过去的人民审判(Iudicium populi)的刑事诉讼程序②,该法颁布的时间大致同于罗马人接受希腊修辞学的时间,故本次目只研究常设刑事法庭的诉讼参与人发表演说的机会。

常设刑事法庭都依据一个专门的刑事法律设立,每个法庭只审理它依据其设立的法律打击的犯罪案件,不审理其他刑事案件,更谈不上审理民事案件了。这与综合审理各种刑民案件的现代法院不同。在共和时期,罗马共设立了9个刑事法庭。它们是:搜刮钱财罪法庭、杀人和投毒罪法庭、杀亲罪法庭、伪造罪法庭、国事罪法庭、选举舞弊罪法庭、贪污罪法庭、暴力罪法庭、侵辱罪法庭。③ 到奥古斯都时期,又增加了通奸罪法庭和妨碍生活资料供应罪法庭。④

常设刑事法庭的控告由私人进行,此等私人可以延请律师帮助自己。审判由裁判官主持,或在他委托的情况下,由财务官主持。被告可以请律师辩护。然后是双方律师询问证人,提供证据。接下来是两造律师进行的辩论,这是他们展现其口才说服法官团的最佳场合。法庭由30名或更多的法官构成,他们投票形成的多数决成为判决结果。主持他们的审理的长官不参与投票。他们并非审判当日作出裁决,如果开庭日后接着节日或不祥日,或为了收集证据的需要,他们作出裁决的日子可以距开庭日几十天。这样的时间跨度为当事人腐蚀法官提供了机会。

---

① 〔古希腊〕普鲁塔克著,黄宏熙主编:《希腊罗马名人传》(上册),吴彭鹏译,商务印书馆1990年版,第351页。

② See Catherine Steel, *Roman Oratory*, Cambridge University Press, 2006, p. 14.

③ Cfr. Pietro Cerami, Antonio Metro, Alessandro Corbino, Giafranco Purpura, Roma e il diritto, Jovene, Napoli, 2010, pp. 205ss.

④ See Olga Tellegen - Couperus, *A Short History of Roman Law*, Routledge, London, 1993, p. 88.

很显然,控告和辩护是两个主要的演说术运用环节。当然,在法官团内部的合议过程中,也很可能有发表小型演说的机会。但主要的演说者是律师,所以现代学者利恩·巴布利兹(Leanne E. Bablitz)把他们说成法庭的演员。[①]

西塞罗本人提供了在常设刑事法庭上进行控告演说和辩护演说的最好和最多的实例。作为一个律师,西塞罗留给我们的控告演说有5个,辩护演说18个。前者分别为《控韦雷斯》《控皮索》《控瓦提纽斯》《控克洛丢斯》《控卡提林纳》;后者分别为《为昆克求斯辩护》《为穆列纳辩护》《为克鲁恩求斯辩护》《为米洛辩护》《为绥克斯图斯辩护》《为利伽流斯辩护》《为罗求斯辩护》《为切齐纳辩护》《为巴尔布斯辩护》《为阿尔基亚斯辩护》《为弗拉库斯辩护》《为拉比流斯辩护》《为兑约塔鲁斯辩护》《为马尔切鲁斯辩护》《为丰特尤斯辩护》《为普兰求斯辩护》《为斯考卢斯辩护》《为波斯特姆斯辩护》。这些演说都很长。以《控韦雷斯》为例,达A4纸186页,成一本小书。与雅典根据诉讼标的额定发言时间的长短,区别原告和被告定不同的发言时间,并以水钟计量此等发言时间的做法不同[②],罗马的控辩不受时间限制。但在审判米罗的程序中,控方的时间被限定为两小时,辩方的时间被限定为三小时。[③] 这样的时间限制是为了让牛步战术无用武之地,但对控方的限制多于对辩方的,体现了有利于被告的理念。

（四）葬礼

罗马人重视葬礼,对于精英阶级的成员来说,它是展示自己家庭的增长的重要性的机会。[④] 出葬以游行的方式进行,由专业的哭丧妇领头,其中包括戴着祖先面具的演员,后面跟着遗体。亲友跟在遗体后面。送葬队伍要进入集议场,然后在宣讲坛前停下来,在这里发表对死者的赞词。最后归葬(火葬或土葬)于城界以外的墓地或火葬场。不论是公的还是

---

① See Leanne E. Bablitz, *Actors and Audience in the Roman Courtroom*, Routledge, London, 2007.

② 参见〔法〕克琳娜·库蕾:《古希腊的交流》,邓丽丹译,广西师范大学出版社2005年版,第107页。

③ 参见尹春海:《从米罗案管窥罗马共和末叶的刑事法性格》,载徐国栋主编:《罗马法与现代民法》(第七卷),厦门大学出版社2010年版,第149页。

④ See Diane Favro, Christopher Johanson, "Death in Motion: Funeral Processions in the Roman Forum", In *Journal of the Society of Architectural Historians*, Vol. 69, No. 1 (March 2010), p. 12.

私的葬礼,都可以利用宣讲坛。当然,在大场合,葬礼演说要举行两次,第二次是在元老院。奥古斯都就享受过两次葬礼演说。有的时候,葬礼演说是墓前演说,因为它在死者的墓前当着至亲好友的面进行,更加具有私密性。① 这两者可统称为死因演说,如果死者留有适龄的儿子,由他来进行。如果没有此等儿子,则由其他亲戚进行。②

以上是就私人葬礼而言,就公共葬礼而言,政治人物通常由其同僚发表葬礼演说。③ 罗马妇女由于在高卢人入侵后献出自己的金饰充实国库,也被元老院授予享受葬礼演说的荣耀。④ 被指定发表死因演说的人不见得是此等演说的作者,作者很多时候是演说家,例如,尼禄为克劳丢斯发表的葬礼演说就不是他写的,而是辛尼加写的。⑤ 他被人评价为第一个需要别人写稿子演说的皇帝。⑥ 既然葬礼演说可以由人代笔,而罗马人不分贵贱都享受葬礼演说,演说家的市场就很大了。死因演说是有格式的,它分为两个部分,一个部分用来赞美死者本人,另一部分用来赞美死者的祖先。先写哪一部分,学界有争议。⑦ 对个人与家庭的关系的这种处理表明了葬礼演说的结构设计者的团体主义观念。家庭给个人提供资源,个人给家庭增添荣光,这样的互动是老生常谈。对于葬礼演说的写手来说,可赞美之点也有套路,诸如世系、容貌、力量、权力、财富这些外在的东西,也有美德这样的内在的东西,例如宽厚、公正、慈善、诚信、勇敢等。以前者为轻,以后者为重。最好是两者结合,例如,由于后者的控制,前者不被滥用。⑧

---

① See O. C. Crawford, "Laudatio Funebris", In *The Classical Journal*, Vol. 37, No. 1 (Oct., 1941), p. 18.

② See O. C. Crawford, "*Laudatio Funebris*", In *The Classical Journal*, Vol. 37, No. 1 (Oct., 1941), p. 19.

③ See O. C. Crawford, "Laudatio Funebris", In *The Classical Journal*, Vol. 37, No. 1 (Oct., 1941), p. 20.

④ See O. C. Crawford, "Laudatio Funebris", In *The Classical Journal*, Vol. 37, No. 1 (Oct., 1941), p. 21.

⑤ See William T. Avery, "Roman Ghost - Writers", In *Classical Journal*, Vol. 54, No. 4 (1959), p. 26.

⑥ 参见〔古罗马〕塔西陀:《编年史》(下册),王以铸、崔妙因译,商务印书馆 1981 年版,第 404 页。

⑦ See O. C. Crawford, "Laudatio Funebris", In *The Classical Journal*, Vol. 37, No. 1 (Oct., 1941), p. 23.

⑧ 参见〔古罗马〕西塞罗:《论演说家》,王焕生译,中国政法大学出版社 2003 年版,第 481 页。

第四章　罗马法学家对地方论的运用

第一节　西塞罗自己在法庭演说中对地方论的运用

西塞罗是他的时代的大律师，终其一生，他至少当过16个案件的律师，其中刑事案件12个，涉及国籍的行政案件2个，民事案件2个。他还充当过5个刑事案件的控告人。他承办这些案件的"辩护辞"或"代理辞"以及"起诉书"大多流传下来，阅读它们并加以总结，可帮助我们研究他对地方论的运用。本节以西塞罗的处女辩《为罗求斯辩护》为主，辅之以西塞罗的其他法庭演说说明这一问题。

首先让我们看罗求斯案件，这是一个杀亲罪案件，被害人老绥克斯图斯·罗求斯(Sextus Roscius)是阿美里亚自治市(在罗马北方50罗马里)的市民，但长期住在罗马，与许多罗马显贵过从甚密。他有两个儿子。一个与他同住罗马，但早夭；另一个儿子与他同名，他把这个儿子放在阿美里亚务农。父亲罗求斯在公元前81年初秋的一个傍晚，在朋友家吃完晚饭后准备回家，途经帕拉齐亚(Pallacia)浴场时被暗杀，凶手不详。他的财产早就被人觊觎，所以，他的死亡给了这些觊觎者机会。于是，也在阿美里亚生活的解放自由人提图斯·罗求斯·卡皮托找到当时的独裁者苏拉的亲信克莱索虢努斯密谋把老罗求斯加入流放名单中，这样就可合法拍卖老罗求斯的财产，包括他在阿美里亚的农场。于是，此等财产被克莱索虢努斯以2000塞斯特斯的微不足道的价格买得，而它们的实际价值达600万塞斯特斯。这样的"拍卖"导致小罗求斯被逐出家门。这样的倒行逆施导致了阿美里亚人的公愤。该市的元老院派一个十人团到罗马控告克莱索虢努斯的暴行，要求在流放名单中去掉老罗求斯的名字并归还其财产，他们的要求被保证满足。于是，以流放的名义攫取老罗求斯的财产不成，克莱索虢努斯只得另辟蹊径，决定派艾鲁求斯以杀亲罪的名义控告小罗求斯。① 根据苏拉制定的《关于杀亲罪的科尔内流斯法》，如果控告成功，被告将被处以袋刑（poena cullei）。其执行方法是在定罪后把受刑人的头围上狼皮，在其脚底绑上木鞋底，用血红色的木棒或特别灌木做成的棍棒殴打后绑入袋中，让黑公牛拉入大海或最近的河流。② 不难看出此刑的残酷。

但小罗求斯也有自己的靠山，他来到罗马找了贵妇切齐丽娅。此人人脉甚广，正是她委托年仅27岁的西塞罗为小罗求斯辩护。

西塞罗把人的地方运用于为罗求斯辩护中。如后将述，人的地方是晚于西塞罗的罗马修辞学家昆体良使用的地方的分类，简言之，这些地方有家世、民族、国家、性别、年龄、教育和学科、外貌、财富、地位、本性、职业、表现等。③ 简言之，人的地方就是被辩护对象的背景和性情。这两者是因果关系，经常是一定的背景决定了一定的性情。

在本案中，小罗求斯的最大背景是住在乡村，与他父亲住在城市形成对比。在昆体良给定的关于人的地方的一览表中，找不到乡村的地方，但找得到“职业”的地方与之邻近。在乡村生活，通常要务农，而务农者与务工者的心态是不一样的。现今的人们也相信农民与工人的脑筋不同。

在罗马法中，乡村处在一个褒贬兼受的地位。一方面，乡村生活被理解为一切美德的来源，是Locus amoenus（令人愉悦的地方）。④ 故西塞罗说：“人们从扶犁开始一步步成为执政官”，“在我们祖先的那个年代，最高等最杰出的，应该时刻执掌共和国之舵的人，是把他们的精力和时间投入到耕种他们土地的那些人”。⑤ 相反，城市是堕落的地方，是locus

---

① 参见张恺丰：《西塞罗为绥克斯图斯辩护简介》，载徐国栋主编：《罗马法与现代民法》（第七卷），厦门大学出版社2010年版，第167页。

② See Max Radin, "The Lex Pompeia and the Poena Cullei", In *The Journal of Roman Studieis*, Vol. 10, 1920, pp. 121 s.

③ Cfr. Rino Faranda e Piero Peccheiura, L' Institutione Oratoria di Marco Fabio Quintiliano, UTET, Vol. I, 1968, pp. 590ss.

④ Cfr. Paolo Fedeli, La natura violata, Ecologia e mondo romano, Sellerio Editore, Palermo, 1990, p. 93.

⑤ See Cicero, Pro Roscio Amerino, 50.

horridus(可怕的地方)。[①]“城市孕育着奢侈,奢侈不可避免地产生贪婪,无耻源自贪婪,贪婪产生了各种邪恶和犯罪。”[②]所以,一个父亲把自己的儿子安排在乡村生活,并非为了折辱他,而是为了培养他。既然如此,被安排在农村生活的儿子就没有必要恨做此等安排的父亲。就这样,西塞罗排除了小罗求斯的杀父动机。

另一方面,罗马人像今人一样,也把乡村与愚昧落后联系在一起,农村人是他们贬抑的对象。罗马人把主观诚信与认识能力挂钩,认定农村人的认识能力通常低于城市人,因此允许援引“村气”作为抗辩。在这一框架下,西塞罗又以小罗求斯的农村背景证明他不具有实施谋杀所必要的心智,因为他不善言词,是个粗人,是个土包子。[③]

无论如何,西塞罗的辩护取得了成功,小罗求斯被开释。西塞罗也演好了自己的处女秀,为自己走向大律师之路开启了门径。他在此案中采用的辩护谋略也成为今人的研究对象。我们发现了此等谋略中的地方论因素。

此等地方论因素用今人的话来说就是品格证据。用西塞罗的辩护辞的当代研究者之一张恺丰的话来说就是“法庭在审查中考虑的因素有许多,大多数人都注意到,很大一部分是针对被告人的道德品行的考量,但是我们不能简单地就将这种审查等同为道德审查,法庭考察的因素还要多得多,被告人的出身、背景、尊严、地位、财富、功勋、意志、忠诚、勤勉、进取、坚韧、宽容等这些都是考察的对象”,但西塞罗没有提出物理证据,例如小罗求斯没有作案时间的证据,这属于物的地方,强调这种地方是现代审判的特点。

不光在小罗求斯案中西塞罗喜欢用人的地方,在其他案件的辩护中他也是如此。例如,在《为穆列那辩护》中,在《为普兰求斯辩护》中,都是如此。在穆列那案件中,针对控告人塞尔维尤斯·苏尔毕丘斯·穆列那的平民出身的攻击,西塞罗则辩称:尽管出身于平民家庭,但穆列那的曾

---

① Cfr. Paolo Fedeli, La natura violata. Ecologia e mondo romano, Sellerio Editore, Palermo, 1990, p. 93.

② See Cicero, Pro Roscio Amerino, 75.

③ See Ann Vasaly, “The Masks of Rhetoric: Cicero’s Pro Roscio Amerino”, In *Journal of the History of Rhetoric*, Vol. 3. No. 1. 1985, pp. 10ss.

祖父、祖父和父亲都担任过裁判官，因此在民众中有深远的影响。实际上把穆列那说成一个平民中的贵族。[①] 在普兰求斯案件中，控告人也拿普兰求斯的平民出身说事，西塞罗则辩称，普兰求斯虽然出身不高贵，但非常谦逊和善，所以人缘良好。[②] ……罗马人为这一辩护路径打造了一个拉丁术语 contentio dignitatis（关于尊严的争议）。在西塞罗的用法中，这一词组用来表示两个竞选人在出生、道德以及之前的事业中成就的争议与比较。虽然对于被告品德的讨论是刑事诉讼的必要的话题，但与一般情况不同的是，在选举舞弊的审判中，控辩双方要对原被告的道德与能力进行比较，以此证明被告当选是否正当。通常这一内容由两部分组成：第一部分是出身，罗马的贵族们把高贵的出生视为当然的前提，他们认为一个好政府必定要把高位高职留给祖先做过高官的人，如果没有这种背景，那么想要参加竞选就被嘲笑为"新人""暴发户"；第二部分是个人品德、政绩以及人际关系的比较。[③]

或问，为何讲西塞罗利用的昆体良体系中的地方，不讲西塞罗自己的《地方论》中的地方？此乃因为西塞罗的地方论实际上是一种认识论，研究的是把握对象的方法，与诉讼的关系较远，昆体良的地方论是一种法庭战法，更贴近诉讼。当然，这意味着西塞罗在打造自己的地方论时有所取舍，他构造自己的地方体系，但并非不知其他的体系（他还运用这样的体系呢！），这也并不意味着西塞罗在其法庭活动中没有运用过他自己体系中的地方，例如属的地方他就经常用。在其《论法律》1，8，24 中，他说到人与其他动物不同，人有灵魂和神的观念，所以，可以说人与神之间有亲缘关系或同属、同宗（Stripe）的关系。[④] 这就是说，有理性的动物是一个属，人和神各为这个属的两个种了。在其《论法律》2，12，30 中，他说到宗教典仪是一个属，为求神怜悯的献祭是一个种，解释灵感附身者的预言是

---

① 参见肖俊：《西塞罗时期选举贿赂罪的立法与审判——以〈为穆列那辩护〉为中心的分析》，载徐国栋主编：《罗马法与现代民法》（第七卷），厦门大学出版社 2010 年版，第 79 页。

② 参见肖俊：《西塞罗时期选举贿赂罪的立法与审判——以〈为穆列那辩护〉为中心的分析》，载徐国栋主编：《罗马法与现代民法》（第七卷），厦门大学出版社 2010 年版，第 82 页。

③ 参见肖俊：《西塞罗时期选举贿赂罪的立法与审判——以〈为穆列那辩护〉为中心的分析》，载徐国栋主编：《罗马法与现代民法》（第七卷），厦门大学出版社 2010 年版，第 78 页及以次。

④ 参见〔古罗马〕西塞罗：《论法律》，王焕生译，上海人民出版社 2006 年版，第 38 页及以次。

另一个种。[①] 当然,西塞罗还在许多其他运用地方的文字,为免啰唆,这里就此打住。

第二节 特雷巴求斯对地方论的运用

如前所述,特雷巴求斯在《地方论》中的无知形象可能是西塞罗虚拟的。如果这种推论为真,西塞罗真是侮辱人。但到底是虚拟还是写实,要依对特雷巴求斯作品的考察来定。这一工作的基础不好,因为特雷巴求斯留传给我们的法言不多,而且大多是通过其他法学家转述的。尽管如此,它们还是允许我们做一定的研究。在这方面,马里奥·塔拉曼卡做得最好。他的《在修辞学与法之间的特雷巴求斯·德斯塔》长文(175 页)分析了所有特雷巴求斯留传下来的法言。[②] 另外,克里佛在其《〈地方论〉的法律解读》一文中也研究了特雷巴求斯部分法言中的修辞学因素。两者的共同结论是特雷巴求斯确实在其法学论述中运用了地方。

一、特雷巴求斯对种差的地方的运用

分类是进行任何科学研究的基础。分类有基于属的,也有基于种差的。而种差就是西塞罗的地方体系中的一个地方。特雷巴求斯运用这个地方颇多,下面举几例说明之。

D. 19,1,17,2 是乌尔比安的《告示评注》第 32 卷中的一个法言,它讨论在土地被出售或遗赠的情形,哪些关联物属于土地。粪堆和草床属于土地,但木材应属于出卖人或继承人,尽管此等木材是为了利用土地购买的。以上是成说,特雷巴求斯对其中关于粪堆的处置提出质疑。他正确地区分粪堆的用途做不同的归属断定。如果是为了肥沃土地购买的,归土地的买受人;如果是为了出售准备的,则归出卖人,有另外的安排的情

---

① 参见〔古罗马〕西塞罗:《论法律》,王焕生译,上海人民出版社 2006 年版,第 125 页。

② 除了本节列举者外,还分析了 D. 33,7,26,1、D. 32,30,pr.、D. 33,6,15、D. 32,29. pr.、D. 28,2,33、D. 28,5,70、D. 32,100,1、D. 33,6,7pr.、D. 28,8,11、D. 33,1,17pr.、D. 32,100,2、D. 40,7,3,12、D. 32,30,2、D. 35,1,40,5、D. 32,100,3、D. 30,30,7、D. 33,6,16、D. 30,5,1、D. 33,7,4。

形除外。粪是在马厩中还是被聚成一堆,并无区别。[①] 显然,特雷巴求斯此处的理路是:粪堆是一个属,它下面分为"自用的"和"出售的"两个种,只有前者是土地的从物要连同土地移转,后者是自身独立存在的物。

D. 21,1,14,3 是乌尔比安的《营造官告示评注》第 1 卷中的一个法言。其辞曰:切流斯说,特雷巴求斯区分不孕的情形。如果女奴天生不孕,她是健康的,但如果不孕是由于某种身体缺陷后来引起的,她不是健康的。[②] 这个法言的背景是在买卖女奴的情况下如何确定此等女奴的瑕疵,不孕构成瑕疵之一种。但不孕是个属,可分为天生不孕和嗣后不孕两个种。这是特雷巴求斯的时代的一个流行的区分。[③] 既然不孕是天生的,它就是符合自然的,因为根据奥鲁斯·杰流斯(4,2,3)给疾病下这样的定义:疾病是身体的违反天性的任何习性,它让对身体的运用恶化。[④] 由此,这种不孕不足以让女奴的出卖人承担瑕疵担保责任。相反,嗣后的不孕让出卖女奴的人承担瑕疵担保责任。这样的区分当然对部分出卖人是一种解脱,但对女奴的买受人来说,两种不孕的效果一样:都不让他利用女奴的生殖能力牟利。

D. 40,7,39,4 是雅沃伦的《拉贝奥的遗作摘录》第 4 卷中的一个法言。其辞曰:"如果斯提古给阿提娅 1000 塞斯特斯,就让他自由。"阿提娅在遗嘱人还活着时就死了。拉贝奥和奥菲流斯的看法是斯提古不能获得自由。特雷巴求斯同意他们的观点,条件是阿提娅死于订立遗嘱之前。但如果她死在订立遗嘱之后,他认为斯提古应获得自由……[⑤]这个法言涉及附条件的解放,遗嘱人让拟解放的斯提古给第三人阿提娅 1000 塞斯特斯,以此为条件让他获得解放。但不凑巧,阿提娅在遗嘱人未死时就死了,这样,斯提古获得解放的条件受挫,他因此不能获得解放。拉贝奥和

---

① See *The Digest of Justinian*, edited by Mommsen and Alan Watson, University of Pennsylvania Press, Philadelphia, 1985, Vol. II, p. 551.

② See *The Digest of Justinian*, edited by Mommsen and Alan Watson, University of Pennsylvania Press, Philadelphia, 1985, Vol. II, p. 551.

③ Cfr. Mario Talamanca, Trebazio Testa, fra retorica e diritto, In G. G. Archi (a cura di), Questioni di giurispru – denza tardo – repubblicana, Atti di un seminario, Firenze, 27 – 28 maggio 1983, Giuffrè, Milano, 1985, p. 62.

④ Cfr. Aulo Gellio, Notti attiche, Vol. I. Biblioteca Universale Rizzoli, 1997, Milano, p. 349.

⑤ See *The Digest of Justinian*, edited by Mommsen and Alan Watson, University of Pennsylvania Press, Philadelphia, 1985, Vol. III, p. 467.

奥菲流斯就是这么看的。但特雷巴求斯进一步把遗嘱受益人死亡的情形区分为两种子类型:在密封遗嘱前死的和在此之后死的。[①] 把前种情形界定为不能条件,把后种情形界定为未完成条件,进而把后种条件拟制为已经成就[②],从而拯救了斯提古的自由权。

D. 39,3,1,3 是乌尔比安的《告示评注》第43卷中的一个法言。其辞曰:昆图斯·穆丘斯说,这种诉权并不针对以犁实施的、旨在耕种土地的工程发生。特雷巴求斯进一步把这个例外限制为只包括以犁实施的旨在取得好收成的工程。这个法言的背景是排放雨水之诉。合理的行为是让雨水自然流下,建造工程妨碍雨水自然流下的,要根据排放雨水之诉承担责任。但昆图斯·穆丘斯提出以犁实施的旨在耕种土地的工程例外。特雷巴求斯进一步限制了这个例外的范围:只有以犁实施的旨在取得好收成的工程例外,因为在这个种的旁边,还有以犁实施的仅仅为土地的利益的工程的种。无妨说,特雷巴求斯把以犁实施的旨在耕种土地的工程当做一个属,下面分为两个种,赋予它们不同的处遇。

最后一个拟例举用来说明特雷巴求斯对种差之地方的运用的法言来自文学史料《农神节谈话录》(Saturnalia),它是马克罗比尤斯(Macrobius Ambrosius Theodosius,生活于5世纪上半叶)的一部著作,探讨罗马的宗教和古事知识,采用记载在12月7日农神节那天于韦求斯·阿虢流斯·普雷特克斯塔图斯(Vettius Agorius Praetextatus)的家里进行的谈话的方式。分为七卷。第一卷探讨农神节和门神(Janus)节的起源;第二卷记述佳言及其作者,第三卷、第四卷、第五卷和第六卷用来研究罗马大诗人维吉尔。第七卷主要讨论一些心理学问题。该书的价值在于保留了一些先前作者的观点和行迹。[③] 其3,3,2引述了特雷巴求斯在其《论安魂物》一书中给圣物下的定义:圣物是一切属于神的物(Sacrum est, ut Trebatius

① Cfr. Mario Talamanca, Trebazio Testa, fra retorica e diritto, In G. G. Archi (a cura di), Questioni di giurispru - denza tardo - repubblicana, Atti di un seminario, Firenze, 27 - 28 maggio 1983, Giuffrè, Milano, 1985, p. 64, nota. 91.

② Cfr. Mario Talamanca, Trebazio Testa, fra retorica e diritto, In G. G. Archi (a cura di), Questioni di giurispru - denza tardo - repubblicana, Atti di un seminario, Firenze, 27 - 28 maggio 1983, Giuffrè, Milano, 1985, p. 67.

③ See the Entry of Macrobius, On http://en. wikipedia. org/wiki/Macrobius, 2013年7月27日访问。

libro primo de religionibus refert, quicquid est quod deorum habetur)。[①] 接下来(3,3,4)他又给俗物下了定义:从安魂物或圣物转为人类使用和所有的物(Ex religioso vel sacro in hominum usum proprietatemque conversum est)。[②] 通过这些言论,特雷巴求斯把物分为圣物与俗物。"物"是属,圣物和俗物构成它的两个种。

二、特雷巴求斯对词源的地方的运用

D. 1,13,1,1 所处的标题是《论财务官的职责》。该题的头段出自乌尔比安的《论财务官的职责》单卷本,其中说明财务官制度的历史非常古老,在第一任王罗慕鲁斯和第二任王努马时期就有了两个选举产生的财务官。但如果对此说有争议,则在第三任王奥斯提留斯当政的时候有财务官是确定无疑的。[③] 接下来就是 D. 1,13,1,1,其中提到特雷巴求斯等人解析财务官(Quaestor)一词的词源是"调查"(quaerere),因为在这种官职设立之初,他们有某种调查功能。[④] 通过这样的词源探析,特雷巴求斯力图说明财务官职责的变迁。在本书中,我已根据此等职官晚近的职责把 Quaestor 译为财务官了,顾名思义,其主要的职掌是管理公库,但 Quaestor 在其设立初期的主要职掌是审理死刑案件,反映这种职掌的译名是杀亲罪审判官,他们当然要调查死刑案件。

三、特雷巴求斯运用地方是受西塞罗的影响吗?

按西塞罗在《地方论》中的吹嘘,很容易对如上问题得出肯定的结论。但按上述方式运用种差和词源的地方,可能是一个受过基本教育者的素养。故塔拉曼卡对特雷巴求斯留传给我们的所有法言中的修辞学成分进行分析后,对如上问题给出了否定的结论:在特雷巴求斯的论述与西

---

① See Ambrosius Aurelius Theodosius Macrobius, *Saturnalia*: *Books 3 – 5*, Edited and Translated by Robert A. Kaster, Havard University Press, 2011, p. 16.

② See Ambrosius Aurelius Theodosius Macrobius, *Saturnalia*: *Books 3 – 5*, Edited and Translated by Robert A. Kaster, Havard University Press, 2011, p. 18.

③ 参见〔古罗马〕优士丁尼:《学说汇纂》(第一卷),罗智敏译,中国政法大学出版社 2008 年版,第 199 页。

④ See *The Digest of Justinian*, edited by Mommsen and Alan Watson, University of Pennsylvania Press, Philadelphia, 1985, Vol. I, p. 30.

塞罗的《地方论》之间找不到对应关系。特雷巴求斯所做的，不过是其他法学家也会做的。但他做了一个保留：也许只是特雷巴求斯留传给我们的法言中不体现这种对应关系[1]，反言之，不排除在未留传给我们的法言中可找到这种对应关系的可能。

第三节 帕比尼安的《问题集》中对地方论的运用

一、帕比尼安的《问题集》简介

问题集或论断集是罗马法学家的一种著作体裁，其中采用虚拟的提问—回答的教学谈话的模式让学生获得知识。[2] 两者都属于教学作品。[3] 但帕比尼安的《问题集》不是，因为没有证据证明帕比尼安曾当过老师（尽管《皇帝史》说乌尔比安和保罗是其学生），但它是培训帝国官员的一部基础性的著作。[4] 这等于说帕比尼安的《问题集》是另一种形式的教材。在罗马法学家中，除了帕比尼安外，至少还有阿富里坎（Sextus Caecilius Africanus，死于约 167—175 年）、切尔维丢斯·谢沃拉、德尔图良（Tertullianus）、保罗（Paulus）、伽里斯特拉杜斯（Callistratus）、儿子杰尔苏（Celsus）、福菲丢斯（Fufidius）写过《问题集》。阿富里坎的《问题集》凡 9 卷；切尔维丢斯·谢沃拉的《问题集》凡 20 卷；德尔图良的《问题集》凡 8 卷；保罗的《问题集》凡 26 卷；伽里斯特拉杜斯的《问题集》比较短，只有 2 卷；儿子杰尔苏和福菲丢斯的《问题集》卷数不明。而帕比尼安的《问题集》凡 37 卷。另外有乌尔比安（Ulpianus）、特里芬尼努斯（Tryphoninus）、魏鲁勒尤斯·萨杜尔尼努斯（Veluieius Saturninus）写过《论断集》。乌尔比安的《论断集》有 10 卷、特里芬尼努斯的《论断集》有 21 卷、魏鲁勒尤

---

① Cfr. Mario Talamanca, Trebazio Testa, fra retorica e diritto, In G. G. Archi (a cura di), Questioni di giurispru - denza tardo - repubblicana, Atti di un seminario, Firenze, 27 - 28 maggio 1983, Giuffrè, Milano, 1985, p. 204.

② Vgl. Ulrike Babusiaux, Papinians Quaestiones, C. H. Beck, 2011, S. 17.

③ Vgl. Ulrike Babusiaux, Papinians Quaestiones, C. H. Beck, 2011, S. 17.

④ Vgl. Ulrike Babusiaux, Papinians Quaestiones, C. H. Beck, 2011, S. 267.

斯·萨杜尔尼努斯的《论断集》卷数不详。[①] 这些数字告诉我们,问题集或论断集可长可短,但帕比尼安的《问题集》是所有《问题集》和《论断集》中篇幅最大的,这证明帕比尼安的才具更大或企图心更大。

帕比尼安的《问题集》是一部197—198年之间的作品。[②] 按德国学者奥托·勒内尔(Otto Lenel)的还原,该书的基本内容如下:第1卷:管辖;第2卷:自治市事务;第3卷:律师(Cognitor)、事务经管人与辩护人;第4卷:论所有的法官;第5卷:百人法院的法官;第6卷:要求遗产之诉;第7卷:用益权;第8卷:执法中的询问;第9卷:在他人权力下的人被主张经营的事业;第10卷:买卖;第11卷:嫁资返还;第12卷:受怀疑的监护人;第13卷:违反遗嘱的遗产占有;第14卷:解放自由人的财产;第15卷:没有资格占有遗产的人;第16卷:遗嘱;第17卷:遗赠;第18卷:遗赠(续);第19卷:遗赠(续);第20卷:遗产信托;第21卷:慷慨行为的原因;第22卷:慷慨行为的原因(续);第23卷:占有与取得时效;第24卷:不为缺席审判者做辩护的人;第25卷:父亲继承破产情况下其未成年子女与父亲的债权人的关系(si suus heres erit);第26卷:排除强暴令状;第27卷:既判力的抗辩等;第28卷:要式口约;第29卷:《十二表法评注》;第30卷:关于解放奴隶的法律和敕令;第31卷:评注神君皮尤斯皇帝关于收养自权未适婚人的书简;第32卷:优流斯及帕皮尤斯法评注;第33卷:优流斯及帕皮尤斯法评注(续);第34卷:优流斯及帕皮尤斯法评注(续);第35卷:军营特有产;第36卷:公诉;第37卷:对关于广义保证人的法律评注。[③] 这37卷书被《学说汇纂》收录325个片段。[④] 由于该书对所有法律问题的论述差不多都是从案例入手,它被认为是一部案例集。[⑤]

要言之,帕比尼安的《问题集》是一本具有诉讼前置主义趋向的私法

---

① 参见〔意〕桑德罗·斯奇巴尼选编:《民法大全选译·法律行为》,徐国栋译,中国政法大学出版社1998年版,附录:《学说汇纂》所引用的古代作者及作品目录、未被《学说汇纂》引用的古代作者及作品目录。

② Vgl. Ulrike Babusiaux, Papinians Quaestiones, C. H. Beck, 2011, S. 6.

③ Cfr. Otto Lenel, Palingenesia Iuris Civilis, I, Leipzig, 1889, pp. 813ss.

④ 根据Otto Lenel的Palingenesia Iuris Civilis, I, Leipzig, 1889, pp. 813ss进行的统计。

⑤ See Adolf Berger, *Encyclopedic Dictionary of Roman Law*, Philadelphia: The American Philosophical Society, 1991, p. 663.

问题集。它包括其他法学家对提到的私法问题的解答、皇帝和其他官员的决定,尤其是皇帝的敕令。[1] 涉及的皇帝敕令最早是提贝留斯发布的,最晚是图拉真发布的。[2]

二、帕比尼安在其《问题集》中对地方论的运用

(一) 帕比尼安《问题集》中运用地方论的法言

《问题集》运用地方论的地方很多,由于篇幅所限,本目只考察其中的一串法言并观察瑞士学者巴布西奥[3]对它的地方论分析。

这串法言都处在帕比尼安《问题集》第17卷,其译文如下:

D.35,1,71pr.。遗赠100个币于蒂丘斯购买土地。绥克斯都斯·切其流斯认为不能强迫蒂丘斯去购买土地,因为他只应享有遗赠的利益,但如果遗嘱人希望受遗赠人供应其不那么勤奋的兄弟,必须认为继承人享有一种利益,因而必须购买该土地且以后不得转让它。

D.35,1,71,1。遗赠100个币于蒂丘斯让他娶寡妇梅维娅为妻,此等条件不得除免,相应的担保口约也不得除免,此等意见也不与裁判官对于某人允诺给人一定金钱让他不娶梅维娅的案情不给予诉权的事实冲突,因为以对罚金的恐惧剥夺一个人在婚姻对象上的自由选择权是一回事,以遗嘱条款邀请人进入一个婚姻是另一回事。

D.35,1,71,2。遗赠100个币于蒂丘斯让他不要抛弃我的坟墓或不在特定城市设立住所,可以说,损害自由权的担保口约无效。但我们对于死者的解放自由人适用不同的规则。

D.35,1,71,3。"让我的继承人以给我的女儿塞娅嫁资的名义给我的女婿蒂丘斯100个币。"遗赠的利益确实归现在开始拥有嫁资的塞娅,但也归被遗赠了金钱的蒂丘斯,似乎的结论是:他被视为受遗赠人,应该可以主张遗赠。

a. 如果继承人在蒂丘斯离婚之后向这个女婿支付了这笔金钱,他同样解脱了其付款义务,因为这个付款将转化为嫁资。

---

① See A. Arthur Schiller, *Roman Law, Mechanisms of Development*, Mouton, 1978, p. 128.

② Vgl. Ulrike Babusiaux, Papinians Quaestiones, C. H. Beck, 2011, S. 21.

③ 乌尔里克·巴布西奥(Ulrike Babusiaux)是瑞士罗马法学者,苏黎世大学教授。著有《帕比尼安的〈问题集〉研究——论古典晚期一个法学家的修辞学方法》(2011年)。

b. 在婚姻存续期间,也可以把这笔钱合法地给付于蒂丘斯,即使该妇女禁止这样做,因为这符合她的利益,她开始成为一个有嫁资的女人。如果某人解答,说该妇女自己有请求权,可请求这笔钱,但不想让这笔钱成为嫁资,毫无疑问,她将为诈欺抗辩所阻。

c. 假若蒂丘斯或塞娅在结婚之前便死去了,遗赠物仍留给继承人。如果蒂丘斯不愿与她结婚,隶属于塞娅人身的遗赠的原因被视为得到了满足。但如果蒂丘斯主张遗赠物,他将为诈欺的抗辩所阻。

d. 萨宾认为:此等遗赠应无条件地属于娶了该妇女的蒂丘斯,因为这笔钱将成为其嫁资。但因为这个遗赠是无条件的,在结婚之前也可以主张此等遗赠,但是提出"将把此等金钱还给妇女"的担保是必要的。

e. 但是,如果丈夫因为自己的过失输掉了官司,并且变得支付不能,应该对这名没有任何过犯的妇女提供救济让她从继承人那里获得这笔旨在设立嫁资的金钱吗? 由于丈夫和妻子都可请求遗赠物,如果尚未向其丈夫支付遗赠,该妇女的诉权将得到确保。

(二) 对帕比尼安法言的法学分析

头三个法言采用首语重复法(Anaphora)加强表达的力量,都重复"遗赠100个币于蒂丘斯……"的句子成分,都涉及附条件遗赠中受遗赠人利益的获取与自由权的限制之间的关系问题。

头段涉及两个案型。第一个案型是附条件的遗赠:受遗赠人被遗赠100个币,条件是用这笔钱购买土地,遗赠人限制了受遗赠人处分受遗赠财产的自由,切其流斯认为这样的条件非法,故视为其不存在,由此,受遗赠人可自由处分这100个币的金钱。帕比尼安基于这个案型添加因素打造出第二个案型:如果此等条件的设定是为了照顾没有自力更生能力的亲属,则是有效的,受遗赠人要用继承的100个币购买土地且以后不得转让此等土地——它似乎成了受遗赠人扶养无能的亲属的基金的来源,因为土地有生产力,而100个币可能很快花掉了,不足以成为无能亲属未来生活的保障。第二个案型实际上是一个附负担的遗赠。条件与负担不同。条件具有不确定性,是否成就原则上不为当事人的意志所左右,而负担具有确定性,当事人不接受负担,相应的法律行为就不成立,所以,在法律行为开始运作前,负担是否成立是确定的。条件不要求当事人的任何一方有所作为,而负担要求当事人的一方有所作为。当然,负担可以分为积极的和消极的。前者要求当事人实施某种行为，后者要求当事人不实施某种行为。本案中的负担是积极的。

第一段也涉及两个案型。第一个案型是附条件的遗赠：受遗赠人被遗赠 100 个币，条件是娶寡妇梅维娅为妻。从表面看，这样的条件限制了受遗赠人的婚姻自由。但帕比尼安认为这样的条件有效，相应的担保口约也有效。此等口约规定：受遗赠人履行了条件才可主张遗赠物。如果受遗赠人不履行条件而主张遗赠财产，将否定其诉权或以诈欺的抗辩驳回之。[①] 为何如此？因为上述遗赠也实际上是一个附负担的遗赠。负担之设，可能由于梅维娅的寡妇身份导致她求偶困难，上述遗产信托帮助她解决了配偶问题。第二个案型发生在要式口约的语境：某人对其相对人允诺：如果后者不娶梅维娅，将给他一笔钱。类推适用《优流斯和帕皮尤斯法》，这样的条件是无效的。《优流斯和帕皮尤斯法》是公元前 18 年奥古斯都颁布的《等级结婚的优流斯法》（Lex Iulia de maritandis ordinibus）和公元 9 年的《关于婚姻的帕皮尤斯和波培乌斯法》（Lex Papia Poppaea Nuptialis）的合称，两者都鼓励结婚，打击独身或婚而不育者，所以法学家们把它们作为一个法看待。[②] 该法规定：附不得结婚或阻碍结婚的条件的遗产授予或遗赠，此等条件违法，遗留视为未附条件。[③] 该规定明显采用了保护婚姻自由的立场。何以不同地处理两个案型？因为第一个案型促进结婚，而第二个案型阻碍结婚，而罗马立法者一直采用鼓励结婚的立场。

第二段也涉及两个案型。第一个案型是一个附负担的遗赠：遗赠人遗赠某个生来自由人 100 个币，他要用这笔钱维护遗赠人的坟墓并放弃去其他城市定居的机会。帕比尼安认为这样的遗赠因为侵害了受遗赠人的自由权而无效，相应的担保口约也无效。因为迁徙自由让迁徙人获得新的经济机会，有利于搞活经济，限制迁徙自由对公共利益也有害。[④] 第二个案型是也是一个附负担的遗赠：遗赠人遗赠其某个解放自由人 100

---

① Vgl. Ulrike Babusiaux, Papinians Quaestiones, C. H. Beck, 2011, S. 160.

② 参见徐国栋：《罗马公法要论》，北京大学出版社 2014 年版，第 77 页。

③ See the Entry of Lex Papia Poppaea, On https://it.wikipedia.org/wiki/Lex_Papia_Poppaea, 2015 年 8 月 11 日访问。

④ Cfr. Lorenzo Gagliardi, Mobilità e Integrazione delle persone nei centri cittadini Romani: aspetti giuridici, I, La classificazione degli incolae, Giuffrè, Milano, 2006, p. 390.

个币，后者要用这笔钱维护遗赠人的坟墓并放弃去其他城市定居的机会。这样的负担是有效的，因为解放自由人有对自己的恩主示敬的义务，为其守墓算是履行此等义务的一种方式。

巴布西奥认为，从头段到第二段，帕比尼安的宗旨在于确立前提，此等被确立的前提要为分析第三段要讨论的更复杂案例服务。

那么，帕比尼安确定的前提是什么呢？巴布西奥说：帕比尼安从这些案例出发，达成了"非法的条件无效，但非法的负担有效"的结论。[①] 此语中，"非法的条件"应指第一段中提到的债务人提出的相对人如果不与寡妇梅维娅结婚将给他一笔金钱的条件。"非法的负担"指头段中的要求受遗赠人用受遗赠款项购买土地的负担、第一段中的要求受遗赠人与寡妇梅维娅结婚的负担、第二段中的要求生来自由人放弃迁徙自由的负担。巴布西奥认为，"条件"也罢，"负担"也罢，都违法。违的什么法？"违法的条件"违反的是裁判官法。三个负担违的是不同的法。在头段中，违的是学说法，即法学家绥克斯都斯·切其流斯关于遗赠只能给受遗赠人带来单纯的利益的解答。在第一段中，用巴布西奥的话来说，违的是《优流斯和帕皮尤斯法》。在第二段中，违反的是道德（sittenwidrige）。尽管违法，但它们都有效，原因者何？因为帕比尼安找到了这些负担依附的案件的区别因素。在头段中，区别因素是这样的负担服务于第三人；在第一段中，帕比尼安证明法律并不禁止以金钱诱惑人们缔结一个婚姻，只禁止以罚金禁绝人们缔结一个婚姻；在第二段中，区别因素是负担承受人的身份，也即生来自由人和解放自由人的差别。通过如上操作，帕比尼安反驳了妨碍自由的遗赠负担一律无效的通说[②]，证明了这一一般规则的三个例外。

以上前提为分析第三段包括的案例服务。它是第一段包括的案例的复杂版：一个父亲遗赠未来的女婿蒂丘斯 100 个币，条件是与其女儿塞娅结婚，换言之，如果不与塞娅结婚，蒂丘斯得不到这 100 个币。相较于第一段包括的案例，本段包括的案例的"复杂"在于：这个疼爱女儿至极的父亲设定了这个遗赠的用途：用作其女儿的嫁资。这样，蒂丘斯只是名义上的受赠人，实际上的受托人，尽管蒂丘斯如果真的与塞娅结了婚，他可

---

① Vgl. Ulrike Babusiaux, Papinians Quaestiones, C. H. Beck, 2011, S. 161.

② Vgl. Ulrike Babusiaux, Papinians Quaestiones, C. H. Beck, 2011, S. 162.

以享有此等嫁资的经营管理权。遗赠的实际取得人是遗赠人的女儿,她的真实角色是受益人。当然,信托人是她的父亲。这样,这个案例表面上关涉遗赠,实际上关涉遗产信托。

显然,没有第一段确立的邀请人们进入一个婚姻的负担不违法的前提,这个案例就不值得讨论了,因为按一定的标准,它是非法的。

确定了目标案例具有合法性后,就可以接下来讨论它的各种变体了。

变体一:蒂丘斯与塞娅结了婚,但由于各种原因,继承人支付这笔遗赠较晚,晚得到了蒂丘斯又与塞娅离了婚的时候,这时提出了继承人的支付义务是否已解除的问题。帕比尼安对此做了肯定的回答。人们不必担心蒂丘斯独吞这笔金钱不让其前妻分享,因为塞娅睿智的父亲早就料到了这种可能,把遗赠的用途设定为设立嫁资。这样,尽管蒂丘斯得到了支付,他还是要把这笔钱转给塞娅。

变体二:塞娅与蒂丘斯结了婚,但婚后感情不好,于是想以不利于蒂丘斯的方式左右父亲的遗赠。方式一:阻止继承人支付遗赠,这样可以让蒂丘斯减少进账。但继承人负有忠实地履行遗嘱人的遗嘱的义务,所以他要把遗赠给付于蒂丘斯。这对满腹怨恨的塞娅也不坏,因为蒂丘斯的进账要转化为她的嫁资。方式二:绕过蒂丘斯的中介,自己直接从继承人收受父亲的遗赠,但不让它变成嫁资,因为一旦如此,蒂丘斯就有对它的经营管理权,让他得益。这等于改变了乃父的遗嘱,其诉求被法院以诈欺的抗辩驳回,尽管她在起诉前咨询了一位法学家,得到了可以如此为的答复才往法院的。

变体三:遗赠力图诱致的婚姻未发生。有两种子情况。其一,塞娅或蒂丘斯在结婚前死亡,这构成遗赠原因受挫,由此继承人可以不履行交付遗赠物的义务,他应把此等遗赠物作为新发现的财产在他自己与其他继承人之间分配。其二,蒂丘斯不愿与塞娅结婚,由此,遗赠的诱致效力受挫,无人能强迫蒂丘斯改变主意,这是他的婚姻自由,但如果他在坚持此等自由的同时还想得到遗赠物,他也太无耻了,法院会以诈欺的抗辩驳回其请求。此等遗赠物应归塞娅,因为蒂丘斯不愿与她结婚的事实被视为满足了她取得"嫁资"的原因。不过,此时的她可能并未结婚,"嫁资"依附于婚姻,所以,这样的"嫁资"实际上就是一笔遗产而已。

变体四:在结婚前就交付遗赠物。塞娅父亲的遗赠以与其女儿结婚为负担,提出未结婚就可请求遗赠物的主张过于大胆,但萨宾真是这样的大胆者，然而他设定了蒂丘斯要订立其内容为将来结婚了把此等金钱还给塞娅的要式口约的条件，如此保障了塞娅地位的安全。

变体五：改变遗赠物的夫妻共享性让妻子独享。条件是蒂丘斯不肖，把自己弄得破产，此时把遗赠物给他，等于投进无底洞，如此塞娅的生活没有保障，而嫁资恰恰是父亲或其他人为保障出嫁女儿的生活设立的。为了贯彻嫁资制度的这一目的，帕比尼安主张塞娅可单独主张遗赠物，条件是此等遗赠物尚未向其丈夫支付。这样，法院就依职权改变了塞娅父亲的遗嘱内容，以遵循保护妇女的原则。

综上，帕比尼安在这里研究的这串法言的前部通过分析三个案例确立了以负担诱致结婚的遗赠合法的前提，进而把它作为分析塞娅之父以遗赠诱致蒂丘斯与其女儿结婚案的基础。帕比尼安演绎出本案的五种变化情况，它们大多不关乎遗赠负担与婚姻自由之间的紧张关系，只有本案和其变体一和变体三如此。帕比尼安通过它们证明，诱致结婚的遗赠负担并不构成强制，接受此等负担者在结婚前还可反悔，在结婚后还可离婚。

（三）对帕比尼安法言的地方论分析

首先要说的是，帕比尼安的如上法言具有辩证推理的特性。在它们表现的论述中，帕比尼安自己扮演了攻击者的角色。他的维护传统观点的对手有绥克斯都斯·切其流斯、主张以相对人不与特定女性结婚为条件给付一定金额的要式口约无效的裁判官、损害自由权的担保口约无效命题的主张者。所以，他的论述是正论与反论的结合。

其次要说的是，帕比尼安的论述是归纳法和演绎法的结合。在从头段到第二段的三个法言中，通过分析三个案例，推翻了附限制自由的负担的遗赠完全无效的传统观点，确立了附这样的负担的遗赠有效的前提，旋即从此等前提出发，得出第三段讨论的案例具有合法性的隐含结论，再演绎出这个案件的种种变形情况并一一给出处理意见。

最后的问题在于作为上述讨论枢纽的前提是如何形成的？按巴布西奥的说法，地方论是帮助型构前提的，那么，地方论是如何帮助帕比尼安型构“非法的负担是有效的”之前提的？

如上所述，上述前提是通过归纳得出的，归纳的对象是三个例子。它们是归纳的地方。[1] 西塞罗已告诉我们,它是通过多重比较达到所欲目的的方法,而且他自己还实施了这一方法,例如进行这样的推理:如果监护人、合伙人、受托人和受信托人都有义务诚信行事,代理人也有这个义务。

通过这一说明,我们终于找到了帕比尼安运用的地方:类似,这样的运用是通过罗列例子进行的。希腊语中的例子(paradeigma)是“范式”的意思。所以,例子代表了一个在分析中可比较的参照物,凡具有与例子包含的要素相似的要素的情形都可被认为适用例子中包含的规则,所以,运用例子进行论证的过程,是一个类比推理的过程,这一过程服务于型构前提的目的。

第四节　两大法学流派在争鸣中对地方论的运用

一、两派间的主要争议问题

众所周知,从帝政初期开始,普罗库鲁斯派和萨宾派彼此争鸣 160 多年,到阿德里亚努斯皇帝时期(76—138 年)才终止。[2] 163 年左右出版的盖尤斯《法学阶梯》或完全或部分地[3]记载了两大学派的 21 个争议点[4],成为我们研究两大学派争鸣的最好文献。

按在盖尤斯《法学阶梯》中出现的顺序排列,这 21 个争议点是:(1) 男性适婚与否的确定方法;(2) 构成要式移转的动物的标准;(3) 加工形成的新物的归属;(4) 遗漏儿子对遗嘱效力的影响;(5) 指物遗赠物的取得是否要经过受遗赠人同意;(6) 附条件的指物遗赠的标的物在条件悬置期间的归属;(7) 先取遗赠可否对家外人实施;(8) 指定监护人之前是否应先指定继承人;(9) 伽图规则是否适用于附条件给处在继承人权力下的人的遗赠;(10) 自权必要继承人可否以拟诉弃权的方式出售遗

---

① Vgl. Ulrike Babusiaux, Papinians Quaestiones, C. H. Beck, 2011, S. 139.

② 参见周枏:《罗马法原论》(上册),商务印书馆 1994 年版,第 55 页。

③ 部分记载指不完全介绍学派争议,例如,只介绍了一派的观点,另一派的观点要通过其他原始文献了解。

④ 该书间接涉及的争议点不止此数,对此,读者可在本文“其他争议问题”部分看到一些也出自盖尤斯《法学阶梯》的争议。

产;(11) 附不能条件的遗赠是否有效;(12) 要求债务人对债权人本人以及一个对他不享有权力的第三人为给付的要式口约是否有效;(13) 文书合同是否可以为外邦人所用;(14) 价金留待第三人将来确定的买卖合同是否有效;(15) 金钱以外的物可否充当价金;(16) 超出委任的范围执行的委任是否对委任人有效;(17) 共有的奴隶依一个主人的命令取得的财产是归发布命令的主人取得还是为两个主人取得;(18) 代物清偿能否使债务人责任免除;(19) 在旧债上增加保证是否构成更新;(20) 作为受害人的家父对被损害投偿者是否不享有诉权;(21) 实施了侵害行为的家子应被家父出售多少次才能脱离家父权。

荷兰学者特莎·雷森[①]的英文著作《盖尤斯遇上西塞罗:学派争议中的法律与修辞学》(Gaius Meets Cicero: Law and Rhetoric in the School Controversies)。作者分析了盖尤斯《法学阶梯》中记录的 21 个学派争议,并开创性地用地方论解释争议的基础,表现了作者的才华。可以说,本节是受这一著作影响的结晶。所以,本节也只介绍盖尤斯《法学阶梯》中包含的 21 个学派争议并主要依据雷森的观点对它们进行地方论的解释。

以下按民法的各分支分述盖尤斯《法学阶梯》记录的 21 个学派争议点。

二、人法上的学派争议

(一) 男性适婚与否的确定方法

盖尤斯在其《法学阶梯》1,196 中介绍了就这一问题的学派争议。萨宾学派的学者认为,适婚与否的标准应依个案判断,以贯彻适婚就是可生育的含义,但普罗库鲁斯学派的学者认为,适婚应采用统一的年龄标准,达到 14 岁的男性即为适婚。[②] 按雷森的观点,普罗库鲁斯派采用了类似的地方处理男性的适婚标准问题,因为当时为了保护女性的尊严,已按年龄标准(12 岁)确定她们适婚与否[③],那么男性也应按同样的标准确定是否适婚。相反,萨宾派采用了差异的地方,因为即使按照年龄标准确定适

① 蒂尔堡大学教授。

② 参见〔古罗马〕盖尤斯:《法学阶梯》,黄风译,中国政法大学出版社 1996 年版,第 74 页。

③ 参见〔古罗马〕优士丁尼:《法学阶梯》(第二版),徐国栋译,中国政法大学出版社 2005 年版,第 85 页。

婚与否,女性也是12岁适婚,男性是14岁适婚,这证明在适婚问题上男女不可一概而论,那么,对女性采用年龄法,对男性采用个案调查法,就是自然的了。[①] 最后,优士丁尼采用了普罗库鲁斯派的观点,由此也保护了男性的尊严。[②]

(二) 被损害投偿交出的家子应被家父交出多少次才能脱离家父权?

这一学派争议见诸盖尤斯《法学阶梯》4,79。萨宾派认为交出一次这种家子即导致他脱离家父权,普罗库鲁斯派认为要交出三次才能达到这样的效果。[③] 这是类推《十二表法》的规定。我们知道,《十二表法》第四表第2b条规定:父亲如三次出卖他的儿子,该子不再处在其父亲的权力下。[④] 远古时期的罗马家父为何要出卖家子?原因一,把家中富余的劳动力出卖给他人获得收入。《十二表法》时代古罗马无雇佣合同,劳动力紧缺的家庭需要帮手时只能到市场上购买他人家子,成交后,买受人获得买受人权,被出卖的家子保留市民权、自由权,并保持生来自由人身份。他们要在买受人的指挥下进行劳动,所得均归买受人,买受人对他有惩戒处罚权,也可将他解放或转让给第三人。原因二,家父基于经济利益的考虑或其他考虑把自己的儿子永久地卖给他人为奴。这些只是关于出卖普通家子的规定。盖尤斯《法学阶梯》4,79讲的是交出对他人实施了侵权行为的家子。对于此等家子,家父有两个选择:其一是把他损害投偿于受害人;其二是代他承担侵权责任,从而把他保留在自己的权力下。这里的家父显然采取了第一个选择,被交出的家子要在受害人的家庭当准奴隶,其地位与被出卖的家子一样,由此引发这样的交出是否像出卖一样导致家子脱离家父权问题。在对这一问题作出肯定的答案后,又引出家父要交出多少次才导致家子脱离家父权问题,换言之,对于这一问题,是类推适用《十二表法》关于出售家子的普通规则,还是要另立新规?萨宾派主

---

① See Tessa G. Leesen, *Gaius Meets Cicero: Law and Rhetoric in the School Controversies*, Brill Academic Pub, 2010-9-30, p. 53.

② 参见〔古罗马〕优士丁尼:《法学阶梯》(第二版),徐国栋译,中国政法大学出版社2005年版,第85页。

③ 参见〔古罗马〕盖尤斯:《法学阶梯》,黄风译,中国政法大学出版社1996年版,第330页。改正了原译文把“交出”翻译为“出卖”的错误。

④ 参见徐国栋、〔意〕阿尔多·贝特鲁奇、〔意〕纪慰民译:《〈十二表法〉新译本》,载《河北法学》2005年第11期,第2页。

张另立新规,认为只交出一次就可让家子脱离家父权。普罗库鲁斯派则坚持适用《十二表法》规定的普通法,认为即使家子闯了祸,也要经三次交出才能让他脱离家父权。显然,在这一争议中,萨宾派采用了差异的地方,认为出卖家子与交出家子不同,前者是自愿的,后者是被迫的。所以,两种不同的情形应适用不同的规则。普罗库鲁斯派则采用了类似的地方,认为出卖和交出家子的情形类似,所以两者要适用相同的规则。不难看出萨宾派的主张更有道理。

(三) 指定监护人之前是否应先指定继承人?

这一学派争议见诸盖尤斯《法学阶梯》2,231。萨宾派认为,按罗马人遗嘱的法定格式,必须先指定继承人才能再为其他遗嘱处分,指定监护人为"遗嘱处分"之一,所以,未指定继承人不能指定监护人。但普罗库鲁斯派认为,在此等情形可以指定监护人,因为指定的监护人不会从遗产中拿任何东西。[①] 雷森认为,在这场争议中,萨宾派运用的是类似的地方,其推理过程是这样的:既然在指定继承人之前所为的遗赠和解放无效,与此相类,在指定继承人前所为的监护人指定也无效。而普罗库鲁斯派运用的是原因的地方。在指定继承人前不得为其他遗嘱处分的古老规则的基础是保护继承人的利益,避免本可由他们得到的遗产因为其他遗嘱处分流失,这是此等规则的原因。但在指定监护人的场合,被指定的监护人不会从遗产中有所得,所以不会损害继承人的利益,因此无适用必须先指定继承人才能再为其他遗嘱处分之规则的余地。基本的理路是规则的原因不存,则规则不予适用。最终立法者采用了普罗库鲁斯派的观点。

三、物权法上的学派争议

(一) 构成要式移转的动物的标准

盖尤斯在其《法学阶梯》2,15 中介绍了这一学派争议。普罗库鲁斯派认为,牲口只有调教好了才可成为要式移转物,而牲口只有到了一定的岁口后才接受调教。[②] 这一法言中漏说对立学派的观点,被后世法学家还原的萨宾派的意见是:牲口从出生开始就是要式移转物。按雷森的观

---

① 参见〔古罗马〕盖尤斯:《法学阶梯》,黄风译,中国政法大学出版社 1996 年版,第 166 页。

② 参见〔古罗马〕盖尤斯:《法学阶梯》,黄风译,中国政法大学出版社 1996 年版,第 82 页。

点，在这一争议中，普罗库鲁斯派采用了定义的地方，或者说采用了词源的地方，因为要式移转物的拉丁文是 Res mancipi，即用手抓的物，“用手抓”意味着人的控制，所以，“用手抓的动物”意味着调教好了的动物，幼驹没有被调教好，因此不是要式移转物。[①] 相反，萨宾派采用了属和种的地方。属就是要式移转的动物，它有两个种：一个是调教好了的此等动物，一个是未调教好的，后者也属于“要式移转的动物”的属，所以也属于要式移转的动物。[②]

（二）加工形成的新物的归属

盖尤斯在其《法学阶梯》2，79 中介绍的这一学派争议非常有名，涉及的问题是，如果用他人的材料加工出新物，新物是属于材料所有人还是加工人？萨宾派主张新物应属于材料所有人，普罗库鲁斯派主张应属于加工人。[③] 两派为何有此等意见差别，众说纷纭，这里只介绍雷森独特的地方论解释。她认为萨宾派运用了原因的地方，其推理是这样的：因为没有材料就做不成任何物，故新物的所有权应授予材料的所有人。在这一推理中，材料被作为新物的原因看待。[④] 而普罗库鲁斯派运用了关联的地方。如前所述，关联意味着提醒人们问在某一事实之前、与之同时、在它之后发生的事情。在本案的情形，就是问在确立新物的所有权之前此等物的权属状况，于是导致了这样的推理：新物在做成前并不属于任何人，一个从未属于任何人的物不可能失去，所以，材料所有人不能成为新物的所有人。[⑤] 简言之，这种推理是在新物与材料间画不等于号，既然客体不相等，在它们之上的权利也不相等，所以不能凭借对材料的所有权去主张对新物的所有权。

---

① See Tessa G. Leesen, *Gaius Meets Cicero: Law and Rhetoric in the School Controversies*, Brill Academic Pub, 2010 - 9 - 30, p. 68.

② See Tessa G. Leesen, *Gaius Meets Cicero: Law and Rhetoric in the School Controversies*, Brill Academic Pub, 2010 - 9 - 30, pp. 69s.

③ 参见〔古罗马〕盖尤斯：《法学阶梯》，黄风译，中国政法大学出版社 1996 年版，第 104 页。

④ 参见〔荷〕特莎·雷森：《罗马法中绘画创作引起的添附问题——对已画之板问题学派争鸣的地方论解释》，徐国栋译，载《厦门大学学报》（哲学社会科学版）2014 年第 1 期，第 100 页。

⑤ See Tessa G. Leesen, *Gaius Meets Cicero: Law and Rhetoric in the School Controversies*, Brill Academic Pub, 2010 - 9 - 30, pp. 84ss.

（三）共有的奴隶依一个主人的命令取得的财产的归属

这一学派争议见诸盖尤斯《法学阶梯》3，167a。两人共有一奴隶，该奴隶依据一个主人的命令取得财产，此等财产是归发布命令的主人取得呢还是为两个主人取得？萨宾派主张此等财产归发布命令的主人，就像奴隶订立要式口约时被指名为受益人的主人取得财产一样，普罗库鲁斯派则认为财产应归两个主人，如同没有任何人发布过命令。[①] 在雷森看来，萨宾派运用了类似的地方，认为发布命令者与被指名为受益人者没有本质的区别，所以，共有奴隶订立要式口约取得的财产专为对他发布命令的主人取得，尽管他未把此等主人指名为交易的受益人。[②] 而普罗库鲁斯派运用了差异的地方，认为发布命令者与被指名为受益人者完全不同，所以，为后者制定的规则不能适用于前者，发布命令与否对共有奴隶的合同行为的成果的归属没有影响，于是回到此等财产归两个主人按共有份额的比例享有的普通规则。

四、债法上的学派争议

（一）要求债务人对债权人本人以及一个对他不享有权力的第三人为给付的要式口约是否有效？

这一学派争议见诸盖尤斯《法学阶梯》3，103。争议的背景是盖尤斯时代的罗马法不承认为第三人利益的要式口约的效力，但此等第三人是订约人对之享有权力的人的情形除外。从逻辑上推演，可能发生订约人订立一个要求债务人对他本人以及一个对他不享有权力的第三人为给付的要式口约的事情。这个交易的前半部分是有效的，后半部分应该无效。但萨宾派认为整个交易都有效，而普罗库鲁斯派认为，交易只有一半有效。[③] 在我看来，两大学派在这一讨论中都运用了整体与部分的地方，普罗库鲁斯派采用了要式口约的部分无效不导致其整体无效的立场，作出了该无效的无效，该有效的有效的选择；萨宾派相反，采用了要式口约在

---

① 参见〔古罗马〕盖尤斯：《法学阶梯》，黄风译，中国政法大学出版社 1996 年版，第 260 页及以次。

② See Tessa G. Leesen, *Gaius Meets Cicero: Law and Rhetoric in the School Controversies*, Brill Academic Pub, 2010 - 9 - 30, p. 269.

③ 参见〔古罗马〕盖尤斯：《法学阶梯》，黄风译，中国政法大学出版社 1996 年版，第 232 页。

此等情形中的部分无效不影响其整体的效力的立场，选择这样的立场的原因就在地方论之外了，因为不许订立为第三人利益的合同的规则本身不合理，所以值得突破。确实，这一规则在现代合同法中被突破无遗。[①]

（二）文书合同是否可以为外邦人所用？

这一学派争议见诸盖尤斯《法学阶梯》3，133。首先要说的是何谓文书合同？它是“由家长登记簿而发生效力的契约”。罗马古时，贵族家庭都有两本账：流水账和收支账，前者登记日常的收入和支出，如购入土地、接受遗产等；后者专记债权债务。家父一般每月结算流水账一次，将人欠和欠人过入收支账。如有盈余，则为家庭的债权。家父死后，依收支账确定债权债务，用以收账、还账，余额作为继承和分配遗产的依据。[②]

其次要说的是，争议的对象是文书合同是否可以为外邦人所用？因为这种合同是市民法上的债，而市民法是属人法，照理只有罗马市民能用，所以，普罗库鲁斯派主张外邦人不得使用文书合同，而萨宾派则主张要区别对待，记物于人的文书合同外邦人可用，但记人于人的文书合同则外邦人不可用。[③] 那么，什么是记物于人的文书合同和记人于人的文书合同？前者是一个家父已根据合意契约类型的交易成为债权人，他与自己的债务人达成协议，把后者欠他的金额记在收入账户上，如同该款已入账。同时，他把这笔金额记在支出账户上，如同已把该款贷给债务人，由此消灭由于其他原因产生的债权，并通过支出账户上的记载成立一个文书之债[④]，由此发生债的更新。后者是债权人在收入账户上记下对他负欠的金额，如同该金额已入账，同时在支出账户上记载同一金额，如同已把它贷给第三人，由此消灭一个人对他的负债，并产生由新债务人（第三人）承担的文书之债。由此发生债的更新，因为把偿还的钱款登记为贷给了第三人。

第三要说的是在这一争议中两大学派运用的地方。萨宾派运用了差异的地方，认为记物于人的文书合同不同于记人于人的文书合同，因为尽

---

① 关于突破的过程，参见薛军：《利他合同的基本理论问题》，载《法学研究》2006年第4期，第119页及以次。

② 参见周枏：《罗马法原论》（下册），商务印书馆1994年版，第670页。

③ 参见〔古罗马〕盖尤斯：《法学阶梯》，黄风译，中国政法大学出版社1996年版，第244页。

④ Cfr. Matteo Marrone, Istituzioni di diritto romano, Palumbo, Palermo, 1994, p. 477.

管记人于人的文书合同是市民法合同，但记物于人的文书合同并非如此，它不过把一个基于其他原因发生的债权转化为文书之债，因而并非市民法上的合同，所以外邦人可以利用。而普罗库鲁斯派运用了属和种的地方，因为记物于人与记人于人的文书合同是文书合同这个属的两个种，凡是属的属性各个种都具有，既然文书合同不得为外邦人所用，那么，记物于人和记人于人的文书合同都不得为外邦人所用。[①]

（三）价金留待第三人将来确定的买卖合同是否有效？

这个学派争议见诸盖尤斯《法学阶梯》3，140。萨宾派认为价金留待第三人将来确定的买卖合同无效，但普罗库鲁斯派则认为有效。[②] 雷森认为在这一争议中两派都运用了时间的地方，这是一个不见于西塞罗的《地方论》，但见于昆体良的《演说术阶梯》中的地方。价金确定是买卖合同的有效要件，但确定有现在的确定和将来的确定两种可能，萨宾派采用的是现在确定说，要求在缔结合同之时达到价金的确定，否则合同无效。而普罗库鲁斯派则采用将来确定说，允许订约之时价金不确定，只要设定了将来确定这一条款的人就行了。[③] 这种方案更加灵活，为现代立法所采。

（四）金钱以外的物可否充当价金？

这个学派争议见诸盖尤斯《法学阶梯》3，141，涉及买卖与互易的界分。如果允许金钱以外的物充当价金，那么买卖与互易就没有区别了。萨宾派认为其他物可以当价金，由此把买卖与互易同化，而普罗库鲁斯派则认为只有金钱才可以当价金，由此把买卖区别于互易。[④] 显然后世的立法者采纳了普罗库鲁斯派的观点。在雷森看来，萨宾派采用了属和种的地方，把互易看做买卖的一个种，并且是最古老的一个种。确实，买卖是从互易发展而来的。而普罗库鲁斯派采用了差异的地方，认为依据给

---

① See Tessa G. Leesen, *Gaius Meets Cicero: Law and Rhetoric in the School Controversies*, Brill Academic Pub, 2010 - 9 - 30, pp. 210s.

② 参见〔古罗马〕盖尤斯：《法学阶梯》，黄风译，中国政法大学出版社 1996 年版，第 246 页。

③ See Tessa G. Leesen, *Gaius Meets Cicero: Law and Rhetoric in the School Controversies*, Brill Academic Pub, 2010 - 9 - 30, pp. 217ss.

④ 参见〔古罗马〕盖尤斯：《法学阶梯》，黄风译，中国政法大学出版社 1996 年版，第 247 页及以次。

付的代价的形式可以区分买卖与互易,给付金钱的为买卖,给付其他物的为互易。[①]

（五）超出委任的范围执行的委任是否对委任人有效？

这个学派争议见诸盖尤斯《法学阶梯》3,161 和优士丁尼《法学阶梯》3,26,8,针对的是超出委任的范围执行的委任是否对委任人有效的问题。例如,委任人委任受任人花 100 万塞斯特斯买一块土地,受任人却花了 150 万塞斯特斯购买,萨宾派主张此等交易对委任人无效,他可不接受此等交易的效果。但普罗库鲁斯派认为,超过规定价金的购买在规定价金的范围内有效。[②] 萨宾派的主张显然过于僵硬,普罗库鲁斯派的观点显然比较人道与公平。尽管结果有如此大的差异,但两派都是运用的比较的地方中的"较大者包括较小者"(in maiore minus est)规则。这里的较大和较小都是相对于规定的价金而言的。150 万属于较大,50 万属于较小。申言之,萨宾派的推理是这样的:较大者包括较小者,但较小者并不包括较大者,所以,超过规定价金购买土地的受任人,其所为交易不能约束委任人。[③] 普罗库鲁斯派的推理则是这样的:较大者包括较小者,所以,超过规定价金以 150 万塞斯特斯购买土地的受任人的交易约束委任人,因为较高的价格包括了较低的价格,但委任人只需支付 100 万塞斯特斯。[④] 当然,那超出的 50 万塞斯特斯只能由受任人自己承担责任了。

（六）代物清偿能否使债务人责任免除？

这个学派争议见诸盖尤斯《法学阶梯》3,168。债的标的为甲物,经债权人同意,债务人以乙物履行,他是否可得到责任免除？萨宾派持肯定说,普罗库鲁斯派则持否定说,认为在此等情形,债务人的债继续维持,而

---

① See Tessa G. Leesen, *Gaius Meets Cicero: Law and Rhetoric in the School Controversies*, Brill Academic Pub, 2010-9-30, pp. 235ss.

② 参见〔古罗马〕盖尤斯:《法学阶梯》,黄风译,中国政法大学出版社 1996 年版,第 256 页;〔古罗马〕优士丁尼:《法学阶梯》(第二版),徐国栋译,中国政法大学出版社 2005 年版,第 399 页。

③ See Tessa G. Leesen, *Gaius Meets Cicero: Law and Rhetoric in the School Controversies*, Brill Academic Pub, 2010-9-30, p. 258.

④ See Tessa G. Leesen, *Gaius Meets Cicero: Law and Rhetoric in the School Controversies*, Brill Academic Pub, 2010-9-30, pp. 259s.

且债权人可以诈欺的抗辩对抗请求代物清偿者。[①] 雷森认为萨宾派采用了类似的地方，认为乙物与甲物类似，也使债权人得到了满足，因此使债务人责任免除。而普罗库鲁斯派则采用了差异的地方，认为乙物非甲物，履行乙物不能使债务人获得责任免除。[②] 这种观点倒有点实际履行原则的味道。

（七）在旧债上增加保证是否构成更新？

这个学派争议见诸盖尤斯《法学阶梯》3，177－178。我们知道，债的更新包括主体的更新，也就是合同当事人的更换，更新造成一个不同于旧债的新债。然而，如果退出债的当事人又“回来”了，通过订立要式口约重新成为过去有过的那个合同的当事人，这时候还有更新吗？萨宾派主张不发生更新，在此等情形要想发生更新，必须增加某些新内容，例如增加或删除了条件、期限或保证人。普罗库鲁斯派则认为，保证人的增加或减少不造成债的更新。[③] 问题的焦点是增加保证是否构成更新？萨宾派主张构成，普罗库鲁斯派主张不构成。按雷森的说法，萨宾派采用了类似的地方，其推理是这样的：就像增删条件、期限构成更新一样，增加保证人也构成更新。而普罗库鲁斯派采用了差异的地方，其推理是这样的：与增删条件和期限具有更新的心素不同，增加保证人没有更新的心素，所以，增加保证人不导致债的更新。[④] 说增加保证人没有更新的心素，乃因为保证之债是后备之债，它并不导致旧债即主债消灭，而只是加强旧债即主债。而更新必须消灭旧债，产生新债。

（八）作为受害人的家父对被损害投偿者是否不享有诉权？

这个学派争议见诸盖尤斯《法学阶梯》4，78。出发点是儿子、奴隶与家父间不能产生任何债的原则，因此，如果儿子、奴隶侵害了家父，不产生任何诉权。那么，如果他人的家子、奴隶侵害了这家的家父，加害人后来

---

① 参见〔古罗马〕盖尤斯：《法学阶梯》，黄风译，中国政法大学出版社 1996 年版，第 260 页。

② See Tessa G. Leesen, *Gaius Meets Cicero*: *Law and Rhetoric in the School Controversies*, Brill Academic Pub, 2010－9－30, pp. 283s.

③ 参见〔古罗马〕盖尤斯：《法学阶梯》，黄风译，中国政法大学出版社 1996 年版，第 263 页及以次。

④ See Tessa G. Leesen, *Gaius Meets Cicero*: *Law and Rhetoric in the School Controversies*, Brill Academic Pub, 2010－9－30, pp. 296s.

因损害投偿的关系被置于受害人的权力下,后者还能起诉前者吗?萨宾派认为此时诉权消灭了,因为加害人被置于一种他过去不可能面临的境遇中。普罗库鲁斯派则认为,加害人在受害家父的支配权下期间,家父的诉权中止,因为他不能对自己提起诉讼,但当加害人脱离了受害家父的支配权时,后者的诉权得到恢复。[①] 雷森认为,萨宾派采用了类似的地方,把被损害投偿者与儿子、奴隶类同,既然继父不能对自己的儿子、奴隶起诉,也不能对被损害投偿者起诉。普罗库鲁斯派则运用了差异的地方。认为儿子、奴隶与被损害投偿者不同,前者在实施侵害时已处在家父权下,所以在受害人对加害人没有诉权,后者在实施侵害时并不处在被害人的家父权下,所以受害人对加害人享有诉权。当加害人处在受害人的家父权下时,此等诉权处于休眠状态。当加害人脱离受害人的家父权后,此等诉权被唤醒,所以,此时的受害人可以起诉加害人。[②]

五、继承法上的学派争议

(一)遗漏儿子对遗嘱效力的影响

盖尤斯在其《法学阶梯》2,13 中介绍了这个学派争议。萨宾派认为,如果遗嘱人有儿子,他在其遗嘱中既未将他立为继承人,又未指名地剥夺其继承权,那么其遗嘱无效,任何人不得根据此等遗嘱继承遗产,即使此等儿子在遗嘱人活着时已死,亦不例外。而普罗库鲁斯派认为,要区分此等被遗漏的儿子在遗嘱人活着时是否已死立论,如果未死,他当然阻碍遗嘱的效力;如果他死了,他并不阻碍遗嘱的效力。所以,遗漏儿子的遗嘱并非自始无效。[③] 对于这个争议,雷森的观点是:两大学派都运用了时间的地方说事。时间的地方包括三种形态:在前、同时、在后。萨宾派运用了"同时"的子地方,把"遗漏"与"无效"设定为同时。其推理是这样的:

---

① 参见〔古罗马〕盖尤斯:《法学阶梯》,黄风译,中国政法大学出版社 1996 年版,第 328 页。

② See Tessa G. Leesen, *Gaius Meets Cicero: Law and Rhetoric in the School Controversies*, Brill Academic Pub, 2010 - 9 - 30, pp. 306s.

③ 参见〔古罗马〕盖尤斯:《法学阶梯》,黄风译,中国政法大学出版社 1996 年版,第 121 页及以次。

既然遗漏儿子是遗嘱无效的理由，那么，一旦构成遗漏，遗嘱马上无效。[①]这样的处理固然维持了法律的严肃性，也很痛快，但让也许是众多的被指定的继承人失去了继承的机会，并且让遗嘱人无遗嘱而死，从而把遗嘱继承转入法定继承，非常有悖于罗马继承法的精神，故普罗库鲁斯派反其道而行之。该派运用了“在后”的子地方拯救遗嘱的效力，进行了这样的推理：遗漏处在家父权下的儿子并不立即导致遗嘱无效，也就是排除了“遗漏”与“无效”的同时性，此等遗嘱是否有效要看在遗嘱人死时被遗漏的儿子是否先死。如果他已经先死，则遗嘱有效。[②] 这种处理在“白发人送黑发人”的情形拯救了遗漏儿子的遗嘱的效力，也保留了被指定的继承人的期待权，唯一的牺牲者是可能有的被遗漏子女的子女，牺牲的是他们的代位继承权。两害相权取其轻，还是普罗库鲁斯派的方案好。

（二）指物遗赠物的取得是否要经过受遗赠人同意？

这一学派争议见诸盖尤斯《法学阶梯》2，195。所谓的指物遗赠，是遗赠人直接移转遗赠标的物的市民法所有权于受遗赠人的遗赠，发生移转所有权的效力，是物权性遗赠，效力最大，受遗赠人享有取回权而非请求权。对于这种遗赠，萨宾派认为在完成接受遗产的程序后，遗赠物立即成为受遗赠人的，即使他不知此等遗赠也不例外。普罗库鲁斯派则认为，只有在受遗赠人愿意接受遗赠时，遗赠物才成为他的。[③] 简言之，萨宾派把遗赠看做单方行为，普罗库鲁斯派则把它看做双方行为即合同。如何从地方论的角度解释这一学派争议呢？雷森认为，两大学派都采用了原因的地方，不过采用了不同的子原因而已。萨宾派从西塞罗与人的主观状态无关的原因和与人的主观状态有关的原因的二分法中，采用了前者，认为指物遗赠本身就是受遗赠人取得遗赠物所有权的原因，不需要受遗赠人意志的配合，而普罗库鲁斯派采用了后者，认为无人能在不知的情况

---

① See Tessa G. Leesen, *Gaius Meets Cicero: Law and Rhetoric in the School Controversies*, Brill Academic Pub, 2010－9－30, pp. 99s.

② See Tessa G. Leesen, *Gaius Meets Cicero: Law and Rhetoric in the School Controversies*, Brill Academic Pub, 2010－9－30, pp. 98s.

③ 参见〔古罗马〕盖尤斯：《法学阶梯》，黄风译，中国政法大学出版社 1996 年版，第 152 页。

下取得物的所有权，所以，指物遗赠物要成为受遗赠人的，要经过其同意。[1] 这种观点最终胜出，为立法者采用。确实必须考虑有不食嗟来之食者不愿接受他人的施舍的可能。

(三) 附条件的指物遗赠的标的物在条件悬置期间的归属?

这个学派争议见诸盖尤斯《法学阶梯》2,200。萨宾派认为遗赠物此时属于继承人；普罗库鲁斯派则认为此等物在此时不属于任何人。[2] 富有意味的是，无人提出遗赠物属于死者的观点，以及属于受遗赠人的观点。萨宾派把此等物断为属于继承人，有些道理，因为遗赠的开支属于遗产的第二次分配，必须从第一次分配的承受者继承人取得的份额中开支，在此等开支只是一种可能性而非现实性的时期，把遗赠物断为属于继承人是合乎逻辑的。普罗库鲁斯派把此等物断为无主物，匪夷所思。那么，如何从地方论的角度解读这一争议呢? 雷森认为：两大学派都采用了类似的地方证明自己的观点。就萨宾派而言，条件悬置期间的遗赠物的地位类似于待自由人的地位，他们被附条件解放，在条件成就前，他们属于继承人，这一规则可类推适用于条件悬置期间的遗赠物，把它们断为属于继承人。[3] 普罗库鲁斯派则把条件悬置期间的遗赠物与受遗赠人不知的指物遗赠类比，进行这样的推理：既然受遗赠人不知的无条件指物遗赠不属于他，在受遗赠人决定接受前也不属于继承人，那么，条件悬置期间与等待受遗赠人的决定的期间具有可比性，两种期间关涉的标的物都是无主物。[4]

(四) 先取遗赠可否对家外人实施?

这一学派争议见诸盖尤斯《法学阶梯》2,216－222。先取遗赠是遗赠人在遗嘱中命其共同继承人中的一人或数人在分割遗产时，先将所设定的某特定遗赠物预先取走的遗赠，这种遗赠导致发生物权关系。萨宾派认为，先取遗赠只能对遗嘱中指定的继承人实施，旨在让受赠的继承人

---

① See Tessa G. Leesen, *Gaius Meets Cicero*: *Law and Rhetoric in the School Controversies*, Brill Academic Pub, 2010－9－30, pp. 108s.

② 参见〔古罗马〕盖尤斯：《法学阶梯》，黄风译，中国政法大学出版社 1996 年版，第 154 页。

③ See Tessa G. Leesen, *Gaius Meets Cicero*: *Law and Rhetoric in the School Controversies*, Brill Academic Pub, 2010－9－30, p. 119.

④ See Tessa G. Leesen, *Gaius Meets Cicero*: *Law and Rhetoric in the School Controversies*, Brill Academic Pub, 2010－9－30, p. 117.

取得额外的份额。普罗库鲁斯派则认为,也可对家外人实施先取遗赠。[①]雷森认为,萨宾派采用的是词源的地方,其推理是这样的:Praecipere(先取)的意思是"先得到",故先取遗赠就是遗赠给遗嘱继承人之一让他超出自己的遗产份额先得到部分遗产的遗赠。相反,普罗库鲁斯派采用的是类似的地方,其理路是 Praecipere 与 Capere(攫取)并无实质性的区别,因此,先取遗赠如果对家外人实施,也可有效。[②] 最终立法者采用了普罗库鲁斯派的观点。

(五) 伽图规则是否适用于附条件遗赠给处在继承人权力下的人?

这个学派争议见诸盖尤斯《法学阶梯》2,244。所谓伽图规则,是伽图·李其尼亚努斯(?—公元前 152 年)提出的规则,意思是在遗嘱人订立遗嘱后马上死亡会无效的遗赠,在任何时候都不得有效。[③] 这个规则适用于遗嘱人对处在被指定的继承人权力下的人为遗赠的情形,则可能引发争议,因为在遗嘱人死时若这样的受遗赠人仍处在继承人的权力下,遗赠当然无效,因为这样的遗赠属于"瞎忙活":遗赠物要从继承人的份额中开支,让受遗赠人得到后,由于他不能有自己的财产,他的遗赠取得实际上要归之于对他享有权力的继承人。这样,财产转了一圈,还是回到了原位。但从辩证的角度看,如果附条件地设立这样的遗赠——例如,假设他是奴隶,以他得到解放为条件——如果他果真在遗嘱人死亡前被解放,此时他可以自己取得遗赠物,不会出现"瞎忙活"的情况了。所以萨宾派主张在这样的情形可以为附条件的遗赠,不得为单纯的遗赠,但普罗库鲁斯派认为,在此等情形,无论是附条件的还是单纯的遗赠,都不可以为。[④] 在这场学派争议中,我认为萨宾派采用的是差异的地方。其推理是这样的:无条件的遗赠与附条件的遗赠在涉及遗嘱人死亡时间的事项上不同,所以,伽图规则不能扩展适用于附条件的遗赠。而普罗库鲁斯派采用的则是类似的地方,其推理是这样的:伽图规则确定:无条件的遗赠

---

① 参见〔古罗马〕盖尤斯:《法学阶梯》,黄风译,中国政法大学出版社 1996 年版,第 160 页及以次。

② See Tessa G. Leesen, *Gaius Meets Cicero: Law and Rhetoric in the School Controversies*, Brill Academic Pub,2010 - 9 - 30,p. 137.

③ 参见徐国栋:《优士丁尼〈法学阶梯〉评注》,北京大学出版社 2011 年版,第 296 页。

④ 参见〔古罗马〕盖尤斯:《法学阶梯》,黄风译,中国政法大学出版社 1996 年版,第 170 页及以次。

以及附条件的遗赠都从遗嘱订立之时生效,由于我们不能欠处在我们权力下的人任何物,不论是附条件地还是直接的,都是如此,所以,不论遗赠给处在继承人权力下的人的遗赠是无条件的还是附条件的,都无效。[①]

(六) 自权必要继承人可否以拟诉弃权的方式出售遗产?

这一学派争议见诸盖尤斯《法学阶梯》3,85－87。这些法言谈论的是法定继承人、遗嘱继承人和自权必要继承人能否以拟诉弃权的方式出售继承得来的遗产问题。它们都肯认前两种继承人在接受遗产后可以出售之,但对于自权必要继承人能否这样做,萨宾派持否定态度,认为此等出售无效,而普罗库鲁斯派持肯定态度。[②] 在雷森看来,两派分别运用了差异的地方和类似的地方。萨宾派主张自权必要继承人与法定继承人和遗嘱继承人不同,所以不能像后两者一样以拟诉弃权的方式转让遗产。[③] 确实,自权必要继承人要继承死者的人格和家屋,伴随这种继承,还要继承家祀,如果他们可以出卖遗产,死者的家系将归于断绝,这些义务是其他两类继承人不承担的。相反,普罗库鲁斯派运用了类似的地方,认为法定继承人、遗嘱继承人与自权必要继承人类似,所以,既然前两者可以拟诉弃权的方式转让遗产,那么后者也可以。[④] 这样的推理真是太武断了!

(七) 附不能条件的遗赠是否有效?

这一学派争议见诸盖尤斯《法学阶梯》3,98。争议的出发点是对附不能条件的要式口约的处理。不能的条件有"以手指触天空"之例。处理是要式口约无效,但遗赠也可附加条件,如果附加的是不能条件,遗赠的效力若何?萨宾派主张遗赠保持效力,此等条件视为未写。但普罗库鲁斯派则主张,遗赠因为附加了这样的条件无效。[⑤] 显然,萨宾派采用了差异的地方,认为要式口约与遗赠不同,尽管两者都附有不能条件,要式

---

① See Tessa G. Leesen, *Gaius Meets Cicero*: *Law and Rhetoric in the School Controversies*, Brill Academic Pub,2010－9－30,pp. 163ss.

② 参见〔古罗马〕盖尤斯:《法学阶梯》,黄风译,中国政法大学出版社 1996 年版,第 224 页及以次、第 88 页及以次。

③ See Tessa G. Leesen, *Gaius Meets Cicero*: *Law and Rhetoric in the School Controversies*, Brill Academic Pub,2010－9－30,pp. 179s.

④ See Tessa G. Leesen, *Gaius Meets Cicero*: *Law and Rhetoric in the School Controversies*, Brill Academic Pub,2010－9－30,pp. 178s.

⑤ 参见〔古罗马〕盖尤斯:《法学阶梯》,黄风译,中国政法大学出版社 1996 年版,第 230 页。

口约可以无效,遗赠却不能如此,因为遗赠是社会团结的表现,不似要式口约是人的经济人属性的表现,所以,有缺陷的遗赠应拯救之,把不能条件视为未写即为拯救之道。而普罗库鲁斯派采用了类似的地方,认为要式口约与遗赠作为法律行为制度的两个分支,别无二致,所以两个领域应适用同样的效力规则。既然不能条件让要式口约无效,此等条件也让遗赠无效。显然普罗库鲁斯派的推理比较粗暴。

六、小结

关于两大学派争议的原因,有不同哲学派别说①、保守与进步区分说②、严格法与衡平法不同偏好说③、与皇权关系不同说④、阶级立场不同说⑤、方法论不同说⑥、不同祖师爷说⑦、不同法律分支偏好说⑧、无根本差

---

① 谓普罗库鲁斯派属于斯多亚派,萨宾派属于伊壁鸠鲁派。或曰萨宾派属于斯多亚派,普罗库鲁斯派属于学园派。Cfr. G. L. Falchi, Le controversie tra Sabiniani e Proculiani, Giuffrè, Milano, 1981, p. 157. See Tessa G. Leesen, *Gaius Meets Cicero: Law and Rhetoric in the School Controversies*, Brill Academic Pub, 2010, p. 9.

② 谓萨宾派属于保守派,普罗库鲁斯派属于革新派或现代派或相反。Cfr. G. L. Falchi, Le controversie tra Sabiniani e Proculiani, Giuffrè, Milano, 1981, p. 11, p. 21. See Tessa G. Leesen, *Gaius Meets Cicero: Law and Rhetoric in the School Controversies*, Brill Academic Pub, 2010, p. 11.

③ 谓萨宾派主张严格法,普罗库鲁斯派主张衡平法。Cfr. G. L. Falchi, Le controversie tra Sabiniani e Proculiani, Giuffrè, Milano, 1981, p. 157. See Tessa G. Leesen, *Gaius Meets Cicero: Law and Rhetoric in the School Controversies*, Brill Academic Pub, 2010, p. 17.

④ 谓普罗库鲁斯派与皇权保持距离,而萨宾派支持皇权。Cfr. G. L. Falchi, Le controversie tra Sabiniani e Proculiani, Giuffrè, Milano, 1981, p. 157. See Tessa G. Leesen, *Gaius Meets Cicero: Law and Rhetoric in the School Controversies*, Brill Academic Pub, 2010, p. 18.

⑤ 谓普罗库鲁斯派代表中小奴隶主阶层的利益,而萨宾派代表大奴隶主阶层的利益。参见周枏:《罗马法原论》,(上册),商务印书馆1994年版,第54页。

⑥ 在这一名目下又分为不同的子观点。(1)谓萨宾派是自然主义者,普罗库鲁斯派是理想主义者。(2)谓普罗库鲁斯派是类推主义者,萨宾派是反规范主义者。(3)谓普罗库鲁斯派遵循社会—政治标准,萨宾派遵循唯物主义标准。(4)谓普罗库鲁斯派采用案例法,萨宾派采用体系法。(5)谓普罗库鲁斯派忠于罗马传统,而萨宾派采用世界法的观点。(6)普罗库鲁斯派采用进步的法律解释,而萨宾派采用严格的和形式主义的法律解释。Cfr. G. L. Falchi, Le controversie tra Sabiniani e Proculiani, Giuffrè, Milano, 1981, pp. 20s, p. 23, p. 25.

⑦ 谓萨宾派是塞尔维尤斯的追随者,普罗库鲁斯派是穆丘斯·谢沃拉的追随者。但普赫塔认为,普罗库鲁斯派追随拉贝奥,萨宾派追随卡皮托。Cfr. G. L. Falchi, Le controversie tra Sabiniani e Proculiani, Giuffrè, Milano, 1981, p. 23, p. 22, p. 24.

⑧ 谓普罗库鲁斯派追随市民法,萨宾派追随万民法。Cfr. G. L. Falchi, Le controversie tra Sabiniani e Proculiani, Giuffrè, Milano, 1981, p. 24.

别说[①]等解释。荷兰学者雷森提出的地方运用不同说较新,应属于方法论不同说的一个分支。她的研究证明以地方论运用解释古罗马的学派争鸣是可行的和可信的。这样的解释去掉了学派争鸣的阶级色彩和意识形态色彩,把争鸣的原因带入了技术层面,给人启发。最可贵者,雷森以自己的研究再现的罗马法学家运用的地方论方法,它表现为一个三段论的出发点,地方的不同导致三段论的出发点不同,从而导致推理结论的不同。而且,她运用的地方并非一个个的论题,甚至连一个个的论据都不是,而是一个可以找到论据的地方。在同一个地方,观点不同的人都可以找到自己的论据,因为一个地方包含不止一个可为不同结论提供论据的子地方。例如比较的地方就是如此。

我们可注意到,在 21 个学派争鸣中,相似的地方与差异的地方用得最多,被用于 10 个争鸣,这或许可以说明法学就是比较的艺术,法律推理就是比较出诸对象的相同与差异,从而赋予不同的处遇的过程。富有意味的是,两大学派常常是运用同一个地方,却得出了不同的结论,因为它们运用的是同一个地方的不同的子地方。这雄辩地证明,地方不是论题,也不是论据,而是可以找到论据的场所。

---

① Cfr. F. Schulz, Storia della giurisprudenza romana, traduzione italiana di G. Nocera, Firenze, 1968, pp. 218s.

第三部分

西塞罗之后至中世纪的地方论研究

第五章　西塞罗以后到16世纪之前的地方论研究

第一节　昆体良的地方论

一、昆体良的地方定义

如前所述,西塞罗通过其《地方论》等作品完成了希腊修辞学的拉丁化,尽管在他的时代,人们还瞧不起用拉丁语教授的修辞学。但100多年后,拉丁修辞教育传统完全确立下来,韦斯巴芗(Titus Flavius Vespasianus,7—79年)皇帝建立了公立的拉丁修辞学校。其中最著名的教授是昆体良(Marcus Fabius Quintilianus,约35—95年),大约于他死前完成的《演说术阶梯》是一部修辞学校用的教材,系统阐述了作者的修辞学理论,其中包括地方论。

昆体良采用西塞罗的地方是论据存在之所的地方定义,不过表达要艺术得多:"就像并非大地的任何地方都生长任何物类一样,如果我们不知道一种鸟或一种猛兽习惯于生长或居住的地方,我们也不能找到它们。一些鱼爱生活在平坦的海底,另一些爱生活在石缝中。它们生活在不同的地方和海滨。我们不能在我们的海域捕获鲟鱼或鹦头鱼。同样,并非任何论证来自任何部分,不要在这里或那里寻找论据。"[①]这个定义还是采用地方是论据的渊薮的理论,把鱼比作论据,不同种类的鱼喜欢生活在不同地形的海底。找到了规律,就可在一定地形的海底找到相应类型的鱼。

---

① Cfr. Rino Faranda e Piero Peccheiura, L' Institutione Oratoria di Marco Fabio Quintiliano, UTET, Vol. I, 1968, p. 591.

二、昆体良的地方分类

像后来的盖尤斯所做的一样,昆体良按人—物两分法看待问题,所以他把地方大别为关于人的地方和关于物的地方。[①] 按昆体良的比喻顺下来,这是两个最大的"鱼窝"。所有的"鱼",大别起来只有两类而已。

(一) 关于人的地方

它们有:家世(Genus),通常孩子们与其父母相像,换言之,父母是好人,孩子差不了。国人的说法是老子英雄儿好汉;民族(Natio),每个民族都有自己的习惯;国家(Patria),法律、制度和意见依国家之不同而不同;性别(Sexus),男女有别,例如,男人更可能抢劫,女人更可能投毒;年龄(Aetas),不同年龄的人适合不同的东西;教育和学科(Educatio et disciplina),由谁施教?用什么方式施教?这些是重要的,因为名师出高徒,反过来讲,劣师就出劣徒了;外貌(Habitus corporis),通常貌美被当做荒淫无耻的证据,力量被作为霸道的证据;财富(Fortuna),穷人和富人不可能行事相同;地位(Conditio),例如,是名人还是无名氏,是长官还是私人,是家父还是家子,是本地人还是外邦人,是自由人还是奴隶,这些区分是有意义的;本性(Animi natura),例如贪婪、易怒、怜悯、残酷、严厉等;职业(Studia),例如商人、战士、水手、医生;表现,例如,是善于讲话还是木讷?是公正还是强力;先前的行为和言辞,因为现在以过去为基础,欲知其现在可能的言行,必须知道他过去的言行;激动(Commotio),例如愤怒、惊愕;名字,有时人的名字代表具名者的人格。[②] 例如,塔西陀这个名字就是"沉默"的意思,用这个名字的人如果寡言少语,那就名副其实了。当然,历史学家塔西陀并不沉默,可以认为著书立说是书面的"喧嚣"。

(二) 关于物的地方

这类地方很庞杂,其中最重要的是行为。由于行为是人实施的,所以,这个地方与人的地方相关。就行为,有为何、在何处、何时、如何、用何手段五个问题。它们都属于西塞罗说的待决之事。

---

① Cfr. Rino Faranda e Piero Peccheiura, L' Institutione Oratoria di Marco Fabio Quintiliano, UTET, Vol. I, 1968, p. 591.

② Cfr. Rino Faranda e Piero Peccheiura, L' Institutione Oratoria di Marco Fabio Quintiliano, UTET, Vol. I, 1968, pp. 590ss.

“为何”引出了原因或动机的地方。它可用来证罪,也可用来辩护,例如出于高尚的动机实施了某种犯罪时。[①]

“在何处”引出了地点的地方。它们有:是多山还是平坦?是靠海还是内陆?耕作过还是相反?有居民还是荒漠?近还是远?等等。[②]

“何时”引出了时间的地方。分为一般的和特别的。前者是性质更广泛的与时间相关的环境,例如过去、现在、将来、昨天、亚历山大大帝当政时。后者涉及特定的时间段(例如冬天、夏天、白天、晚上)和特定的时间性情境,例如战时、宴会期间。时间分为三个部分:在先、同时、尔后。[③]

“用何手段”。昆体良说,有时从工具也产生事实证据,例如,找到一支扎入身体中的标枪。[④] 这至少可作为排除自杀的证据。

“如何”引出了关于方式的地方,顾名思义,它涉及某事发生的方式问题。例如,奥古斯都的《惩治通奸罪的优流斯法》允许奸妇的父亲杀掉奸夫[⑤],但不允许用毒药杀害。[⑥] 如此,毒死是法律禁止的私力杀害方式,而以刀剑杀死是允许的方式。

当然,在如上主线之外,昆体良还谈到一些地方。例如关于可能性的地方和拟制的地方。前者涉及有利于完成行为的情境,例如,说多数人杀少数人可信、醒着的人杀睡着的人可信、更强壮的人杀强壮的人可信。[⑦] 后者指不从实际的事件作出推论,而是从虚拟的事实作出此等推论,但后

---

① Cfr. Rino Faranda e Piero Peccheiura, L' Institutione Oratoria di Marco Fabio Quintiliano, UTET, Vol. I, 1968, p. 595.

② See Belen Saiz Noeda, "Proofs, Arguments, Places: Argumentation and Rhetorical Theory in the Institutio Oratoria, Book V", In Olga Tellegen - Couperus (edited by), *Quintilian and Law: The Art of Persuasion in Law and Politics*, Leuven University Press, 2003, pp. 108.

③ See Belen Saiz Noeda, "Proofs, Arguments, Places: Argumentation and Rhetorical Theory in the Institutio Oratoria, Book V", In Olga Tellegen - Couperus (edited by), *Quintilian and Law: The Art of Persuasion in Law and Politics*, Leuven University Press, 2003, p. 108.

④ Cfr. Rino Faranda e Piero Peccheiura, L' Institutione Oratoria di Marco Fabio Quintiliano, UTET, Vol. I, 1968, p. 601.

⑤ 其第3条规定:父亲可杀死在自己家里行奸的被当场逮住的女儿;丈夫可杀死在自家行奸的奸夫。

⑥ Cfr. Rino Faranda e Piero Peccheiura, L' Institutione Oratoria di Marco Fabio Quintiliano, UTET, Vol. I, 1968, p. 601.

⑦ Cfr. Rino Faranda e Piero Peccheiura, L' Institutione Oratoria di Marco Fabio Quintiliano, UTET, Vol. I, 1968, p. 601.

者必须与被研究的案件事实相关,从而形成类比推理。①

昆体良也谈到了一些西塞罗谈到的地方,例如类似的地方(派生出不相似的地方、矛盾的地方)、前件的地方、后件的地方、关联的地方、比较的地方等,但它们只是被作为证明昆体良自己的地方的论据使用,譬如,前件的地方就被作为时间的地方的一种类型。

像西塞罗一样,昆体良也提到共同的地方。他记载了他的时代的通说是不把它作为地方。② 他认为共同的地方被用来为不特定人的缺陷辩护,此等缺陷有如通奸、赌博、淫荡。辩护的方略有如盲人通奸、穷人赌博、老年淫荡。③ 至于地方与共同的地方的关系,他认为地方是论据之所,共同的地方是一种论据。④ 这样的区分是很有道理的。

(三) 昆体良的地方与西塞罗的地方比较论

把昆体良的地方的清单与西塞罗的地方清单相比,可以发现前者完全创新。首先,与西塞罗把地方分为内在的地方、与讨论对象以任何方式相关的地方、外在的地方不同,昆体良把地方分为人的地方和物的地方,用行为以及影响行为的要素把两者勾连起来。这是两个完全不同的结构。其次,西塞罗列举的具体地方与昆体良列举的具体地方大多数不同,如前所述,相同的一些地方被昆体良用来证明自己的地方论的论据。⑤ 但两者的共同性还是存在的。第一,两者的地方都是论据存在的地方而非论据本身;第二,两者都采取法律取向,西塞罗考虑的法律既有立法也有司法,昆体良考虑的法律主要是法庭辩论,其地方论主要为律师服务。这两点有异于下面要谈到的波爱修斯对地方论的非地方处理和非法律处理。

---

① See Belen Saiz Noeda, "Proofs, Arguments, Places: Argumentation and Rhetorical Theory in the Institutio Oratoria, Book V", In Olga Tellegen - Couperus (edited by), *Quintilian and Law: The Art of Persuasion in Law and Politics*, Leuven University Press, 2003, pp. 110.

② Cfr. Rino Faranda e Piero Peccheiura, L' Institutione Oratoria di Marco Fabio Quintiliano, UTET, Vol. I, 1968, p. 591.

③ Cfr. Rino Faranda e Piero Peccheiura, L' Institutione Oratoria di Marco Fabio Quintiliano, UTET, Vol. I, 1968, p. 237.

④ See Michael Leff, " Commonplace and Argumentation in Cicero and Quintilian ", In *Argumentation* 10(1996), Kluwer, p. 448.

⑤ Cfr. Rino Faranda e Piero Peccheiura, L' Institutione Oratoria di Marco Fabio Quintiliano, UTET, Vol. I, 1968, p. 599.

尽管西塞罗的地方论和昆体良的地方论都以论证为背景，但昆体良的地方论在这方面更明确，他径直把自己的地方称为论证的地方。实际上，他研究的是写作的地方，这是后来的研究者观察到的。[①] 试问，昆体良关于人类行为的为何、在何处、何时、如何、用何手段五个方面的事件考察点设定，与英语世界关于记叙文的5W 理论有何异哉！

第二节 特米斯求斯的地方论

一、人物生平

特米斯求斯（Themistius，约317—约390 年）是东罗马帝国的政治家、演说家和哲学家，生活于康斯坦求斯二世、尤里安、约维安、瓦伦斯、格拉提安、狄奥多西一世时期，他与所有这些皇帝都保持良好关系，流传下来33 篇演说以及对于亚里士多德作品的评注和摘要，摘要的亚里士多德作品有《后分析篇》《物理学》《论灵魂》《论天空》《形而上学》等。[②] 尤其值得注意的是，他写了一部亚里士多德的《地方论》的评注。该书今已失传，但通过波爱修斯（Ancius Manlius Severinus Boethius，480—524 年）的著作以及阿威罗伊（Averroes，1126—1198 年）的著作留传给我们一些鳞爪。[③] 后者是伊斯兰哲学家和医生，阿拉伯语的名字是伊本·鲁施德（Iben Rushed）。他用阿拉伯语评注了亚里士多德的著作，如《后分析篇》《论灵魂》《物理学》《论天空》《形而上学》。[④] 两个传播者的生存期间相差600 年许，证明特米斯求斯的影响之久远，以至于他的著作佚失的时间比较晚近。两个传播者所处的文化传统相隔遥远，一个是基督教世界，一个是穆斯林世界，这证明特米斯求斯的影响之广泛。

---

① Cfr. Marzia Mortarino, Mauro Reali, Gisella Turazza (a cura di), Loci Scriptorum, Antologia Modulare di Autori Latini, Quintiliano e l'educazione a Roma, Loescher Editore, Torino, 2012.

② See John Vanderspoel, *Themistius and the Imperial Court: Oratory, Civic Duty, and Paideia from Constantius to Theodosius*, The University of Michigan Press, 1995, pp. 31ss.

③ See Klaus Jacobi, *Argumentations Theories, Scholastichen Forschungen zu den Logischen und, Semantischen Regeln Korrekten Folgerns*, Brill, 1993, p. 22.

④ See Turner, W. (1907), "Averroes", In *The Catholic Encyclopedia*, New York: Robert Appleton Company. On http://www.newadvent.org/cathen/02150c.htm, 2015 年 11 月 12 日访问。

二、地方理论

特米斯求斯明确地把地方定义为公理(Axiom)。[1] 而公理就是自明的、原始的、普遍的命题。所有的论据都从这样的公理中取得其力量。例如这样的公理:更耐久的东西比不耐久的东西更可欲。从它可以进行如下的三段论推理:饮酒的快乐持续得比性交的快乐长,故饮酒的快乐比性交的快乐更可欲。[2] 把地方理解为公理,确实打破了地方为论据的渊薮说,显得是16世纪的论题学法学的先声。

另外,特米斯求斯对地方做了有特色的分类。[3] 把地方大别为出自事物自身的(本质、定义、描述、对名词的解释)、伴随本质的(整体或属或完全、原因或动力因、材料因、目的因、出自产生的或形式的,也即出自效果的、出自毁坏的、出自使用的、出自共同的偶性的)、外在的(权威的意见、相似、质的相似、量的相似、较大、较小、出自对立的、或对反、或相关、或根据夺性或习性、或因为肯定或否定、出自比例的、出自转换的)、中间的(变格、变位、划分)。[4] 说这个分类有特色,乃因为它与西塞罗的分类不同。如前所述,西塞罗把地方分为内在的、与讨论对象以任何方式相关的、外在的三类。特米斯求斯增加了"中间的"类别。其他的类别大致与西塞罗的类别对应,而且,"中间的"类别的一些子项(例如"变位")子项也被西塞罗列在"与讨论对象以任何方式相关的"类别的名下。但这一类别的独立仍有意义。假定"出自事物自身的"类别的地方是围绕被探讨事物的"实"做文章,"中间的"类别则是拿被探讨事物的"名"做文章。这一类别的独立彰显了名与实的可分立性。

把上述分类以及每个类的子项重新罗列一下,便得出了特米斯求斯的地方清单:

出自事物自身的:

---

① See Klaus Jacobi, *Argumentations Theories, Scholastichen Forschungen zu den Logischen und Semantischen Regeln Korrekten Folgerns*, Brill, 1993, p. 23.

② See Sten Ebbesen, *Commentators and Commentaries on Aristotle's Sophistici Elenchi: A Study of Post-Aristotelian Ancient and Medioeval Writings on Fallacies*, Vol. 1, Brill Archive, 1981, p. 118.

③ 参见武宏志:《论证型式》,中国社会科学出版社2013年版,第308页。

④ Cfr. Fiorella Magnano, Il De Topicis Differentiis de Severino Boezio, Tesi di Dottorato di Università di Salerno, 2008-2009, p. 451.

本质
定义
描述
对名词的解释
伴随本质的：
整体或属或完全
原因或动力因、材料因、目的因
出自产生的或形式的，也即出自效果的：
出自毁坏的：
出自使用的：
出自共同的偶性的：
外在的：
权威的意见
相似
质的相似
量的相似
较大
较小
出自对立的、或对反、或相关、或根据夺性或习性、或因为肯定或否定
出自比例的
出自转换的
中间的：
变格
变位
划分

比较一下，可以看出，“对名词的解释”的地方不见于西塞罗的地方清单中。当然，西塞罗的清单中有的“前件”“后件”“相斥”的地方也不见于波爱修斯报道的特米斯求斯的清单。①

这些被列举者是赤裸裸的地方，也就是可以从中找到论据的所在，它

① See Tobias Reinhardt, *Marcus Tullius Cicero*, *Topica* (edited with translation introduction, and commentary), Oxford, Oxford University Press, 2003, p. 51.

们并非公理,只是可以用来建构公理的材料。这些地方的可入性与特米斯求斯的地方定义的矛盾应如何解释?由于特米斯求斯留下来的文本太少,由于他深刻地影响了波爱修斯,他的学说最多地通过波爱修斯的转述为我们所知,也许我们可以通过观察波爱修斯的地方论著作找到这个问题的答案。

第三节 波爱修斯的地方论

一、波爱修斯的地方论知识背景

如我在本书第一章所述,波爱修斯(Ancius Manlius Severinus Boethius,480—524年)翻译了亚里士多德的《地方论》并为西塞罗的《地方论》写了评注。[1] 由于他的这些工作,前人的这两部作品才流传下来。由此,波爱修斯还得到了比较研究希腊传统的地方论和拉丁传统的地方论的机会,得以以此为基础打造自己的地方论,为此,波爱修斯自己于523年写了《论地方的区分》(De topicis differentiis)一书(四卷)阐述自己的地方理论,其学说对后世产生了巨大影响。

二、《论地方的区分》一书概要

(一)第一卷内容概要

该卷是绪论,解释了一些基本的概念和术语。一开头,波爱修斯就说,每一老派的漫步学派的逻辑学家所称的论述理论都分为两个部分:一是寻找,二是判断,而地方是寻找的对象。[2] 此语中的"漫步学派的逻辑学家"一语非常重要,它意味着波爱修斯打算从逻辑的角度而非从修辞学的角度展开地方问题。接下来,波爱修斯宣示了自己的写作目的:告诉人们什么是地方?什么是各种地方间的差别?哪些地方适合于哪种三段

---

① Cfr. Anicii Manlii Severini Boethii in Topica Ciceronis, On http://individual. utoronto. ca/pking/resources/boethius /De_differentiis_topicis. txt,2008年9月1日访问。

② Cfr. Anicii Manlii Severini Boethii, 1173B, On http://individual. utoronto. ca/pking/resources/boethius /De_ differentiis_topicis. txt,2013年6月24日访问。

论。[1] 此语又把地方论与三段论勾连起来了,图谋进一步达成地方论的逻辑学化。

像西塞罗一样,波爱修斯把地方定义为论据的所在之地,不过他做了一个补充:"或从地方抽取对提出的问题适当的论据。"这个补充把地方论进一步推向了证明论。

与西塞罗不考虑辩证法的地方和修辞学的地方的区分不同,波爱修斯把地方分为辩证法的地方和修辞学的地方,前者为三段论,后者为不完全三段论。波爱修斯认为地方是公理(Maximal proposition)和公理的差异。公理是不证自明的命题,例如:其定义不同的事物自身也不同。其主要功能是确认论据。种差(Differentia)是公理间不同的地方,用它可以把公理分成不同的类别。[2] 例如,人与其他动物的区别在于"有理性"的种差,"属的定义并不属于它的东西并非被定义的属的种"的公理与其他公理的区别就在于定义。[3] 公理确认我们有权直接从前提达至结论,而种差帮助我们确立前提。[4]

(二) 第二卷内容概要

第二卷讨论论证的方法。其一是三段论;其二是归纳法(1183A)。前者也就是演绎法。三段论又分为直言的和假言的。还有不完全三段论。在波爱修斯看来,地方是进行论证的手段。他理解的地方有两个,其一,公理。为此他说,全称的公理性命题被称为地方,因为它自身中包含其他命题,通过它们达成推论并得出结论(1186A)。其二,公理间的差别。从这些差别中导出的术语可用来建构问题。波爱修斯说,我们把区分公理的差异叫做地方(1186D)。至此可以看出,波爱修斯的地方概念完全不同于西塞罗和昆体良的,它不是论据所在的地方,而是发现各个公

---

① Cfr. Anicii Manlii Severini Boethii, 1173C, On http://individual. utoronto. ca/pking/resources/boethius /De_ differentiis_topicis. txt,2013 年 6 月 24 日访问。

② See Eleonore Stump, "Topics: Their Development and Absorption into Consequences", In Norman Kretzmann, Anthony Kenny, Jan Pinborg (edited by), *The Cambridge History of Later Medieval Philosophy: From the Rediscovery of Aristotle to the Disintegration of Scholasticism*, Cambridge University Press, 1982, p. 274.

③ See Heine Hansen, "Boethius' De topicis differentiis, Commentaris on", In *Encyclopedia of Medieval Philosophy: Philosophy Between 500 and 1500*, Volume 2, Springer; 2011, p. 176.

④ See Niels Jorgen Green - Pedersen, "The Topics in Medieval Logic", In *Argumentation*, Vol. 1, 1987, p. 411.

理的差异的地方。这样的差异就是三段论中的中项(Middle Term),它是大前提和小前提中都有的概念,它作为中介把两个前提联系起来并得出结论。所以,约翰·马仁邦说,波爱修斯的地方论是对寻找中项的过程的体系化说明。①

波爱修斯认为,所有的地方,要么出自问题中必然包含的术语,也就是主词和谓词,要么来自问题的外部,要么来自两者之间(1186D)。

第一类地方可称之为内在的地方,它要么出自事情的本质,要么出自从此等本质出发作出的推论。从本质得出的地方只有定义。定义是对本质的展示,它使一个事物区别于别的事物。从事物的本质出发作推论的地方有:整体、部分、原因、结果、质料、自然的形式、目的(1188A)。还有效果(effectus)、毁坏(corruptio)、使用(Usus)。

整体被用两种方式说到,其一是属,其二是构成属的各个部分。如果提出"正义"是否有用的问题,可以从整体出发这样论证:所有的美德都有用,正义属于美德,所以正义有用。这个三段论是从整体出发进行的,"所有的美德都有用"是一个公理;上面的地方是美德,它是正义的属(1188C)。

从部分以两种方式发生论据,或者是从属于属的种,或者是从属于属的部(1188D),前者例如问"好心态(Habitus mentis)是否构成美德?"可以这样回答:"如果正义、坚强、节制、睿智是好心态,它们是美德名下的四类,那么,好心态应构成美德"(1188D)。后者如:如果某人是否被解放被质疑,如果我们证明他或通过国势调查、或通过遗嘱、或通过执仗被解放,他就被证明已获解放了(1189A)。

波爱修斯把原因和结果两个地方结合着谈。他告诉我们,原因是让某事做成或形成的事情。也可从结果出发论证原因:人的聚会是自然的,在人的聚会中实施了正义,正义是自然的。此间蕴含的公理是:原因的结果是自然的,它本身也是自然的(1189C)。

质料是造成结果的东西,也是能让操作者的行动造成的事情能成为原因的事情(1189D)。

自然的形式指为完成某种行动必不可少的器官。例如,没有翅膀的人不能飞翔。由此得出的公理是:人们只能做其自然的形式允许的事情

---

① See John Marenbon, *Boethius*, Oxford University Press, Oxford, 2003, p. 60.

(1194A)。

关于目的的公理是:其目的是善的东西本身也是善的(1189D)。

关于效果的公理是:如果房子是善,建造房子也是善。相反,建造房子是善,房子也是善。关于毁坏的公理是:如果毁坏房子是恶,房子是善,毁坏房子是恶。关于使用的公理是:如果骑马是善,则马是善。如果马是善,则骑马也是善(1190A)。

第二类地方可称之为外在的地方。它们有权威的意见(rei iudicium)、相似;较大;较小;对比;对立;转换(Transsumptio)。

权威的意见的公理为:不必与所有人或多数人或智者的意见相左(1190C)。

相似的公理为:如果某物与其他物相似,它就不是特有的。相似或者发生在质上,或者发生在量上。在量上的持平可称为平等,在质上的持平可称之为相似(1190D)。

较大是比较对同一事物的两个定义的外延的地方。例如,把动物定义成可以自行行走的生灵,就不如把动物定义成按自然生活的生灵大(1191A)。

较小也是比较对同一事物的两个定义的外延的地方,不过方向相反。把人定义成靠两腿行走的动物就比把人定义成必有一死的理性动物小(1191A)。

由于把较大和较小的地方看成是考察对象的外延比较的结果,可以把这两个地方与比较的地方区别开来,因为比较的地方的作用对象是数、种、力、关系。

对比是一种类比推理。例如,如果有人问,是否要靠抽签定城邦的长官,我们说不可,因为船长不是靠抽签定的(1191B)。

对立是一个大地方,下面包含对反、夺性与能力、对立关系、肯定与否定等地方(1191B)。

先说对反。如果有人问,赞扬美德是否适当?答曰否,因为缺点也未受到指责(1191C)。在这里,美德和缺点构成对反。

其次说夺性与能力。如果有人问,是否有眼的人都能看?答曰否,因为有些有眼的人是瞎子。有的时候,眼睛的能力被剥夺了(1191C)。在这里,看是眼睛的能力,但瞎子眼睛的这种能力被剥夺了,所以有眼也不能看。

再次说对立关系。有人问:说父亲是生殖者是否合适?答曰合适,因为说儿子是被生殖的是合适的，这样，父亲有儿子，他们间就是生殖者与被生殖者之间的关系（1191D）。

最后说肯定与否定。有人问，是否只有动物能动？否定这一命题的人的理由是：不能动并非无生命物专有的特性。当然，持肯定说者有另外的主张（1191A）。

转换就是从构成问题的术语中找出可疑之处，以别的术语取代可疑术语从而求得问题的确认（1192A）。例如有人问哲学家可以嫉妒吗？要回答这个问题，首先要找到不会嫉妒的主词，那就是智者。所以，只有“智者可以嫉妒吗”的问题才是可靠的（1192B）。

第三类地方为中间的地方，之所以被这样叫，乃因为它们既不仅仅来自被考察的对象自身，也不仅仅来自其外部，而是在这两者之间（1192C）。它们有变格、同源词、划分。容分述之。

变格是把某些属于主格的词通过屈折变成副词，例如把名词“正义”（Iustitia）变成副词“正义地”（Iuste）（1192B）。

同源词是从同一词根引出不同的词汇，例如“正义”“正义的”“正义地”（1192B）。由此可做出推论：如果正义的行为是善的，则正义也是善的。如果正义的人是善的，正义也是善的（1192C）。

划分有两种。第一种是否定性的，有如：所有的动物，要么是有脚的，要么是无脚的（1192C）。第二种是分部的，有如：所有的人，要么是健康的，要么是有病的（1192D）。前一种划分可以采用“同时”的坐标，即在一个时间点上，以有脚与否把所有的动物二分。后一种划分可以采用“不同时”的坐标，因为所有的人都可能得病，同一个人，现在是健康的，将来不见得健康（1193C－D）。

波爱修斯认为，在所有中间性的地方中，都包含推论（consequentia）和相斥（repugnantia）两个地方（1195A）。

总之，波爱修斯在本卷提出了28个地方，分为内在的地方、外在的地方、中间的地方三类。

内在的地方有：（1）整体；（2）部分；（3）原因；（4）结果（efficiens）；（5）质料；（6）形式；（7）目的；（8）效果（effectus）；（9）毁坏（corruptio）；（10）使用（Usus）。

外在的地方有：（11）权威的意见（rei iudicium）；（12）相似；（13）较大；（14）较小；（15）对比；（16）对立；（17）对反；（18）夺性；（19）能

力;(20) 对立关系;(21) 肯定;(22) 否定;(23) 转换(transsumptio)。

中间的地方有:(24) 变格(casus);(25) 同源词;(26) 划分;(27) 推论;(28) 相斥。

这些地方很多在亚里士多德的《前分析篇》和《地方论》里讲过,但它们属于被东罗马人特米斯求斯分类的地方(1195A)。这些说明旨在强调这个地方体系的来头,客观上贬低了波爱修斯的原创性。在他看来,这些地方把不同的公理区分开来。

(三) 第三卷内容概要

第三卷讨论西塞罗的地方,所得结果为一个地方的清单,波爱修斯把这个清单与特米斯求斯的地方清单进行比较,分别指出它们间的如下关系。

首先是相异。其一,分类的方法不同,特米斯求斯采用三分法,西塞罗也采用三分法,两者的内在的地方和外在的地方的分类法相同,但西塞罗的与讨论对象以任何方式相关的地方的分类与特米斯求斯的中间的地方(1200D)的分类不同;其二,论述的顺序不同(1201A);其三,有些地方为特米斯求斯独有,例如效果、毁坏、使用、对比、转换五个地方(1206A)。但它们在西塞罗的地方论中都可找到类似的对应物。例如对比,就对应于西塞罗的类似(1206B)。

其次是同事异名。例如,西塞罗叫做整体的地方,特米斯求斯叫做实体(1203B)。

(四) 第四卷内容概要

第四卷讨论修辞学的地方。首先讲到辩证法的地方与修辞学的地方的关系:有的相同,有的不同。辩证的命题考虑可能性,没有情境问题。而修辞学的命题是假设性的,有情境问题。而情境问题无非是谁、何处、何时、为何、以何种方式、使用何种工具等六个问题(1205D)。显然,这六个疑问代词与昆体良的与人相关的地方很类似,不过在数量上多了一个“谁”。

辩证法的问题采用完全三段论,而修辞学的问题采取不完全三段论(1206C)。

在波爱修斯看来,修辞学的属是理由(Facultas),种则有三:司法性的、证明性的、审议性的(1207B)。比起西塞罗的相应分类,少了一个赞扬性的,多了一个证明性的。后者也包含赞扬,不过同时包含责备而已(1207B)。

接下来还是老生常谈。修辞学分为五个部分：寻找、布篇谋局、文体风格、记忆、演讲技巧（1207D）。而一篇演说则包括六个部分：序言、叙述、要点、确认、辩驳、结尾（1208C）。

交代完这些前提，该进入地方论部分了。波爱修斯认为，修辞学的地方可分为关于人的地方和关于行为（Negotio）的地方，它们都属于修辞学的“寻找”部分（1212A）。这种对修辞学地方的分类与昆体良的人—物两分法略有不同。

人也好，行为也好，都不是泛泛的，而是在审判中的。所以，波爱修斯说，人是被召审判，其言行受到责备的人。行为是被召审判的人的言行（1212A）。所以，这里的修辞学以审判为中心，实际上是律师之学，与我们时代的美文学意义上的修辞学大不相同。

对人的言行的考察离不开情境。涉及行为人的情境包括以下要素：谁实施的行为、实施了什么、为何要这样做、行为的空间和时间，以及行为的方式和理由（Facultas）（1212C）。

就谁实施了行为而言，有十一个考察点：名字、本性、生计、财富、职业、灾变、感情、外貌、洞察力、行为、口才（1212D）。它们与昆体良讲的十二个关于人的地方相似而不同。首先的不同在于数量；其次的不同在于层级，昆体良明确把与上述考察点相似的要素定位为“地方”，而波爱修斯把它们定位为“谁”这个地方的部分。这暗示不同的作者对于相同要素进行定性的极大自由。最后的不同在于“部分”或“地方”的种类，波爱修斯的体系显然不包括家世、民族、教育等地方。

对行为的考察有四个维度。其一是行为本身的性质；其二是行为的执行（Gestio negotii）；其三是行为的关联；其四是执行行为的后果（1215A）。

行为的性质问题反映为疑问词“什么”（1212D）。“什么”分为四个部分。其一，行为的性质，例如杀亲还是杀一般的人，以前者为重。其二，行为前，例如偷剑以为犯罪之预备；其三，行为中，例如激情杀人；其四，行为后，例如藏匿尸体掩盖罪证（1213A）。

行为的执行问题反映为如下的疑问词：为什么？以什么方式？在何处？何时？得到什么帮助？

“为什么”解决行为的原因问题（1212D）。

“以什么方式”，例如采用欺瞒的方式（1213B）。

“在何处”解决行为的空间问题，例如在卧室所为（1213B）。

“何时”解决行为的时间性情境问题，分为时间（例如晚上）和场合（例如大家都在睡觉）（1213B）。

“得到什么帮助”解决行为主体的数问题，例如非一人所为（1213B）。

行为的关联指被考察的行为与其他行为的关系，有较大、较小、持平三种比较结果（1214B）。也可以做相似或相反的比较。此处还可用到属、种、夺性、结果等地方。①

执行行为的后果要考察的是：如何命名已执行的行为？谁是主要的行为人？行为是谁的主意？对有关行为有法律、习惯、简约、判例、学说及其他法律渊源的规定吗？事件的性质是经常发生的还是偶尔发生的？对行为人享有权威的人批准了其行为吗？会为其辩护吗？（1214C－D）

研究完了修辞学的地方后，波爱修斯还把辩证法的地方与修辞学的地方做了一番比较。

在他看来，两者的分类相似。辩证法的地方要么来自被讨论的事情本身，要么来自其外部，要么来自“内”“外”的中间区域。而修辞学的地方要么来自人和行为；要么来自外部，有如执行行为的后果；要么来自两者之间（1214B），有如行为的关联所涉的因素，它们有些涉及人，有些涉及行为的性质，有些涉及行为的执行。行为的关联所涉的地方在辩证法中有其同类，它们是在被考虑的问题遭到疑问时提出来的（1214B）。

但波爱修斯认为，两种地方有极大的不同。辩证法的地方是从被论证的属提取的，换言之，它们本身具有类的性质；而修辞学的地方是从属指称的事情提取的，不具有类的性质（1215B）。

此语大哉！按我的理解，它预示着后世的逻辑学家布里托（Radulphus Brito，约 1270—约 1320 年）发展出来的第二大类前提（Intentiones secundae）和第一类大前提区分论，前者是高位的概念，换言之，具有普遍性的概念，它被抽象出来，又采用其具体形式的属。② 例如属和种的概念。相反，后者是抽象性低的概念，尽管它们也有抽象性，按

① See H. M. Hubbeli (Trans. by), *Cicero in Twenty-Eight Volumes*, *II*, *De Invention*, *De Optimo Genere Oratorum*, *Topica*, Cambridge, Massachusetts, Harvard University Press, London, William Heinemann LTD, 1976, p. 81.

② See Heine Hansen, "Boethius' De topicis differentiis, Commentaris on", In *Encyclopedia of Medieval Philosophy*: *Philosophy Between 500 and 1500*, Volume 2, Springer; 2011, p. 176.

程度较低。关于这点，只要比较一下辩证法地方中的“整体”与修辞学地方中的“名字”就行了。要注意的是，波爱修斯的辩证法就是逻辑的意思[①]，所以，他笔下的辩证法地方与修辞学地方的对立实际上是逻辑的地方与修辞学的地方的对立。常用的逻辑是形式逻辑，其中的“形式”二字，指的就是运用人工语言进行的论证，而非运用自然语言进行的论证[②]，所以没有情境问题。而修辞学地方要考虑情境问题，所以是非形式的。在波爱修斯的这一著作中，对逻辑的地方的论述重，对修辞学地方的论述轻。对前者的论述多原创性，对后者的论述多数可在西塞罗的《论寻找》第一卷中找到对应物。[③] 这种对比告诉我们，波爱修斯关注的是逻辑的地方，并通过对这些地方的研究完成了地方论的逻辑学转向，这与昆体良的地方论基本上是修辞学地方论形成对照。由于修辞学地方主要服务于法庭工作，对它们的说明无不具有法庭辩护或控告的背景，无妨说，这种地方论是法律地方论。而波爱修斯的地方论侧重于逻辑学，其中的地方无需有情境因素，其作者无意中由此完成了地方论的非法律化转向。这种“化”是我们通过比较读西塞罗和昆体良的地方论与波爱修斯的地方论可强烈感受到的。

（五）对波爱修斯的地方论的评价

地方概念经过波爱修斯的逻辑学改造，它不再是发现论据的处所，毋宁是一种确认（而不是发现）论据的特定方式。确认的方式是把它们的术语归入某些一般和概括的概念中，诸如“属”。所以，地方并不使论据有效，而仅仅解释为何我们可以推论出结论。[④] 波爱修斯还把直言三段论吸收进了地方论中。[⑤] 所以，所有的逻辑学的地方都是围绕着三段论

---

① 参见〔德〕亨利希·肖尔兹：《简明逻辑史》，张家龙、吴可译，商务印书馆1977年版，第12页。

② 参见熊明辉：《非形式逻辑视野下的论证评价理论》，载《自然辩证法研究》2006年第12期，第23页。

③ See *Cicero in Twenty-Eight Volumes*, *II*, *De Inventione*, *De Optimo Genere Oratorum*, *Topica*, Translated into English by H. M. Hubbell, Cambridge, Massachusettes, Harvard University Press, London, William Heinemann LTD, 1976, pp. 71ss.

④ See Niels Jorgen Green – Pedersen, “The Topics in Medieval Logic”, In *Argumentation*, Vol. 1, 1987, p, 410, p. 414, p. 412.

⑤ See John, “Patrick Casey, Boethius’s Work on Logic in the Middle Ages”, In Noel Harold Kaylor, Philip Edward Phillips (edited by), *A Companion to Boethius in the Middle Ages*, Brill, 2012, p. 219.

存在的。这样的改变为地方论演变为论题学提供了基础。如果用论题学的译名谈论西塞罗、昆体良的地方,会让人奇怪,用同样的译名谈论波爱修斯的地方,就不会让人有这种感觉了,因为波爱修斯已把过去三维的地方概念平面化,变成一个接近于论题的平面。

回到波爱修斯的书名上来。在我看来,它指的地方的区分首先指辩证法的地方与修辞学的地方的区分;其次指两类地方内部的区分,区分它们的依据也在于地方。所以,波爱修斯对地方做两种理解。首先,地方指公理以及公理间的差异。其次,地方指导致公理间有差异的要素。但是,只有辩证法的地方区分公理,修辞学的地方与公理无关。

（六）波爱修斯地方论的巨大影响

波爱修斯的地方论对后世有很大的影响。在1050年之前,中世纪的地方理论主要基于西塞罗的《地方论》,尔后,由于法国学者彼得·阿贝拉尔(Peter Abelard,1079—1142年)对波爱修斯的逻辑作品的研究和宣扬,波爱修斯的作品《论地方的区分》统治了学校,成为中世纪的地方概念的基础,西塞罗及其追随者的作品就很少被使用了。[①] 尤其是该书的第二卷,是中世纪经院学者讨论地方论时最重要的资料。[②]

波爱修斯的地方论对于近现代学者也有支配性的影响。试举两例说明此点。例一,意大利学者维柯认为地方论是发现连接词的艺术。[③] 此语证明维柯理解的地方论是波爱修斯式的。例二,德国学者奥特认为论题学是前提寻求之技术;是有关前提属性的理论,是将这种前提用于法律证立的理论。[④] 显然,奥特理解的地方论与西塞罗的地方论无关,而与波爱修斯的地方论有关。

---

① See Niels Jorgen Green - Pedersen, "The Topics in Medieval Logic", In *Argumentation*, Vol. 1, 1987, p. 411. 也参见吴允会:《近年来中古逻辑史方面若干研究结果的简述》,载《哲学研究》1957年第3期,第137页。

② See Eleonore Stump, "Topics: Their Development and Absorption into Consequences", In Norman Kretzmann, Anthony Kenny, Jan Pinborg (edited by), *The Cambridge History of Later Medieval Philosophy: from the Rediscovery of Aristotle to the Disintegration of Scholasticism*, Cambridge University Press, 1982, p. 274.

③ 参见〔英〕利昂·庞帕编译:《维柯著作选》,陆晓禾译,商务印书馆1997年版,第71页。

④ 参见〔德〕罗伯特·阿列克西:《法律论证理论》,舒国滢译,中国法制出版社2002年版,第25页。

第四节　加尔兰杜思的地方论

11世纪的比利时学者加尔兰杜思(Garlandus,约1030或1040—约1102年)写作了《辩证法》,其中一章专门研究地方论。他的论述与波爱修斯的论述相似而不同。像波爱修斯一样,他把辩证法的工具叫做地方,他也认为地方就是公理以及差异。[①] 他认为地方提供并确认纯假言三段论的有条件前提。[②] 他认为所有的地方都是假言三段论的帮助。他说,直言三段论仅仅得到整体、部分的地方的帮助。例如这样的三段论:"以全称的方式赋予整体的属性也赋予了部分";"以全称的方式从整体剥夺的属性也从其部分剥夺了"。[③] 确实,没有整体和部分两个地方帮助,这两个三段论都不成立,因为任何三段论都是量的整体与部分两个地方的关系。[④] 加尔兰杜思还认为,所有的地方都可被涵摄在"前件"(Antecedente)和"推论"(Consequent)的地方中。它们分别对应于肯定前件(Modus ponendo ponens)和否定后件(Modus tollendo tollens)。[⑤] 前者的例子如:如果P,那么Q,P,所以Q。后者的例子如:如果P,那么Q,非Q,所以,非P。这些用人工语言构建的逻辑公式就是后来的作者的论式。

显然,加尔兰杜思把地方论完全逻辑化了。他对后来的中世纪地方

---

① See Eleonore Stump, *Dialectic and Its Place in the Development of Medieval Logic*, Cornell University Press, 1989, p. 69.

② See Eleonore Stump, "Topics: Their Development and Absorption into Consequences", In Norman Kretzmann, Anthony Kenny, Jan Pinborg (edited by), *The Cambridge History of Later Medieval Philosophy: from the Rediscovery of Aristotle to the Disintegration of Scholasticism*, Cambridge University Press, 1982, p. 275.

③ See Eleonore Stump, "Topics: Their Development and Absorption into Consequences", In Norman Kretzmann, Anthony Kenny, Jan Pinborg (edited by), *The Cambridge History of Later Medieval Philosophy: from the Rediscovery of Aristotle to the Disintegration of Scholasticism*, Cambridge University Press, 1982, pp. 276s.

④ See Eleonore Stump, "Topics: Their Development and Absorption into Consequences", In Norman Kretzmann, Anthony Kenny, Jan Pinborg (edited by), *The Cambridge History of Later Medieval Philosophy: from the Rediscovery of Aristotle to the Disintegration of Scholasticism*, Cambridge University Press, 1982, p. 289.

⑤ See Eleonore Stump, *Dialectic and Its Place in the Development of Medieval Logic*, Cornell University Press, 1989, p. 81.

论产生了很大影响,导致地方论被吸收进推演(Consequentia)理论中。[①]推演是前提和结论之间的推出关系,采取假言命题的形式,也就是"如果……则……"的形式。[②] 在推演的过程中,地方起到辅助作用。正如达契亚的波爱修斯(Boethius of Dacia,13世纪的丹麦哲学家)所言,地方是各种各样的辩证推论的符号,此等符号代表的是跟着某种其他东西的东西。[③]

第五节 拉伊姆恩都斯·鲁路斯的地方论

拉伊姆恩都斯·鲁路斯(Raimundus Lullus,约1232—1315年)是西班牙人,他相信所有的知识都由一些数目有限、无可置疑的地方构成,研究这些地方的结合,我们可以理解这些知识领域的一切。他于1305年出版了《最终的总学术》(Ars generalis ultima),目的是让穆斯林皈依基督教,其中建立了五个向心的转轮,每个包含九个基本概念,打算以这种方式把地方论机械化。

主体的转轮包括上帝、精神、身体、人、感觉、植物系统、工具、占有、诉讼。

绝对谓语的转轮包括善、持续、能力、形式、地点、动机、权力、发端、数量。

相对谓语的转轮包括区别、和谐、对反、秩序、平等、不平等、形象、标记、关系。

否定谓语的转轮包括:无效、差异、无能、矛盾、恶、虚无、缺乏、取消、作假。

问题的转轮包括:是否、什么、为什么、从什么、从何地、多少、何种、何

---

① See Eleonore Stump, "Topics: Their Development and Absorption into Consequences", In Norman Kretzmann, Anthony Kenny, Jan Pinborg (edited by), *The Cambridge History of Later Medieval Philosophy: from the Rediscovery of Aristotle to the Disintegration of Scholasticism*, Cambridge University Press, 1982, pp. 290ss.

② 参见吴东民:《西方中世纪的推演理论》,载《文史哲》1994年第4期,第56页。

③ See Eleonore Stump, "Topics: Their Development and Absorption into Consequences", In Norman Kretzmann, Anthony Kenny, Jan Pinborg (edited by), *The Cambridge History of Later Medieval Philosophy: from the Rediscovery of Aristotle to the Disintegration of Scholasticism*, Cambridge University Press, 1982, p. 285.

时、何地、往何地。[1]

不难看出，问题的转轮来自修辞学地方论中的待决之事。绝对谓语、相对谓语、否定谓语的转轮来自辩证法地方论。

鲁路斯向我们证明，地方论也有体系倾向，也可作为建造体系的工具。他力图建造的是一个最终的无所不包的体系。

鲁路斯的方法论为16世纪的乔丹诺·布鲁诺和17世纪的莱布尼兹继承。后者将之命名为组合术。[2]

第六节　梅兰希顿的地方论

1519年，德国宗教改革家菲利普·梅兰希顿（Philip Melanchthon，1497—1560年）在科隆出版了《修辞学三卷》（De rhetorica libri tres）。其中，他为了训练学生的论辩能力提出了一份共同的地方的清单。神学的共同的地方有信仰、破坏身体、教会、忍耐、罪等。1521年，梅兰希顿又在符腾堡出版了《神学事宜的共同的地方或神学通用模块》（Loci communes rerum theologicarum seu hypotyposes theologicae）一书。[3] 如同其书名所示，他把共同的地方理解为Hypotyposes（草图、模型）的同义词，指对事实的生动描述。[4] 他还把通用模块定义为“某些自然劝说人们遵守的、我只能把它叫做自然法的一般的生活规则”。[5] 在通用模块的基础上，他还提出了最通用的模块（Loci communissimi）的概念，它们有罪（Sin）、神恩

---

① See Theodor Viehweg, *Topics and Law*, Peter Lang, New York, 1993, p. 66s.

② 参见〔德〕特奥多尔·菲韦格：《论题学与法学——论法学的基础研究》，舒国滢译，法律出版社2012年版，第84页。

③ See Quirinus Breen, “The Terms ‘Loci Communes’ and ‘Loci’ in Melanchthon”, In *Church History*, Vol. 16, No. 4, (Dec., 1947), pp. 197 - 209.

④ See Quirinus Breen, “The Terms ‘Loci Communes’ and ‘Loci’ in Melanchthon”, In *Church History*, Vol. 16, No. 4, (Dec., 1947), p. 203.

⑤ See the Entry of Loci Theologici, In Jackson, Samuel Macauley, ed., *New Schaff - Herzog Encyclopedia of Religious Knowledge* (third ed.), London and New York: Funk and Wagnalls, 1914.

(Grace)、法律等。[①] 上帝是最高的地方。[②] 显然,在梅兰希顿的笔下,地方指一般的基本概念。[③]

与西塞罗的共同的地方比较,梅兰希顿的共同的地方就是地方,西塞罗的共同的地方是通用模块,梅兰希顿把两个东西混淆起来了。这种混淆是人文主义修辞学家经常做的。[④] 这或许可以理解为共同的地方概念在中世纪的折中,因为如前所述,在昆体良的时代,共同的地方已被公认为不是地方,而是另外的东西。他就曾反对这种对共同的地方的概念的滥用,但未成功。[⑤] 现在,梅兰希顿和稀泥,既用共同的地方指地方,又用它指通用模块。

1550 年,梅兰希顿又出版了《辩证法提问》(Erotemata dialectices)一书,其中,把地方分为 18 个内在的和 13 个外部的。前者有:定义、属、种、区分、词源和名称、关联与变故、整体与部分、分种、原因、效果、前提、结果、矛盾、必然、可能、邻接、推论与环境、共性与偶性。后者有:相似、等同、较小、较大、对比、自相矛盾、对立、反义、分割、转换、标记、权威、证据。[⑥] 不难看出此书中研究的地方与作者在其修辞学、神学著作中研究的地方不同,它们是逻辑学的地方,因为其中的整体与部分、原因、结果、效果、相似、等同、较小、较大、对比、对立、权威、转换等地方与波爱修斯的地方完全相同。

总之,梅兰希顿把地方论引入神学,完成了地方论的基督教神学化。他认为,上帝在每个人身上都植入了"先天的知识元素",并具体表现为

---

① See the Entry of Loci Theologici, In Jackson, Samuel Macauley, ed., *New Schaff - Herzog Encyclopedia of Religious Knowledge* (third ed.), London and New York: Funk and Wagnalls, 1914.

② See Quirinus Breen, "The Terms 'Loci Communes' and 'Loci' in Melanchthon", In *Church History*, Vol. 16, No. 4, (Dec., 1947), p. 203.

③ See the Entry of Loci Theologici, In Jackson, Samuel Macauley, ed., *New Schaff - Herzog Encyclopedia of Religious Knowledge* (third ed.), London and New York: Funk and Wagnalls, 1914.

④ See the Entry of Loci Theologici, In Jackson, Samuel Macauley, ed., *New Schaff - Herzog Encyclopedia of Religious Knowledge* (third ed.). London and New York: Funk and Wagnalls, 1914.

⑤ Cfr. Chaïm Perelman e Lucie Olbrechts - Tyteca, Trattato dell' argomentazione. La nuova retorica, Traduzione italiana di Carla Chick e di Maria Mayer con la collaborazione di Elena Barassi, Volume primo, Einaudi, Torino, 1982, p. 89.

⑥ 参见李飞:《"取得方式"与(市)民法的体系化》,厦门大学 2013 年博士学位论文,第 147 页。

某种地方，例如属、种、原因、结果、相似性、对等性等。运用地方论研究哲学、神学和法学，可以使各门学科的知识得以简明有序地呈现出来。[①] 为此，他把神学—修辞学的地方与逻辑学的地方两分，在不同的著作中按不同的理路探讨不同的地方论，实现了地方论的分裂。

不能否认梅兰希顿的地方论的影响，它至少影响了欧洲书籍中主题索引的名称：被称为"地方指南"。[②] 另外，他开启了把修辞学用于布道的发展方向，地方论开始为基督教所用。最后，他的地方论被用于建构民法典的体系。人文主义法学家热衷于通过不同的"地方"对罗马法进行重新编排，先将全部法律材料分为若干属，然后将属分为若干种，最后对各种概念进行定义，意图用若干"把手"来阐明全部的法律规则。[③] 例如，人物两分的体系本来是西塞罗开创用来说明人的，被盖尤斯用来说明民法的体系，把民法大别为人法、物法和诉讼法。人—物—行为的体系是人物两分体系的变种，后来被法国学者埃圭纳柳斯·巴农(Equinarius Baron)用于建构民法的人—物—行为的体系[④]；弗朗索瓦·康南(François Connan，1508—1551年)和皮埃尔·格雷格瓦(Pierre Gregoire，约1540—1597或1617年)亦如此。这样的做法与拉伊姆恩都斯·鲁路斯的做法是一致的。所以，把地方论与体系化对立起来，是荒唐的。

第七节　卡米罗的地方论

一、卡米罗的地方论的基本内容

朱里奥·卡米罗(Giulio Camillo，1480—1544年)是意大利哲学家。

---

① 参见戴津伟：《法律中的论题以及论题学思维研究》，山东大学2012年博士论文，第156页。

② 例如，克罗齐的《维柯的哲学》中，有一"维柯在论述中采用过或援引过的诸地方"部分，它实际上是维柯作品的交互参见提示。Cfr. Benedetto Croce，La Filosofia di Giambattista Vico，Bari，Laterza，1922，pp. 259ss.

③ 参见李飞：《"取得方式"与(市)民法的体系化》，厦门大学2013年博士学位论文，第148页。

④ See Peter Stein，"Donellus and the Origins of the Modern Civil Law"，In Ankun，J. A. et alii (editores)，*Melanges Felix Wubbe* (Fribourg，Editions Universitaires Suisse，1993)，p. 444.

1550 年,其遗作《地方论或论雄辩》(Topica overo della elocutione)被出版,这是一个只有 72 页的小册子,是人类历史上第三部叫作 Topica 的书。它分为七个部分。容分述之。

第一部分研究单音(Voci semplici)。单音是个语音学的概念,指一个字母构成的音,例如 a,与复合音(Voci articulate)相对,后者由两个以上的字母构成,例如 Ma。[①] 卡米罗借用这个词用来表示不与其他词结合的词,由此,此等词没有任何装饰。

第二部分研究无动词的词之间的结合(Voci congiunte senza verbo)。即一个以上的名词在无动词的情况下联合起来的情形,例如,“天上的太阳,海中的太阳”,其中的属格名词决定在它前面的一般性质的名词。[②]

第三部分研究专门的表达(Locuzione propria)。即简单相关的词组,例如“娶妻”,相比于“赞美某人”,在后者,去掉“某人”,“赞美”的意思不变。但去掉“妻”,“娶”(Prendere)的意思就变化了。所以,“娶妻”是专门的词组,“赞美某人”则不是。[③]

第四部分研究修饰语(Epiteti)。有永恒的、暂时的、来自属性的、来自五个转喻的地方的、来自差异的、来自夸张的、来自缩小的、来自比喻的等。

第五部分研究委婉语(Perifrasi)。有来自装饰的、来自推论的、来自类似的、来自独一无二的物的等类型。

第六部分研究比喻性的表达(Locuzione traslata)。指把一个事物的属性移转到另一个事物。例如,酒越陈越好,由此推理,越年高的人越成熟。[④] 分为纯粹的、讽喻性的和警句性的三类。

第七部分研究形象的表达(Locuzione figurata)。它指找到了与寻求

---

① Cfr. Francesco Suave, Grammatica ragionata della lingua italiana, Gnocchi, 1862, p. 125.

② Cfr. Degli autori del ben parlare. Opere diverse intorno alla favella, Vol. III, p. 345.

③ See Frederick M. Rener, *Interpretatio: Language and Translation from Cicero to Tytler*, Rodopi, 1989, p. 84.

④ Cfr. Benedetto Giovanelli, Dell'origine dei sette e tredici comuni e d'altre popolazioni Alemanne: abitanti fra l'Adige e la Brenta nel Veronese e nel Vicentino: Acc. Considerazione di alcune cose etc, 1826, p. 30.

的东西完全相反的东西，例如，想找善的人找到了恶。[1] 所以不妨把它翻译为“阴差阳错”。它们有来自原因的（包括质料因、动力因、形式因、目的因）、来自造成原因的工具的、来自效果的、来自前件的、来自推论的、来自增加的（在先、同时、尔后）、来自对反的、来自行为的、来自质量的、来自外表的、来自类似的、来自比较的等。[2] 无论如何，这些表达都很形象，能让读者产生“看”而非“读”的感觉。[3]

要说明的是，卡米罗的此书为未完成稿，还有研究比较性的表达（Locuzione di Comparazione）之部分未完成。[4]

显然，卡米罗尽管采用地方论作为自己的书名，但他的地方已与其先驱者的地方相去千里。首先，他的修辞学已不是“讲”的修辞学，而是“写”的修辞学，目的是让读者把文章写得生动好看。其次，他的地方论不是修辞学地方和逻辑学地方混杂谈论的理论，而是去掉了逻辑学的地方；第三，假设他的七个部分的名称可以理解为对地方进行分类的依据，那么，他的此等依据也与西塞罗、昆体良、波爱修斯等人的分类依据差别甚大，他是以表达方式的差异作为分类的依据，不同于其先驱者以考察对象的内外为分类的依据。第四，他采用地方（luogo）的概念，但他的此等概念已很不同于其先驱者的，例如夸张的、缩小的、比喻的地方等，为其先驱者未尝闻。但卡米罗的地方论与其先驱者的地方论也有连续性，例如，原因、工具、效果、前件等地方，在其先驱者的地方论中也有。

无论如何，卡米罗的地方具有可入性，进去后可找到多种论据，换言之，他并未把地方转变为论题。而且，他的以地方论为名的修辞理论与我们现在的美文学意义上的修辞理论比较类似，因此，我们理解它比理解其先驱者的相应学说容易。由此说卡米罗推进了古代修辞学的近代化，应

---

① Cfr. Giovanni Gherardini, Voci et maniere di dire italiane additate a'futuri vocabolaristi, Bianchi, 1840, p. 684.

② Cfr. Il secondo tomo del l'opere di M. Giulio Camillo Delminio, appresso Gabriel Giolito de'Ferrari, 1574, p. 7.

③ Cfr. Giovanni Della Casa, Jacopo Carlieri, Carlo Maria Carlieri, Opere di monsignor Giovanni della Casa: dopo l'ed. di Fiorenza del MDCCVII e di Venezia del MDCCXXVIII. Molto illustrate e di cose inedite accresciute, Vol. 3, p. 14。

④ Cfr. Giorgio Stabile, Camillo Giulio, detto Delminio, Su http://www. treccani. it/enciclopedia/camillo - giulio - detto - delminio_(Dizionario - Biografico)/, 2013 年 7 月 2 日访问。

该不算夸张。要指出的是,卡米罗在一个许多人(例如梅兰希顿)用拉丁文写作的时代用意大利文写下了自己的《地方论》,此举本身就有弃旧图新的象征意义。

二、卡米罗的地方论是否有记忆术的功能问题

记忆术是一门希腊人开创的学问,旨在通过一定的训练改善人的记忆力。亚里士多德就提到记忆的地方,并把它们与修辞学的地方区分开来。[①] 西塞罗把记忆术作为演说术的一部分做过研究。他首先举了一个记忆术带来好处的例子。几个人在一起吃饭,突发地震导致他们大都死亡,尸体面目全非,莫辨谁属。幸存的一个记性好的人记住了各位死者生前在餐桌旁就座的位置,依此还原了诸死者的身份。[②] 这一故事具有象征意义,西塞罗意在告诉我们,"地方"(座位的位置)是记忆的依据,而"物体没有存在的位置是不可理解的"。[③] 西塞罗认为,演说家借助于地方的顺序来达成记忆。[④] 此语导致《德汉词典》的作者们把 Topik 一词解释成"词序学、语序学"。[⑤] 这大概是从地方论的记忆术的功能出发诠释这个词的一个例子。

中国人深谙记忆地方论,采用数字作为记忆的地方,例如三个代表、四项基本原则、五讲四美三热爱、八荣八耻。此处的数字起记忆提示的作用,人们从数字 1 开始回忆每个表达包含的每项内容,直到足数,这样可避免漫无边际地记忆。显然,此处的数并非命题,而是命题存在的地方。

美国学者乔治·A. 肯尼迪认为卡米罗的地方论是研究记忆术的。他说,卡米罗写了一本《记忆场所》,在他死后于 1550 年以《场所的概念》

---

① See Eleonore Stump, "Topics: Their Development and Absorption into Consequences", In Norman Kretzmann, Anthony Kenny, Jan Pinborg (edited by), *The Cambridge History of Later Medieval Philosophy: from the Rediscovery of Aristotle to the Disintegration of Scholasticism*, Cambridge University Press, 1982, p. 273.

② 参见〔古罗马〕西塞罗:《论演说家》,王焕生译,中国政法大学出版社 2003 年版,第 487 页。

③ 〔古罗马〕西塞罗:《论演说家》,王焕生译,中国政法大学出版社 2003 年版,第 491 页。

④ 参见〔古罗马〕西塞罗:《论演说家》,王焕生译,中国政法大学出版社 2003 年版,第 491 页,译文有改定。

⑤ 参见《德汉词典》编写组:《德汉词典》,上海译文出版社 1983 年版,第 1227 页。

之名出版。[①] 从出版的时间和遗作的出版情节来看，肯尼迪说到的书就是卡米罗的《地方论》，但此书确实无一处谈论记忆术，这是我要借着研究卡米罗的《地方论》的机会向学界正误的，尽管我十分感谢肯尼迪对罗马修辞学的介绍对增进我这方面知识的帮助，尤其是他对我注意地方论与记忆术之关联的提醒。

尽管如此，卡米罗在其别的作品即《剧院的观念》(Idea del Theatro)中研究了记忆术，在此书中，他把百科全书的形式与西塞罗用虚拟的地方为演说家保留知识的记忆术结合起来。[②] 他先是采用人类身体的隐喻作为表示宇宙的小宇宙来展示其记忆系统，后来，他采用古人的世界隐喻表示法来达到同样的目的。[③]

第八节　福尔图纳齐亚努斯的地方论

福尔图纳齐亚努斯(Consultus Fortunatianus)是15世纪中期的罗马法学家。他以问答的方式写了三卷本的《修辞的艺术》(Artis Rhetoricae)一书[④]，其中继承波爱修斯的路线，把情境因素按与被探讨的事物的时间关系分为事前、事中、事本身、事后四类，称它们为Artificiale(手段)，可以从中抽取主要的地方。[⑤] 它们各自下辖若干地方。容分述之。

事前的地方有7个，它们分别是人、物、原因、时间、地点、方式、材料。以下分述。

人的地方下面有21个子地方。它们分别是：名字、民族(是希腊人还是野蛮人)、家世(贵族或否)、尊严(是否有力人士)、财富(贫或富)、性别、年龄、身体(强壮与否)、教育、心态(耐心与否)、生计(是否浪费人)、

---

① 参见〔英〕理查德·詹金斯编：《罗马的遗产》，晏绍祥、吴舒屏译，上海人民出版社2002年版，第339页。

② See Douglas Radcliff - Umstead, "Guilio Camillo's Emblems of Memory", In *Yale French Studies*, No. 47, 1972, p. 48.

③ See Douglas Radcliff - Umstead, "Guilio Camillo's Emblems of Memory", In *Yale French Studies*, No. 47, 1972, p. 50.

④ See William Smith(edited by), *Dictionary of Greek and Roman Biography and Mythology*, Vol 2, Little, Brown and Co., Boston, 1867, p. 181.

⑤ Cfr. Karl Halm(a cura di), Rhetores Latini minores, In aedibus B. G. Teubneri, 1863, p. 115.

以何方式管理其人和物、感情、职业(是医生还是演说家)、社会地位、家庭身份(是亲生儿子还是养子)、外貌、脸容、步态、口才、性格(Affectu,是快乐还是易怒)。[①]

物的地方解决物是什么以及它怎么样的问题,它的子地方是公共的,如人、原因、时间、地点、方式、工具。[②]

原因的子地方有:冲动、愤怒、仇恨、推论、营利、遗产。[③] 显然,这些因素支配人的行为。

时间的子地方有:过去、现在、将来。这是公共的时间子地方。白天、晚上,这是自然的时间的子地方。吉日、凶日,这是人为的时间子地方。饥荒、瘟疫,这是偶然的时间子地方。谷物收获时、葡萄收获时,这是共同的时间子地方。穿上成人长袍时、娶妻时,这是个别的时间子地方。受判处时、被债务监禁时,这是专有的时间子地方。[④]

地点的地方。此等地方要么是自然的,例如海上、山上、田野。要么是公共的或积极的,如城邦、戏院、竞技场。要么是私人的,如宅院、田庄。要么是神圣的,如神庙。要么是安魂的,如坟墓。要么是不名誉的,如妓院。要么是狭窄的,要么是宽敞的。[⑤]

方式的地方有如公开的或欺瞒的、强暴的、软弱的、大胆的。[⑥]

工具的地方有:鞭子、刀剑、绳子、毒药,等。[⑦]

涉及事中的有 12 个地方。它们分别是:整体、部分、属、种、种差、专有、定义、名称、一事多名、开头、进展、完成。[⑧]

关于事的有 10 个地方。它们分别是:相似、不相似、持平、对反、取舍两难(ab inter se collidentibus per habitionem et ammisionem)、由大到小、由小到大、先例(Praecedent)、关联、推论。[⑨]

---

① Cfr. Karl Halm(a cura di),Rhetores Latini minores,In aedibus B. G. Teubneri,1863,p. 103.

② Cfr. Karl Halm(a cura di),Rhetores Latini minores,In aedibus B. G. Teubneri,1863,p. 103.

③ Cfr. Karl Halm(a cura di),Rhetores Latini minores,In aedibus B. G. Teubneri,1863,p. 103.

④ Cfr. Karl Halm(a cura di),Rhetores Latini minores,In aedibus B. G. Teubneri,1863,p. 104.

⑤ Cfr. Karl Halm(a cura di),Rhetores Latini minores,In aedibus B. G. Teubneri,1863,p. 104.

⑥ Cfr. Karl Halm(a cura di),Rhetores Latini minores,In aedibus B. G. Teubneri,1863,p. 104.

⑦ Cfr. Karl Halm(a cura di),Rhetores Latini minores,In aedibus B. G. Teubneri,1863,p. 104.

⑧ Cfr. Karl Halm(a cura di),Rhetores Latini minores,In aedibus B. G. Teubneri,1863,p. 115.

⑨ Cfr. Karl Halm(a cura di),Rhetores Latini minores,In aedibus B. G. Teubneri,1863,pp. 115s.

涉及事后的有两个地方,其一是结果;其二是权威的意见。[1]

共计31个母地方,子地方的数目难以统计。但福尔图纳齐亚努斯也承认有其他的地方,例如同源词、性质、数量、分部等。[2]

据说福尔图纳齐亚努斯的这套地方论来自埃尔马哥拉斯学派的地方论,更可能来自斯多亚派的地方论。在福尔图纳齐亚努斯之前,4世纪的维克多(Gaius Julius Victor)也运用过这种地方论。[3]实际上,西塞罗《地方论》第51节也运用过利用"之前、同时、之后"三个时间点组织材料的方式。

显然可见,福尔图纳齐亚努斯重构了地方的体系,把西塞罗的内外加关联三分法和波爱修斯的内外中三分法改成了依时间序列的四分法,这相对于西塞罗和波爱修斯的体系是一种创新,但或许是复古。非独此也,他还细化了地方的层次,分为母地方和子地方。由于此等细化,一些第二层次的地方,例如宅院、田庄、妓院、毒药的地方已不具有可入性,丧失了地方的特性。本来的地方是一些宏范畴,"把手"较高,把地方细化后,第二层次的地方的"把手"大大降低,变成了一些抽象性很低的概念。

但福尔图纳齐亚努斯的作品与先前的地方论研究者的作品间并非无关联。他还是承认前人提出的许多地方的,例如,整体、部分、属、种、种差等,而且,他关于"人"的21个子地方非常类似于昆体良的这方面的地方,他不过把这些地方按自己的体系进行了重新安置。而且,他也承认其他作者论及的地方,例如性质和数量。

相较于加尔兰杜思的把地方论逻辑化、梅兰希顿的把地方论神学化、卡米罗的把地方论美文学化,福尔图纳齐亚努斯的《修辞的艺术》还坚持了西塞罗—昆体良的律师地方论传统,他对各种地方的运用还是从辩护的立场出发的,所以,他的修辞学还是法律修辞学,而且没有看到其论述中有把修辞学由口头艺术改成书面艺术的痕迹。

---

① Cfr. Karl Halm(a cura di), Rhetores Latini minores, In aedibus B. G. Teubneri, 1863, p. 115.

② Cfr. Karl Halm(a cura di), Rhetores Latini minores, In aedibus B. G. Teubneri, 1863, p. 116.

③ Cfr. Benedetto Riposati, Studi sui Topica di Cicerone, Edizioni dell'Università Cattolica del S. Cuore, Milano, 1947, p. 52.

第九节　马泰奥·佩雷格里尼的地方论

一、佩雷格里尼的巴洛克文学背景

意大利学者马泰奥·佩雷格里尼(Matteo Peregerini,1595—1652 年)在其《论敏锐》(Delle Acutezza,1639 年)中讨论了运用地方论产生巧妙构思(Conceit)问题。要指出的是,佩雷格里尼是文学上的奇异派(Concettismo)的代表人物。该派产生于16 世纪的西班牙,以巴洛克文学风格为特征,延续到17 世纪。① 巴洛克(Barocco)的本意是一种形状不规则的珍珠,后来用来指16 世纪欧洲流行的过分雕琢和华丽的建筑风格。这种风格也扩散到文学、音乐绘画等领域。② 在文学上,所谓的巴洛克风格,也就是快节奏、用词简单、充满了机智的比喻和文字游戏的风格。奇异派与夸饰主义(Gongorismo)尽管都属于巴洛克风格,但两者不同。夸饰主义注重叙述的技巧以及夸张的风格,到处充斥隐喻,喜用久已不用的古语,另创新词,运用复杂的语法结构(有时复杂到根本无法理解作者想说什么)。而奇异派专注于观念,以及文字组合后所得的观念,借着音相近或一字多义的字眼达到文字游戏效果。③ 在这样的环境中运用地方,意味着地方论的文学化和巴洛克化,即成为导致奇异表达的工具。这与地方论产生之初的口头性和司法性大相径庭。

二、佩雷格里尼的地方

确实,佩雷格里尼提出了21 个地方。他受亚里士多德和昆体良的影响,对西塞罗的地方体系有改进。例如,西塞罗的"原因"地方,在佩雷格里尼的手里分成了"动因"(Efficente)、"质料""目的"三个地方。西塞罗的"定义"地方,在佩雷格里尼手里变成了"形式"的地方。他采用的"时

---

① Cfr. La Voce di Concettismo,Su http://it. wikipedia. org/wiki/Concettismo,2013 年8 月9 日访问。

② 参见互动百科"巴洛克文学"词条,载 http://www. baike. com/wiki/%E5%B7%B4%E6%B4%9B%E5%85%8B%E6%96%87%E5%AD%A6,2013 年8 月9 日访问。

③ 参见 Lucas:《西班牙文学概论》,载 http://www. myspsp. com/bbs/forum. php? mod = viewthread&tid = 53,2013 年8 月9 日访问。

间”“地点”的地方在西塞罗的地方论中是包含在“关联”的更高名目中的。另外，他采用了“情境”(Caso)的地方，它相当于西塞罗的关联的地方。[①]

三、佩雷格里尼的“源泉”

尽管佩雷格里尼建立了自己的地方，但他认为地方论太含糊且已衰落[②]，遂提出以源泉的概念取而代之并在其《论被转化为艺术的机智的源泉》(I fonti dell'ingegno ridotti ad Arte)一书中提出了12个源泉。它们是：

1. 联系(Commercio)。即人和物之间的联系。人是宇宙的主要部分，它不仅仅是物，而是一个物的世界。[③] 这个源泉首先有感觉，它们是视觉、听觉、味觉、嗅觉、触觉。其次有智力，即内在认识的能力，它们有思想、想象、理解、体谅、怀疑、意见(或信仰)、欺骗、预见、回忆。第三有表达，它们有发声和沉默，发声的是口头的或书面的语言，有母语、外语、古语、现代语等形式。沉默的是形象、数字等一切符号。第四有感情，它们是愉快、烦恼、爱、恨、欲望、讨厌、沉迷或愤怒、希望、恐惧、尊敬、惊奇、轻视、反胃、同情、感恩、忘恩负义等；第五有效果，它是已做成之事；第六有惰性的对应，它们有同样、差异、相等、相似、不相似、相反等。[④]

2. 构成(Costituenti)。该源泉用来研究有关物的构成。包括基本的等级、共同的等级、专门的等级三个分支。基本的等级解决被探讨的事物是什么的问题，它包括实体、数量、性质、动因(Moto)、地点、时间、对应七个方面。而存在是共同的等级，它包括持续、地点、数目、顺序、职责五个方面。个性属于专门的等级，包括职业，例如演说家、农夫、医生、水手等。[⑤]

3. 施动者(Principii 或 Originante)。即所有被探讨的事物所依赖的

---

① See M. J. Woods, “Graciάn, Peregrini, and the Theory of Topics”, In *The Modern Language Review*, Vol. 63, No. 4 (Oct., 1968), p. 859.

② Cfr. M. Peregrini, I fonti dell'ingegno ridotti ad Arte, Bologna, 1650, p. 59.

③ Cfr. M. Peregrini, I fonti dell'ingegno ridotti ad Arte, Bologna, 1650, p. 85.

④ Cfr. M. Peregrini, I fonti dell'ingegno ridotti ad Arte, Bologna, 1650, pp. 89ss.

⑤ Cfr. M. Peregrini, I fonti dell'ingegno ridotti ad Arte, Bologna, 1650, pp. 102ss.

东西,它们是事物的原因,所以也被叫做起源。[①]

4. 目的和手段。事物的目的是它们的首要和最高的原则,对这一源泉的运用表现为"有何意图""为了谁"之类的问题。[②] 而任何目的都是通过手段达成的。[③] 目的与手段的关系有适合、不适合、相反、阻碍四种情况。[④]

5. 主动。万物要么是施动者,要么是受动者。主动属于前者,被动属于后者。[⑤]

6. 被动(Passione)。是主动的对反概念,指对他人动作的承受。[⑥]

7. 性质。是使事物能成为此等事物的东西。包括善恶、隐藏的性质、感觉、自然的性质、增加的性质、身体的部分在其位置上的安排(站、躺等)。[⑦]

8. 多少。是"数量"的别样表达,有"多"与"少"两种形态。[⑧]

9. 何时。是"时间"的别样表达,一般的时间有过去、现在和将来三种形态;专门的时间有夏天、冬天,早晨、中午、晚上等。[⑨]

10. 何处。是"地点"的别样表达。它首先是宇宙的一部分,有天空、大地、空气、火、水等,也有东南西北;其次有共有的地点和自有的地点,例如,热那亚是利古里亚大区的,是意大利的,也是欧洲的一个城市,该城的三个所属,越靠前的越专有,越靠后的越共同;第三有自然的地点和偶然的地点,例如,海洋是海豚的自然的地点,此等地点适合于保存有关的事物,所以又称应该的地点。在应该的地点之外的是偶然的地点,其中包括暴力的地点,例如被囚的地点[⑩];第四有位置上的差别,例如前后、一方面、另一方面、在上、事实上[⑪];第五有空间关系(Continente),例如连结、毗

---

① Cfr. M. Peregrini, I fonti dell' ingegno ridotti ad Arte, Bologna, 1650, p. 59.

② Cfr. M. Peregrini, I fonti dell' ingegno ridotti ad Arte, Bologna, 1650, p. 142.

③ Cfr. M. Peregrini, I fonti dell' ingegno ridotti ad Arte, Bologna, 1650, p. 157.

④ Cfr. M. Peregrini, I fonti dell' ingegno ridotti ad Arte, Bologna, 1650, p. 159.

⑤ Cfr. M. Peregrini, I fonti dell' ingegno ridotti ad Arte, Bologna, 1650, p. 168.

⑥ Cfr. M. Peregrini, I fonti dell' ingegno ridotti ad Arte, Bologna, 1650, p. 187.

⑦ Cfr. M. Peregrini, I fonti dell' ingegno ridotti ad Arte, Bologna, 1650, p. 200.

⑧ Cfr. M. Peregrini, I fonti dell' ingegno ridotti ad Arte, Bologna, 1650, p. 211.

⑨ Cfr. M. Peregrini, I fonti dell' ingegno ridotti ad Arte, Bologna, 1650, pp. 221ss.

⑩ Cfr. M. Peregrini, I fonti dell' ingegno ridotti ad Arte, Bologna, 1650, pp. 240ss.

⑪ Cfr. M. Peregrini, I fonti dell' ingegno ridotti ad Arte, Bologna, 1650, pp. 243ss.

邻、邻近、遥远[①];第六种类型与性质结合起来谈,如寒冷之国、炎热之国、干燥之国等[②];第七有民事的地点,例如家居、别墅、乡镇、城市、广场、神庙、剧院、商店、街道。[③]

11. 属性(Subietti)。指包含在问题中的属性,严格说来是偶性,例如疯狂、轻率、酒醉、年青。[④]

12. 对应(Corrispondenti)。也就是关系,有首先、然后、相同和差异、相等和不等、相似、不同和相反、一起、相邻和远隔等形式。[⑤]

不难看出,佩雷格里尼的源泉理论采用其前辈修辞学家传统的人—物二分结构,把前者主要当做施动者,把后者当做施动者兼受动者,在这一框架内考虑施动者之行动的有关要素,例如运用何种工具、追求何种目的?在什么时空条件下施动?施动行为在时间上的顺序,等等,由此型构了一个动作及其实施的环境的世界。把握了行动的各个环节及其外部条件,就具有了敏捷地描述这个动作世界的能力。佩雷格里尼的源泉理论正是想赋予其读者这样的能力。

四、佩雷格里尼的"源泉"与亚里士多德的范畴的关系

但佩雷格里尼的"源泉"许多都类似于亚里士多德在其《范畴篇》或《困局》(Predicamente)中提出的十大范畴。它们是:(1)实体;(2)数量;(3)性质;(4)关系;(5)场所;(6)时间;(7)姿势;(8)状态;(9)动作;(10)承受。[⑥] 显然可见,亚里士多德的"关系"范畴对应于佩雷格里尼的"联系"。亚里士多德的"数量""性质""场所""时间""动作""承受"都可以在佩雷格里尼的"源泉"体系中找到自己完全一样的或略有变形的对应物,由此可以证明佩雷格里尼在打造自己的"源泉"体系时受到了亚里士多德的《范畴篇》的影响。

但伍兹(M. J. Woods)认为,尽管地方论与范畴论有相切的地方,例如,实体、数量、性质的地方都有同名的范畴。"关系"的范畴可对应于所

---

① Cfr. M. Peregrini, I fonti dell' ingegno ridotti ad Arte, Bologna, 1650, p. 243.

② Cfr. M. Peregrini, I fonti dell' ingegno ridotti ad Arte, Bologna, 1650, p. 244.

③ Cfr. M. Peregrini, I fonti dell' ingegno ridotti ad Arte, Bologna, 1650, p. 245

④ Cfr. M. Peregrini, I fonti dell' ingegno ridotti ad Arte, Bologna, 1650, p. 249.

⑤ Cfr. M. Peregrini, I fonti dell' ingegno ridotti ad Arte, Bologna, 1650, pp. 269ss.

⑥ 参见苗力田主编:《亚里士多德全集》(第一卷),中国人民大学出版社1990年版,第5页。

有关系的地方，情境的地方对应于“地点”“时间”“姿势”“动作”等范畴，但两者其实不同。范畴不是为了产生论据的，而是用来探究事情的性质的，范畴着重自己而非事物间的关系。[1] 既然如此，如果源泉论是地方论的变化形式，它也是为了产生论据的，而不是为了说明自身的，那么，我们也不能因为佩雷格里尼的源泉论与亚里士多德的范畴论相似而给两者画上等号。

第十节　格拉西安的地方论

格拉西安（Baltasar Gracián，1601—1658 年）是西班牙耶稣会士，巴洛克散文作家和哲学家。他在其《敏锐与机智的艺术》（Agudeza y arte de ingenio，1642 年）一书中把奇异派的文风理论化了。[2] 在此书中，格拉西安运用了地方论。他采用波爱修斯的地方定义，一方面，把地方看做一般的真理性命题，另一方面看做论据的源泉。[3] 同时，他提出了如下的地方：关联、原因、结果、属性、性质、偶性、时间、地点、方式等。[4] 外加相似、差异等关系性的地方以及权威和证言等信实的地方。[5] 它们都服务于作出敏锐的表达的目的。因此，格拉西安按车轮的模式说明敏锐的表达与地方的关系。敏锐的表达处于车毂的地位，情境性的地方处于车轮边缘的地位，关系性的地方处于辐条的地位。

格拉西安把敏锐的表达分为四类。其一，相互关系上的敏锐，包括比例、不成比例、相似、相同、提及等；其二，精巧的理智的权衡，包括危机、悖论、夸张、格言、才干；其三，推理的敏锐（Agudezza de racinocinacion），它是从一个已认识的概念推论出另一个概念的心灵活动，包括神秘、推论性的

---

① See M. J. Woods, “Gracián, Peregrini, and the Theory of Topics”, In *The Modern Language Review*, Vol. 63, No. 4, (Oct., 1968), p. 861.

② See Paul Lagasse, *Columbia Encyclopedia*, Sixth Edition, Columbia University Press, 2000, p. 1161.

③ See M. J. Woods, “Gracián, Peregrini, and the Theory of Topics”, In *The Modern Language Review*, Vol. 63, No. 4, (Oct., 1968), p. 856.

④ Véase Baltasar Gracián, Agudeza y arte de ingenio, Amberes, 1725, p. 9.

⑤ See M. J. Woods, “Gracián, Peregrini, and the Theory of Topics”, In *The Modern Language Review*, Vol. 63, No. 4, (Oct., 1968), p. 856.

指责、证据等;其四,创造的敏锐,包括拟制、诡计、行动和言辞中的创造等。[①] 在此基础上,格拉西安把地方与敏锐的表达结合起来。头两类敏锐的表达特别需要运用地方。第一类和第二类要运用格拉西安意义上的地方,尤其是第一类敏锐的表达当然要运用关系性的地方。第三类敏锐的表达也要运用正常意义上的作为论据的渊薮的地方。但第四类敏锐的表达在很大程度上只涉及智慧的行动,几乎与地方无关。[②]

格拉西安主要把地方当做产生敏锐的表达的渊薮,而非产生论据的渊薮。对地方的这两种用法是不同的。例如,夸饰主义的创始人贡戈拉(Gongora)留有如下诗句:

> 好极端的女孩呀!
> 残忍到了极端!
> 贫瘠之地的女儿,
> 蟒蛇出没的土地。

格拉西安把如上诗句作为比较之地方的运用例子分析,认为这是一个主体与其生长环境的比较,从此得出恶地出坏人的推论。但从地方论的角度看,这是一个运用"类似"和"关联"地方的例子。[③] 当然,地方论中的类似到了逻辑学中,就是类比推理,所以,类比要有相当的合理性,也就是两个类比的对象要有逻辑上的关联。而格拉西安提供的上述类比缺乏逻辑基础,因为坏女孩与土地的贫瘠和蟒蛇的出没没有必然的联系。按中国的通行说法,贫瘠的土地还产生仁厚的人民呢!

总之,格拉西安把地方文学化了,彻底清除了其口头和诉讼色彩,把它用作作文术。地方也不再与论式挂钩,而是与一定的文学阅读效果挂钩,这样也就把地方非逻辑化了。但他还是保留了部分地方的传统用法。

---

① Véase Baltasar Gracián, Agudeza y arte de ingenio, Amberes, 1725, pag. 9.

② See M. J. Woods, "Gracián, Peregrini, and the Theory of Topics", In *The Modern Language Review*, Vol. 63, No. 4, (Oct., 1968), p. 857.

③ See M. J. Woods, "Gracián, Peregrini, and the Theory of Topics", In *The Modern Language Review*, Vol. 63, No. 4, (Oct., 1968), p. 857.

第十一节 小 结

本章考察了西塞罗之后的9个地方论者的地方论，他们的学说基本反映了西塞罗之后地方论的变迁。可以把9个作者分为法庭组、逻辑组、教堂组、文学组、体系组。昆体良、福尔图纳齐亚努斯属于法庭组；波爱修斯、加尔兰杜思属于逻辑组；梅兰希顿属于教堂组；卡米罗、佩雷格里尼、格拉西安属于文学组；鲁路斯属于体系组。5个组代表了西塞罗之后的地方论的5个发展方向。法庭组继续了西塞罗的把地方论主要理解为一种法庭辩护之道的传统，显得最古典。逻辑组则力图把地方论形式化，也就是摆脱地方论的运用情境，尤其是司法情境，把地方论运用到更广泛的情境中。教堂组则把地方论神学化，致力于共同的地方甚于地方，旨在为布道者提供一些通用的表达，不经意间实现了地方论的宗教化或基督教化。文学组则把地方论笔头化，把它从美化演讲术转变为美文术。体系组则把地方看做把握一门学科的主要节点，掌握这些节点则意味着有效率地掌握这个学科。

可以说，对后世影响最大的是文学组，因为在当今，地方论所从属的修辞学不复被理解为美化讲话之道，而是被理解为美文之道，这种转化是文学组的劳动成果。次有影响的是体系组，但其影响主要存续于16世纪，那个时候的法学家，许多把地方论看做浓缩一门学科，从而快速加以掌握之道，从而产生了所谓的论题学法学。过了这个世纪，体系组的影响就式微了。

尽管5个组的倾向各个不同，各个作者对地方的理解也颇有差异，但仍有一些相同点，即各位作者都把地方看做一种观察事物的线索和表达观察结果的工具。例外，他们对地方的理解徘徊于地方与共同的地方之间。最后，他们的地方论或明或暗地都有亚里士多德和西塞罗的地方论的痕迹。

第六章　16世纪法律地方论研究

第一节　概　　述

16世纪是注释法学、评注法学结束、共同法形成,需要整理的世纪,其时,意大利学派终结,高卢学派兴起,产生了研究法律地方论的浪潮,表现为产生了大量这方面的作品。不过,此时运用地方论的目的不一样了,如果说过去的运用目的是写作辩护辞,现在则是为了有效地学习《市民法大全》。两者的区别大矣！前者在着手前面对的是“无”,要通过利用地方的寻找得出“有”,后者在着手前面对的是“有”甚至“多”(甚至“杂多”),要利用地方化繁为简,理出一个简明手册,以满足教学的需要,所以,前者的舞台是法庭,后者的舞台则是教室。

16世纪是法律人文主义的时代。作为一个学派,法律人文主义特别强调以有序和明晰的方式阐述全部的材料,为此他们运用辩证法,具体来说就是共同的地方作为工具,以此达成体系性的著作。[1] 需要说明的是,体系有两种,第一种是从一个根本前提推演出来的演绎性的体系,这是通常的人们理解的体系,典型的例子是潘得克吞体系,它最终成为概念法学的基石;第二种是非演绎性的体系,它可以被看做一个地方的目录,也就是一些地方的汇集,这样的体系是开放性的。[2] 所以,体系与地方并非矛

---

① Véase Manuel Jesús Rodríguez Puerto, Tópica y humanism jurídico, En Anuario de filosofía del derecho, Año 2001, Número 18, pag. 366.

② Véase Manuel Jesús Rodríguez Puerto, Tópica y humanism jurídico, En Anuario de filosofía del derecho, Año 2001, Número 18, pag. 368.

盾的。[①] 人文主义者的使命就是以地方论构筑非演绎的体系，用来整理共同法。[②] 这种法学方法论是由一般的科学方法论决定的，事实上，16 世纪的整个人类知识都维持着强烈的地方论结构。当时的人们认为，人类的智慧是一个封闭的知识总量，它包含所有可能的主题并需要组织为合理的体系。其中，每个地方都与其他所有主题有特别的关系并在人类知识的大厦中占据一个明确的位置。[③]

以下介绍在这种思维方法支配下产生的主要法律地方论作品。它们很多，为了节省篇幅，本章原则上只介绍书名中有“地方论”字样的作品，对于书名中无此等字样但论述地方论的作品，略过不论。说“原则上”，是因为有阿格里科拉的《论辩证的寻找》的例外，这个书名中不包含“地方论”的字样，但对后来的地方论产生了巨大影响，故本章亦介绍之。

第二节　阿格里科拉悄悄改变 Topica 一词的含义

如前所述，Topoi 这个词的含义不断变化。其最初的含义是论据的所在地，但研究者普遍认为[④]，到了 16 世纪，荷兰学者[⑤]鲁道尔夫·阿格里科拉（Rodolphus Agricola，1444—1485 年）把它的含义改造为符号。

阿格里科拉从 1468 年到 1475 年在意大利帕维亚大学学习市民法，尔后在费拉拉工作。1484 年成为海德堡大学教授。1479 年，他完成了《论辩证的寻找》（De Inventione Dialectica）一书，这个书名值得一析。我

---

① Véase Manuel Jesús Rodríguez Puerto，Tópica y humanism jurídico，En Anuario de filosofía del derecho，Año 2001，Número 18，pag. 369.

② Véase Manuel Jesús Rodríguez Puerto，Tópica y humanism jurídico，En Anuario de filosofía del derecho，Año 2001，Número 18，pag. 371.

③ See Merio Scattola，“Models in History of Natural Law”，In *Ius commune. Zeitschrift für Europäische Rechtsgeschichte*，XXVIII（2001），Frankfurt am Main，Vittorio Klostermann，p. 96.

④ See Lodi Nauta，“From Universals to Topics：The Realism of Rodolph Agricola，With an Edition of His Reply to a Critic”，In *Vivarium*，Vol. 50，2012，p. 211；Voir Eug. Thionville，De la Theorie des Lieux Communs dans les Topiques D'aristote et des Principales Modifications Qu'elle a Subics Jusqu'à Nos Jours，A. Durand，Paris，1855，p. 113. 参见舒国滢：《欧洲人文主义法学的方法论与知识谱系》，载《清华法学》2014 年第 1 期，第 148 页。

⑤ 也被称为德国学者。Voir Eug. Thionville，De la Theorie des Lieux Communs dans les Topiques D'Aristote et des Principales Modifications Qu'elle a Subics Jusqu'à Nos Jours，A. Durand，Paris，1855，p. 115.

们知道,“寻找”是一个修辞学术语,指为有关的论题找到可以提取论据的地方的活动,分为辩证的寻找和修辞学的寻找,在阿格里科拉看来,后一种寻找只以风格为对象,前一种寻找是关于寻找说服人的材料,为了教学、感动和愉悦听众而组织此等材料的艺术,旨在教人如何思考,如何说话。[①] 由此看来,此书立意高远,有为提升民智的旨趣。由此,阿格里科拉的现代同乡瑙塔(Lodi Nauta)认为它是“文艺复兴时代关于论证、阅读、写作和交流的最有原创性的和最有影响的教科书”。[②] 但波尔多(Manuel Jesús Rodríguez Puerto)认为那个时代的“辩证法”就是“共同的地方”。[③] 这一说法倒很符合阿格里科拉著作的内容,不容忽视。

在该书中,阿格里科拉遵循西塞罗的路线,把地方分为内在的地方和外在的地方。前者有:定义、属、种、属性、整体、部分、关联、毗邻(Adjacents)、主动、被动;后者有:原因(动力因、目的因)、结果(效果、目的)、地点、时间、情势(connexa)、偶然、事物的名称、意见、比较、类比、对反、距离。[④] 这个地方清单不同于前人的,具有相当的原创性,例如,毗邻、事物的名称、意见、距离就不见于西塞罗的地方清单。但这个清单并非本文的考察对象,本文拟考察的是阿格里科拉对这些地方的共同属性的理解,即他对地方下的定义。

确实,阿格里科拉提出了自己的地方定义,之所以如此,乃因为他认为在他之前的地方定义都太难懂,这要么因为它们忽略了地方的根本特性,要么因为它们太复杂、太简短、太有限,所以他要尽力把地方的性质和它们的用法讲清楚。[⑤]

他的地方定义是这样的:地方不过是一个事情的某种普通符号

---

① See Peter Mack, *Renaissance Argument: Valla and Agricola in the Tradition of Rhetoric and Dialetic*, Brill, 1993, p. 120.

② See Lodi Nauta, "From Universals to Topics: The Realism of Rodolph Agricola, With an Edition of His Reply to a Critic", In *Vivarium*, 50(2012), p. 190.

③ Véase Manuel Jesús Rodríguez Puerto, Tópica y humanism jurídico, En Anuario de filosofía del derecho, Año 2001, Número 18, pag. 366.

④ See Peter Mack, *Renaissance Argument: Valla and Agricola in the Tradition of Rhetoric and Dialetic*, Brill, 1993, p. 146.

⑤ See Peter Mack, *Renaissance Argument: Valla and Agricola in the Tradition of Rhetoric and Dialetic*, Brill, 1993, p. 136.

(Notio),在其提醒下,人们可以找到让人相信特定事情的论据。[①] 这个定义具有革新意义,按照它,地方首先是"实"的"名",它们的任务是便利我们循名责实,并用此等"实"来进行论证。其次才是论据的所在地。对于"首先",阿格里科拉说:那些发明他们称之为地方的论据之地的人做了一件最有用的事情,因为通过提示地方,如同通过一些符号,让我们能把我们的心思围绕着事情本身打转,并理解它们中的何者有说服力,并适合于我们要去发表的何种演说。[②] 德国学者彼得·马克(Peter Mack)对此评论说:"这样,地方是符号的记忆组,指引心灵去思辨特定的事情,此等事情可以与我们要讲的事情相配合。地方论为心灵提供一份固定的和被假定为完备的伎俩的清单。"[③]

在地方论的历史上,地方的含义在不同的作者手里往往不同,阿格里科拉被法国学者欧仁·提昂维勒(Eugène Thionville)认为是地方概念的改革者,说他把地方等同于词。[④] 赋予了一些与地方论没有任何关系的规则以 topoi 的名称。[⑤] 甚至说,尽管他的地方论与亚里士多德的地方论同名,但读他的地方论的人们完全不会从中学到亚里士多德赋予这种方法论的功能。[⑥] 还说他不可能错得太彻底了。甚至说他没有读懂亚里士多德的《地方论》。[⑦] 这些骂人话无非说阿格里科拉的地方论与亚里士多德的地方论是两回事。但理论的发展往往是在有意或无意的误解中进行的,这是前人的宿命!

在阿格里科拉把地方的含义从论据的所在地改为词以后,地方的运

---

① Cfr. Rodolph Agricola, De Inventione Dialectica, Knoblouchus, 1521, p. 10.

② See Peter Mack, *Renaissance Argument: Valla and Agricola in the Tradition of Rhetoric and Dialetic*, Brill, 1993, p. 139.

③ See Peter Mack, *Renaissance Argument: Valla and Agricola in the Tradition of Rhetoric and Dialetic*, Brill, 1993, p. 140.

④ Voir Eugène Thionville, De la Theorie des Lieux Communs dans les Topiques D'Aristote et des Principales Modifications Qu'elle a Subics Jusqu'à Nos Jours, A. Durand, Paris, 1855, p. 116.

⑤ Voir Eugène Thionville, De la Theorie des Lieux Communs dans les Topiques D'Aristote et des Principales Modifications Qu'elle a Subics Jusqu'à Nos Jours, A. Durand, Paris, 1855, p. 114.

⑥ Voir Eugène Thionville, De la Theorie des Lieux Communs dans les Topiques D'Aristote et des Principales Modifications Qu'elle a Subics Jusqu'à Nos Jours, A. Durand, Paris, 1855, p. 115.

⑦ Voir Eugène Thionville, De la Theorie des Lieux Communs dans les Topiques D'Aristote et des Principales Modifications Qu'elle a Subics Jusqu'à Nos Jours, A. Durand, Paris, 1855, p. 115.

用发生了变化。他提出了根据事物的地方对它进行描述(rem per locus describere)的原则,例如,当我们遇到哲学家一词时,我们就要寻找所有与它有关的地方,也就是它的定义(寻求智慧的人)、它的属(人)、它的种(是斯多亚派的还是伊壁鸠鲁派的)、它的偶性(蔑视身外之物并蔑视享乐)、它的相似物(历史学家)、它的对反(追求物欲的人),等等。辩证法学者经过这番训练,就会惯于快速地找到一个术语的不同的地方。①

这样,如果某人要讨论一个问题,他面临的是一个寻找与这个主题相宜的属性的过程,例如,面对"哲学家是否应娶妻的问题",要对"哲学家"和"妻"两个术语进行描述。把定义、属、原因、偶性的地方分别用到这两个术语上,然后得出评论,继而得出命题,据以证成或证否要讨论的问题。②

阿格里科拉的《论辩证的寻找》在他死后出版,产生了巨大影响。它同时扮演 5 个角色发挥影响:作为修辞学的文本、作为辩证法的导论、作为亚里士多德的《地方论》的替代、作为地方论的导论、作为文学课程中的辩证法材料。1523 年,它被作为德国美因茨大学的修辞学教材使用。在图宾根大学,在从 1525 年到 1531 年的期间,它被作为辩证法导论的教材使用。在维也纳大学和英戈尔施塔特(Ingolstadt)大学,它扮演过同样的角色。在科伦大学(1560—1561 年、1561—1562 年、1577—1578 年)、克莱尔学院(Clare Hall)、剑桥大学(1551 年)、鲁汶大学,它取代了亚里士多德的《地方论》③;1530 年,巴黎大学神学系指责该大学的艺术系用阿格里科拉的此书取代了亚里士多德的《地方论》。④

那么,阿格里科拉把"地方"改为"符号"对于法学有何意义?意义颇大!有宏观和微观两个方面。从宏观的角度看,此等改变包含体系的因素,因为阿格里科拉的地方论是根据事物的地方对它进行描述的艺术,把

---

① Voir Eugène Thionville, De la Theorie des Lieux Communs dans les Topiques D'Aristote et des Principales Modifications Qu'elle a Subics Jusqu'à Nos Jours, A. Durand, Paris, 1855, p. 116.

② Voir Eugène Thionville, De la Theorie des Lieux Communs dans les Topiques D'Aristote et des Principales Modifications Qu'elle a Subics Jusqu'à Nos Jours, A. Durand, Paris, 1855, p. 117.

③ See Peter Mack, *Renaissance Argument*: *Valla and Agricola in the Tradition of Rhetoric and Dialetic*, Brill, 1993, pp. 291ss.

④ Voir Eugène Thionville, De la Theorie des Lieux Communs dans les Topiques D'Aristote et des Principales Modifications Qu'elle a Subics Jusqu'à Nos Jours, A. Durand, Paris, 1855, p. 118.

这一艺术套用到法学上,大而言之,可以对法学的整体进行描述(按定义、属、种、偶性、相似物、对反的程序),小而言之,可以对某一法律制度进行描述,例如,现在我们常用的分析某一制度的套路:定义、属性、区分、例外就是对阿格里科拉的地方论的运用。从微观的角度看,把阿格里科拉式的符号法律化,它就成了法律命题,把这些命题彼此勾连起来,就可以构成一个学科的体系。

第三节 尼古拉斯·埃维勒尔茨的法律地方论

尽管阿格里科拉学过法律并在其时代的西方法学教育中心意大利逗留十多年,但他没有完成其地方论的法律化,此等转化可能是尼古拉斯·埃维勒尔茨(Nicolaas Everaerts,也写作 Nicolaus Everardus,1461—1532年)完成的。[①] 他生于荷兰西兰省的米德尔堡(Midelburgo)。在鲁汶大学学习并于1493年获得博士学位。在法院担任过多种职位,最后担任马林(Malines,现属于比利时)的最高法院的院长。[②] 1516年,他在鲁汶出版了《共同的地方集成或法律的地方单卷本》(Topicorum seu de locis legalibus liber)一书,此书的书名中出现了一个中世纪拉丁语词:Topicum。它不同于Topica,如前所述,该词的含义是寻找论据的艺术,而Topicum的含义是"共同的地方的汇集"。[③] "共同的地方"尽管与"地方"共享地方的名号,至少在西塞罗及其追随者手中是两回事。共同的地方指老生常谈。所以,埃维勒尔茨用这个词概括自己书的内容,就是告诉读者本书讲的是一些法学的常用内容。这样的"共同的地方论"与"地方论"就相去万里了。

无论如何,埃维勒尔茨此书的命运像阿格里科拉的《论辩证的寻找》一样好,出版后成为畅销书,在欧洲各地重印。重印的地点有波伦那、巴塞尔、巴黎、里昂、斯特拉斯堡、威尼斯、美因茨、法兰克福、科隆,直到17世纪中期才停止。据《尼古拉斯·埃维勒尔茨的地方论研究》的作者奥

---

① 尽管埃维勒尔茨只在自己的《法律的地方单卷本》提到阿格里科拉的《论辩证的寻找》一次(Nicolaas Everaerts,Topicorum seu de Locis Legalibus Liber,Lugduni,1568,p. 3),但可发现他受阿格里科拉的这一著作影响很大。

② Cfr. Savigny,Storia del diritto romano nel medio evo,Vol. I,1854,Torino,p. 774.

③ Numen:The Latin Lexicon 在线拉丁语词典中的 Topicum 词条,2015年4月30日访问。

托·维尔瓦尔特(Otto Vervaart)考证,该书第一版的重印版就有8个;第二版的重印版则有18个。[①] 后来的版本把书名改为《法律论证者的地方》(Loci argumentorum legales,Lugduni,1568)。

在这一著作中,埃维勒尔茨把地方定义为"人们从中提取某些必要且可能的论据尽可能地证成或证伪一件事情的处所"(loci appellantur sedes quaedam et quibus in rem quamvis confirmandam vel refelledam necessaria probabila ducuntur argumenta)。[②] 这一繁复式表达可以简化为"地方是可以从中提取论据的场所"。这样的地方定义与西塞罗的定义是一致的,然而,他是否把这一定义贯彻到全书的写作中,是值得怀疑的,因为他的地方与西塞罗的地方差别很大,不仅数目成倍增加,而且它们间的具体性与抽象性很不一致。尽管如此,这一定义还是包含一些新意。

首先,它提到的论据,不是一般的论据,而是必要且可能的论据,这是个波爱修斯式的表达。波爱修斯区分必然与可能,"必然"是只能是这样,不能是那样的东西。"可能"是所有人、多数人或智者根据他们的技能和他们所处的环境发表的意见。[③] 由必然与可能的对立出发,可以把所有的论据四分:(1)可能且必然的,例如,在一个物上加上另一个物,将造就一个更大的整体[④];(2)可能而不必然的,这是我们轻易接受的结论,但并非坚实的真理,例如所有的母亲都爱其孩子的命题[⑤];(3)必然而不可能的,例如太阳因为月亮的影子的投射而有盈亏。[⑥] 只要月亮的影子足够大,必然能遮蔽太阳,但月亮小而太阳大,所以,前者的影子遮蔽后者的事不可能发生;(4)既不必然也不可能的,是既不存在于人的意见中,也不存在于真理中的事情,例如说一个人有他从未失去过的角,因为每个人都拥有他未曾失去的东西。[⑦] 显然,"必然且可能"的意思是"无可

---

① See Otto Vervaart, Arguing the Law with Nicolaus Evrardi, On http://rechtsgeschiedenis.wordpress.com/2011/02/05/arguing-the-law-with-nicolaus-everardi/,2014年10月25日访问。

② Cfr. Nicolaas Everaerts,Topicorum seu de Locis Legalibus Liber,Lugduni,1568,p.1.

③ Cfr. Claudius Cantiuncula,Topica Legalia,Basilea,1520,p.2.

④ Cfr. Claudius Cantiuncula,Topica Legalia,Basilea,1520,p.2.

⑤ Véase Manuel Jesús Rodríguez Puerto,Tópica y humanism jurídico,En Anuario de filosofía del derecho,Año 2001,Número 18,pag.372.

⑥ Cfr. Claudius Cantiuncula,Topica Legalia,Basilea,1520,p.2.

⑦ Cfr. Claudius Cantiuncula,Topica Legalia,Basilea,1520,p.2.

辩驳”,换言之,似是而非的论据被排斥在此处提到的论据的外延之外。

其次,它提到了论据的第二种运用:证伪,而此前的地方论者都只提到论据的证成功能。

作为第一次把地方论法律化的成果,埃维勒尔茨列出了 100 个法律的地方,后来经后人增加到 131 个。[①]

最初提出的 100 地方是:(1) 命令;(2) 普遍性;(3) 例外与规则;(4) 相反的意思;(5) 近真;(6) 名称的词源;(7) 大众的意见或大众的说话方式;(8) 荒唐;(9) 效果;(10) 类比;(11) 联系或两个法律的联合;(12) 封地与永佃权;(13) 永佃权与国势调查;(14) 使用借贷与容假;(15) 遗赠与遗产信托;(16)《法尔其丢斯法》与《特雷贝流斯元老院决议》;(17) 合同与遗嘱或相反;(18) 合同与准合同;(19) 合同与违约;(20) 合同与私犯或相反;(21) 遗嘱与审判或相反;(22) 武装的军人与享受军人待遇的神职人员;(23) 慷慨行为与慈善事业;(24) 扶养与慈善事业;(25) 嫁资与慈善事业;(26) 皇库与教会或慈善事业;(27) 军人与教会或慈善事业;(28) 被监护人与公物或相反;(29) 扶养与嫁资;(30) 未成年人与精神病人(浪费人。缺脑筋的人)或心神丧失的人;(31) 未成年人与教会或慈善事业;(32) 教会与礼拜之所;(33) 肉体的婚姻与精神的婚姻或相反;(34) 严格或限制法的理由对法律本身的限制;(35) 宽松或宽广法或一般法的理由与法律本身的扩张;(36) 同时要求前提条件的结果;(37) 人与时间;(38) 人与物;(39) 物与时间;(40) 时间与地方或相反;(41) 人与地方或相反;(42) 时间与时间;(43) 等同:定义与被定义;(44) 标题与黑字;(45) 主题[②];(46) 从属于有关学科(Subiecta materia);(47) 情势变更(Ratione casus conversiva);(48) 权威或较大的先例;(49) 性质改变;(50) 结合的性质;(51) 列举部分;(52) 法律与遗嘱;(53) 形式的缺陷;(54) 数字;(55) 势均力敌;(56) 共同的偶性;(57) 顺位(ordinatio);(58) 奴隶与君主;(59) 解放自由人与仆从;(60) 剥夺与拥有;(61) 种的位置;(62) 遥远的属;(63) 寻常事或通常或惯于做的事情;(64) 失效之法;(65) 较小;(66) 较大;(67) 第一与最后;(68) 特别;(69) 性质;(70) 语词的专横的性质(natura dictionum taxativarum);(71) 意思与遗嘱;(72) 税与什一

---

① 参见舒国滢:《欧洲人文主义法学的方法论与知识谱系》,载《清华法学》2014 年第 1 期,第 148 页及以次。

② 词应根据相关的主题加以理解。

税(a tributo ad decimam);(73)遗嘱规定与为专门的动机发布的敕答;(74)比例或可比例性;(75)相反或对反;(76)相关;(77)民事与刑事;(78)不可能;(79)行为的实施环境;(80)整体与部分;(81)官职、职位的名称或叫法;(82)语词的隐含的性质(natura dictionum implicativarum);(83)探索或困惑;(84)极端;(85)理由终止;(86)推定造就事实本身;(87)时间的不同;(88)比较的力量;(89)简约与法律与制定法或习惯法;(90)意思与起诉书;(91)加倍的言辞或行为;(92)不方便的宽容;(93)代位;(94)前件的授予;(95)结果的授予;(96)前件的破毁;(97)结果的破毁;(98)拟制;(99)完全的权力;(100)目的的美德。[1]

相较于西塞罗的地方,埃维勒尔茨的确把地方法律化了,除少部分地方与西塞罗研究过的地方重合外——例如类比、较小、较大、整体与部分、权威外——其他的地方都是新的、而且是法律人士专用的。当然,这些重合的地方的存在证明了埃维勒尔茨的工作与西塞罗的工作之间的连续性。这些地方不限于适用于法律领域,是亚里士多德意义上的"共同的地方",所以,埃维勒尔茨讲的法律中的地方,也是相对而言的。

在这些法律地方中,有些是单独的法律概念,例如"普遍性"(第二个地方)、行为的实施环境、时间的不同、不方便的宽容、代位等,它们构成一个个的法律论题。

其三是成对出现、以"A与B"的句式表达两者间的关系的法律概念,例如奴隶与君主、解放自由人与仆从、剥夺与拥有、扶养与嫁资。它们间的关系要么是对反的,例如奴隶与君主、剥夺与拥有它们之间的关系是相关(Correlativis)。它表达的是一种属性的对反,例如较为仁慈与较为严厉的对比,较宽与较窄的对比、较不可能与较可能的对比、较为真实与较为虚假的对比。运用这样的对立的范畴的好处是可以让人经验地和特别地叙述现实并援引将制定的法律,做出相关的陈述可以避免纠结于难以克服的定义问题,例如,如果确定阴阳人的性别是进行一个法律程序的前提,乌尔比安说,该人哪个性别的性征强,就认为他是哪个性别的。[2] 要么是类似的,例如解放自由人与仆从,等等,因此,寻找一定的中词

① Cfr. Nicolaas Everaerts, Topicorum seu de Locis Legalibus Liber, Lugduni, 1568, pp. 2ss.

② See Ian Maclean, *Interprtation and Meaning of Renaissance: The Case of Law*, Cambridge University Press, 1992, p. 80.

(medium)把两个现象连接起来,乃地方论艺术的内容[1]的说法对埃维勒尔茨的地方论极为合适。通过这样的连接,犹如面粉里加进了水,经过揉搓,它们可以结成一个个面团,再强力糅合,可以形成一个大面团,那就是一个学科的体系。所以,菲韦格把地方论与体系对立起来,是错误的。但埃维勒尔茨这样的安排让地方的层级乱了套,类比本身还是一个地方,但从它们派生出的大量子地方,派生物与其母体并列为地方,两者的功能和抽象程度都不同,前者实际上成为了论题,后者还是地方,所以,埃维勒尔茨的地方清单实际上是地方和论题的混合物。

要指出的是,“其二”和“其三”的内容基本只涉及私法。

其四是一些成对出现的地方互反,例如,在“封地与永佃权”的地方之后就是“永佃权与封地”的地方,为何有如此安排?从埃维勒尔茨的论述来看,这两个地方并不相同,基于前者的论证详细得多,基于后者的论证比较简短。[2]

其五是这些地方中包括一个法谚:推定造就事实本身(第 118 个地方),虽然是唯一的,但它为地方的法谚化开了一个头。

最后,埃维勒尔茨在论述每个地方前都有一个论述这一地方的内容的提要,例如,在讲到“同时要求前提条件的结果”(第 36 个地方)前,概述了对该地方的如下七个论述:

1. 如果为证明一个事情的存在或完成一个证明需要多个行动,仅完成或证明其中之一是不够的。

2. 要求一个敕答的人或提交起诉书的人,应证明表述在此等敕答中的案件。

3. 要求承认一个文件以便让它有效的人,应证明它有效。

4. 在特定情势下做出的解答,主要只涉及上述特定情势,不涉及阐释性的说明。

5. 要求某种资质的文件,在没有此等资质时无效。

6. 具备让我请求审判的一切前提的慷慨行为条款,具有效力。

---

① 参见〔英〕利昂·庞帕编译:《维柯著作选》,陆晓禾译,商务印书馆 1997 年版,第 71 页。

② 但是,奥尔登多尔普的《法律地方论》中,有“请求遗产与原物返还”与“原物返还与请求遗产”两个地方,作者论述两者的文字完全相同。

7. 在有关文件不适当的情况下，法官不可能作出适当的判决。[①]

这样，被论述的地方真正地成为了论题，下面的内容是对它的论证而已。

第四节 克劳丢斯·堪迪乌恩库拉的法律地方论

克劳丢斯·堪迪乌恩库拉（Claudius Cantiuncula，法文名字为Claude Chansonnette，1496—1560年），出生于神圣罗马帝国的自由市梅斯（Metz，现属法国）。先是在鲁汶、后是在巴勒（Bâle）学习。1519年成为巴勒大学的民法教授。1522年成为巴勒市的市长。[②] 著有《举法律例子的地方论》（Topica trattata per exempla legum，Basileae，1535年）、《论法官的职责》（1543年）、《建议或解答》（1571年）。威亚克尔（Franz Wieacker，1908—1994年）在其《近代私法史》中说他于1564年对纽伦堡（Nürnburg）的监护改革法进行了重订。[③] 他是有名的人文主义法学家。他的传记作者基尔希（Guido Kirsch）则认为他是德国法学发展的开路先锋，他废黜了评注法学，开创了对原始文献的新鲜的欣赏。菲斯列夫（Hans Peter Ferslev）说他与阿佩尔、赫根多尔夫一起开创了一个辩证—综合的学派，与阿尔恰托、查修斯、布达埃乌斯（Budaeus）的哲学—历史学派形成对立。作为辩证—综合学派的成员，他以西塞罗的地方论为基础提供了一种对法律的新综合，为德国法学的成熟的体系化发展做出了贡献。[④] 菲韦格在其《论题学与法学——论法学的基础研究》中提到此人[⑤]，表明他知晓堪迪乌恩库拉的地方论思想。[⑥]

---

① Cfr. Nicolaas Everaerts，Topicorum seu de Locis Legalibus Liber，Lugduni，1568，p. 175.

② Voir Collectif，Guillaume Farel - 1489 - 1565 - Biographie Nouvelle，Slatekine，Paris et Neuchâtel，Delachaux et Niestlé，1930，p. 124.

③ 参见〔德〕威亚克尔：《近代私法史——以德意志的发展为观察重点》，陈爱娥、黄建辉合译，五南图书出版公司2004年版，第172页。

④ See Harold Berman，*Law and Revolution*，*II*，*The Impact of the Protestant Reformations on the Western Legal Tradition*，Harvard University Press，2009，p. 421. note 3.

⑤ 参见〔德〕特奥多尔·菲韦格：《论题学与法学——论法学的基础研究》，舒国滢译，法律出版社2012年版，第80页注释41。

⑥ See Merio Scattola，"Models in History of Natural Law"，In *Ius commune. Zeitschrift für Europäische Rechtsgeschichte*，XXVIII（2001），Frankfurt am Main，Vittorio Klostermann，p. 96.

1535 年,堪迪乌恩库拉出版了《举法律例子的地方论》,在该书 1559 年的巴塞尔版的开篇,就有一章"论地方的起源、根据鲁道尔夫·阿格里科拉的理论论地方本身的用处"①,这一题名证明了鲁道尔夫·阿格里科拉的地方论对堪迪乌恩库拉的相应学说的影响。接下来,他给地方下的定义是"论据的所在,从中可能提取论据用于争议的对象,进而对之作出证明……地方不是别的,只是某些物的普通的符号,在其提醒下,人们可以找到让人相信特定事情的论据。必须从这些地方要求论据,但必须根据特定的顺序"。② 显然,这一地方的定义是西塞罗的地方定义与阿格里科拉的地方定义的杂糅。西塞罗的因子表现为承认地方是论据的所在;阿格里科拉的因子表现为又把地方说成符号,而且是普通的符号,这两个定义是互不相容的,但堪迪乌恩库拉把它们捏到一起了。不过,他对地方的论述还是采纳西塞罗的路子多,这点从下文可见。

他列举了 25 个法律的地方,有些地方包括若干子地方,有如下列:(1) 预审(Praeiudicium);(2) 定义。它反映构成一个物的现实③;(3) 词源;(4) 同源词;(5) 整体;(6) 部分;(7) 属;(8) 种;(9) 形式;(10) 命令;(11) 类似④;(12) 种差;(13) 对反;(14) 关联;(15) 联系;(16) 前件;(17) 后件;(18) 相斥;(19) 相关(Correlativis);(20) 原因;(21) 结果或事件;(22) 比较,这个地方包括 3 个子地方:较大、持平、较小;(23) 违反意图的文句;(24) 近真。这个地方包括 7 个子地方。它们是:习俗、意见、自然、物或人的性质、时间、地点、迹象或情境。在时间的子地方下,还有 3 个孙地方。它们是:过去、现在、将来;(25) 极端。⑤

看过西塞罗的地方清单的读者可很快发现,堪迪乌恩库拉的地方大部与西塞罗的地方重复,如整体、部分、同源词、属、种、类似、种差、关联、对反、原因、结果、比较。但对于西塞罗留下的地方,堪迪乌恩库拉都加上

---

① Cfr. Claudius Cantiuncula, Topica Legalia, Basilea, 1520, p. III.

② Véase Manuel Jesús Rodríguez Puerto, Tópica y humanism jurídico, En Anuario de filosofía del derecho, Año 2001, Número 18, pag. 372.

③ Véase Manuel Jesús Rodríguez Puerto, Tópica y humanism jurídico, En Anuario de filosofía del derecho, Año 2001, Número 18, pag. 373.

④ See Ian Maclean, *Interprtation and Meaning of Renaissance*: *The Case of Law*, Cambridge University Press, 1992, pp. 79s.

⑤ Cfr. Claudius Cantiuncula, Topica Legalia, Basilea, 1520, pp. 3s.

了法律方面的例子。新增的地方有预审、定义、词源、形式、命令、相关、违反意图的文句、近真、极端。

对于与西塞罗重复的地方,本节略去不论。下面简要介绍堪迪乌恩库拉新增的地方。

1. 预审是在审判主要问题之前审判一些前提性问题的程序。有四种。其一,基于事实的预审,此等预审有时根据类似的案例审判,例如,以父亲撤销遗嘱为对象的预审。① 如果证明遗嘱已撤销,那么要求遗产之诉就进行不下去了,反之,则可进行下去。其二,关系到案件自身的预审,例如对奥皮雅尼库斯②作出的不利于他的预审判决,以及元老院作出的不利于米罗③的判决;其三,在对一个案件已经宣告一个判决,由于种种原因要再审这个案件时构成。其四,准备性的预审,例如,要求遗产之诉与地役权主张对立,那就要先审理地役权之有无。④

2. 定义。定义是属概念加种差。⑤ 这个定义的定义包括了西塞罗的三个地方:属、种、种差。所以,从表面看,定义是堪迪乌恩库拉新增的地方,实际上不过是把几个老地方合为一个而已。故波尔多(Manuel Jesús Rodríguez Puerto)认为,定义的地方反映了构成一个物的现实。⑥

3. 词源。词源是对词汇的解释。堪迪乌恩库拉提到,西塞罗在其《地方论》中用希腊词表征这个地方,用拉丁词称它为符号。⑦ 所以,这又是一个看来堪迪乌恩库拉新创,实际上是重复西塞罗的地方。

4. 形式。形式是质料的对反。它是某种质料为了成为特定的种而采取的型式。例如,人是形式,肉和骨是人的质料。房屋是形式,石头和

---

① Cfr. Claudius Cantiuncula, Topica Legalia, Basilea, 1520, p. 6.

② 关于奥皮雅尼库斯案件的详情,参见李文胜:《后苏拉时代谋杀与投毒罪刑事诉讼模式探微——以西塞罗为克鲁恩求斯辩护为中心》,载徐国栋主编:《罗马法与现代民法》(第七卷),厦门大学出版社 2010 年版,第 39 页及以次。

③ 关于米罗审判的详情,参见尹春海:《从米罗案窥罗马共和末叶的刑事法性格》,载徐国栋主编:《罗马法与现代民法》(第七卷),厦门大学出版社 2010 年版,第 135 页及以次。

④ Cfr. Claudius Cantiuncula, Topica Legalia, Basilea, 1520, p. 7.

⑤ Cfr. Claudius Cantiuncula, Topica Legalia, Basilea, 1520, p. 13.

⑥ Véase Manuel Jesús Rodríguez Puerto, Tópica y humanism jurídico, En Anuario de filosofía del derecho, Año 2001, Número 18, pag. 373.

⑦ Cfr. Claudius Cantiuncula, Topica Legalia, Basilea, 1520, p. 16.

木头是其质料。[①]

5. 命令。命令规定某事必须依其运作的形式。遗嘱和委任实际上都是命令。[②]

6. 相关(Correlativis)。对此前文已述,此处不赘。

7. 违反意图的文句。即意图与书面表达不一致的情况,例如把石头写成了金子。法院要决定是按文句还是按真意执行。[③] 这就有意思主义与文句主义的分野,不同的国家在不同的历史时期有不同的选择。

8. 近真。堪迪乌恩库拉明确说明他的近真就是西塞罗在其《论寻找》第一卷中讲到的可能性。[④] 那么,就让我们看看西塞罗在这本书里讲的可能性是怎样的。他认为,通常几乎会发生的事情叫可能性。它们要么是意见的对象,要么是它自身包含的与这些品质的某种相似,不论这样的相似是真的还是假的。[⑤] 近真下面有七个子地方。首先是习俗。它是最好的法律解释者。[⑥] 其次是意见,如果以含糊的文句缔结婚姻,将采用大众对有关文句的理解[⑦],此等理解就是意见。第三是自然。这个地方难以定义,但易于列举。它是自然理性或自生的或被赋予的某种力量。[⑧] 第四是事的或人的性质。事的性质,涉及实施某种有害行为的人是否具有加害意图的问题。人的性质涉及谁是施动者,谁是受动者的问题[⑨];第五是时间,时间分为年、小时、夜间、白天,也分为过去、现在和将来。通常可以通过过去估计未来[⑩];第六是地点,地点有远近,我们推定人对于近的地方熟,对于远的地方生疏[⑪];第七是迹象或情境。迹象为人的某种感

---

① Cfr. Claudius Cantiuncula, Topica Legalia, Basilea, 1520, p. 46.

② Cfr. Claudius Cantiuncula, Topica Legalia, Basilea, 1520, p. 48.

③ Cfr. Claudius Cantiuncula, Topica Legalia, Basilea, 1520, p. 113.

④ Cfr. Claudius Cantiuncula, Topica Legalia, Basilea, 1520, p. 118.

⑤ See H. M. Hubbeli (Trans. by), *Cicero in Twenty-Eight Volumes, II, De Invention, De Optimo Genere Oratorum, Topica*, Cambridge, Massachusetts, Harvard University Press, London, William Heinemann LTD, 1976, p. 85.

⑥ Cfr. Claudius Cantiuncula, Topica Legalia, Basilea, 1520, p. 118.

⑦ Cfr. Claudius Cantiuncula, Topica Legalia, Basilea, 1520, p. 120.

⑧ Cfr. Claudius Cantiuncula, Topica Legalia, Basilea, 1520, p. 120.

⑨ Cfr. Claudius Cantiuncula, Topica Legalia, Basilea, 1520, p. 121.

⑩ Cfr. Claudius Cantiuncula, Topica Legalia, Basilea, 1520, p. 122.

⑪ Cfr. Claudius Cantiuncula, Topica Legalia, Basilea, 1520, p. 123.

官体知，它在逻辑上表明发生了某一事情[1]，例如，如果地上有血，则可能发生了伤害或杀戮。

9. 极端。极端可以是一个时间性的概念，也可以是一种性质比较中的概念。前者的例子有“两端证明，中间推定”（Probatis extremis, Praesumuntur media）的法谚。说的是在取得时效中，如果证明当事人前后两时皆占有某物，则推定他在两时之间也继续占有。[2] 后者的例子有普林尼的话：良行不形于书（litteris nullis, ut bene agerent）。[3] 在这一结构中，“行”与“书”构成性质比较的两端，一者为实，一者有为虚的可能。人们通常重前者而轻后者。

最后要说的是，堪迪乌恩库拉的地方论法律味较淡，基本上采用的都是修辞学术语。

第五节　约翰·奥尔登多尔普的法律地方论

如果说，埃维勒尔茨的地方还是传统的修辞学地方与新生的法律地方的杂糅，则约翰·奥尔登多尔普（Johann Oldendorp, 1488—1567 年）的地方则更法律化，是完全从法学角度建构的地方体系。

奥尔登多尔普是德国法学家，先后在罗斯托克、科隆和博洛尼亚等地大学学习法律。1515 年在博洛尼亚获法学毕业证书，1516 年任格莱夫斯瓦尔德大学教授，1517 年任该校校长。1520 年获博士学位。1520 年任奥德河畔法兰克福大学讲师。1538 年任科隆大学教授。1540 年任马堡大学教授，条件是可不按常规地讲授《市民法大全》。这个“常规”，即意大利方式（Mos Italicus），就是后期注释法学派定下的讲授罗马法的顺序和方法，它分为八个步骤：第一是准备（Praemitto），即划定论述的范围。第二是分割（Sciendo），即按逻辑把将研究的文本在结构上分为独立的数个部分以便分别分析之。第三是重新概括（Summo），即把分开的文本重新整合为一个整体，以便观察其完全的意义。第四是举案例说明（Casumque figuro），即将有关的规则适用于实际的或假想的案例；第五是

① Cfr. Claudius Cantiuncula, Topica Legalia, Basilea, 1520, p. 124.

② Cfr. Claudius Cantiuncula, Topica Legalia, Basilea, 1520, p. 125.

③ Cfr. Claudius Cantiuncula, Topica Legalia, Basilea, 1520, p. 126.

概览(Perlego),即重读完整的文本,解释其立法理由和目的,以采用亚里士多德的四因理论(动力因、材料因、形式因、目的因)作为工具为宜。第六是说明原因(Do causas),即从文本出发做出各种推论,包括援引法律规则和平行的惯例,并提出普遍的法律原则。第七是评注(Connoto),即集合从案例推导而来的法律规则。第八是争点(Obiicio),即为有争议的话题提供抗辩理由。① 这个方法统治了欧洲大学两个世纪之久,为奥尔登多尔普所不喜。

回到奥尔登多尔普的生平介绍上来。他于1546年任上诉法官。②1567年,以马堡大学教授之身辞世,他担任这个职位达24年之久。③ 死后,他更是声名鹊起。他被列为900年来欧洲值得纪念的法学家之一,哈罗德·伯尔曼认为他是"16世纪德国的重要的法学家,有整整一代人作为他的学生"。④ 菲韦格在其著作中提到此人⑤,也就不奇怪了。

1555年,在担任马堡大学教授期间,奥尔登多尔普出版了《法律上的共同地方集成——即可以从中提取论据和理由以证明法律理由的地方或符号》(Topicorum legalium, hoc est locorum seu notarum ex quibus argumenta et rationes legitime probandi sumuntur, Lugduni)一书,这应该是一部教学用书,体现了作者不同于意大利方法的教学方法。阿格里科拉的影响直接体现在奥尔登多尔普著作的副标题中:在地方与符号之间画等号、从此等符号中可以提取论据和理由的说法显然属于阿格里科拉。

接下来,奥尔登多尔普提出了地方的定义:地方是一些共同的符号,

① Cfr. Anna Maria Giomaro, Percorsi guidati e metodologia di analisi giuridica, Edizione Studio, 2005, p. 66. nota 126. 也参见〔英〕梅特兰等:《欧陆法律史概览:事件,渊源,人物及运动》,屈文生等译,上海人民出版社2008年版,第296页。

② 参见〔德〕格尔德·克莱因海尔、〔德〕扬·施罗德:《九百年来德意志及欧洲法学家》,许兰译,法律出版社2005年版,第319页。

③ 参见〔美〕哈罗德·伯尔曼:《信仰与秩序》,姚剑波译,中央编译出版社2011年版,第157页。

④ 参见〔美〕哈罗德·伯尔曼:《信仰与秩序》,姚剑波译,中央编译出版社2011年版,第155页。

⑤ 参见〔德〕特奥多尔·菲韦格:《论题学与法学——论法学的基础研究》,舒国滢译,法律出版社2012年版,第80页注释41。

在其提醒下,人们可发现某一事情在什么程度上是可信的。[①] 这个定义有味。首先它把地方的属概念归结为共同的符号,这其中,阿格里科拉的影响明显。而且,“共同的符号”可能是“共同的地方”的别样表达。不过抛弃了阿格里科拉的骑墙态度,完全放弃了地方是“论据的所在地”的说法;其次,它把地方当做探寻对象可信度的工具,并不把它当做绝对的证明工具,由此把地方论安排在“意见”的领域,不似埃维勒尔茨把地方论安排在真理的领域。

奥尔登多尔普把地方分为自然的和民事的。[②] 前者可容纳有体物,房间、院子等属是,其中可以放置桌椅板凳、锅碗瓢盆等,后者包含可用来证明人们讨论的真理的论据或理由。乌尔比安把两种地方的差别形容得很好:因为正像从不同的地方被召集并来到一个地方的人被说成是汇合(Convenire)一样,从不同的内心动机出发就一件事情达成了同意,换言之,达成了一个意见的人也是如此(D. 2,14,1,3)。[③] 此语中,第一个地方是自然的,第二个地方是心灵上的,是民事的地方。这些地方具有双重来源。第一重来源是自然理性,第二重来源是持续的使用。这些地方是一些套语(Formula),人们必须用它们来证明或论证一些处在问题或争议中的事情,运用了此等地方,我们就不会有任何出错的危险。[④] 这个关于地方来源的说明实际上是奥尔登多尔普对地方的另一个定义:在地方是符号的定义基础上,地方继而被定义成套语了,这就为把用范畴表示的地方改造为用句子表示的地方提供了可能。而且,在他看来,地方的来源是二分的,来自自然理性的当然是那些西塞罗等传下来的地方,来自持续使用的地方就是从长期的法律经验中提炼出来的地方了。

继而,奥尔登多尔普又把地方分为事实的和法律的,前者是外在的地方,后者是内在的地方,前者要从外界取得事实证明的结果,例如证明是

---

① Cfr. Johann Oldendorp, Topicorum legalium, hoc est locorum seu notarum ex quibus argumenta et rationes legitime probandi sumuntur, Lugduni, 1555, p. 5.

② Cfr. Johann Oldendorp, Topicorum legalium, hoc est locorum seu notarum ex quibus argumenta et rationes legitime probandi sumuntur, Lugduni, 1555, p. 6.

③ 参见〔意〕桑德罗·斯奇巴尼选编:《民法大全选译·法律行为》,徐国栋译,中国政法大学出版社 1998 年版,第 2 页。

④ Cfr. Johann Oldendorp, Topicorum legalium, hoc est locorum seu notarum ex quibus argumenta et rationes legitime probandi sumuntur, Lugduni, 1555, p. 6.

否达成了协议、是否实施了私犯的问题。内在的地方其自身是争议的原因，它们对某人是否已正确地行或言有证明力。[①] 说白了，外在地方的对象是事实问题，内在地方的对象是法律问题或价值判断问题。不难看出，这样的外在—内在地方两分法与西塞罗的相应地方分类法也有关联。

旨在证明事实的外在的地方有：证人、文书、宣誓、笔迹的比较、名声、事实证据、自认、拷问、猜测或推定、风俗、意见、本性、物或人的品质、时间、地点、迹象。[②]

旨在在任何行为中进行法律论证的内在的地方有：权威、高尚与功利、必要、不能、经验、不便或荒唐、理性、定义、词源、关联或派生、联系、相关、前件与后件、区分、对反、一般的原因、效果因、材料因、形式因、目的因、结果或事件、属、一般的整体、整合的整体、量的整体、概括的整体、方式的整体、部分、整合的部分、量的部分、屈从的部分、方式的部分、例外、书写、判决、命令、主题、极端、例外、比较、较大、较小、类似或持平、法官与仲裁人、法官与遗嘱或反之、法官与合同、法官的意见与遗嘱、和解与既判力、司法上诉与指定仲裁人、经济[③]与审判、法庭上的案由说明与教学的执行、武装的军人与在天的和穿袍的军人、合同与遗嘱或反之、合同与准合同、合同与私犯、人与地点或反之、人与物或反之、人与时间、物与时间、时间与地点、封地与永佃权、永佃权与国势调查、总管之诉与无因管理、请求遗产与原物返还、出借与临时占有、遗赠与遗产信托、《法尔其丢斯法》与《特雷贝流斯元老院决议》、遗赠与遗产信托、违反遗嘱的遗产占有与卡尔波纽斯遗产占有、死因赠与与遗赠、遗产信托与为他人出质之债、赠与或买受与质押、商业合伙与婚姻合伙、法律与遗嘱人、经济与法庭行为或教务行为、买受与留置、所有权与占有、嫁资与婚因赠与、原物返还与请求遗产、契据与证人或反之、财宝与风暴折断之树、简约与取得时效、家子与保证人、清偿与简约、地役权与用益权、结婚与订婚、奴隶与解放自由人、市民法诉权与营造官诉权、简约与法规或法律、意外事件与死亡的发

---

① Cfr. Johann Oldendorp, Topicorum legalium, hoc est locorum seu notarum ex quibus argumenta et rationes legitime probandi sumuntur, Lugduni, 1555, pp. 21s.

② Cfr. Johann Oldendorp, Topicorum legalium, hoc est locorum seu notarum ex quibus argumenta et rationes legitime probandi sumuntur, Lugduni, 1555, p. 25.

③ 指只调查与案件有关的事情。

生、法规与法律、与简约、教会与国家、因错误做成的事情与没有做成的事情、实施暴力与不公正的判决。[①]

对于上述地方中的有些,奥尔登多尔普为之制作了套语,例如,对于本性的地方,奥尔登多尔普首先用《圣经》中的所罗门的审判的例子对之解释:两个母亲同居一室,一个母亲不小心压死了自己的孩子,为此想僭取别人的孩子,谎称那个孩子是自己的。所罗门王审理此案,他基于母亲爱孩子的天性命令把这个孩子一劈两半分给两人,真正的母亲遂说,不要劈了,把孩子给那个人吧!而压死孩子的母亲却说,劈就劈吧!如此,所罗门王迅速把孩子断给第一个母亲。[②] 奥尔登多尔普为这个地方制作的套语是这样的:本性稳固,而撒谎者惯于改变其表情和言辞。[③]

在制作套语的同时,奥尔登多尔普也为一些地方制作了例外(Infractio),它们是推理中的一些抗辩,例如这样的抗辩:如果法律的文句规定了某事或未规定某事,应根据我们理解的立法者意图或立法理由或根据其他的法律补充之。[④]

最后,奥尔登多尔普还为一些地方制作了示例,例如,对于意见的地方,他制作了如下示例:(1)对于有通说的事情,推定此等通说为真;(2)凡是谚语或格言所说之事,通过当代人的口说出来的,不得猜想为假。[⑤]

这样的地方—套语—例外—示例的操作程序显然是意大利方式的残留。示例等于意大利方式的第四个环节——案例说明。套语等于意大利方式的第七个环节——评注。例外等于意大利方式的第八个环节——抗辩。所以,尽管奥尔登多尔普以不按意大利方式讲授法律为条件就任马堡大学教授,但他还是不能完全摆脱意大利方式对他的影响。

---

① Cfr. Johann Oldendorp, Topicorum legalium, hoc est locorum seu notarum ex quibus argumenta et rationes legitime probandi sumuntur, Lugduni, 1555, p. 53ss.

② Cfr. Johann Oldendorp, Topicorum legalium, hoc est locorum seu notarum ex quibus argumenta et rationes legitime probandi sumuntur, Lugduni, 1555, p. 40.

③ Cfr. Johann Oldendorp, Topicorum legalium, hoc est locorum seu notarum ex quibus argumenta et rationes legitime probandi sumuntur, Lugduni, 1555, p. 40.

④ Cfr. Johann Oldendorp, Topicorum legalium, hoc est locorum seu notarum ex quibus argumenta et rationes legitime probandi sumuntur, Lugduni, 1555, p. 65.

⑤ Cfr. Johann Oldendorp, Topicorum legalium, hoc est locorum seu notarum ex quibus argumenta et rationes legitime probandi sumuntur, Lugduni, 1555, pp. 39s.

无论如何,奥尔登多尔普对地方的列举已摆脱了埃维勒尔茨的从传统的地方(也就是修辞学的地方)开始,补充法律的地方的模式(尽管他的书名也是《共同的地方集成或法律的地方》),完全以法律为主导展开对地方的论述,传统的地方只有与法律有关者才被采用,并被夹杂在法律的地方中得到说明,它们有:定义、词源、关联或派生、联系、相关、前件与后件、区分、对反、原因(其下有若干子地方)、结果或事件、属、整体(其下有若干子地方)、比较、较大、较小、类似或持平等。由此可以说,奥尔登多尔普是把他的书名落实到实处的。

显然,奥尔登多尔普试图用地方作为组织他的时代的共同法的材料的工具。[①] 哈罗德·伯尔曼对人文主义法学家作品的如下一般评论适用于他的这一作品很合适:在主题性的标题下,作者概述在《学说汇纂》、后世法学家的注释和评注中、在希腊和罗马的哲学著作中、教父作家中、基督教委员会中、经院神学家中、教会法作家中就这些主题进行的讨论。[②] 实际上,奥尔登多尔普大多采用《学说汇纂》收录的罗马法学家论述作为材料证明被他称为地方的论题,例如,对于"法庭上的案由说明与教学的执行"这个地方的说明,他不过采用了盖尤斯的一段话而已:因此,如果在法庭中,对于阐述诉讼理由的人而言,没有说明前提就向法官阐述问题可以说是违反神法的事情,那么对于那些许诺解释的人而言,忽略开端并且没有寻求起源就直接涉及主题,是更不合适的,就像未先洗手就靠近神圣物。[③] 盖尤斯的此段文字采用类比的手法说明无论是律师还是教师,都有在进入正文前做一个序言的必要,它顶多说明了律师工作与教学工作在这一方面的共同性,但要拿这种共同性去证明别的什么,可能性实在渺茫!

---

① Véase Manuel Jesús Rodríguez Puerto, Tópica y humanism jurídico, En Anuario de filosofía del derecho, Año 2001, Número 18, pag. 371.

② See Harold J. Berman, Integration of Canon Law and Roman Law with Territorial Law in the Prostestant Principality of Germany in the Sixteenth Century, On http://www.juridicas.unam.mx/inst/evacad/eventos/2004/0902/mesa8/224s.pdf, p. 28. 2014 年 10 月 26 日访问。

③ Cfr. Johann Oldendorp, Topicorum legalium, hoc est locorum seu notarum ex quibus argumenta et rationes legitime probandi sumuntur, Lugduni, 1555, p. 198。盖尤斯的法言的译文借自〔古罗马〕优士丁尼:《学说汇纂》(第一卷),罗智敏译,中国政法大学出版社 2008 年版,第 19 页。

第六节 儒里安·塔博乌埃的法律地方论

儒里安·塔博乌埃(Julien Tabouet,拉丁文形式是 Iulius Taboetius,1500—1562 年)出生于巴黎,成年后在图卢兹学习法律并在该城任教。他在图卢兹担任过律师或检察官。[①] 他也是历史学家。1541 年,在里昂出版了《法庭诉讼》(Actiones Forensis)。尔后他出版了不少其他法学著作,其中,与本书论题有关的是 1559 年在鲁汶出版的《把神法压缩在小手册中学习的地方论:方法谈》(Topica divini iuris in disciplinam et enchiridium contracti,methodus)和 1560 年也在鲁汶出版的《军人法庭上的共同地方集成,关于这一法的分支的小手册、警句、规则和著名的题》(Topicon militiae forensis, et disciplinae legalis enchiridion, Aphorismis, Canonib. & Titul. Legalib. illustre)。这两本书是地方论的专著,都把地方论作为方法论看待。前者把地方论作为短平快地学习神法的方法加以探讨,后者把地方论作为学习世俗法的方法加以探讨,尽管书名中说的是"军人法",内容完全是民法,在这个场合,儒里安·塔博乌埃很可能采用了市民法最初有的"军人法"的意思。[②]

《神法地方论》(这是我对塔博乌埃的第一本地方论著作的简称)是一本只有 99 页的小书,分为两个部分。第一部分是"论神圣的、来自上天的、基督教的法学",用来解释四个基督教的告示,它们包含许多禁令,例如不得敬拜他神。论述了《十二表法》中的宗教法。援引了《圣经》中的以及许多教父作家作品中的警句。第二部分是"摩西的十大奇迹中教授的基督教警句的迂回说法方法谈",如题所示,是对一些警句的列举和分析。[③] 全书只字不提什么是地方论,但给人警句就是地方的印象。掌握了一门学科的警句,也就掌握了这一学科,由此,学警句成为掌握一门学科的快捷方法。

《军人法庭上的共同地方集成》(这是我对塔博乌埃的第二本地方论

---

① Voir Barthelemy Haureau, Histoire Litteraire du Maine, Tome Premier, Paris, 1843, p. 271.

② 但塔博乌埃在其专著的第 105 页又谈到什么是市民法。

③ Cfr. Julien Tabouet, Topica divini iuris in disciplinam et enchiridium contracti, methodus, Lugduni, 1559, pp. 5ss.

著作的简称)是一本有266页的较大的书,分为两卷。仅仅比《神法地方论》晚出版一年,塔博乌埃开始讲何谓地方论了。他认为法学研究的方法有二。其一是批评的方法,包括分析、综合、划分三个部分。① 其二是地方论(Topica)的方法。即简短地、确定地、稳定地、明确地解释一个学科的方法,一种精炼的学习方法,它由确定的、恒常的、一般的、稳定的地方(Locus)构成,此等方法从最高的属开始,论述事物的整体、其部分、它与其他物的区别、种、事物的原因和结果,通过划分和完全与绝对的决定这样做。②

这个地方论的定义包含四重含义。其一,把地方论与解释一门学科的方法画了等号;其二,与从教科书作者角度发议论的"其一"相联系,从学生的角度把地方论界定为快捷的学习方法;其三,揭明了作者认为最重要的七大地方:属、整体、部分、区分、种、原因、结果;其四,揭明了运用地方论这种学习方法的途径:对认识的对象进行划分并作出决定。

相较于前人的寻找论据的艺术的地方论定义,这个定义把地方论理解成一种学习方法,学习的对象是既有的学说,前者的对象是"过程",后者的对象是"结果"而非"地方","地方"被降格为一种知识的运载工具。就这样,地方论从一种创造知识的方法被转变为一种学习知识的方法。此外,塔博乌埃认为最重要的七大地方大致体现了阿格里科拉的"根据事物的地方对它进行描述"的原则。阿格里科拉提到的通常据以描述一个事物的六个地方是定义、属、种、偶性、相似、对反,它们基本与塔博乌埃重视的七大地方重合。最后,塔博乌埃认为的运用地方论方法的途径:划分,跟辩证法方法中的划分(Diairesis)非常类似。

塔博乌埃把地方(Locus)分为修辞学的地方、辩证法的地方和法学家的地方。

修辞学的人的地方有:家世、民族、国家、教育、外貌、财富、地位、生计、职业、心性、行为、言论、激动、名字、洞察力、死亡。这些基本照抄昆体

---

① Cfr. Julien Tabouet, Topicon militiae forensis, et disciplinae legalis enchiridion, Aphorismis, Canonib. & Titul. Legalib. illustre, Lugduni, 1560, p. 209.

② Cfr. Julien Tabouet, Topicon militiae forensis, et disciplinae legalis enchiridion, Aphorismis, Canonib. & Titul. Legalib. illustre, Lugduni, 1560, p. 213.

良的人的地方清单。①

修辞学的物的地方有:情境、寻找、布局谋篇、文体风格、记忆、演讲技巧、赞扬性的、司法性的、审议性的、序言、叙述、确认、反驳、诚实、丑陋、容易、可能、必要、功利、正当。② 塔博乌埃的这一物的地方的清单并未照抄昆体良,而是把西塞罗讲到的一篇演说词的一些结构环节拿来作为地方了。

辩证法的地方分为内在的和外在的,前者是人为的,后者是非人为的。前者有属、种、特性、区分、偶性。另包括十个范畴。③ 外加:定义、词源、同源词、书写的顺序、整体、部分、四因、相斥、关系、对反、情境、关联、前件、后件、文句与意思、极端、比较(较大、较小、持平)、近真、习俗、意见、天性、物或人的品质、时间和地点、迹象与情境。④ 这些内在的地方中的十个范畴及其以前的部分都属于亚里士多德,后面的部分多属于西塞罗以来的辩证法传统。但这一部分与亚里士多德的部分存在交叉,例如,"关系""时间""地点"就同时被两个部分提到。

外在的地方有预审、示例、大权威、古代制度、遗嘱文件、证人、既判力、拷打、谣言、哲学的、福音书的和伦理学的观点、谚语和寓言、格言和俗语、历史的和外邦的圣事、箴言(Apothegm)、年代纪、数字与计数。⑤ 这个地方清单除了少部分(例如预审、遗嘱文件、既判力、拷打)沿袭前人外,都属于新见。沿袭的部分都是法律方面的,创新的部分多是典籍上的话或民间的同行说法,前者诸如哲学著作、福音书、古人记载的古代制度和箴言,后者如谚语和寓言、格言、俗语、箴言,它们的构成分确实经常被用来作为论据,但在塔博乌埃之前,确实不曾有人把它们作为地方看待。塔博乌埃这样看到它们,也遵循了地方的"论据所在之地"的

---

① Cfr. Julien Tabouet, Topicon militiae forensis, et disciplinae legalis enchiridion, Aphorismis, Canonib. & Titul. Legalib. illustre, Lugduni, 1560, p. 214.

② Cfr. Julien Tabouet, Topicon militiae forensis, et disciplinae legalis enchiridion, Aphorismis, Canonib. & Titul. Legalib. illustre, Lugduni, 1560, p. 214.

③ 亚里士多德的十大范畴是:本体、数量、性质、关系、地点、时间、状态、具有、主动、被动。

④ Cfr. Julien Tabouet, Topicon militiae forensis, et disciplinae legalis enchiridion, Aphorismis, Canonib. & Titul. Legalib. illustre, Lugduni, 1560, p. 215.

⑤ Cfr. Julien Tabouet, Topicon militiae forensis, et disciplinae legalis enchiridion, Aphorismis, Canonib. & Titul. Legalib. illustre, Lugduni, 1560, p. 216.

定义。

然而,塔博乌埃不把预审、遗嘱文件、既判力、拷打等列入法学家的地方是令人奇怪的,现在让我们看看他理解的法学家的地方是什么。他认为法学家的地方是辩证法的地方的派生物。法学家从辩证法的作坊中借用了一些 Topica,用来收集、定义、划分学说(Ratio),由此确定了把全部的法缩减成一个摘要的方法。[①] 这个法学家地方的来源论还是把 Topica 的含义落脚在方法上,其功能在于对既有的学说进行整理,目的是化繁为简,例如,把一套丛书的内容简化为一个小册子,以便于学习和掌握。这样的地方论理解鲜明地揭示了 16 世纪的人文主义者的处境:经过注释法学者、评注法学者经年的工作,共同法的材料堆积如山,需要简化,为此找到了地方论作为工具。这样的地方论运用者与西塞罗时期的地方论运用者很为不同,后者在开始工作前面对的是一片"白地",前者在开始工作前面对的是一个"仓库",里面的货物堆放得乱七八糟。

那么,法学家拿什么去整理这个仓库?塔博乌埃认为,法学家的 Topica 学说有如下内容:词的定义、对事情的阐述、词源、指明与解释、四因、事理之性质、立法意图、二律背反(Paritate rationis)、相反的意思、近真、充分的部分列举、普通法的规则和原则、迹象、划分、同等的价值或意义、题或标题的顺序。[②] 在这个清单中,除了"词源""迹象"是传统的法律地方,"事理之性质""立法意图"和"普通法的规则和原则"一望而知可能是法律的地方外,其他都是一些逻辑学(有的古人用"辩证法"的术语指称这一学科)术语。这表明塔博乌埃理解的法学家的地方不过是在法学上常用的逻辑学手段。所以,他的法学家的地方的法学味并不浓。

要指出的是,塔博乌埃是我知道的第一个把法学家的地方单列的 16 世纪法学家。按他的这种地方分类法解析在他之前的法学家著作中提出的法律地方,可发现大多是"类似"的地方的具体运用。

塔博乌埃多次谈到共同的地方。他首先把共同的地方看做一些罗马

---

① Cfr. Julien Tabouet, Topicon militiae forensis, et disciplinae legalis enchiridion, Aphorismis, Canonib. & Titul. Legalib. illustre, Lugduni, 1560, p. 215.

② Cfr. Julien Tabouet, Topicon militiae forensis, et disciplinae legalis enchiridion, Aphorismis, Canonib. & Titul. Legalib. illustre, Lugduni, 1560, p. 215.

法学家留传下来的具有哲理性的语录。例如谢沃拉的名言："在占有的合并问题上，我们不能提供任何一般的和持久的原则，只能以衡平作为向导。"[①]它们是掌握卷帙浩繁的法的整体的钥匙之一，这些钥匙有：原因、起源、功能、属性、共同的地方、令人警醒的论据等。[②]

尽管塔博乌埃在大面上把Topica理解为有效率地写作与学习的方法论，但在有的时候，他还把Topica理解为论题，例如他说"论题的证明"（topicae demonstrationis）[③]，说"诉讼之论题的划分"[④]，还说"在法院或法官面前遵循的关于诉讼问题的论题规矩：任何不法行为都产生两种诉权，一种是公法上的，一种是私法上的"。[⑤]

最后，塔博乌埃在其书末制作了一个"本书中值得注意的地方的索引：按字母顺序排列"（Index locorum insignium huiusce operis, ordine alphabetico digestus），这是一个专名索引，多数被列事项不见于塔博乌埃的地方清单，例如"重罪控告"，这样的地方近于一本词典中的一个词条，如此，地方论成了词典式的整理材料方式。当然，Index locorum这个词组仍保留在现代语言中，意思已变，用来表示"出处索引"了。

第七节　让·德·拉雷贝尔特里的法律地方论

让·德·拉雷贝尔特里（Jean de La Reberterie，1525—1590年）出生于洛什（Loches），成年后在布尔日大学学习，师从著名法学家弗朗索瓦·丢阿兰（François Douaren，1509—1559年）。完成教育后移居巴黎，在那里长期从事法学教育，是巴黎学院法律教授。1575年在巴黎出版了《法律的共同地方集成四卷：它们让你容易地研究市民法哲学，读者在其中可

① Cfr. Julien Tabouet, Topicon militiae forensis, et disciplinae legalis enchiridion, Aphorismis, Canonib. & Titul. Legalib. illustre, Lugduni, 1560, p. 60.

② Cfr. Julien Tabouet, Topicon militiae forensis, et disciplinae legalis enchiridion, Aphorismis, Canonib. & Titul. Legalib. illustre, Lugduni, 1560, p. 151, p. 227.

③ Cfr. Julien Tabouet, Topicon militiae forensis, et disciplinae legalis enchiridion, Aphorismis, Canonib. & Titul. Legalib. illustre, Lugduni, 1560, p. 138.

④ Cfr. Julien Tabouet, Topicon militiae forensis, et disciplinae legalis enchiridion, Aphorismis, Canonib. & Titul. Legalib. illustre, Lugduni, 1560, p. 177.

⑤ Cfr. Julien Tabouet, Topicon militiae forensis, et disciplinae legalis enchiridion, Aphorismis, Canonib. & Titul. Legalib. illustre, Lugduni, 1560, p. 201.

发现许多在西塞罗的〈地方论〉中被歪曲的地方已被恢复完整》(Topicon iuris libri quatuor quibus ad civilis philosophiae studium facilis patet aditus, in hisque lector plerosque locos corruptos in Topicis Ciceronianis sua integritati restitutos inveniet,以下简称《法律的共同地方集成四卷》)。拉雷贝尔特里是教师,这本书是他用的教材。[①]

《法律的共同地方集成四卷》一书的名称明确告诉我们:(1) 这本书讲的是快速学习市民法(即罗马法)的技术,地方论无疑是这样的技术。确实,在该书的序言中,拉雷贝尔特里提到,他的时代的市民法混沌、混杂、未经整理,他要用重整的艺术和地方恢复市民法的良好状态。[②] 当然,一旦完成了这样的重整,市民法变得明白晓畅,可被快速学习;(2) 作者对西塞罗的《地方论》中的地方持一定的批评态度并打算对之进行纠正。但在全书中,拉雷贝尔特里并未讲西塞罗的《地方论》中的地方如何被歪曲,只是补充了许多不见于西塞罗的《地方论》中的地方,可以认为,此等补充就是标题中提到的"恢复完整"。

在《法律的共同地方集成四卷》的开头,拉雷贝尔特里列举了亚里士多德、西塞罗、波爱修斯的地方定义,三个定义都以论据为关键点。于是,拉雷贝尔特里又探讨论据一词的含义,援引伊西多勒(Isidore)的考据,认为该词来源于 argute,是"敏锐地、机灵地"的意思。接下来介绍了波爱修斯的论据四分说(参见前文)。但拉雷贝尔特里未提出自己的地方定义,可以认为他认可前人的这些定义,其大意是"地方是论据的存在之所"。

拉雷贝尔特里提出了如下的地方:定义、描述、词源、划分、同根词、属、种或形式、整体、部分、顺序、形式、质料、动力因、目的因、区分、前件、相斥、关联、类似、比较、关系、权威、君主和长官的权威、法律解释的权威、证人的权威、契据的权威、推定或猜测、根据品质和自己的教育程度做出的推定、关于婚姻的推定、关于审判、长官和法官的推定、关于特权的推定、关于支持刑事案件的推定与猜测、共同法的规则、《法尔其丢斯法》与

---

① See Emidio Campi, *Scholarly Knowledge: Textbooks in Early Modern Europe*, Librairie Droz, 2008, p. 338, note 15.

② Cfr. Jean de La Reberterie, Topicon iuris libri quatuor quibus ad civilis philosophiae studium facilis patet aditus, in hisque lector plerosque locos corruptos in Topicis Ciceronianis suae integritati restitutos inueniet, p. 3.

《特雷贝流斯元老院决议》、遗赠与遗产信托、合同与准合同、合同与违约、合同与遗嘱、封地与永佃权、合同与私犯、扶养与慈善事业、嫁资与慈善事业、皇库与教会、被监护人与公物、未成年人、疯人与浪费人、未成年人与教会、教会与教堂、世俗的婚姻与精神性的婚姻、常设刑事法庭与拷打。[1] 这些地方共有49个，大致分为两个部分。以"权威"为界，在前者为一些传统的地方，也称为内在的地方，它们在第一卷和第二卷中得到研究；第三卷研究的地方大多是推定性的，近真的地方是对它们的总结；第四卷研究的地方大都是采用"A与B"句式的地方，因此，都是基于类似的地方。这些地方许多与埃维勒尔茨的地方重复。

第八节　小　　结

自阿格里科拉把地方改造为符号、埃维勒尔茨把此等符号去修辞学化、奥尔登多尔普把地方套语化后，他们的追随者进一步加强了这一趋势。1541年，莫法（Mathaeus Gribaldus Moffa，1505—1564年）在其《论学习的方法与理性三卷》中按字母顺序列举了350个共同的地方，100个材料的地方，在它们下面，通常都是《民法大全》中论述的特别事项。另外还加了600个题（Titulus），把可能的法律问题与事项都包罗其中。他理解的地方是一些法谚。例如，如有疑义，宁可选择更有利的解释；无人因为意外事件但因为过错被归责；公共利益优先于私人的便利；对于自愿者来说，不存在暴力或侵辱。[2] 按运用意大利方式的作者的说法，这些法谚是共同的地方。[3] 据说是另一个人文主义法学家利里奥特（Petrus Liriot）

---

① Cfr. Jean de La Reberterie, Topicon iuris libri quatuor quibus ad civilis philosophiae studium facilis patet aditus, in hisque lector plerosque locos corruptos in Topicis Ciceronianis suae integritati restitutos inueniet, pp. 1ss.

② 参见〔德〕特奥多尔·菲韦格：《论题学与法学——论法学的基础研究》，舒国滢译，法律出版社2012年版，第81页，译文有改动。

③ 参见〔英〕梅特兰等：《欧陆法律史概览：事件，渊源，人物及运动》，屈文生等译，上海人民出版社2008年版，第297页。译者很好地把"共同的地方"意译为"罗马警句汇编"。

首先把共同的地方说成法谚(Axiomata)的。[①] 1610年,马提亚斯·斯特凡努斯(Matthias Stephanus)在其《最精确和绝对的法的辩证法。取自一切最好的法学家作品的辩证的和地方的小书》(Dialectica iuris exactissima et absolutissima. Ex omnibus optimorum iurisconsultorum libellis dialecticis et topicis,Francofurti,1610)中提出了9个外在的共同的地方和176个内在的地方。[②] 1630年,斯皮格尔(John Jacob Spiegel)完成了一个庞大的法律和政治问题的汇集,按字母顺序包括14000个论据。[③] 在这些著作中,地方被当做一种记忆手段,用来组织论据和材料以便能快速查到。每个地方是一个主题,例如:高利贷、无遗嘱、解放奴隶,它们都取自《学说汇纂》,后世法学家的注释和评注。[④] 这些著作,是实现了菲韦格的中国学生们屡屡谈到的"论题学法学"的理念的作品,看看它们,真是可极大地加深对这种法学的理解。可惜它们大多是用拉丁语写的,尽管大多可以从网上免费获取,但能看它们的人很少。而且,历史的残酷性在于,对于同一主题的著作,当代人多看当代的或晚近的作品,尽管并不总是新书比古书写得好。

这些人文主义者著作中的地方倒真是论题,他们对Topica一词用法的改变逐渐导致了该词在现代语言中的变化形式词义上的改变。该词以前一直是"地方论"的意思,以英语为例,就在16世纪的人文主义兴盛期后不久,在1720年,Topic一词就有了"论题"的意思。[⑤] 这造成在"Topic就是论题"的语境中长大的人们不知晓Topic式的词汇在1720年前有另

---

① Véase Alejandro Guzman Brito, Mos Italicus y Mos Gallicus, En Rivista de Derecho de la Universidad Catolica de Valparaico, 2, 1978, p. 125.

② See Patrick Riley, A Treatise of Legal Philosophy and General Jurisprudence: Vol. 9: *A History of the Philosophy of Law in the Civil Law World, 1600 – 1900*; Vol. 10: *The Philosophers'Philosophy of Law from the Seventeenth Century to Our Days*, Springer Science & Business Media, Aug 11, 2009, p. 11.

③ See Marcel Dascal, *Hanliang Zhang*, *Tradition of Controversy*, John Benjamins Publishing, 2007, p. 190s.

④ See Harold J. Berman, Integration of Canon Law and Roman Law with Territorial Law in the Prostestant Principality of Germany in the Sixteenth Century, On http://www.juridicas.unam.mx/inst/evacad/eventos/2004/0902/mesa8/224s.pdf, p. 28. 2014年10月26日访问。也参见〔英〕梅特兰等:《欧陆法律史概览:事件,渊源,人物及运动》,屈文生等译,上海人民出版社2008年版,第298页及以次。

⑤ See the Entry of Topic of Online Etymology Dictionary, On http://www.etymonline.com/index.php? term = topic, 2013年7月22日访问。

外的意思，故对于亚里士多德以来的 Topica 著作一律以“论题学”翻译之，这实在是以今拟古，举一个类似的例子可证明此举的荒谬：“娘”在古汉语里是女儿的意思，“汤”在古汉语里是热水的意思。如果我们把古代的“娘”理解成现代的母亲，或把汤头歌理解成喝汤歌，那该闹出多少笑话！？

第四部分
近现代地方论研究

第七章　维柯地方论研究的方法论转向

第一节　笛卡尔理性主义的兴起与地方论的衰落

一、笛卡尔理性主义的建立及其特征

笛卡尔(1596—1650年)被认为是理性主义的始祖,此处的“理性”指人有知识和按照一般原则行为的本能。[①] 理性主义相信直观和演绎是知识的来源。[②] 它有如下特点:

(一) 几何学方法独尊论

笛卡尔本人除了是哲学家,还是一个出色的数学家。1673年,他发表了《几何学》,创立了直角坐标系。随后,他把几何问题转化为代数问题,创立了解析几何学。[③] 由此他对自然科学尤其是物理学所取得的显著成就心悦诚服。他认为只要遵循数学推理的演绎方法,从几个简单自明的公理出发,经过一步步的严密推理,就可以获得关于事物的确定有效的知识。[④] 由此,他非常重视数学方法的意义,把数学作为思维明晰性和可靠性的典范,并试图用数学原则去建构他的哲学体系。[⑤] 事实上,数学

---

① 参见〔美〕艾伦·沃森:《民法法系的演变及形成》,李静冰、姚新华译,中国政法大学出版社1992年版,第132页。

② 参见李霞:《笛卡尔方法论的基础》,载《贵阳学院学报》(社会科学版)2006年第3期,第36页。

③ 参见刘琼、尹博:《笛卡尔的科学方法论探究》,载《湖北经济学院学报》(人文社会科学版)2007年第2期,第28页。

④ 参见张汝伦:《意义的探究——当代西方释义学》,辽宁人民出版社1988年版,第7页。

⑤ 参见郑伟:《试论笛卡尔的哲学方法论体系》,载《哲学研究》1997年第4期,第69页。

的方法是一种公理的方法,其运用就是从公理出发进行推演,从已知推演出不知,从而建构起一个体系。在笛卡尔的时代,数学优越论十分流行,伽利略(1564—1642 年)就宣称,“自然”一书以数学写成。莱布尼兹(1646—1716 年)则试图通过综合数学和逻辑方法来获得一种普遍的科学方法,即“普遍数学”。[①] 斯宾诺莎(1632—1677 年)的《伦理学》就是仿照几何学的论证方式,按照定义、公则、命题来推演和编排整个体系的。[②]

(二) 自然科学方法适用于人文科学

在中世纪大学中,主要的系是神学、法学、医学和哲学四个[③],它们每个代表一个大的学科,其他的学科并非不存在,但都处在为这四大学科服务的地位,例如,修辞学就是法学的主要辅助学科。[④] 显然,在这样的课程结构中,人文科学与自然科学的教学分量是三比一。大致可以说,中世纪的大学教育主要是文科教育。所以,包含地方论的修辞学在大学教育中居于重要地位,十分正常。

但科学革命改变了上述格局。所谓科学革命,是自然科学领域的一系列重要发现导致了人们对世界看法的根本改变的事件。这场革命的开端是哥白尼于 1543 年出版的《天体运行论》,它颠覆了人们长期持有的地心说,代之以日心说。[⑤] 同年,安德雷亚斯列 · 维赛留斯(1514—1564 年)出版了《人体构造》,发现了人体的血液循环。[⑥] 伽利略于 1610 年建立了

---

① 参见〔德〕阿 · 迈纳:《方法论导论》,王路译,生活 · 读书 · 新知三联书店 1991 年版,第 21 页及以次。

② 参见文兵:《理性主义、非理性主义与反理性主义》,载《暨南学报》(哲学社会科学)2001 年第 1 期,第 23 页。

③ See Hilde de Ridder - Symoens, *A History of the Universities in Europe*, Vol. II, Cambridge University Press, 2003, p. 489.

④ 参见〔比〕希尔德 · 德 · 里德 - 西蒙斯:《欧洲大学史》(第 1 卷),张斌贤等译,河北大学出版社 2008 年版,第 338 页。

⑤ 参见〔英〕亚 · 沃尔夫:《十六、十七世纪科学、技术和哲学史》(上册),周昌忠、苗以顺、毛荣远译,商务印书馆 1991 年版,第 16 页及以次。

⑥ 参见〔意〕卡斯蒂廖尼:《医学史》(上册),程之范主译,广西师范大学出版社 2003 年版,第 354 页及以次。

力学。[1] 约翰内斯·开普勒确立了行星运动三大定律。[2] 安东·范·列文霍克造出显微镜并于1863年发现了细菌。[3] 牛顿于1687年确立了万有引力定律。[4] 达尔文于1859年创立了进化论[5],等等。这些科学上的成功导致自然科学在大学的地位后来居上,形成大学理工科与文科平分秋色,文科地位相对下降的趋势,引发了学术研究方法论上的变革,换言之,就是要把自然科学的方法运用于人文科学,这是数学的方法和物理学的方法,前者的特点是演绎性,几何学方法是其代表,后者的特点是规律性,它以研究对象的可重复性为前提。运用这两种方法成功的社会科学门类是经济学,它基本不见诸古典时期和中世纪的学问,却在近代得到了爆炸式的发展。它尤其以数学方法的运用而自傲。但这种方法对于传统的人文学科来说,却相当地异质。

自然科学的方法运用于人文科学后,人文科学本身的方法大变,一些新的方法为古人闻所未闻,如定量的方法、定性的方法、系统方法、信息方法、控制论方法。[6] 具体到古代地方论曾管控的作文领域,其方法论也变化不小,试问,比喻、排比、设问、层递、反复、引用、拟人、夸张、对偶、回环、顶真、示现[7]的写作手法与西塞罗在其《地方论》中展现的写作手法相似者有几何?顶多可以说,比喻的方法相当于类似的地方。

当然,逻辑学还是现代社会科学的方法,但这里的逻辑学是运用人工语言的形式逻辑,而西塞罗时代的逻辑是运用自然语言的非形式逻辑。[8] 所以,尽管逻辑的壳子还在,但其内容已改变了。

---

① 参见〔英〕亚·沃尔夫:《十六、十七世纪科学、技术和哲学史》(上册),周昌忠、苗以顺、毛荣远译,商务印书馆1991年版,第56页及以次。

② 参见〔英〕亚·沃尔夫:《十六、十七世纪科学、技术和哲学史》(上册),周昌忠、苗以顺、毛荣远译,商务印书馆1991年版,第232页及以次。

③ 参见〔英〕亚·沃尔夫:《十六、十七世纪科学、技术和哲学史》(上册),周昌忠、苗以顺、毛荣远译,商务印书馆1991年版,第87页及以次。

④ 参见〔英〕亚·沃尔夫:《十六、十七世纪科学、技术和哲学史》(上册),周昌忠、苗以顺、毛荣远译,商务印书馆1991年版,第164页及以次。

⑤ 参见陈蓉霞:《达尔文·1859年》,少年儿童出版社2005年版,第87页及以次。

⑥ 参见陈嘉明:《当代西方哲学方法论与社会科学》,厦门大学出版社1991年版,第1页。

⑦ 参见杨建国:《汉语修辞学教程》,安徽教育出版社2011年版,第74页。

⑧ 参见熊明辉:《非形式逻辑视野下的论证评价理论》,载《自然辩证法研究》2006年第12期,第23页。

（三）绝对主义的认识论

绝对主义是一种认识论，它认为人们可以一下子穷尽全部绝对真理。[①] 这种认识论支配着笛卡尔。他认为：只要遵循数学推理的演绎方法，从几个简单自明的公理出发，经过一步步的严密推理，就可以获得关于事物的确定有效的知识。[②] 按这种方法，从一个原点出发，可以推演出所有的结论。所以，如果相信数是世界的本质，掌握了数学方法的人自然有认识全部世界的自信。当然，绝对主义者的乐观性格还来自前述大量的自然科学成就，在它们的鼓舞下，人们认为认识世界最终奥秘的日子已经不远了。

二、哲学理性主义在法学上的表现

在法律领域，哲学理性主义导致新的公理化体系的方法的入主，它改变了传统法学的形象，把它从被辨证命题统治的领域改为由科学命题统治的领域，把法学从意见的舞台转变为真理的舞台，由此产生了现代意义的法律科学。

把一般的科学化倾向落实到法学上的第一个法学家似乎是法国人文主义学派的布尔日大学教授丢阿兰，他于 1544 年发表了《关于教学与法律教学之道的书信》（De ratione docendi discendique iuris epistola），主张法律的论述应该从一般的和我们更熟悉的事项出发过渡到特殊问题，他推崇《法学阶梯》采用的更简短、更体系化的方法，认为它能给学生一个整理从《民法大全》的其他部分学来的细节性材料的结构，但他限于提出一般的思路，没有提出具体的组织法律材料的新方法。[③] 这些他未做到的事情被其学生雨果·多诺（Hugo Donellus，1527—1591 年）做到了。其《市民法评注》（第一部于 1589 年出版于法兰克福）前 16 卷探讨民事实体法，后 12 卷探讨民事诉讼法。在对实体法的探讨中，采用人、物、物的取得（先探讨单一物的取得，后探讨集合物的取得，尤其是继承），然后是

① 参见李洪林主编：《辩证唯物主义和历史唯物主义原理》，福建人民出版社 1985 年版，第 217 页。

② 参见张汝伦：《意义的探究——当代西方释义学》，辽宁人民出版社 1988 年版，第 7 页。

③ See Peter Stein，"Donellus and the Origins of the Modern Civil Law"，En Ankun，J. A. et alii（editores），*Melanges Felix Wubbe*（Fribourg，Editions Universitaires Suisse，1993），p. 443.

物权,最后是债。[1] 这是一个取代了盖尤斯的人物讼体系的新体系。它以体系法取代了决疑法[2],把着重点从个案移转到制度。

沿着丢阿兰和雨果·多诺开辟的路线,法典编纂、总则思想、潘得克吞体系、概念法学、规范法学等相继产生。它们使现代法律和法学与西塞罗时代的法律和法学极不相同。对于这样的不同,褒贬不一。按德国法学家鲁道夫·耶林(1818—1892年)的看法,这是对法学的一种提升。他认为法学可以分为"较低层次的法学"和"较高层次的法学",前者的任务就是从个别的法律规定出发解释法律条文的含意,消除法律的模糊性和表面上的矛盾,但这只是法学的第一个阶段。而较高阶段的法学则是从体系出发,把法律看成是一个法律制度和法律概念的逻辑有机体,在体系中把握个别法律问题。无独有偶,德国法学家弗朗兹·威亚克尔也认为:对私法进行逻辑化和体系化的尝试正是现代的民法科学开端的标志。[3]

但把法学科学化的做法抹杀了自然科学与人文科学的区别,后来招致维柯的批判,最终以地方论法学的复兴加以补救。

三、修辞学—地方论的衰落

(一) 修辞学的衰落

地方论是修辞学的一部分,进入中世纪后,修辞学衰落或转型,它裹挟着地方论的衰落。

从根本上看,修辞学首先是法庭之学,其存在条件是对抗制的诉讼程序以及相应的律师在辩护和控告中的积极角色。进入中世纪后,这些条件不复存在。诉讼改为纠问式的,律师不再担任控告人,此等职能由专门的国家官员承担。这样,尽管律师辩护在一些地方存在,但其演说并非为了说服陪审团以及大众,而是为了说服专业化的法官。这就使修辞学的功能大大减少,导致其衰落。非独此也,至近代,法庭审判已从群众审判

---

① See Peter Stein, "Donellus and the Origins of the Modern Civil Law", En Ankun, J. A. et alii (editores), *Melanges Felix Wubbe* (Fribourg, Editions Universitaires Suisse, 1993), p. 450.

② Voir Carlo Augusto Cannata, Systematique et Dogmatique dans les Commentarii Iuris Civilis de Hugo Donellus, 335. En Jacques Godefroy (1587 – 1652) et L' Humanisme juridique a Geneve, Edites par Bruno Schmidlin et Alfred Dufour, Helbing & Lichtenhahn, Bale et Frankfort – sur – le – Mian, 1991, p. 332.

③ 参见朱晓喆:《近代欧陆民法思想史》,清华大学出版社2010年版,第41页。

转变为专家审判，群众审判只保留在法官团制度中。而群众审判是地方论存在的制度基础，它一旦消除，地方论就成了无源之水。尽管如此，群众审判在法官团制度中的保留仍然为地方论的存活留下了一点余地，美国人小科勒·杜尔汉姆（W. Cole Durham，Jr.）就认为，美国的法庭风格与古罗马更加接近，因此，地方论的方法在美国更有运用余地。[1]

在希腊罗马，修辞学还为民主政治服务，演说辞是领导人说服大众的直接工具。进入中世纪，民主制衰落，没有说服民众的需要，驱策他们就行了，于是，修辞学转型，它逐渐从一门讲的学问发展为写的学问。4世纪的维克多（Gaius Julius Victor）是第一个在其《修辞的艺术》中研究书信修辞的人。[2] 修辞学还被用于写诗[3]、讲道。[4] 如前所述，梅兰希顿是较早把修辞学用于讲道的人。在基督教时代的中世纪，教堂恐怕是难得的有公共演说的地方，这里还保留说服的必要。

从哲学的角度看，修辞学的衰落主要因为它诉诸情感而非理性——本来它被设想为一种型构要做出的论证和将讲授的故事的工具，但后来，它开始首先被设想为一种美学的形式和文字游戏层面上的文字分析，修辞学方法成了一个贬义词。[5] 一位著名的意大利文艺复兴时期的历史学家也表达了相近的观点，他说“修辞学是希腊罗马思想的恐怖变异”。[6] 事实上，修辞学以怀疑论、概率论为基础，认为可证伪的前见是人们据以

---

① See Theodor Viehweg, *Topics and Law*, Trans. by W. Cole Durham, Jr., Peter Lang, New York, 1993, p. xxiii.

② See James Jerome Murphy, *Rhetoric in the Middle Ages: A History of Rhetorical Theory from Saint Augustine to the Renaissance*, University of California Press, 1981, p. 43.

③ See James Jerome Murphy, *Rhetoric in the Middle Ages: A History of Rhetorical Theory from Saint Augustine to the Renaissance*, University of California Press, 1981, pp. 135ss.

④ See James Jerome Murphy, *Rhetoric in the Middle Ages: A History of Rhetorical Theory from Saint Augustine to the Renaissance*, University of California Press, 1981, pp. 269ss.

⑤ 在史学研究领域，有过一个“修辞学派”，其特点在于注重炼字造句，只求文字之动人，而不关心史事之正确，力求把历史著作写得生动有趣富有戏剧性。参见张广智：《西方史学史》，复旦大学出版社2000年版，第34页。

⑥ ［比］佩雷尔曼：《旧修辞学与新修辞学》，杨贝译，载郑永流主编：《法哲学与法社会学论丛》，北京大学出版社2005年版，第35页。

行动的知识的来源①,这是反科学的。表现为一方面演说家要追求成功,另一方面又不讲真话或追求正义,而是通过诉诸听众的感情达到自己的目的。② 这在现在看来是一种江湖骗术。故康德以贬低的方式谈论地方论:地方论是学校的教师和演说家在特定的推理的名称下使用的方法,以便更好地确定特定的问题并因此以貌似有理的方式进行诡辩或以众多的语词闲谈。③ 所以,在近代的理性主义思潮兴起后,修辞学就衰落了。理性主义以几何学为基础。几何学方法依循着分析的道路前进至自明的真理,然后通过演绎来达成越来越复杂的命题。按照其假定,任何哲学要想达到科学的境地,就必须找到具有基本的和自明的形式的真理形式的牢固基础,然后从这一基础演绎出所有的后继陈述。④ 显然,修辞学并不具有几何学的基础,它因此就被视为非科学的。

印刷术的发明对于作为修辞学的话语形态的演说术的衰落也起到了推动作用,在前印刷术时代,人们读少听多,在后印刷术时代,由于书籍变得廉价,人们大大增加了自己的阅读。而"听"是感性的,"读"是理性的。

修辞学的衰亡体现在它不再作为大学的课程。在 18 世纪的意大利大学,似乎还保留雄辩术课程,下面我们要研究到的维柯就是拿波里大学的这一课程的教授,这是西班牙国王查理二世任命的年薪 600 个荷兰金币的教席。⑤ 但 100 年后情况发生了改变。保罗·利科(Paul Ricoeur,1913—2005 年)告诉我们:在 19 世纪末,修辞学从大学课程表中被取消,这意味着其死亡。⑥ 一位法国浪漫作家和诗人率先提出这样一个口号,

---

① See Janice M. Lauer, *Invention in Rhetoric and Composition*, Parlor Press, West Lafayette, 2004, p. 25.

② Cfr. Gianluca Sposito, Il Luogo dell' Oratore: Argomentazione Topica e Retorica Forense in Cicerone, Edizione Scientifiche Italiane, Napoli, 2001, p. 16

③ Cfr. Antonio Villani, Topica e Sistematica nella Giurisprudenza, L' Arte Tipografica, Napoli, 1970, p. 23.

④ 参见〔意〕贝奈戴托·克罗齐:《维柯的哲学》,〔英〕R. G. 柯林伍德译,陶秀璈、王立志汉译,大象出版社、北京出版社 2009 年版,第 1 页。See Bernard E. Jacob, Ancient Rhetoric, Modern Legal Thought, and Politics: A Review Essay on the Translation of Viehweg's "Topics and Law", In *Northwest University Law Review*, Vol. 89 (1995), p. 1622.

⑤ 参见〔意〕维柯:《新科学》,朱光潜译,人民文学出版社 1987 年版,第 645 页。

⑥ See Bernard E. Jacob, "Ancient Rhetoric, Modern Legal Thought, and Politics: A Review Essay on the Translation of Viehweg's 'Topics and Law'", In *Northwest University Law Review*, Vol. 89 (1995), p. 1622.

"安宁属于人们,而死亡属于修辞学"。[①]

(二) 地方论的衰落

地方论连同修辞学衰亡,表现为 Topica 这个词尽管在现代语言中仍然保留,但含义转变。

在英语中,这个词转化为 Topic,从 1720 年开始,有了把该词做"论题"使用的记载。[②] 这是个 180 度的含义转变,因为在古典传统中,论题本是地方论服务的对象,现在它成了地方论本身。这一转变导致了地方论在当代中国面临的巨大扭曲,因为差不多所有的中国学者都以英语为第一外语,他们最早接触 Topic 这个词是通过英语,所有的《英汉词典》都告诉他们这个词的含义是"论题",在他们接触其他西语后,也把他们从英语获得的这种词义等同于他们学得的第二外语中的 Topica 的同形词的含义,于是"论题学"泛滥于中国。例如,刘亚猛在其《西方修辞学史》中就把 Topos 翻译为"话题"[③],颜一翻译亚里士多德的《修辞术》时,就把 Topos 翻译为"主题"。[④] 不过,地方论(Topica)尽管变成了"论题"(Topic),后者还是保留一些地方意味的。假设人类的话题有一张桌子的表面那么大,人们不可能一次谈完全部的桌面,每次只能谈其中的或大或小的一部分,被谈论的自然是整体中的一个"地方"了。不过这个地方不提供论据,倒是要由别的来源的论据来证明或反驳它。

以上说的是 Topica 一词在英语中的命运。下面说该词在其他现代语言中的命运。在法语中,它变形为 Topique,该词已完全丧失其古典修辞学中的含义,现在用来表示"局部药"。还有"切题的"义项作为其古代的含义的遗迹。[⑤] 但法国人不像英语人民那样用 Topique 表示论题,而是用 Sujet 表示。

---

① 〔比〕佩雷尔曼:《旧修辞学与新修辞学》,杨贝译,载郑永流主编:《法哲学与法社会学论丛》(2005 年卷),北京大学出版社 2005 年版,第 35 页。

② See the Entry of Topic of Online Etymology Dictionary, On http://www.etymonline.com/index.php? term = topic,2013 年 7 月 22 日访问。

③ 参见戴津伟:《法律中的论题以及论题学思维研究》,山东大学 2012 年博士论文,第 42 页。

④ 参见戴津伟:《法律中的论题以及论题学思维研究》,山东大学 2012 年博士论文,第 44 页。

⑤ 参见《法汉词典》编写组:《法汉词典》,上海译文出版社 1981 年版,第 1280 页。

在意大利语中,Topica 这个词原样保留,表示修辞学、逻辑学中的“切题”①,这只是一门古代学问的遗迹而已。意大利人也不用 Topica 表示论题,而用 Argomento 或 Tema 表示。

在西班牙语中,Topica 一词保留,但其命运很惨,演变成具有如下不好的意思:作为医学术语的含义是“外用的”“局部的”。作为日常用语的含义是“俗套”“老套”“陈词滥调”。这显然是把共同的地方等同于地方的结果。只有在美洲西班牙语中,该词还有“话题”的意思。② 但西班牙语人民也不用 Topica 一词表示论题,而是用 Tema 表示。

在德语中,Topica 变成了 Topik,其命运稍好,有(论文或演说等的提纲或大纲的)标题、细目的现代意思。另外有用来描述古代修辞学的语序学、词序学的意思。最后是(演说时的)用词技巧的意思。③ 标题、细目的意思导致海德堡大学教授威兰德(W. Wieland)把 Topos 定义为编排、分类的观点(Gesichtspunkte)。④ 这一观点传入中文世界,采用了类观点学的形式。⑤ 语序学、词序学的意思显然只记载了 Topica 古代学问中的记忆术的方面。用词技巧的意思保留了古代地方论的修辞学意义于现代德语中,而且未采用贬斥的形式,这是 Topica 在现代语言中受到的最好对待。但德语人民并不用 Topik 表示论题的意思,而是用 Thema 表示这个意思。看来,把菲韦格的 Topik und Jurisprudenz 书名翻译为“论题学与法学”的舒国滢教授,采用的不是 Topik 一词的德文意思,而是其英语同形词 Topic 的意思。

Topica 一词的含义在现代诸语言中演变得面目全非,是 Topica 作为一门学问衰落甚至衰亡的最有力证据,由于这种“面目全非”,今人要经过很大的努力,付出艰苦的理论劳动,才能进入并进而理解甚至正确理解 Topica 所意味的古代学问,完不成这一过程的人,会就地方论留下许多以今乱古的言论。

也因为这种“面目全非”,用 Topic 翻译 Topica 是不恰当的。当然,在

① 参见北京外国语学院《意汉词典》组编:《意汉词典》,商务印书馆 1985 年版,第 827 页。

② 参见北京外国语学院西班牙语系《新西汉词典》组编:《新西汉词典》,商务印书馆 1982 年版,第 1083 页。

③ 参见《德汉词典》编写组:《德汉词典》,上海译文出版社 1983 年版,第 1227 页。

④ 参见舒国滢:《论题学:从亚里士多德到西塞罗》,载《研究生法学》2011 年第 6 期,第 8 页。

⑤ 参见颜厥安:《法与实践理性》,中国政法大学出版社 2003 年版,第 203 页。

西语的环境中,这两个词不过假朋友关系而已,通过解释,人们可区分两者,但在中文环境中,一旦把其中的一个译错,牵连另一个的意思出错,那就不是通过解释可以区分两者的了。

第二节　维柯为地方论辩护及其影响

一、维柯对地方论的抽象方法论化

1708 年,地方论终于有人为之辩护。拿波里大学的雄辩术教授简巴蒂斯塔·维柯(Giambattista Vico,1670—1744 年)把《论我们时代的研究方法》(De nostri temporis studiorum ratione)作为自己的开学演讲的题目。它描绘了新的科学研究方法与老的方法的对立,称前者为批判法,后者为修辞学(地方论)方法。维柯认为两种方法各有千秋。前者的优点在于清晰、明确,缺点是导致睿智洞察力的丧失、想象力和记忆力的萎缩、语言的贫瘠、判断的不成熟。而后者的优点是提供人类才智、培养想象力和记忆力、教育人从极其不同的角度去观察一个事情。维柯希望把新旧两种方法协调起来。[①] 如果说"批判"代表的是科学理性、理论理性,那么,"地方论"就代表生活的智慧、实践理性。如维柯在《论我们时代的研究方法》中说:批判方法可能是真实演说的艺术,而地方论则是雄辩演说的艺术;批判方法使我们占有真理,而地方论则使我们善于辞令。[②]

具体而言,维柯批判了理性主义方法的几个基本前提。

首先,维柯揭示了几何学方法的局限。他认为把几何学方法引入物理学会造成错误,因为依据这种方法人们得出来的自认为是真的定律实际上是或然性的。而且,几何学提供方法,却未提供证明。当然,维柯对几何学方法的批评具有一定的宗教色彩,因为他说,事物的真实形式只存在于全能的上帝那里[③],也就是不可知的。此论与巴尼门德(Parmenides,

---

① 参见〔德〕特奥多尔·菲韦格:《论题学与法学——论法学的基础研究》,舒国滢译,法律出版社 2012 年版,第 5 页及以次。

② 参见张文良:《维柯与当代日本哲学——以中村雄二郎的"场所哲学"为中心》,载《哲学动态》2009 年第 7 期,第 35 页。

③ 参见〔英〕利昂·庞帕编译:《维柯著作选》,陆晓禾译,商务印书馆 1997 年版,第 72 页及以次。

公元前515/539？—？）的此语类似。他在诗中说，我们面临两种生活方式——意见的方式和真理的方式，前者是人的，后者是神的。[①] 维柯也好，巴尼门德也好，都表达了以上帝为参照系的认识论上的悲观主义。

其次，维柯批判了理性主义所持的自然科学与人文科学方法一体论。他认为，笛卡尔提出的真理标准即清晰、明白，虽然在数学和自然科学领域是可以达到的，但在人文历史等学科和领域则是不适用的。笛卡尔自己也承认，基于清楚明白的前提推导出必然性的结论的方法，不适用于历史和诸人文学科。[②] 维柯认为，批判法的基础是几何学，而在人类事务中没有任何使用几何学的空间，因为人类事务太纷繁复杂，太屈从于人类意志和智力的摇摆不定和反复无常，因而不适用这种死板的方式。[③] 他认为人类事务具有境遇性，必须根据具体的境遇来评价，这属于实践智慧的领域，与自然科学所属的知识领域不同。知识追求最高真理，实践智慧追求最低真理。[④] 把适用于知识的判断方法转移到实践智慧领域，是错误的，因为前者按正确的推理来判断事物，而人人都是愚者，并不受理性支配，而是受任性或命运支配。[⑤] 此语动摇了理性主义的基本人性假定，大踏步地迈进了非理性主义。

最后，针对笛卡尔的绝对主义的认识论，维柯主张不可知论，说："实际上，人类能够认识的东西总是有限的和不完善的，就像人类自身一样。"而且他通过承认古人的智慧打消今人的过度自信："我们发现了许多以前时代一无所知的东西，而古人也知道许多我们根本无知的东西。"[⑥]维柯意识到笛卡尔方法的根本缺陷，认为从必然性的真理出发做出的推论虽然是正确的，但因为作为出发点的前提只是对客观现实的某个特定侧面

---

① 参见〔比〕佩雷尔曼：《旧修辞学与新修辞学》，杨贝译，载郑永流主编：《法哲学与法社会学论丛》（2005年卷），北京大学出版社2005年版，第37页。

② 参见张文良：《维柯与当代日本哲学——以中村雄二郎的"场所哲学"为中心》，载《哲学动态》2009年第7期，第34页及以次。

③ 参见叶淑媛：《维柯主要著作以及思想探析》，载《甘肃联合大学学报》（社会科学版）2008年第2期，第69页。

④ 参见〔英〕利昂·庞帕编译：《维柯著作选》，陆晓禾译，商务印书馆1997年版，第75页。

⑤ 参见〔英〕利昂·庞帕编译：《维柯著作选》，陆晓禾译，商务印书馆1997年版，第76页。

⑥ 〔英〕利昂·庞帕编译：《维柯著作选》，陆晓禾译，商务印书馆1997年版，第65页。

的描述,所以基于这种推论,我们不能对对象的整体有一个全面认识。[①]

既然理性主义的方法不能包揽一切领域,那就要为地方论留下地盘。那么,什么是维柯理解的地方论？维柯告诉我们:首先,地方论是一种把人类心智的基原活动调节适当的艺术,办法是注意到所涉事物的一切普通事项,须把这些平凡事项全面省察周到,然后才能知道该项事物中什么才是我们希望熟知的,也就是要全面认识的东西。[②] 这是一个认识论性质的地方论定义,极具洞察力。各种地方,无非是观察对象的站点。我们可以观察对象本身,也可观察他的符号,还可观察与相关事物的联系。通过这种种观察,我们可以达到对对象的比较全面的认识。当然认识只是一种准备活动,服务于写作的目的,由此,认识论转化为写作方法论。其次,维柯认为地方论是发现连接词[经院哲学家称之为 Medium(中词),拉丁人把它叫做 Argumentum(论据)]的艺术。[③] 这是一个逻辑学性质的地方论定义。这一对地方论的界定是矛盾的,因为发现中词艺术意义上的地方论是波爱修斯式的,它是逻辑学地方论;而发现论据艺术意义上的地方论是西塞罗式的,主要是修辞学地方论,两者有一定差别,此等差别已在波爱修斯的《论地方的差别》中充分体现出来。从维柯时代的意识形态背景来看,他说的逻辑学地方论应该是非形式逻辑学的地方论,这种方法论与修辞学地方论并不矛盾,都是论证的方法。但从维柯对他赞美的地方论的属性来看,他主要维护的是修辞学地方论。

在维柯看来,这种地方论不以必然性为基础,而是以或然性为基础。具有艺术性,也就是经验性和情境性,能确保我们行动正确,口才良好,及时抓住在特定场合下可以论证的东西。[④] 地方论附属于雄辩术,维柯认为此术也值得赞美,因为它在常人身上激起激情,使他们履行美德的职责。[⑤] 这里似乎讲的是西塞罗谈到过的修辞学中对行动问题中的关于义务的问题的讨论。

维柯关于地方论本身及其宿主修辞学的论述就这么多,相较于西塞

---

① 参见张文良:《维柯与当代日本哲学——以中村雄二郎的“场所哲学”为中心》,载《哲学动态》2009 年第 7 期,第 34 页及以次。

② 参见〔意〕维柯:《新科学》,朱光潜译,人民文学出版社 1986 年版,第 230 页。

③ 参见〔英〕利昂 · 庞帕编译:《维柯著作选》,陆晓禾译,商务印书馆 1997 年版,第 71 页。

④ 参见〔英〕利昂 · 庞帕编译:《维柯著作选》,陆晓禾译,商务印书馆 1997 年版,第 71 页。

⑤ 参见〔英〕利昂 · 庞帕编译:《维柯著作选》,陆晓禾译,商务印书馆 1997 年版,第 78 页。

罗、昆体良、波爱修斯等人的地方论论述，真是太寡薄了！太好弄了！但他还是为我们提供了能满足需要的有用信息。

其一，地方论方法是与理性主义方法或几何学方法对立的一种方法论，是一种认识论。这是此前从未有人讲过的，维柯把它讲出来就是贡献。然而，令人遗憾的是，维柯不论在其《论我们时代的研究方法》中，还是在其《新科学》中，没有谈到一个具体的地方，无论是逻辑学的地方还是修辞学的地方，都是如此。这样，罗马人留下的地方论在维柯手里被虚化了，它被作为一种方法论泛泛地提到，至于它包含哪些具体的地方，维柯则不提。这一做空头路线为尔后的地方论鼓吹者菲韦格等人遵循。

其二，维柯认为地方论方法具有艺术性，这种属性与科学方法的逻辑性对立："科学之方法为逻辑，艺术之方法为实践；科学之目的在追求普遍之真理，发现原因，故必须致知明理。致知明理之方法，须运用逻辑。艺术之目的既在求美，发抒其个性而达到特定之目的，故必须就个别事物实践体会，逻辑之方法于此即无适用之余地。"[①]此乃至真之言。

其三，维柯认为雄辩术催生激情并赞美此等激情。我们知道，激情属于人性的非理性因素，它向来受到理性主义者的排斥。维柯赞美激情，等于说人并非单纯的理性存在，其人性中还有非理性的一面，而这一面是好的。维柯的此举开启了未来的非理性主义的方向。

二、维柯的社会科学方法独特论的影响

由于维柯对当时如日中天的理性主义的批评，他在西方思想史上是作为笛卡尔的理性主义的对立面出现的，扮演了一个传统思想的挑战者的角色。他开创了一种新的哲学思维方式，对后世产生了深远影响。[②]其要点在于强调人文科学与自然科学应有不同的方法论，适合于自然科学的方法不见得适合于人文科学，由此，维柯又被称为精神科学的奠基者。[③] 俗话说，祖母的嫁衣是时装，作为一个意大利人，维柯不过是把其罗马祖先的修辞学理论拿来对抗理性主义方法论的垄断而已，此举竟然为他博得了身后的多多大誉，让人惊异。但看来如此简单的事情只有他

① 何孝元：《诚实信用原则与衡平法》，三民书局 1977 年版，第 8 页及以次。

② 参见韩震：《西方维柯研究简介》，载《哲学动态》1991 年第 1 期，第 41、43 页。

③ 参见韩震：《西方维柯研究简介》，载《哲学动态》1991 年第 1 期，第 41 页。

做过,荣耀就要归于他。

具体而言,维柯的地方论辩护论或社会科学方法独特论对如下学派产生了影响。

首先是历史主义。“历史主义”一词是德国思想家赫尔德(1744—1803年)最先提出来的。此说强调人类行为是有意识的活动,认为历史现象在很大程度上是自由心灵创造的,所以不能认为是有规律的机械过程。每个时代都有自己明确的个性,因此不能用普遍原则来理解或判断历史现象。历史主义在人文世界的历史关系的基础上解释历史现象,强调每一现象的独特性。历史主义尊重人在历史过程中形成他的世界的不同方式,它把过去与现在的各种不同文化看做产生历史的特殊力量的创造性的种种表现。认为个人属于他的时代环境,人类行为只应根据当时起作用的价值体系来判断。① 显然,历史主义排斥几何学方法可以适用于历史研究,强调史学主体的个性以及史学判断的情境性,这些观点与维柯的观点并无二致。学界认为赫尔德受到了维柯学说的影响。②

其次是解释学。解释学是19世纪德国哲学家 F. E. D. 施莱尔马赫(1768—1834年)和 W. 狄尔泰(1833—1911年)开创的。施莱尔马赫致力于圣经释义学中的科学性和客观性问题的研究,提出了有关正确理解和避免误解的普遍性理论,使神学的解释成为普遍解释理论的一种具体运用。狄尔泰被看做是西方传统解释学的集大成者,他认为自然科学中的因果“说明”原则与精神科学中的“理解”原则根本对立,彼此各有其适用范围,互不逾越。他还把文化现象中的“理解”看做是一个生命(作品解释者)“进入”另一个生命(作品创作者)的过程。也就是说,一切社会文化现象都相当于在种种符号中固定化了的生命表现,理解这些现象就相当于把握符号创造者的主观精神世界。③ 不难看出,解释学强调自然科学和社会科学方法的差异,把理解当做后者的要务。这种学说中有维

① 参见张汝伦:《意义的探究——当代西方释义学》,辽宁人民出版社1986年版,第34页及以次。

② See Timothy Costelloe, “Giambattista Vico”, *The Stanford Encyclopedia of Philosophy* (Spring 2012 Edition), Edward N. Zalta (ed.), URL = < http://plato.stanford.edu/archives/spr2012/entries/vico/ >,2013年7月12日访问。

③ 参见“解释学”百度百科词条,On http://baike.baidu.com/view/115871.htm,2013年6月30日访问。

柯学说的影子,尽管我并不掌握施莱尔马赫和狄尔泰受维柯影响的证据。

如果我们了解历史主义和解释学,尤其是解释学对于当代社会科学方法论上的支配地位,我们就可感受到维柯学说的影响之大了,以及为何在19世纪60年代人们对理性主义怀疑后,西方国家产生维柯热了。[①]

① 参见叶淑媛:《维柯主要著作以及思想探析》,载《甘肃联合大学学报》(社会科学版)2008年第2期,第67页。

第八章　菲韦格对传统的地方论概念的再颠覆

第一节　地方论在法学上的复兴

哲学上的变化传导到法学总有相当的时间差。此处的“哲学上的变化”指维柯对地方论的倡导。因为在西塞罗之后很长的历史时期,“地方论”只是作为记忆术的一种为人们所重视,维柯则将之提升为一种认识和把握世界的新模式,即通过与对象的互动,通过对人与对象的深层关系的探讨,对复杂的事物做出或然性的结论。① 此处的“时间差”指维柯对法学界的影响直到到19世纪50年代才发生,其时,人们才对法学的以概念法学为代表的过度科学化不满,纳入地方论于法学领域。此等纳入体现在1953年和1958年分别在德国和比利时出版的两本书上,它们是美茵兹大学教授特奥多尔·菲韦格(Theodor Viehweg,1907—1988年)的《地方论与法学——论法学的基础研究》(Topik und Jurisprudenz - Ein Beiträg zur rechtswissenschaftlichen Grundlagenforschung)和比利时学者沙伊姆·佩雷尔曼(1912—1984年)和吕西·奥尔布莱希茨-提特卡(Lucie Olbrechts - Tyteca,1899—1987年)合著的《论论证——新修辞学》(Traité de l'argumentation - la nouvelle rhétorique)。以下分述两书,为了论述的方便,我在本章只介绍菲韦格的著作,对于佩雷尔曼及其合作者的著作,在本书第九章介绍。

① 参见张文良:《维柯与当代日本哲学——以中村雄二郎的“场所哲学”为中心》,载《哲学动态》2009年第7期,第37页。

第二节 菲韦格的《地方论与法学——论法学的基础研究》

一、作者生平

菲韦格于1907年出生于莱比锡。从1925年起，他先后进入路德维希－马克西米连大学、莱比锡大学、柏林弗雷德里希－威廉大学学习法律。1934年在莱比锡大学获得法学博士学位。尔后，他在慕尼黑的德国科学院担任助理。1949年，与鲁道尔夫·劳恩一起创办了《法律与社会哲学档案》杂志。1953年，他取得教书资格，在处在美因茨的约翰内斯·古腾堡大学担任私讲师。1959年担任编外教授。1966年担任法哲学与社会学教授。1972年退休。①

菲韦格著作不多，2015年11月5日查美国国会图书馆目录，只找到他于1953年出版的《地方论与法学——论法学的基础研究》一本书，这可能是他生前唯一的著作。② 而这只是一本薄薄的小册子！它是一本文集，收录菲韦格从1960年到1981年发表的16篇论文。③ 尽管如此，他与巴尔维格（Ottmar Ballweg）一起，成为美因茨学派（也就是法律修辞学派）的代表人物。④

二、写作背景

在菲韦格写作其《地方论与法学——论法学的基础研究》的20世纪

---

① Vgl. Eintrag der Theodor Viehweg, Auf http://de.wikipedia.org/wiki/Theodor_Viehweg，2014年9月9日访问。

② 还有一篇论文《关于法律推理的一些思考》（Some Considerations Concerning Legal Reasoning），载格拉汉姆·休斯主编：《法律、理性与正义》（Law, Reason and Justic），纽约大学出版社1969年版，第257—269页。死后（1995年）出版了文集《法哲学与修辞法理论》。

③ Véase Miguel Perez Lopez, Viehweg Theodor, Topica y filosofia del derecho（compilacion y "observacion preliminar" de Ernesto Garzon Valdes y traduccion de Jorge M. Sena）Barcelona, Editorial Gedisa, 1991, pp. 204（Coleccion Estudios Alemanes），Sobre http://www.azc.uam.mx/publicaciones/alegatos/pdfs/21/23-23.pdf，2015年9月9日访问。

④ Vgl. Eintrag der Theodor Viehweg, Auf http://de.wikipedia.org/wiki/Theodor_Viehweg，2014年9月9日访问。

60年代的德国,法学家普遍感到法哲学争论谁也说服不了谁,于是有人建议回到方法。在传统方法内,许多问题是讨论不清的。具体方法有:数理逻辑的方法、伽达默尔的解释学方法、修辞学方法和论证的方法。荷兰的费特利斯的《法律论证的基础》(1999年出版)认为有三种方法:(1) 逻辑进路;(2) 修辞学进路;(3) 对话进路。方法论的多样证明,笛卡尔时代的惟科学是尊的方法论观念在当时已成为过去。

菲韦格在修辞学的方法中开拓,在维柯的影响下复兴了地方论的方法。但他的论点几乎每个都受到反驳,为便利计,我在介绍其理论的同时都介绍相关的驳论或质疑。

三、基本观点

菲韦格认为有两种法律思维方式,一是体系取向型的演绎模式;二是问题取向型的模式。[①] 地方论是以问题为取向的特别思考艺术,与体系思考艺术形成对照,后种方法是从整体出发的。[②] 他认为,前一种模式取代后一种是巨大的损失。[③] 但批评者认为,菲韦格对问题取向性方法的强调会扩大法官的自由裁量权,最终导致分权原则的崩解,并威胁法律的确定性。[④]

对于这一观点,我首先要说的是,菲韦格并非像维柯一样把地方论的方法与几何学的方法对立,而是把它与体系化的方法对立,这样菲韦格就在维柯的基础上做了推进,但这样的推进是有限的,因为不难判断,体系化的方法是几何学方法的产儿,后者就是从基本的前提出发推演出一个体系。

我其次要说的是,菲韦格把地方论与体系的方法对立起来,令我困

① See Theodor Viehweg, *Topics and Law*, Trans. by W. Cole Durham, Jr., Peter Lang, New York, 1993, p. XV.

② See Theodor Viehweg, *Topics and Law*, Trans. by W. Cole Durham, Jr., Peter Lang, New York, 1993, p. 19.

③ See Theodor Viehweg, *Topics and Law*, Trans. by W. Cole Durham, Jr., Peter Lang, New York, 1993, p. XV.

④ See Maarten Henket, "Status and Loci for the Modern Judge: From Volontas to Purpose and Beyond", In Olga Tellegen - Couperus (edited by), *Quintilian and Law: The Art of Persuasion in Law and Politics*, Leuven University Press, 2003, p. 184.

惑。首先,我们从奥鲁斯·杰流斯的《阿提卡之夜》1,22,7知道,西塞罗曾写过《论把市民法纳入体系的方法》(Ius civile in artem redigere)的失传著作[①],且西塞罗的《论演说家》1,42,187及以次留下了相关的信息:首先把整个的市民法分为为数非常少的几类,然后再把这些类划分成有如它们的部分,继而再对每个类和属的特性进行界定。[②] 这不是体系的方法吗?菲韦格的同胞托比亚斯·莱茵哈德(Tobias Reinhardt)就认为,西塞罗的《地方论》是把市民法体系化的尝试。[③] 其次,从地方论的历史来看,盖尤斯、拉伊姆恩都斯·鲁路斯、梅兰希顿的追随者都把修辞学地方论的人—物两分法和人—物—行为的三分法作为建构民法体系的工具。而且我们必须看到,运用地方论中的属和种的地方,必然产生体系化,因为属本身就是一个包含它的诸种的体系。属的层级越高,它统摄的体系越大。例如,民法是一个属,它下面至少可分为总则、物权、债权、知识产权、亲属、继承六个种。各种下面有自己的分种,例如债下面就分为意定之债和法定之债,等等。如此看来,把地方论方法与体系方法对立,具有情绪性的因素。

让我们回到菲韦格。关于什么是问题,菲韦格采用亚里士多德的定义,认为"当对某个提问提供多于一个答案时,就存在某个问题"。[④] 但弗卢姆(Werner Flume)反对把问题与体系对立,他认为:"任何法律思维都是问题性的思维,任何法律调整都是对问题的调整",甚至任何科学思维都是问题性的思维。[⑤] 因此,把问题性思维与体系性思维对立起来是没有道理的,如果要维持这种对立,必须把问题理解为在开头没有给出答案的问题。[⑥] 而且,即使是问题取向型的思想家也不能忽略问题得以明确

---

① Cfr. Aulo Gellio, Notti attiche, Vol. I. Biblioteca Universale Rizzoli, 1997, Milano, p. 171.

② 参见〔古罗马〕西塞罗:《论演说家》,王焕生译,中国政法大学出版社2003年版,第135页。

③ See Tessa G. Leesen, *Gaius Meets Cicero: Law and Rhetoric in the School Controversies*, Brill Academic Pub, 2010-9-30, p. 29.

④ 舒国滢:《寻访法学的问题立场——兼谈"论题学法学"的思考方式》,载《法学研究》2005年第3期,第16页。

⑤ Cfr. Antonio Villani, Topica e Sistematica nella Giurisprudenza, L'Arte Tipografica, Napoli, 1970, p. 12.

⑥ Cfr. Antonio Villani, Topica e Sistematica nella Giurisprudenza, L'Arte Tipografica, Napoli, 1970, p. 13.

形成并得到完全解决的体系的背景。①

菲韦格又说,地方论是与体系思维对立的困局(Aporia)思维。② 所谓困局,就是两个同样有效的命题彼此对立的局面,因此,困局就是不可解决的逻辑困难。③ 如果说体系思考方式从整体出发,构建是第一位的、占主导地位的;而困局思维则从局部出发,有时可能只做"片段性的省察"。地方论利用的正是这种思考方法。④ 我认为此说与维柯认定的地方论思维的情境性无异,甚有道理。但哈特曼(J. Hartmann)认为困局思维与体系并不矛盾,困局思维并不怀疑体系的存在,也许确定的存在体就潜藏在其本身的思维中。⑤

总之,菲韦格的地方论法学表达了把法学科学化的不满,认为法学还处在意见的领域。由于近代以来自然科学取得的巨大成功,许多人都以把自己的学科纳入科学的门类为荣,但也有承认非科学的学科价值的人物,例如陈丹青,他就认为把他从事的绘画艺术说成科学是对绘画的贬低,因为绘画属于美学,美学是经验的、个别的,与科学的理性的、普遍的性质不同。要强调的是,菲韦格提出地方论法学的大背景是解释学的兴起,该学科也是追求证明社会科学不同于自然科学的特点,把前者的要旨定位于理解,强调知识的情境性,而地方论也是强调情境性的。

四、菲韦格学说的影响和受到的批评

菲韦格的学说产生了巨大影响,成了美因茨学派的领袖人物,其《地方论与法学——论法学的基础研究》被译成七种外语⑥从而影响世界,也

---

① Cfr. Antonio Villani, Topica e Sistematica nella Giurisprudenza, L'Arte Tipografica, Napoli, 1970, p. 17.

② Cfr. Antonio Villani, Topica e Sistematica nella Giurisprudenza, L'Arte Tipografica, Napoli, 1970, p. 13.

③ Cfr. Nicola Zingarelli, Vocabolario della Lingua Italiana, Zanichelli, Bologna, 2006, 129.

④ 参见舒国滢:《寻访法学的问题立场——兼谈"论题学法学"的思考方式》,载《法学研究》2005 年第 3 期,第 16 页以及次。

⑤ 参见舒国滢:《寻访法学的问题立场——兼谈"论题学法学"的思考方式》,载《法学研究》2005 年第 3 期,第 16 页。

⑥ 1962 年有了意大利文版。1964 年有了西班牙文版。1979 年有了葡萄牙文版。1980 年有了日文版。1987 年有了塞尔维亚—克罗地亚文版。1993 年有了英文版。2012 年有了中文版。

影响中国,中文中也有其上述著作的译本。但菲韦格像维柯一样,也是把地方论作为抽象方法论理解的,在其著作中并未提出一套自己的地方。所以,不妨把菲韦格形容为一个没有自己的兵的将军,或曰做空头的地方论者。桑德罗·斯奇巴尼教授在30年前写作其博士论文《〈阿奎流斯法〉责任:归责标准与"过错问题"》(Responsabilità "ex lege Aquilia": criteri di imputazione e problema della "culpa")时精研过菲韦格的这一著作,他也认为没有自己的地方是它的一大弱点。① 做多头的当代地方论者有下面要讲到的佩雷尔曼和吕西·奥尔布莱希茨-提特卡,他们提出了自己的富有创意的地方体系,这需要更大的工作精神以及相应的智慧。所以,我对没有这样做的菲韦格能有如此大的影响感到奇怪。

所以,菲韦格受到了许多批评。

批评一:没有说清什么是地方。罗迪希(Jürgen Rödig)说,什么是地方,自亚里士多德以来就是某种像秘密一样的东西,菲韦格没有解开这个秘密。②

霍拉克(F. Horak)认为,地方的概念已被搞得如此变化多端和通常,难以找到一个东西可以不被说成地方的。③

西班牙学者阿迪恩斯(Manuel Atienz)在其《法的理性》中概括了对菲韦格著作的批评。批评一:概念不精确。Topica 一词至少在三种含义上使用。其一,一种寻找前提的技术;其二,一种关于前提性质的理论;其三,一种关于在法律的基础中运用这种前提的理论。④

拉伦茨说,不能精确地指出菲韦格理解的法律地方论严格说来是什么,任何在法律讨论中曾扮演过一角的思想或看法,菲韦格似乎都将之视为一种"地方"。⑤

批评二:否定实在法。Diedrichsen 批评菲韦格:在其作品中找不到任

---

① 根据2014年10月8日下午我与桑德罗·斯奇巴尼教授在他罗马一大的办公室里进行的讨论菲韦格的所谓"论题学"的价值的谈话。

② Véase Garcia Amado, Teoria de la Tópica juridical, Universidad de Oviedo, 1988, pag. 127.

③ Véase Garcia Amado, Teoria de la Tópica juridical, Universidad de Oviedo, 1988, pag. 127.

④ Véase Manuel Atienz, Las razones del derecho. Teorías de la argumentación jurídica, Madrid: Centro de Estudios Constitucionales, 1991, pág. 37.

⑤ Véase Garcia Amado, Teoria de la Tópica juridical, Universidad de Oviedo, 1988, pag. 126. 也参见〔德〕拉伦茨:《法学方法论》,陈爱娥译,商务印书馆2003年版,第26页。

何对现行法律制度和原则的承认，而这种承认对于任何其他法学家都是理所当然的，由此，适用法必须与法律和法相连。[①] 因为菲韦格否认涵摄。

阿历克西反对论题学法学，因为它的弱点在于不可能使法律论证与由制度化推动的法教义学联系起来，也不能使之与判例的语境联系在一起。而一个适格的法律论证理论则必须既包括法教义学理论，又包含判例适用的理论。[②]

批评三：把地方论方法与体系对立。维尔腾（Wolfram Velten）则批评菲韦格不正当地把问题思维与地方论混淆起来，因为亚里士多德和西塞罗都没有区分问题思维和体系思维。[③]

弗鲁姆（Flume）认为，说 Topica 是问题思维没有意义，因为所有的法律思维都是问题思维，每个法律规则都是问题规则。[④]

威亚克尔认为，地方论与体系并不矛盾，而是相互要求的。[⑤]

批评四：硬伤。布吕多恩（J. Blühdorn）说菲韦格没有正确地表达亚里士多德的《逻辑学》的内容，以及此书中包含的分析篇与辨证篇的关系。[⑥] 巴西学者辛维尔斯基（Christiane Szynwelski）基于菲韦格的种种硬伤质疑他“是解决了问题还是带来了麻烦”。说他的小书为藏拙而苟简，

---

① Cfr. Claus - Wilhelm Canaris, Pensiero sisstematico e concetto di sistema nella giurisprudenza sviluppati sul modello del diritto private tedesco, a cura di Giovanni Varanese, Eizione Scientifie Italiane, Napoli, 2009, p. 166.

② 参见〔德〕罗伯特·阿列克西：《法律论证理论》，舒国滢译，中国法制出版社 2002 年版，第 27 页。

③ See Wolfram Velten, “Juristic Topics in English Legal Theory: The ‘Topical’ Method of Finding and Legitimizing Premises for the Solution of ‘Hard Cases’”, In *the Light of English Legal Theory*, 2012, Durham University E - Theses, p. 36.

④ Cfr. Claus - Wilhelm Canaris, Pensiero sisstematico e concetto di sistema nella giurisprudenza sviluppati sul modello del diritto private tedesco, a cura di Giovanni Varanese, Eizione Scientifie Italiane, Napoli, 2009, p. 157.

⑤ 参见〔德〕威亚克尔：《近代私法史——以德意志的发展为观察重点》，陈爱娥、黄建辉合译，五南图书出版公司 2004 年版，第 543 页，注释 22。

⑥ Véase Manuel Jesús Rodríguez Puerto, Tópica y humanism jurídico, En Anuario de filosofía del derecho, Año 2001, Número 18, pag. 363, nota 2.

让人不知所云。①

批评五:刻舟求剑。这是我的批评。Topica 的历史有两千多年,在不同时期的含义不一样,菲韦格的小书假设它们的意思一样,犯了“刻舟求剑”的错误。

第三节　作为菲韦格分析对象的尤里安运用所谓的“地方论”的法言

菲韦格在其《地方论与法学——论法学的基础研究》一书中,为了增加其学说的说服力,举了尤里安的如下法言作为罗马法学家运用地方论的例子,但这个例子展示的方法与西塞罗等人理解的地方论风马牛不相及,所以,我对他提到的地方论前冠“所谓的”限定。菲韦格的在如下例子中对地方论的歪曲性理解证明了这种古老的认识论或作文法与今人的遥远距离。

菲韦格援引的文本是 D.41,3,33,它出自尤里安的《学说汇纂》第 44 卷。这是一串法言。

Pr. 不仅诚信买受人,而且一切根据通常会引起取得时效的原因为占有的人,都可以通过取得时效取得被盗的女奴的婴儿,我认为这一规则是根据法的理性采用的,因为只要《十二表法》和《阿提纽斯法》②未设置障碍,能根据某一原因以时效取得女奴的人就必然能按同样的原因以时效取得其婴儿,只要他在知道母亲是被盗的以前孩子是在他家里受孕的就行了。

1. 法学家通常都解答,任何人都不得自行改变其占有的原因,这对于某人知道自己并非诚信占有并开始为获利原因占有的情形总是适用的,这一规则可以如下的例子证明:如果某人从他明知并非所有人的相对人购买土地,他只是作为占有人占有此等土地。但如果后来他从所有人

① Ver Christiane Szynwelski, Juridical Topics - Solution or Problem? In Revista CEJ, Brasília, Ano XII, n. 41, p. 67 - 73, abr./jun. 2008.

② 全称为《关于时效取得的阿提纽斯法》(Lex Atinia de usucapione),颁布于公元前 150 年,该法禁止对被盗物适用时效取得制度。被盗物除非重入失主之手并经其确认为被窃之物,才能除去被盗物的污点,否则该失窃物就永远没有适用取得时效制度的可能。

购买同一块土地，他开始作为买受人占有，不能认为他自行改变了其占有的原因。如果他从他相信是所有人的非所有人购买土地，规则是同样的。如果他被所有人指定为继承人或被授予对后者遗产的占有，也是如此，他将开始作为继承人占有土地。现在，就算所有这些规则都适用于拥有占有的人，它们在多大程度上不能适用于不论所有人活着或死亡都不拥有任何占有的佃户呢？当然，如果在所有人死亡时佃户从他相信是所有人的继承人或其遗产的占有人的人购买土地，他将开始作为买受人占有。

2. 如果所有人认为武装的人正在来到其土地并因此逃跑，尽管没有任何人侵入其土地，他被认为承受了胁迫，该土地在回到其所有人的控制下之前可以由诚信占有人以时效取得，因为《普劳求斯法》①和《优流斯法》②只禁止以时效取得以暴力占有的物，而不禁止以时效取得以暴力剥夺占有的物。

3. 假设我希望对蒂求斯要求一块土地，他将对此等土地的占有让与给我，我将拥有正当的取得时效原因。此外，如果我希望对之根据要式口约主张一块土地的人把对土地的占有让与给我作为清偿，这足以让我以长期占有取得该土地。

4. 质物在债权人的权力下的期间，出质人可以时效取得质物。但如果债权人将对质物的占有交付他人，取得时效中断。在取得时效的范围内，这种情形类似于某人将物寄托或出借的情形，如果保管人或借用人把寄托物或借用物移转给他人，显然，他们的取得时效中止。但如果债权人仅就物的裸体抵押达成了协议，债务人的取得时效继续进行。

5. 假设我诚信占有你的某物，我又将此等物质押于你，你知道物是你的，我的取得时效中断，因为没有人会被认为会接受他自己的财产作为质物。但如果质押通过裸体协议实施，我的取得时效将继续进行，因为在此等情形视为未交付任何质物。

6. 如果债权人的一个奴隶偷了其主人占有的质物，债务人的取得时效并不中断，因为奴隶并不剥夺其主人的占有。即使债务人的奴隶偷了质物，尽管债权人中止了对此等物的占有，债务人的取得时效继续进行，如同债权人本人已把质物交付给了债务人，因为在取得时效问题上，奴隶

---

① 全称为《关于暴力的普劳求斯法》(Lex Plautia de vi)。
② 全称为《关于暴力的优流斯法》(Lex Iulia de vi)。

不能以偷盗物来损害其主人的地位。在奴隶从根据债权人的意志持有物的债务人偷物的情形,这一规则更加明显。再者,租赁产生同样的结果。但如果物在债权人的手中,他就是其占有人。现在,如果债务人获得了对质物的容假和租赁两者,债权人被认为是占有人,而容假并不导致债务人拥有占有,他仅可持有物。

我们看到,上述文本的头段讲的是取得时效的原因问题,举了被盗的女奴的婴儿作为例子,认为能以某一原因时效取得女奴的人,也能根据同样的原因取得其婴儿。在罗马法上,取得时效的原因是法定的、有限的,它们只有七种:即作为买受人、作为继承人、因赠予、对抛弃物、因遗赠、因嫁资、为自己。[①] 按照头段,假设某人可以"作为买受人"的原因时效取得女奴,那么他也可以同样的原因时效取得女奴的婴儿。

第一段讲只有诚信占有人才可能改变占有的原因,例如,从"作为买受人"改为"作为继承人"。恶信占有人如果改变占有的原因,可能的结果是不能完成取得时效。但是,从恶信占有转化为诚信占有的人,不被认为改变了占有原因,诚信占有的原因被视为他的占有原因。对于以前恶信占有,后来以"作为买受人""作为继承人"的原因重新占有同一财产的人,规则同样。但此等规则以取得合法占有原因的人此前也占有标的物为条件,它不能完整地适用于佃户。佃户尽管在地主生存或死亡时都占据有关土地,但那不是占有,因为他不具有以所有人自居的心素,换言之,佃户明知土地是他人的而占据之。尽管如此,如果此等佃户在地主死亡时从其继承人或遗产占有人购买了自己占据的土地,此时他开始拥有了"作为买受人"的占有原因。

第二段承续第一段,讲占有的承接。第一段讲的是占有在同一人手里的承接,此等人从没有原因的占有人变成了具有合法原因的占有人。第二段讲占有在不同的人之间的承接。第一占有人诚信占有了他人的土地。他听说第三人要武装夺取他占有的土地,由于害怕而逃之夭夭。结果,武装的第三人未来,他丢弃的土地在回到其原所有人手里之前被第二占有人占有了,由此完成了占有的跨手承接。那么,第二占有人能否完成时效取得呢?尤里安对此做了肯定的回答。理由一,被占有的标的物并

---

① 参见徐国栋:《民法基本原则解释——诚信原则的历史、实务、法理研究》(再造版),北京大学出版社2012年版,第105页。

非抢劫的赃物,因为武装第三人并未实际到来,所以,抢劫并未发生。理由二,《普劳求斯法》和《优流斯法》只限制以暴力占有的物的时效取得,并不限制以暴力剥夺占有的物的时效取得,本案显然属于第二种情形。

第三段继续讲占有的承接,涉及第一占有人向第二占有人所为的占有让与。第一占有人并非土地的所有人,第二占有人也非土地所有人,但他自认为如此,故他向第一占有人诉求土地。第一占有人自知没有土地所有权,只能把对土地的占有让与给他,第二占有人得到此等土地的占有后,会得到取得时效的正当原因,按法国学者雅克·居雅士(Jacques Cujas,1522—1590年)的说法,此等原因是“因为让与”。[①] 当然,第二占有人也可能通过要式口约取得这种地位。他通过要式口约向一个土地占有人购买一块土地,此等土地并不属于出卖人,但他并不知道,所以,取得此等土地的占有后,他可完成土地的时效取得。但本段对这一法律效果采用了“长期占有”的表达,因为取得的标的物是土地。如果标的物是动产,则还是采用“时效取得”的表达。当然,区分标的物用不同的术语,是优士丁尼于531年作出的决定,在此之前的尤里安可能不会这样做。[②] 使用长期占有的术语显然出自优士丁尼的法典编纂班子的添加。

第四段继续讲占有的承接,语境是信托(Fiducia)中的与债权人的信托(Fiducia cum creditore),也就是债务人为了取得债权人的贷款等给付把自己的财产的所有权以要式买卖或拟诉弃权移转给债权人的交易,在此等情形,质物的占有不必移转给债权人,在质物为不动产的情况下,尤其如此。[③] 如果债务人还清了债务,他可通过一年的时效收回自己的质物,此等时效称为收回时效(Usureceptio),与时效取得和长期占有都不同,因为出质人是恶信的,他明知质物在法律上的所有权属于质权人。但如果债权人把对质物的占有交付他人,例如,把质物抵押给第三人,债务人的收回时效中断,因为他丧失了对标的物的占有。在此等情形,债务人是第一占有人(严格说来是所有人),抵押权人是第二占有人,从前者到

---

① Cfr. Jacobi Cujacii IC, Tolosatis Opera ad Parisiensem Fabrotianam editionem diligentissime exacta in tomos 13. distributa, auctiora atque emendatiora, Tomus Tertius, ex officina fratr. Giachetti, 1837, p. 1222.

② 参见徐国栋:《优士丁尼〈法学阶梯〉评注》,北京大学出版社2011年版,第219页。

③ 参见费安玲主编:《罗马私法学》,中国政法大学出版社2009年版,第238页。

后者的占有移转导致了时效的中断。但如果抵押的形式不合法，抵押无效，债务人的收回时效并不中断。

要指出的是，本段说的是收回时效，但在尤里安的文本中，把这种时效说成取得时效(Usucapio)，显然这也出自优士丁尼的法典编纂班子的篡改。

另外，本段出现了保管人和借用人把标的物移转给第三人导致寄托人和出借人不能以时效取得标的物的奇怪规定，因为按现代法，寄托人和借用人没有必要以时效收回自己的物，保管人和借用人也不得把标的物移转给第三人。但按古罗马的信托的机制看待上述规定，就不奇怪了。信托包括与债权人的信托、与朋友的信托(包含寄托和出借)两种形式，适用同样的规则：缔结信托时移转标的物的所有权，交易结束后标的物的原所有人只能通过收回时效重获自己的物。

第五段继续讲占有的承接，一个诚信占有人把占有物出质于物的所有人，后者是这一场合的第二占有人(如果拉长叙事的链条，他是先于诚信占有人的占有人)，如果他知道标的物是自己的，诚信占有人的收回时效(文本中用的是取得时效的术语)中断(请注意，我们还是在信托的语境中)，因为质权人用自己的物出质没有意义，但如果出质未采用合法的形式，换言之，质押合同是以裸体协议的形式达成的，则诚信占有人(他同时是出质人)的收回时效(文本中用的是取得时效的术语)并不中断。

第六段脱离了占有的承接的话题，讲占据接替占有对收回时效(文本中用的是取得时效的术语)进行的影响。如前所述，占有必须是合法的；占据可以是合法的，也可以是非法的，例如，债权人的奴隶偷了主人占有的质物，或债务人的奴隶偷了债务人占有的质物，这两个奴隶与质物的关系都是占据。占据不妨碍收回时效(文本中用的是取得时效的术语)的继续进行，因为合法的占有在观念上继续存在。以上说的是非法占据不剥夺合法占有，实际上，合法占据也不剥夺合法占有，例如，占有质物的债权人把此等质物容假[①]或出租给债务人，此时，债务人仅仅是合法持有人而已，物的占有人仍是债权人。

---

① 按维柯的说法，容假(Precaria)指地主应贫苦人的请求而交给他们土地，让他们垦殖以便维持生活。参见〔意〕维柯：《新科学》，朱光潜译，人民文学出版社 1986 年版，第 548 页，译文根据该书的意大利文版校正。

综上所述，尤里安的 7 个法言除了头段有独立主题外，其他 6 个都是共有占有的承接对取得—收回时效的影响的主题。申言之，第一段讲第一占有人和第二占有人为同一人的情况；第二段讲占有因事实行为在不同的人之间的承接，第二占有人“拾得”了第一占有人放弃的占有；第三段讲占有因为法律行为在不同的人之间的承接，严格说来是在他们间进行占有让与，以及接受让与人能否完成时效；第四段讲因为担保占有在不同的人之间的承接及其对时效完成的影响；第五段讲因为错误占有在不同的人之间的承接及其对时效完成的影响；第六段尽管不谈占有的承接，但谈占有与占据的承接，占据可以理解为一种类似于占有的状况，合法占有尤其如此。所以，尤里安的 7 个法言的主题是比较明确的，撇开头段不谈，可以将此等主题概括为“占有的承接及其对占有原因和时效完成的影响”。当然，它们涉及的时效有两种，一种是取得时效，另一种是收回时效。

第四节　菲韦格对尤里安的上述法言的分析及其推论

首先要说的是，菲韦格并未像我一样全文翻译出尤里安的上述法言继而分析之，而是假定读者手里有上述法言的德译本，在此基础上听取菲韦格对它们的点评，这样，菲韦格可以跳过文本中许多他不熟悉的问题（例如，尤里安法言中的收回时效被篡改成取得时效，不经专业化的研究很难完成文本的还原），只讲他认为有意义的“点”，所以，他对尤里安文本的分析肯定是过分自由的和不全面的。

其次要说的是，菲韦格是在“地方论与市民法”的标题下分析尤里安的法言的，旨在把此等法言作为罗马法学家研究方法之一（对立于盖尤斯《法学阶梯》代表的体系化的方法）的例子。他由此冒了很大的理论风险：如果他不能成功证明尤里安的法言与罗马法学家的地方论方法之间的关联，他只能成功地证明自己对罗马法学家方法论的无知或证明他具有诋毁罗马法学的意图。

菲韦格并不认为尤里安的上述 7 个法言有一个明确的主题，他认为它们是无序的堆积。他像我一样，认为头段的内容与其他法言缺乏关联。关于第一段，他认为其中首先提出了“任何人都不得自行改变其占有的原因”命题，该段的其他内容都是为这一命题的适用举例。此等例子有买受人、继承人、佃户。[1]

菲韦格认为第二段是毫无过渡地引入一个显得有点奇怪的判例,即土地所有人风闻武装剥夺占有者到来逃逸案,接替他为占有者可以时效取得土地。而第三段回到了第一段提出的占有原因的问题,通过占有让与使受让人取得了完成取得时效的正当原因。第四段又脱离主线,使用了一个"崭新的观点",即时效中断的观点。[2] 菲韦格丝毫未意识到本段中隐含的占有的接续:债权人本是让债务人自己占有质物的,如果他把质物抵押给第三人,债务人的占有就被剥夺了,导致时效中断。

关于第五段,菲韦格未说明它是主题涵摄范围内的还是游离于主题的,只说它内容简短,并完整复述了其内容。[3]

关于第六段,菲韦格认为它回到了第四段谈到过的时效中断问题。[4]

在做整体分析时,菲韦格承认这些法言具有一种合理的关联结构,但此等结构不同于演绎体系的关联结构,而是一个纯粹的问题关联结构,它是通过搜寻和把握一些观点(例如诚信和中断)并提出思考得来的答案建立起来的。通过这种方式,一个法律框架在我们面前生动地建立起来。[5]

在菲韦格看来,与尤里安的方法相反的是体系化的方法,后种方法可以用卡尔·路德维希·阿尔恩德·冯·阿尔内斯伯格(Carl Ludwig Arndt von Arnesberg,1803—1870 年)的《潘得克吞教科书》[6]为例。它首先根据有关的概念,例如占有、诚信占有逐步提出了取得时效的概念,然后谈取

---

① 参见〔德〕特奥多尔·菲韦格:《论题学与法学——论法学的基础研究》,舒国滢译,法律出版社 2012 年版,第 44 页,译文有改动。

② 参见〔德〕特奥多尔·菲韦格:《论题学与法学——论法学的基础研究》,舒国滢译,法律出版社 2012 年版,第 45 页。

③ 参见〔德〕特奥多尔·菲韦格:《论题学与法学——论法学的基础研究》,舒国滢译,法律出版社 2012 年版,第 45 页及以次。

④ 参见〔德〕特奥多尔·菲韦格:《论题学与法学——论法学的基础研究》,舒国滢译,法律出版社 2012 年版,第 46 页。

⑤ 参见〔德〕特奥多尔·菲韦格:《论题学与法学——论法学的基础研究》,舒国滢译,法律出版社 2012 年版,第 46 页。

⑥ Lehrbuch der Pandekten. München,1852 .

得的立法依据，占有的期间、物的能力、时效的中断、中止等。[①]

那么，尤里安的方法应何以名之？菲韦格首先援引他人的看法，把尤里安的方法描述为决疑法或实践的方法，把阿尔内斯伯格的方法描述为体系的方法或理论的方法。[②] 然后，他羞羞答答地把这种从问题着手、并搜寻论点的方法称之为“地方论的态度”。[③] 于是，菲韦格把决疑法与地方论画了约等号。他大概也觉得自己这样做太唐突，不敢旗帜鲜明地这样做，但他统帅这些论述的标题是“地方论与市民法”，这个标题旗帜鲜明得多，看了它，再看标题下的内容，人人都会知道菲韦格宣称的尤里安的论述方法就是地方论。让人好奇的是菲韦格的胆怯何来？其来源有三。其一，决疑法与体系并不互相排斥，它可以跟体系结合，例如《印度合同法》的例子，它采用很多的例子为证明具体的规则服务，美国的《合同法重述》也是如此，当然，决疑法也可以服务于非体系的方法[④]；其次，看过本章前面一节的人都明白，西塞罗以降的地方论研究的是在一个三段论的范围内进行推理的技术，它是极为微观的，而菲韦格的所谓“地方论”考察的一篇文章甚至于一本书的格局，它是非常宏观的，不涉及一个“地方”（哪怕是被罗马法学家运用得最多的“类似”与“差异”的地方）；最后，地方论与决疑法各有其起源，把两者扯到一起，没有一点胆魄不行，菲韦格敢于焊接两者，有一点胆魄，但又不敢明确等同两者，他的胆魄没有达到足够的程度。

说菲韦格不涉及一个“地方”，那是相对于亚里士多德以降的地方论中的“地方”而言的，菲韦格涉及它自己的“地方”，他举了一些地方（Topoi）的例子，那是一些法律规则：例如保罗说的“根据自然，任何物之利益所属者，亦其不利所属者”，又如乌尔比安说的“任何人不得将大于自己拥有之权利转让他人”，等等，总之，《学说汇纂》第55卷第17题“关

---

① 参见〔德〕特奥多尔·菲韦格：《论题学与法学——论法学的基础研究》，舒国滢译，法律出版社2012年版，第47页，注释3，译文有改动。

② See Theodor Viehweg, *Topics and Law*, Trans. by W. Cole Durham, Jr., Peter Lang, New York, 1993, pp. 36s.

③ 〔德〕特奥多尔·菲韦格：《论题学与法学——论法学的基础研究》，舒国滢译，法律出版社2012年版，第49页，译文有改动。

④ 2014年10月8日下午，我与桑德罗·斯奇巴尼教授在他罗马一大的办公室里讨论菲韦格的所谓“论题学”的价值，他对决疑法与体系的关系发表这一观察。

于古法的各种规则”里收录的规则都是他理解的地方。[1] 这些地方与从亚里士多德以降的地方论中研究的地方何其风马牛不相及也！所以，菲韦格理解的地方论与西塞罗等古人理解的地方论不是一回事。前者理解的地方实际上是命题，与16世纪人文主义法学家的地方类同，把研究它们的学问叫做论题学，差强可也；后者理解的地方是论据的所在地。对于两者地方论的差异，最不客气的解释是菲韦格根本不懂亚里士多德、西塞罗等人的地方论。次不客气的解释是菲韦格误把决疑法当做地方论。最客气的解释是菲韦格超越了亚里士多德和西塞罗，把地方论推进到了新阶段。除非是盲目拜倒在德国学术的崇高性脚下的人，得不出这样的解释！确实，依托德国学术的崇高，菲韦格的这本小册子得到了广泛的传播，远胜于真正属于地方论练家子的比利时教授佩雷尔曼和吕西·奥尔布莱希茨－提特卡的作品。

当然，德国学术的崇高地位只是帮助菲韦格获得名望的助力之一。另外的帮助因素是他的时代的反体系精神。20世纪50年代，法典的体系化方式，尤其是其中的潘得克吞体系，似乎走到了尽头，它面临一片批评声，例如，意大利教授纳塔利诺·伊尔蒂提出了解法典的主张。[2] 此时的人们更加看到英美法的好处，认为其归纳法先进，为此反思和批判大陆法的体系化方法，菲韦格的独生子诞生在这个环境中，它因为喊出了时代的心声而被翻译为多种语言。但反体系的思潮并未摧毁体系，不过让它改进而已，于是发生了重订法典（Recodification）运动。作为其成果的新法典仍然是体系的产物，不过此等体系采用开放性的结构。严格说来，当重订法典运动完成后，菲韦格的独生子的价值也就耗尽了。

但菲韦格可悲地陷入了矛盾！他对尤里安的文本分析证明，地方论是一种可等同于决疑论的研究—写作方法，后来他又说明地方是一些规则—命题。决疑的前提是没有一般规则，凡事依个案而定，个案处理多了，有可能形成规则。而规则—命题本身是演绎的出发点，它们每个都隐含着一个微观的或中观的体系。用逻辑的术语来说，决疑法是归纳，命题是演绎的前提，两者是对立的。“地方”应是“地方论”的基础，但在菲韦

---

① 参见〔德〕特奥多尔·菲韦格：《论题学与法学——论法学的基础研究》，舒国滢译，法律出版社2012年版，第56页及以次。

② Cfr. Natalino Irti, l'età della decodificazione, Giuffrè, Milano, 1979.

格的笔下,“地方”与“地方论”如此对立,两者如何能被捏在一起呢?这对于他来说,可能是一个不能回答的问题。

第五节　运用雷森的地方论方法对尤里安的法言进行分析

为了凸显菲韦格的地方论与以西塞罗为代表的古代学者理解的地方论的区别,我拟模仿特莎·雷森(Tessa G. Leesen)的地方论方法对尤里安的上述法言头三个进行分析。雷森是荷兰蒂尔堡大学人文学院的教授。[①] 2010年,她出版了英文著作《盖尤斯遇上西塞罗:学派争议中的法律与修辞学》(Gaius Meets Cicero: Law and Rhetoric in the School Controversies),创造性地用西塞罗的地方论解释了盖尤斯《法学阶梯》中记录的21个学派争议的基础。

之所以模仿雷森的方法,乃因为她的方法得到了西塞罗等学者的方法的精髓。之所以只分析头三个,乃因为每个法言分析都需要不小的篇幅,为了节省篇幅,不分析全部法言,但分析这三个即揭示一种真正的地方论方法。

一、头段

本段采用了差异的地方,差异的两个对象是被盗女奴和此等女奴的婴儿,母亲被一个家父依据合法原因之一诚信占有,这个家父处在第二占有人的地位,此等母亲是被第一占有人盗来的,但第二占有人对此不知,所以他构成诚信,基此他可时效取得上述女奴,但是,他遇到了《十二表法》和《阿提纽斯法》的障碍,这两个法律都规定赃物不能以时效取得,除非它们曾回到原所有人手中,涤除了赃物的污点,但本段中的女奴未经过

---

① 她的名字被舒国滢教授译为“特萨·G.里森”,并把她的单位介绍为比利时鲁汶大学。舒教授的文章似乎是除我之外的唯一提到这位学者的中文文献。参见舒国滢:《法学是一门什么样的学问?从古罗马时期的Jurisprudentia谈起》,载《清华法学》2013年第1期。以及舒国滢:《罗马法学成长中的方法论因素》,载《比较法研究》2013年第1期。我对雷森单位的介绍基于我与她的电邮联系。我翻译了她的《罗马法中绘画创作引起的添附问题》,载《厦门大学学报》(哲学社会科学版)2014年第1期。我把她的姓翻译为“雷森”,是查知,在荷兰语中,两个连写的ee的发音等于英语中Hail中的“ai”音节的发音。

此等涤除,所以她不能被时效取得。但她在第二占有人家里受孕并出生的婴儿却可以被时效取得,因为他并非赃物。但如果他是在其母亲被第二占有人占有前就受孕,被其母亲带到第二占有人家,那他也是赃物了。[①] 为了彰显他的非赃物属性,尤里安在本段中特别强调"孩子是在他(指第二占有人)家里受孕的"。

婴儿没有赃物的污点,但要时效取得他必须有合法的原因。这是这个婴儿没有的,法学家解决这个难题的方法是把他母亲的被占有原因也当做他的被占有原因。在本段的情形,他母亲显然是被买来的,所以,此等婴儿的被占有原因是"作为买受人"。

那么,本段为何要把婴儿作为独立于其母亲的时效取得对象看待?如果把他看做女奴的孳息,把此等孳息判归诚信占有人,岂不便当?但从公元前 2 世纪开始,罗马法就基于人道的原因或功利的原因不把女奴的婴儿当做其孳息。[②] 所以,对婴儿的取得要通过独立的取得时效程序完成。

所以,本段的基于差异的推理过程应是这样的:被诚信占有的女奴与其在被占有期间受孕并出生的婴儿不同,前者是赃物,后者不是赃物,故前者不能以时效取得,而后者则可以。

当然,这一推理过程要经过仔细分析文本的文句并了解有关制度才能揭示出来,乍一看,这一文本表明的意思为女奴可以被诚信占有人时效取得,其婴儿可依据同样的占有原因被时效取得。

二、第一段

本段采用类似的地方。比较的对象是在享有民事占有之前享有自然占有的人(例如承租人)与在取得民事占有前并不享有自然占有的佃户。民事占有是为占有人自己的占有,自然占有是为他人的占有。前者可导致取得时效,后者不会如此。[③] 比较的背景是"任何人都不得自行改变其

---

① Cfr. Paolo Feretti, In rerum natura esse, in rebus humanis nondum esse, Giuffrè, Milano, 2008, p. 59.

② 参见徐国栋:《优士丁尼〈法学阶梯〉评注》,北京大学出版社 2011 年版,第 190 页。

③ Cfr. Jacobi Cujacii IC, Tolosatis Opera ad Parisiensem Fabrotianam editionem diligentissime exacta in tomos 13. distributa, auctiora atque emendatiora, Tomus Tertius, ex officina fratr. Giachetti, 1837, p. 1216.

占有的原因”的法律规则的适用。此规则意思者何？例如，承租人、保管人、借用人的占有是自然占有，如果他们利用出租人、寄托人、出借人的死亡开始作为继承人占有自己手中的标的物，这就是自行改变占有的原因，他们现在的占有原因是获利的原因。按盖尤斯的说法，之所以如此名原因，乃因为占有人是在利用他人的物品获利。① 这样的改变当然不道德，所以尤里安宣告了对它的禁止。但通过合法程序进行的占有原因改变不受上述一般规则约束。例如，以前承租死者土地的人现在从新所有人或他相信是新所有人的人手里购买了同一块土地，他取得“作为买受人”的占有原因，或他虽未购买，但以市民法的方式或裁判官法的方式继承了同一块土地，取得“作为继承人”的占有原因，在这两种情形，当事人都被视为未自行改变占有的原因，尽管他们的占有已从自然的转化为民事的。那么，如上规则是否能适用于佃户呢？可能因为佃户像奴隶一样没有权利能力的关系，他们尽管在物理意义上占有地主的土地，但在法律上对此等土地连自然的占有都没有，所以，对他们来说，即使他们将来从地主所谓的继承人手里购买了同一块土地，也不存在从自然占有到民事占有的转换，他们经受的是从无占有到民事占有的转变，尽管如此，他们也未自行改变占有的原因，所以，他们也取得“作为买受人”的占有原因，据以能完成取得时效。

尤里安得出这一结论的推理过程是这样的：任何人都不得自行改变其占有原因，否则不能完成取得时效。先前对标的物享有自然占有的人通过合法程序取得同一个标的物不算自行改变占有原因，因此他们能完成取得时效。佃户在取得对标的物的民事占有前对之并无自然占有，但他们通过合法程序取得了同一个标的物，因此他们也未自行改变占有原因，所以他们也能完成取得时效。

三、第二段

第二段采用了差异的地方。该段的主题同于头段的，那就是赃物能否由诚信占有人以时效取得？此处的“赃物”是被潜在暴力吓走的主人留下的土地。说“吓走”，乃因为武装人员的到达只是传言，而非现实。

---

① Gai. 2,56. 参见〔古罗马〕盖尤斯：《法学阶梯》，黄风译，中国政法大学出版社 1996 年版，第 96 页。

一个逃荒来的农民看到此地无人种，便种将起来。一种就种了20年，完成了取得时效。这时，逃荒农民的占有原因是“作为抛弃物”。然而，被吓走的原所有人回来了，主张自己的土地，于是发生了逃荒农民的时效取得是否有效的问题，关键在于被占有的土地是否赃物。尤里安的答案是不是赃物，因为根据《普劳求斯法》和《优流斯法》，赃物指以暴力占有的物，而非以暴力剥夺占有的物。此案中的土地属于后者，所以不适用上述两法，逃荒农民的时效取得有效。其基于差异的推理过程是这样的：暴力占有的物不同于因潜在暴力丧失占有的物，前者是赃物，后者不是，本案中的土地属于因潜在暴力丧失占有的物，所以不是赃物，故可以时效取得。

实际上，这一技术性的推理蕴含着政策考虑，那就是让荒芜的土地尽快得到利用，生产出粮食等作物满足国家的需要。

第六节　小　　结

比较菲韦格对尤里安法言的分析和采用雷森方法对同样法言的分析可知，菲韦格的分析针对的对象大，达到七段，雷森分析方法针对的对象小，只有一段。菲韦格分析的是体系，雷森方法分析的是推理，两者完全不同，但两种方法都冠以Topica（地方论）之名，确实不妥，那么，谁的方法配得上Topica？当然是雷森式的，Topica的词根意思就是“地方”，这是相对于整体的一个概念，“地方”是微观的，“整体”是宏观的、体系性的或反是的。菲韦格显然把地方论方法与决疑法等同了。

那么，什么是决疑法？该词在法学上的含义就是判例法，也就是法律的推理不是基于抽象的规则，而是基于先前法院的决定（先例）的方法，它是法官法，与制定法相对立。[①] 决疑法的术语也被用于基督教经院哲学，指以案例方式说明的正当行为规则，它们按字母顺序排列，以便信徒检查对照遵循，特点是没有一般的原则。[②] 而原则是体系的出发点，所

---

① 参见舒国滢：《决疑术：方法、渊源与盛衰》，载《中国政法大学学报》2012年第2期，第5页。

② 参见《哲学大辞典》编辑委员会：《哲学大辞典》（上），上海辞书出版社2001年版，第694页。

以,决疑法除了具有案例推理的倾向外,还具有非体系的倾向。确实,尤里安的法言对法律问题的讨论借助于一个个案例一步步展开,在这个意义上,把他的方法叫做决疑法是可以的,但叫做地方论则不可以,因为地方不过是他揭示不同案例的异同以便适用规则的手段,这样的地方是为菲韦格视而不见的或不知的,他理解的"地方"实际上是一个个的案例或此等案例中包含的规则。

菲韦格对尤里安法言的分析的另一个不妥地方是把诸法言彼此间的有序关系说成无序。我已证明,在7个法言中,除了头段与其他部分联系不紧密外,基本都围绕占有的接续对取得—收回时效的影响展开。一旦确认了这一点,尤里安的除头段外的6个法言是否体现了非体系的方法是可以质疑的,大有把它们理解成对"占有的接续对取得—收回时效的影响"的论题的层层论证的空间。尤里安采用的是论文的写法,这种写法不追求教材一样的宏大体系,但并非毫无体系,胡乱排列材料。

实际上,按本书第四章第三节介绍的巴布西奥的方法分析尤里安的这串法言,倒可以得出它们采用了地方论的方法的结论,因为它们首先提出了"任何人都不得自行改变其占有的原因"的前提,然后将之适用于不同的案型。

第九章　佩雷尔曼和奥尔布莱希茨－提特卡对传统的地方论概念的二分处理

第一节　佩雷尔曼和奥尔布莱希茨－提特卡的《论论证——新修辞学》概览

一、作者生平

稍晚于菲韦格的上述作品，比利时布鲁塞尔自由大学逻辑、理论学和形而上学教授佩雷尔曼与吕西·奥尔布莱希茨－提特卡合著的《论论证——新修辞学》问世，其中把地方论作为新修辞学的一个重要部分论述，而且基本按传统的路线论述，不同于菲韦格的另起炉灶的路线，故非常值得研究和介绍。

佩雷尔曼于 1912 年 5 月 20 日出生于华沙的一个犹太人家庭，1925 年移民比利时并在那里完成了他的教育。1934 年在布鲁塞尔自由大学获得法学学士，1938 年在同一大学获得哲学学士。1939 年成为其母校的教授直到 1978 年。先是教数学逻辑。1936 年发表了《逻辑上的悖论》，1937 年发表了《逻辑上悖论的解决及其对无穷概念的后果》。尔后，转入在价值判断的框架内研究法和正义理论，于 1945 年出版了《论正义》一书。从 1948 年开始，与文化个体户吕西·奥尔布莱希茨－提特卡合作，于 1952 年出版了《修辞学与哲学》（此书是《论论证——新修辞学》的先声）。1968 年，出版了《法、道德、哲学》。1970 年出版了《论证的场域：新修辞学与人文科学》。1976 年出版了《法律逻辑与新修辞学》。1977 年出版了《修辞王国》，它被认为是《论论证——新修辞学》面向英语读者的迷你版。[①] 1980 年出版了《道德哲学历史导论》。[②] 不难看出，佩雷尔曼是一个具有复合型知识结构的多产作家，尤其具有法学教育背景和法学研究业绩，这是他后来在法学界赢得广泛影响的基础。

佩雷尔曼的合作者奥尔布莱希茨－提特卡于 1899 年出生于布鲁塞尔，成年后在布鲁塞尔自由大学研究人文和社会科学方法论。1948 年与佩雷尔曼相遇，从此到 1984 年，两人都在一起工作。此等合作的最重要的成果就是《论论证——新修辞学》。两人的贡献分别是：佩雷尔曼负责抽象理论的建构，奥尔布莱希茨－提特卡则负责例示部分，读过《论论证——新修辞学》的人都知道，这一部分的分量还不小。在与佩雷尔曼合作之余，她还独立出版了研究修辞学与戏剧的关系的《谈话的诙谐》（1974 年）一书。比利时科学院为此承认她是独立学者，尽管她未供职于任何一所大学，是一个文化个体户。[③]

二、《论论证——新修辞学》一书概览

尽管菲韦格的著作早 5 年出版，《论论证——新修辞学》一书基本独立于它[④]，事实上，作为《论论证——新修辞学》先声的《修辞学与哲学》（1952 年）早于菲韦格的著作。但佩雷尔曼和奥尔布莱希茨－提特卡在写作此书中并非不知道菲韦格著作的存在，他们在一个注释中提到了菲韦格的独生子[⑤]，仅此而已。

《论论证——新修辞学》分为三个部分。第一部分是论证的框架；第二部分是论证的基础；第三部分是论证的技术。最后是结论。这几个部

---

① 参见李杨、武宏志：《佩雷尔曼新修辞学的论式系统》，载《政法论丛》2014 年第 1 期，第 115 页。

② Cfr. Fabrizio Cerroni, Chaïm Perelman, Su http://www.filosofico.net/perelman.htm, 2014 年 10 月 9 日访问。

③ See the Entry of Lucie Olbrechts－Tyteca, On http://en.wikipedia.org/wiki/Lucie_Olbrechts－Tyteca, 2014 年 10 月 9 日访问。

④ See Raimo Siltala, *Law, Truth, and Reason: a Treatise on Legal Argumentation*, Springer, Science & Business Media, 2011, p. 81.

⑤ Cfr. Chaïm Perelman e Lucie Olbrechts－Tyteca, Trattato dell' argomentazione. La nuova retorica, Traduzione italiana di Carla Chick e di Maria Mayer con la collaborazione di Elena Barassi, Volume primo, Einaudi, Torino, 1982, p. 89. note 3. 这是一个无关紧要的注释，旨在说明菲韦格像亚里士多德、Johannes Stroux 一样，也区分共同的地方和特别的地方。

分构成一本 593 页、分为上下两册的大书。

富有意味的是，像菲韦格一样，佩雷尔曼和奥尔布莱希茨－提特卡也是基于维柯的批判笛卡尔几何学理性主义哲学的立场写作此书的，这种哲学统治了欧洲三个世纪。他们认为自己的论证理论是对包含在古代文献传统中的希腊修辞学和辩证法的重拾，故他们的著作的出版构成对笛卡尔开创的理性概念和推理概念的断裂。笛卡尔学说之所以应受批判，乃因为它把一切近真的东西都当做假的，它力图用几何学方法建立一个可以具有科学的尊严的思想体系，而在佩雷尔曼和奥尔布莱希茨－提特卡看来，论证的领域是近真的领域、可能性的领域，它们是不能以计算的确定性来衡量的。① 按这样的声明，可以把佩雷尔曼和奥尔布莱希茨－提特卡列入非理性主义者的名单。

完成这些开场白以后，本书进入第一部分，其中，首先区分了推证（demontration）与论证（argomentation）。前者是“根据事先制定的规则进行的计算。它无需诉诸证据或者除了理性直觉外的其他感觉。它只需要辨别符号并按照规则进行操作的能力”。② 后者让读者有质疑的可能，在论证中，演说家与听众的关系扮演重要角色。所谓听众，是演说家希望通过论证加以影响的人的总和。演说家的任务是说服听众，为此他要选择好的说服手段，选择的行为称为调节（condizionamento）。听众分为特别的和普遍的。论证取得了前者认同的过程谓之说服，取得了后者同意的过程谓之信服。

本书的第二部分探讨了能说服听众的谈话的三个必要前提。第一个前提是协议，它是演说家与其听众之间达成的共识。此等协议的客体有现实的和可欲的两个方面。前者包括事实、真理和推定。事实是没有争议的事件。真理是关于事实之间联系的更复杂的体系。推定与正常听众考虑的事情相联，是似真的，对于听众来说，以它为基础建立的协议与建立在事实和真理基础上的协议具有同样的效力。

---

① Cfr. Chaïm Perelman e Lucie Olbrechts – Tyteca, Trattato dell' argomentazione. La nuova retorica, Traduzione italiana di Carla Chick e di Maria Mayer con la collaborazione di Elena Barassi, Volume primo, Einaudi, Torino, 1982, p. 3.

② 杨贝：《论佩雷尔曼新修辞学法哲学及其论证理论》，中国政法大学 2005 年硕士学位论文，第 8 页。

后者包括价值、价值间的层级和共同的地方。价值是根本的、不可放弃的协议的客体，它们应对行动、关于行动的决定产生影响，此等影响可以在一个论证中使用。① 由于价值的作为协议客体的存在，可以形成按一定方式行动的共同体。但价值只对特定听众有效，因为不存在普遍的听众，当对一个价值发生争议时，必须求诸另一些价值。普遍的价值是劝说性的。价值分为抽象的和具体的，前者尤其为革命者使用，后者为保守者使用。

由于价值之间互相冲突，在一个论证中可以使用多种价值，演说家应总是考虑在听众中存在一个价值层级表，它比价值本身更重要。

共同的地方是演说家从中提取论据的武库。对这一论证要素，我将在后文详论，此处从略。

第二个前提是选择。由于作为协议潜在客体的对象很多，演说家应考虑选择何者。他们的决策过程就是选择。

第三个前提是递交。递交包括所有用于给在场者留下印象的工具，例如重复、累积、特点描述、分类等。递交的关键环节是选择术语以及它们在上下文中的位置，这样的选择从来不是中立的。

本书的第三部分占全书篇幅的2/3，它提供了广泛的运用各种各样的论证的示例。包含几十种论式，它们都被理解为论证的技术。对这些论式，我也将在后文详论。

第二节　《论论证——新修辞学》中的地方

一、地方的定义

与菲韦格没有提出自己的地方不同。佩雷尔曼和吕西·奥尔布莱希茨－提特卡提出了一套自己的地方。他们显然试图恢复修辞学的讲的艺术的角色，设定了听众（而非读者）作为修辞学的招数的作用对象，并根据听众所处的情境区分地方的类型。首先他们给出了自己的地方定义：

---

① Cfr. Chaïm Perelman e Lucie Olbrechts – Tyteca, Trattato dell' argomentazione. La nuova retorica, Traduzione italiana di Carla Chick e di Maria Mayer con la collaborazione di Elena Barassi, Volume primo, Einaudi, Torino, 1982, p. 79.

可以在其下对论据进行分类的部目。它是对必要的材料的分组,以便在必要的情形更容易地找到此等材料。又曰,地方是论据的仓库。① 这些定义是两位作者根据亚里士多德和西塞罗的地方定义提出来的,非常符合古典传统,与菲韦格或其中国门徒的地方即论题(所以才有"论题学"的说法)的理解完全不同。

二、地方的分类

按亚里士多德以来的传统,佩雷尔曼和奥尔布莱希茨-提特卡把地方分为共同的地方(Loci commune)和特别的地方。前者是可不加区分地适用于任何学科但又独立于此等学科的地方,特别的地方专属于特定的学科。如果说共同的地方具有很大的普遍性,则特别的地方具有个别性。② 至此可以看出,佩雷尔曼和奥尔布莱希茨-提特卡对古典地方论的继承更多针对亚里士多德而非西塞罗,因为在西塞罗的术语中,共同的地方具有不同的含义,是老生常谈的意思。这样的含义在佩雷尔曼和奥尔布莱希茨-提特卡看来,是修辞学退化和逻辑学方面的文化人对地方缺乏研究兴趣的结果。由此,演说家反对奢侈、淫荡、懒惰等的常用言论被人当做共同的地方,并在学校的练习中重复到令人反胃,而这些地方绝对是特别的。昆体良就曾反对这种对共同的地方的概念的滥用,但未成功。维柯也是滥用亚里士多德的共同的地方的概念的作者之一,他把共同的地方等同于演说家的地方,与亚里士多德的《地方论》中谈到的地方对立。③ 在佩雷尔曼和奥尔布莱希茨-提特卡看来,当代人理解的共同的地方以平庸为特征,它完全不排斥个别性。它们不过是亚里士多德意义上的共同的地方对特定论据的适用。在如此运用共同的地方的概念

---

① Cfr. Chaïm Perelman e Lucie Olbrechts - Tyteca, Trattato dell' argomentazione. La nuova retorica, Traduzione italiana di Carla Chick e di Maria Mayer con la collaborazione di Elena Barassi, Volume primo, Einaudi, Torino, 1982, p. 89.

② Cfr. Chaïm Perelman e Lucie Olbrechts - Tyteca, Trattato dell' argomentazione. La nuova retorica, Traduzione italiana di Carla Chick e di Maria Mayer con la collaborazione di Elena Barassi, Volume primo, Einaudi, Torino, 1982, p. 89.

③ Cfr. Chaïm Perelman e Lucie Olbrechts - Tyteca, Trattato dell' argomentazione. La nuova retorica, Traduzione italiana di Carla Chick e di Maria Mayer con la collaborazione di Elena Barassi, Volume primo, Einaudi, Torino, 1982, p. 89.

时，人们忘却了地方是一个希望说服他人者应从中提取论据的武库的含义。[①] 这就解释了为何在西塞罗的地方论中，作为共同的地方中的"地方"与作为其他地方的"地方"的含义如此不同或完全不搭界。

尽管佩雷尔曼和奥尔布莱希茨－提特卡在地方论问题上重亚里士多德轻西塞罗，但他们并不打算重复亚里士多德的地方论，因为亚里士多德的地方论从属于他的一般的哲学理论，而佩雷尔曼和奥尔布莱希茨－提特卡的地方论研究没有这个前提，所以，他们只把亚里士多德在偶性的地方中研究的地方叫做地方。所谓偶性，指不属于一个主体之本质的限定或品质。它们有本质、数量、质量、关系、地点、时间、情势、身份、行为、情欲等。[②] 这些地方经常不言自明地构成证成我们的大部分选择的更一般的前提，可以为价值提供基础。[③] 在可欲性比较的领域（campo del preferibile），有 6 个地方。它们是：数量、质量、顺序、存在、人、本质。[④] 这个数目显然比亚里士多德的偶性的地方中包含的子地方少。由此可见，佩雷尔曼和奥尔布莱希茨－提特卡放弃了建立宏大的地方体系的任务，只打算研究有限的地方论。有限到抛弃对亚里士多德偶性以外的地方的研究，进而言之，有限到只研究亚里士多德偶性的地方中的几种子地方。

三、具体的地方

（一）数量的地方

在佩雷尔曼和奥尔布莱希茨－提特卡看来，数量的地方是共同的地方，它确认某物因为量的理由比他物好，例如，数量大的善比数量小的善更可欲；可用于多个目的的善比不可用于同样数目目的的善更可欲；更耐

---

① Cfr. Chaïm Perelman e Lucie Olbrechts - Tyteca, Trattato dell' argomentazione. La nuova retorica, Traduzione italiana di Carla Chick e di Maria Mayer con la collaborazione di Elena Barassi, Volume primo, Einaudi, Torino, 1982, p. 89.

② Cfr. La Voce di accidente di Treccani, Su http://www. treccani. it/enciclopedia /accidente_(Dizionario_di_filosofia) /, 2014 年 10 月 8 日访问。

③ Cfr. Chaïm Perelman e Lucie Olbrechts - Tyteca, Trattato dell' argomentazione. La nuova retorica, Traduzione italiana di Carla Chick e di Maria Mayer con la collaborazione di Elena Barassi, Volume primo, Einaudi, Torino, 1982, p. 90.

④ Cfr. Chaïm Perelman e Lucie Olbrechts - Tyteca, Trattato dell' argomentazione. La nuova retorica, Traduzione italiana di Carla Chick e di Maria Mayer con la collaborazione di Elena Barassi, Volume primo, Einaudi, Torino, 1982, p. 91.

久且更稳定的东西比不耐久且不稳定的东西更可欲。这样的量的比较既针对善,也针对恶。也就是说,一晃就过的恶比持久的恶更可欲。[①] 从概率的角度看,数量的地方也有用武之地:"可能"比"不可能"好,"容易"比"难"好。[②] 这个地方明显有西塞罗《地方论》第69节的痕迹"把多的善看得比少的善为重,把少的恶看得比多的恶为重,把耐久的善看得比较短暂的善为重,把长久和广泛扩散的善看得比逼仄的善为重"。

数量的地方是某些民主概念的基础,其论式是多数人的意见优于少数人的意见。

(二) 质量的地方

与数量的地方追求多相反,质量的地方追求少而精。它被用于争辩性的谈话中,如果一方主张数量的优势,他方即可提出质量以为抗辩。例如说,不论其反对者的数目有多少,真理不能倒。[③] 所以,质量的地方总是为独一无二辩护的。[④] 此等独一无二涉及的基础是具体的价值,独一无二的价值的对立面是大家都有、平庸、通俗,它们都具有"多"的特色。但生活的辩证法是:越是独一无二的东西,越是能赢得多数人的追求,这样就实现了"多"与"少"的互通。[⑤] 例如,铁多金少,人们更爱后者。

质量的价值与数量的价值相对,它可以来源于临时性。[⑥] 中国古语

---

① Cfr. Chaïm Perelman e Lucie Olbrechts – Tyteca, Trattato dell' argomentazione. La nuova retorica, Traduzione italiana di Carla Chick e di Maria Mayer con la collaborazione di Elena Barassi, Volume primo, Einaudi, Torino, 1982, p. 91.

② Cfr. Chaïm Perelman e Lucie Olbrechts – Tyteca, Trattato dell' argomentazione. La nuova retorica, Traduzione italiana di Carla Chick e di Maria Mayer con la collaborazione di Elena Barassi, Volume primo, Einaudi, Torino, 1982, p. 93.

③ Cfr. Chaïm Perelman e Lucie Olbrechts – Tyteca, Trattato dell' argomentazione. La nuova retorica, Traduzione italiana di Carla Chick e di Maria Mayer con la collaborazione di Elena Barassi, Volume primo, Einaudi, Torino, 1982, p. 95.

④ Cfr. Chaïm Perelman e Lucie Olbrechts – Tyteca, Trattato dell' argomentazione. La nuova retorica, Traduzione italiana di Carla Chick e di Maria Mayer con la collaborazione di Elena Barassi, Volume primo, Einaudi, Torino, 1982, p. 94.

⑤ Cfr. Chaïm Perelman e Lucie Olbrechts – Tyteca, Trattato dell' argomentazione. La nuova retorica, Traduzione italiana di Carla Chick e di Maria Mayer con la collaborazione di Elena Barassi, Volume primo, Einaudi, Torino, 1982, p. 96.

⑥ Cfr. Chaïm Perelman e Lucie Olbrechts – Tyteca, Trattato dell' argomentazione. La nuova retorica, Traduzione italiana di Carla Chick e di Maria Mayer con la collaborazione di Elena Barassi, Volume primo, Einaudi, Torino, 1982, p. 96.

"妻不如妾,妾不如婢,婢不如妓,妓不如偷,偷得着的不如偷不着的"尽管低俗,说的就是这个道理,因为得到的机会少或曰只能临时有,才显得比唾手可得的东西有价值。

质量的价值也可以来自时机,同一个东西,在不同的时间,其可欲性不一样。例如,无痛苦在老年时比年轻时更可欲。①

质量的价值还可以来自不可弥补。一闪而过的人或物,失去了就不可弥补,所以具有质量的价值。②

质量的价值还可以来自原创与稀少,它们与可以替换和人人都有相对。③

(三) 顺序的地方

顺序的地方确立在先者对在后者的优越地位、原因对结果的优越地位、原则和法律对事实的优越地位、目的对手段的优越地位。但谁是优越者,谁是劣后者,是许多哲学讨论的主题。④ 顺序的地方在推理中富有意义,实际上它就是比较中的主次问题。优越者都是"主",劣后者都是"次"。例如,目的是"主",手段是"次",这样的排序自然可导出为达目的不择手段的结论。

(四) 存在的地方

在哲学上,存在是事物的固有属性集合,时间性和确定性是这样的属性的两种,依据它们展开了存在的地方。此等地方确认存在者、现时存在

---

① Cfr. Chaïm Perelman e Lucie Olbrechts - Tyteca, Trattato dell' argomentazione. La nuova retorica, Traduzione italiana di Carla Chick e di Maria Mayer con la collaborazione di Elena Barassi, Volume primo, Einaudi, Torino, 1982, p. 96.

② Cfr. Chaïm Perelman e Lucie Olbrechts - Tyteca, Trattato dell' argomentazione. La nuova retorica, Traduzione italiana di Carla Chick e di Maria Mayer con la collaborazione di Elena Barassi, Volume primo, Einaudi, Torino, 1982, p. 97.

③ Cfr. Chaïm Perelman e Lucie Olbrechts - Tyteca, Trattato dell' argomentazione. La nuova retorica, Traduzione italiana di Carla Chick e di Maria Mayer con la collaborazione di Elena Barassi, Volume primo, Einaudi, Torino, 1982, p. 98.

④ Cfr. Chaïm Perelman e Lucie Olbrechts - Tyteca, Trattato dell' argomentazione. La nuova retorica, Traduzione italiana di Carla Chick e di Maria Mayer con la collaborazione di Elena Barassi, Volume primo, Einaudi, Torino, 1982, p. 99.

者、实际存在者和可能存在者、偶然存在者和不可能存在者的优越地位。[①] 对此的生动表达是“百鸟在林不如一鸟在手”,因为现实性的价值远远大于可能性。正因为这样,在罗马法上,债务人把附条件之债改为纯粹之债遗赠给债权人,增进了后者的利益,同样构成遗赠。[②]

(五) 本质的地方

本质的地方确认本质相对于其每种个别表现的优越地位。[③] 因此,凡以其行为更好地体现了某种类型的要素、本质或功能者,应被授予更高评价。[④] 例如,人被造是用来思考的,所以,帕斯卡尔认为善于思考是第一道德原则。[⑤] 又如,勇气应该是男人的本质,但司马懿在五丈原之战中总是避战诸葛亮,诸葛亮就送他女人衣服,以此贬他不具有男人的本质。[⑥] 再如,有机的农产品应具有其自然的宜人味道,但大量使用化肥后,一些产品(例如西瓜)尽管长得又大又好看,但是不怎么甜,我们就说这样的西瓜不像西瓜了,因为它有西瓜的良好外形,但欠缺西瓜的本质——甜。

(六) 来源于人的价值的地方

来源于人的价值的地方关系到人的尊严、美德以及自治。这些要素属于人的内在价值,它们是不能从外部获得的东西,因而优越于我们可以

---

① Cfr. Chaïm Perelman e Lucie Olbrechts - Tyteca, Trattato dell' argomentazione. La nuova retorica, Traduzione italiana di Carla Chick e di Maria Mayer con la collaborazione di Elena Barassi, Volume primo, Einaudi, Torino, 1982, p. 99.

② I. 2, 20, 14。参见〔古罗马〕优士丁尼:《法学阶梯》(第二版),徐国栋译,中国政法大学出版社 2005 年版,第 67 页。

③ Cfr. Chaïm Perelman e Lucie Olbrechts - Tyteca, Trattato dell' argomentazione. La nuova retorica, Traduzione italiana di Carla Chick e di Maria Mayer con la collaborazione di Elena Barassi, Volume primo, Einaudi, Torino, 1982, p. 100.

④ Voir Mariana Tutescu, L' Argomentation, Introduction à l'étude du discours, Su http://ebooks. unibuc. ro /lls/MarianaTutescu - Argumentation/4. htm, 2013 年 6 月 30 日访问。

⑤ Cfr. Chaïm Perelman e Lucie Olbrechts - Tyteca, Trattato dell' argomentazione. La nuova retorica, Traduzione italiana di Carla Chick e di Maria Mayer con la collaborazione di Elena Barassi, Volume primo, Einaudi, Torino, 1982, p. 100.

⑥ 参见罗贯中:《三国演义》,第一百零三回“上方谷司马受困　五丈原诸葛禳星”。

从外部获得的东西。[①] 所以,尊严不能用金钱购买。美德的价值大于金钱。基于这一地方,罗马法裁定,对于婚约的违反,不能以违约金制裁之。[②]

佩雷尔曼和奥尔布莱希茨-提特卡说,以上是最常用的地方,还可以列举出其他许多地方,但它们的用途都有限得多。[③] 所以,以上的列举并非穷尽性的。例如,未被列举的有特别的地方,这是针对特别的听众的地方,它涉及的是人们在特定情形下的偏好。例如,通常人认为金子比水更可欲,但在极为干旱情形中的人,可能认为水比金子更可欲。[④] 一旦打开个别性的大门,得出的地方就不胜枚举了。

四、小结

佩雷尔曼和奥尔布莱希茨-提特卡的地方都是复数(是 lieux 而非 lieu),所以,从表面上看,只有 6 个地方,但每个地方都蕴藏着不少子地方,例如,来源于人的价值的地方就包含着人的尊严、美德、自治等子地方,这样,实际得到他们关注的地方远远不止 6 个。这些地方显然不是论题,尽管它们本身也可以作为论题,例如,如果某人想要,可以写一篇以"来源于人的价值的地方"为论题的论文或写一部书,但在佩雷尔曼和奥

---

① Cfr. Chaïm Perelman e Lucie Olbrechts - Tyteca, Trattato dell' argomentazione. La nuova retorica, Traduzione italiana di Carla Chick e di Maria Mayer con la collaborazione di Elena Barassi, Volume primo, Einaudi, Torino, 1982, p. 101.

② D. 45,1,134pr.。保罗:《解答集》第 15 卷。蒂齐娅已与他人生有一个儿子,她与已有一个女儿的盖尤斯·塞尤斯结为夫妇。在婚姻持续期间,他们达成了把盖尤斯·塞尤斯的女儿配给蒂齐娅的儿子的合意,订立了订婚契据,并就他们中的任何一方妨碍这一婚姻的情况另外规定了罚金(Poena)。后来盖尤斯·塞尤斯在与蒂齐娅保持婚姻关系的期间亡故,其女儿拒绝结婚。我问:盖尤斯·塞尤斯的继承人是否根据要式口约承担责任?解答:前述要式口约由于未根据善良风俗订立,以它为根据起诉的人将受到恶意诈欺的抗辩的对抗,因为用罚金的绳索束缚不论是将来的还是已经缔结的婚姻,都被视为不名誉的行为。参见〔意〕桑德罗·斯奇巴尼选编:《民法大全选译·法律行为》,徐国栋译,中国政法大学出版社 1998 年版。

③ Cfr. Chaïm Perelman e Lucie Olbrechts - Tyteca, Trattato dell' argomentazione. La nuova retorica, Traduzione italiana di Carla Chick e di Maria Mayer con la collaborazione di Elena Barassi, Volume primo, Einaudi, Torino, 1982, p. 101.

④ 西塞罗在其《论义务》一书中转述亚里士多德的话说,如果在被敌人包围时,必须以 1 明那的高价买 1 塞克斯塔利乌斯(约合 0.547 公升)的水,可以紧急状态来谅解这样的难以置信的价格。参见〔古罗马〕西塞罗:《论义务》,王焕生译,中国政法大学出版社 1999 年版,第 211 页。译文有改动。

尔布莱希茨-提特卡的情形,这个地方不是作为论题,而且作为寻找论据的场合的含义被使用的。例如,当涉及金钱和美德的价值比较的论题时,我们就运用来源于人的价值的地方从中寻找论据,这样,佩雷尔曼和奥尔布莱希茨-提特卡就坚守了从亚里士多德以降的地方概念,没有把地方作论题处理,相应的,没有把地方论作方法论处理。

不难看出,佩雷尔曼和奥尔布莱希茨-提特卡的地方不过是一个价值比较表,它们的效果都可以“A 优越于 B”或“A 比 B 更可欲”的公式表示,这样的公式很像乘法口诀表,熟记它可以大大加快心算的速度,熟记佩雷尔曼和奥尔布莱希茨-提特卡的地方表,可大大加快价值判断的速度,提高我们面对复杂的伦理问题的应对能力。这样,佩雷尔曼和奥尔布莱希茨-提特卡的地方就完成了地方论从认识论、逻辑学到伦理学或价值论的转向,基于这一立场的改变,他们减少地方的数目就是可以理解的了,因为凡是与伦理—价值判断无关的地方,都是可以被舍弃的或可被置于暗处的。

富有意味的是,美国学者博登海默有一个类似的价值比较表。谓:生命的利益是保护其他利益(尤其是所有的个人利益)的正当前提条件,因此,它就应当被宣称为高于财产方面的利益。健康方面的利益似乎在位序上要比享乐或娱乐的利益高。在合法的战争情形下,保护国家的利益要高于人的生命和财产的利益。为了子孙后代而保护国家的自然资源似乎要优越于某个个人或群体通过开发这些资源致富的欲望,特别是当保护生态的适当平衡决定人类生存之时,更是如此。① 只是博登海默的价值比较表没有冠以地方的名义。由此可见,提高人们伦理判断速度的价值比较表,不仅可以依托地方的形式,也可依托其他形式达成,效果一样。

第三节 《论论证——新修辞学》中的论式

一、论式概念的起源和发展

佩雷尔曼和奥尔布莱希茨-提特卡的地方尽管很少,但他们把许多

---

① 参见〔美〕博登海默:《法理学——法律哲学与法律方法》,邓正来译,中国政法大学出版社 2004 年版,第 415 页。

传统的地方转化为了论式,如此,实现了传统地方论的二分化:地方构成其一方面,论式构成其另一方面。

20世纪60年代,逻辑学—修辞学学者把古代的地方论改造成论式(Argument schemes)理论,以这种方式实现了地方论的复兴。确实,西塞罗的《地方论》中也包括论式理论,他提出了七个式。研究西班牙学者格拉西安的地方理论的学者伍兹(M. J. Woods)也把西塞罗《地方论》中的一些地方转换为论式。有如下列:

对于定义的地方,他转换为这样的论式:

某某规则适用于/仅适用于X类别,Y是/不是这一类别的成员,所以,某某规则适用/不适用于Y。

对于种的地方,他转化为这样的论式:

我对我舅舅的《圣经》享有所有权,因为他在其遗嘱中把他的一切书都留给我。

对于原因、效果、前件、后件、关联、词源、同源词的地方,他转换为这样的论式:

X需要a、b、c情势/跟此等情势密不可分或与它们有某种牵连,某某规则适用于这些情势或牵连关系,所以,也适用于X。

从关联出发得出的论证的例子是:

如果我们给首相加薪,所有的人都会要求加薪。

对于类比、种差、对反、较大和较小的比较的地方,他转换为这样的论式:

某某规则适用于X,Y不类似于/类似于X,所以,某某规则适用于/不能适用于Y。

从较大和较小的比较的地方出发得出的论证是:

如果他连一次学生的周日郊游都弄不好,他怎么能胜任旅行社的头头职位?

对于权威和证言的地方,他转换为这样的论式:

A是可信赖的权威/证人,他说这种情况就是这样,那么,这种情况就是这样。①

经过这样的转换,地方的概念没有过去那么难懂了,被现代化了,但

---

① See M. J. Woods, "Gracián, Peregrini, and the Theory of Topics", In *The Modern Language Review*, Vol. 63, No. 4, (Oct., 1968), p. 855.

不能肯定地方的概念与论式的概念完全等值。

无独有偶,图尔罗(Mark S. Le Tourneau)也认为西塞罗的后件地方就是一个假言三段论。[①] 换言之,这个地方与论式是可以相互置换的。确实,西塞罗曾在其《地方论》20 中这么说:“如果一个妇女与一个无通婚权的人结了婚,然后提出离婚声明,由于从该结合所出的子女不处在家父权下,她的任何嫁资物都不必留给丈夫作扶养子女之用。”这的确是一个假言三段论。大前提是“与无通婚权的人结婚的女子不成立嫁资”;小前提是“某女与无通婚权的人结了婚”;结论是“她可取回自己假想的嫁资”。既然不成立嫁资,就不存在丈夫的嫁资扣除权,所以她不必把假想的嫁资的一部分留下来扶养子女。当然,西塞罗在《地方论》的其他片段中也多次把地方转换为论式。

论式概念很可能来自论证路线概念(Lines of Argument),因为这一概念的历史比论式概念的历史更古老。亚里士多德的《修辞学》的英译者之一罗伯茨(W. Rhys Roberts)于 1924 年就把 Topos 翻译成论证路线。[②] 该词指某人就特定问题采用的观点以及以口头或书面表达支持此等观点的方法,又称论证战略。[③] 论证路线的表达现在已成为英语世界的一个本土词汇,用来描述古人的地方,例如说亚里士多德的 28 个论证路线,并采用在现代的修辞学教材中,用来取代古人的地方。例如,古人说比较的地方,今人说比较的论证路线。

佩雷尔曼和奥尔布莱希茨 - 提特卡在其《论论证——新修辞学》中研究了论式问题。[④] 他们通过考察政治演说、法庭诉讼和新闻报道等领域的论辩说理,从中提炼出数十种论式。[⑤] 他们把论式分为联系的和分

---

① See Mark S. Le Tourneau,“General and Special Topics in the De Baptismo of Tertullian”,In *Rhetorica*,Vol. 5,1987,p. 91.

② See Aristotle,Rhetorica,Tans. by W. Rhys Roberts,p. 14. On http://www2. hn. psu. edu/faculty/jmanis /aristotl /Aristotle – Rhetoric. pdf,2013 年 7 月 10 日访问。

③ See William FitzGerald,Aristotle's Common Topics,28 Lines (Strategies) of Argument Useful in Treating Diverse Subjects,On http://crab. rutgers. edu/ ~ wfitz/28% 20lines% 20of% 20argument. html,2013 年 7 月 10 日访问。

④ 关于论式概念的发明及其沿革史,See Stella Heras Barbera,Case – Based Argumentation in Agent Societies,Phd Thesis of Universitat Politecnica de Valencia,2011,p. 22.

⑤ 参见杨贝:《论佩雷尔曼新修辞学法哲学及其论证理论》,中国政法大学 2005 年硕士学位论文,第 13 页。

解的。前者是相互分离的因素融合起来形成统一的过程,后者是拆解统一形成分离的因素的过程。[①] 联系的论式下面分为准逻辑论式、基于现实结构的论式和确立现实结构的论式。准逻辑论式下面有矛盾—不相容论证、定义、重言式、正义规则、基于对应关系、基于传递性、部分包含于整体、整体分为部分、根据比较、根据牺牲、可能性等。基于现实结构的论式下面有基于承续关系、基于共存关系等类型。[②] 确立现实结构的论式下面有由具体案件提供基础(或原理)(例证、例解、榜样和反榜样)、类比、隐喻等。分离的论式下面有外观—现实组合、哲学上的组合、分解性的定义等。不难看出,佩雷尔曼、奥尔布莱希茨-提特卡提出的论式中的一些与西塞罗等地方论者理解的地方相似,例如矛盾—不相容论证、部分包含于整体论证、整体分为部分论证等,应该说两者间有连续性,尽管他们是把论式放在地方以外谈论的,这是一个发展。

下面介绍佩雷尔曼和奥尔布莱希茨-提特卡的论式。

二、联系的论式

(一)准逻辑论式

准逻辑论式并不建立在逻辑的基础上,它只是因与逻辑上有效结论具有类似性获得说服力。逻辑上有效的结论分为逻辑性的和数学性的,所以,准逻辑论式有挂靠逻辑的和挂靠数学的两种。

1. 矛盾、不相容

矛盾是在一个体系中既包纳一个命题,又包纳对它的否定,由此使这个体系不一致并无用。[③] 例如,一个人既想减肥,又不愿节食,这样会导致减肥失败。不相容比矛盾更广泛,可以是一个人在不同时间地点所作的多个论断、命令或允诺之间的冲突;一个人的言行不一致;一个人的前后两个行为不一致;可能是一个人对相似的两个人或场合提出的不同的

---

① 参见〔德〕阿列克西:《法律论证理论》,舒国滢译,中国法制出版社2002年版,第209页。

② 参见杨贝:《论佩雷尔曼新修辞学法哲学及其论证理论》,中国政法大学2005年硕士学位论文,第60页。

③ Cfr. Chaïm Perelman e Lucie Olbrechts - Tyteca, Trattato dell' argomentazione. La nuova retorica, Traduzione italiana di Carla Chick e di Maria Mayer con la collaborazione di Elena Barassi, Volume secondo, Einaudi, Torino, 1982, p. 205.

命令或要求,也可能是同一个人接收到来自两个人的不同要求或命令。① 例如,针对同一个时间段,父亲要求孩子去打球,母亲要求孩子做作业。

2. 定义

定义是把定义对象认定为定义外延的过程。② 作为定义前提的认定出自讲话者的断定,因而使用定义的论证是准逻辑的。③ 定义性的论式例如:如果你不是中国公民,就不能享受入境时免填入境卡的待遇。

3. 重言式

主语与表语为同一个词的句子为重言式。例如,钱就是钱,男孩就是男孩。④ 在重言式中,作为主语的被重复的词在它自身的意思上被使用,作为表语的被重复的词被作为修辞手段使用。所以,"钱就是钱"的句子表达的是"钱应具有钱的价值"的意思,反面说,表达的是"钱不能不值钱"的意思。相应的,"男孩就是男孩"的句子表达的是"男孩应有男孩的样子"的意思,反面讲,表达的是"男孩不能像女孩"的意思。"马克就是马克",表达的是一个马克应具有其法定币值的意思,如果马克数量不变,但贬值了,给付人应给付更多的马克达到约定的给付价值才算公平。⑤

4. 正义规则

指相似情况要相似对待的要求。这是形式正义的要求。⑥ 从共时性的角度看,同一时间点存在的同一类的具有基本相同的属性的客体要被同等对待。从历时性的角度看,在后的对象如果具有在前的对象的属性,

---

① 参见李杨、武宏志:《佩雷尔曼新修辞学的论式系统》,载《政法论丛》2014 年第 1 期,第 121 页。

② Cfr. Chaïm Perelman e Lucie Olbrechts – Tyteca, Trattato dell' argomentazione. La nuova retorica, Traduzione italiana di Carla Chick e di Maria Mayer con la collaborazione di Elena Barassi, Volume secondo, Einaudi, Torino, 1982, p. 221.

③ 参见李杨、武宏志:《佩雷尔曼新修辞学的论式系统》,载《政法论丛》2014 年第 1 期,第 121 页。

④ Cfr. Chaïm Perelman e Lucie Olbrechts – Tyteca, Trattato dell' argomentazione. La nuova retorica, Traduzione italiana di Carla Chick e di Maria Mayer con la collaborazione di Elena Barassi, Volume secondo, Einaudi, Torino, 1982, p. 228.

⑤ 第一次世界大战后,德国马克严重贬值,如果仍以原合同价为履行,将显失公平。德国法院基此创立情势变更原则,令债务人支付更多的马克,以图让债权人得到相当于通货贬值前的实际履行额。

⑥ Cfr. Chaïm Perelman e Lucie Olbrechts – Tyteca, Trattato dell' argomentazione. La nuova retorica, Traduzione italiana di Carla Chick e di Maria Mayer con la collaborazione di Elena Barassi, Volume secondo, Einaudi, Torino, 1982, p. 230.

也要被同等对待。为此,人们往往援引先例要求获得同样的待遇。例如,先来的博士在一个大学分得了三室一厅的住房,后来的博士只分得了两室一厅,他就可能要求校长也给他三室一厅。由于被观察的对象被区分对待是常态,所以,关键的问题是决定这些区别对待是否可以被忽视。例如,先来的博士在海外名校获得博士学位,后来的博士仅在国内一般高校获得博士学位,两个博士间有差别,但这种差别是否可忽略不计,是校长要考虑的问题。他如果重洋轻土,可能会招来蔑视自己国家的博士学位的批评。

5. 基于对应关系

这一论式旨在把同样的待遇赋予两个被人用来比较的情势。由于适用正义规则,这两种情势被同化,当然,同化的理由是两种情势间具有对称性。所谓对称,是在 A 与 B 之间存在的关系也存在于 C 与 D 之间。这种论式的例子有:对学是体面的东西,对教也是体面的。你们卖的都不觉得羞耻,我们买的也不觉得羞耻。①

6. 基于传递性

传递性是在 A 与 B 之间和 B 与 C 之间存在同样的关系,最后导致 A 与 C 之间也存在同样的关系,这样,前两种关系的属性传导到了后一种关系中。此等关系可以是平等、优越、包含、源于,等等。基于传递性的论式的例子有:我们的朋友的朋友也是我们的朋友。② 中国式的例子有爱屋及乌。

以上为挂靠逻辑的准逻辑论式,以下为挂靠数学的准逻辑论式。

7. 部分包含于整体

这种论式把部分与其从属的整体进行比较,理路是整体的属性其部分也应具有。当然,也可根据这一论式得出整体优越于部分的推理,因为整体包含部分,因而比部分重要。③ 实际上,属是某种意义上的整体,从

---

① Cfr. Chaïm Perelman e Lucie Olbrechts – Tyteca, Trattato dell' argomentazione. La nuova retorica, Traduzione italiana di Carla Chick e di Maria Mayer con la collaborazione di Elena Barassi, Volume secondo, Einaudi, Torino, 1982, p. 233.

② Cfr. Chaïm Perelman e Lucie Olbrechts – Tyteca, Trattato dell' argomentazione. La nuova retorica, Traduzione italiana di Carla Chick e di Maria Mayer con la collaborazione di Elena Barassi, Volume secondo, Einaudi, Torino, 1982, p. 239.

③ Cfr. Chaïm Perelman e Lucie Olbrechts – Tyteca, Trattato dell' argomentazione. La nuova retorica, Traduzione italiana di Carla Chick e di Maria Mayer con la collaborazione di Elena Barassi, Volume secondo, Einaudi, Torino, 1982, p. 244.

属于它的复数的种是其部分,属的属性它的各个种也应具有,这样的推理是我们在做三段论推理时经常进行的。

8. 整体分为部分

按这一论式,在整体被穷尽地分为数个部分的情况下,人们可排除性地选定行为的原因。[①] 例如,杀人通常有原因:仇杀、情杀、图财杀。不是这个,就是那个。尸体上的贵重财物没动,则排除图财杀。调查死者的社会关系,发现他没有仇人,则排除仇杀,转入查证情杀的可能。这种可能被排除后,再考虑其他的杀人动机,例如偶然杀人。

9. 根据比较

这个论式是把不同的客体放在一起,在对它们的比较中判断其价值。这是一个求异的论式,不同于求同的论式,例如类比的论式就是求同的。例如说,巴黎的人口是布鲁塞尔的三倍。脸颊红得像苹果一样。违反公共利益花公款如同盗窃此款。[②]

10. 根据牺牲

这个论式从属于比较的论式,它是比较为达到一个结果而付出的代价与此等结果的比例,由此做出评估,得出值与不值的结论。例如,希腊人组成联军攻打特洛伊以图抢回被拐走的海伦,付出的牺牲就是不值的,因为这个目标不值。实际上,根据牺牲的论式也可用于分析目的与手段的关系,手段是牺牲,它可能是一种努力、一种损失、一种痛苦。[③]

11. 可能性

即在一个现象的原因是 A 的可能极低的情况下把该现象的原因归结为 B 的论式。这里的可能性并不是量化的,而是经验性的,例如“想偷

① Cfr. Chaïm Perelman e Lucie Olbrechts - Tyteca, Trattato dell' argomentazione. La nuova retorica, Traduzione italiana di Carla Chick e di Maria Mayer con la collaborazione di Elena Barassi, Volume secondo, Einaudi, Torino, 1982, p. 246.

② Cfr. Chaïm Perelman e Lucie Olbrechts - Tyteca, Trattato dell' argomentazione. La nuova retorica, Traduzione italiana di Carla Chick e di Maria Mayer con la collaborazione di Elena Barassi, Volume secondo, Einaudi, Torino, 1982, p. 255.

③ Cfr. Chaïm Perelman e Lucie Olbrechts - Tyteca, Trattato dell' argomentazione. La nuova retorica, Traduzione italiana di Carla Chick e di Maria Mayer con la collaborazione di Elena Barassi, Volume secondo, Einaudi, Torino, 1982, pp. 261ss.

的人总是从信任他的人偷起”的说法。[①] 这样的论式的例子有如：房间热不大可能是太阳烤的，很可能是炉子烧的。

（二）基于现实结构的论式

1. 基于承续关系

（1）因果关系论证。有三种。其一，通过因果关系把两个在时间上相继的事件联系起来的论证。其二，从一个事件出发去确定可能导致此等事件的原因的论证。其三，从一个事件出发查找它应该导致的结果的论证。[②]

（2）实效论证。根据其有利或不利的后果评价一个行为或事件的论证。[③] 例如说，凡是对人民有利的，就是好的。

（3）目的—手段论证。即在两个事物中，确定何者为目的，何者为手段的论证，以此澄清目的与手段的界限，避免两者的颠倒。例如说，吃饭是为了活着，而非活着是为了吃饭。[④]

（4）方向论证。这种论证把达成一个目的的过程分解为若干阶段，告知人们达成了这一阶段才有可能再达成下一个阶段。[⑤] 例如，在一个人想怎样聪明地行动之前，他最好应该想怎样行动。

（5）浪费的论证。为了避免浪费累积的资源或努力，看来有必要继续实施已开始的行为，直到达到目的。[⑥]

---

① Cfr. Chaïm Perelman e Lucie Olbrechts – Tyteca, Trattato dell' argomentazione. La nuova retorica, Traduzione italiana di Carla Chick e di Maria Mayer con la collaborazione di Elena Barassi, Volume secondo, Einaudi, Torino, 1982, p. 270.

② Cfr. Chaïm Perelman e Lucie Olbrechts – Tyteca, Trattato dell' argomentazione. La nuova retorica, Traduzione italiana di Carla Chick e di Maria Mayer con la collaborazione di Elena Barassi, Volume secondo, Einaudi, Torino, 1982, p. 277.

③ Cfr. Chaïm Perelman e Lucie Olbrechts – Tyteca, Trattato dell' argomentazione. La nuova retorica, Traduzione italiana di Carla Chick e di Maria Mayer con la collaborazione di Elena Barassi, Volume secondo, Einaudi, Torino, 1982, p. 280.

④ Cfr. Chaïm Perelman e Lucie Olbrechts – Tyteca, Trattato dell' argomentazione. La nuova retorica, Traduzione italiana di Carla Chick e di Maria Mayer con la collaborazione di Elena Barassi, Volume secondo, Einaudi, Torino, 1982, p. 291.

⑤ Cfr. Chaïm Perelman e Lucie Olbrechts – Tyteca, Trattato dell' argomentazione. La nuova retorica, Traduzione italiana di Carla Chick e di Maria Mayer con la collaborazione di Elena Barassi, Volume secondo, Einaudi, Torino, 1982, p. 298.

⑥ 参见李杨、武宏志：《佩雷尔曼新修辞学的论式系统》，载《政法论丛》2014 年第 1 期，第 121 页。

(6) 超越。按这种论式,行动的后一阶段比前一阶段更有价值,因此应保持行动的方向。[①] 例如说"越多越好"。

2. 基于共存关系

(1) 人及其行为。用某人过去实施过的行为来证明他未来的行为论式。例如,某人过去做过假证,将来很可能再做假证。[②] 这一论式是前科歧视的理论基础。

(2) 根据权威的论证。一些前提之所以应被接受,乃因为它们已被一些高素质的人接受的论式。这种论式在商业广告中用得最多。[③] 西塞罗把这种论证说成是从外部取得论据。

(3) 把演说看做演说家的行为。即把演说家说的话看做他自己的人格表达的论式。例如,如果一个律师为坏人做辩护,人们会认为他自己也不是什么好人。他辩护的行为,也是他自己想做的。[④]

(4) 团体及其成员。即把成员看做是其从属的团体的表现的论式。[⑤] 例如,从某人不好出发,说该人从属的团体(民族、家庭、宗教、职业的团体)也不好。反过来,从某人好出发,说该人从属的团体也好。

(5) 行动—本质。此处的本质指一种常识性的思考方式及其表现。例如,选手、母亲、爱国者,就是本质的几种类型。特定的本质导致特定的行为。违反本质的行为被视为事故。[⑥] 例如,母亲应是爱自己的孩子的,如果她并不如此,那肯定是发疯了。

---

① 参见李杨、武宏志:《佩雷尔曼新修辞学的论式系统》,载《政法论丛》2014 年第 1 期,第 121 页。

② 参见李杨、武宏志:《佩雷尔曼新修辞学的论式系统》,载《政法论丛》2014 年第 1 期,第 121 页。

③ 参见杨贝:《论佩雷尔曼新修辞学法哲学及其论证理论》,中国政法大学 2005 年硕士学位论文,第 28 页。

④ Cfr. Chaïm Perelman e Lucie Olbrechts – Tyteca, Trattato dell' argomentazione. La nuova retorica, Traduzione italiana di Carla Chick e di Maria Mayer con la collaborazione di Elena Barassi, Volume secondo, Einaudi, Torino, 1982, p. 337.

⑤ Cfr. Chaïm Perelman e Lucie Olbrechts – Tyteca, Trattato dell' argomentazione. La nuova retorica, Traduzione italiana di Carla Chick e di Maria Mayer con la collaborazione di Elena Barassi, Volume secondo, Einaudi, Torino, 1982, p. 340.

⑥ Cfr. Chaïm Perelman e Lucie Olbrechts – Tyteca, Trattato dell' argomentazione. La nuova retorica, Traduzione italiana di Carla Chick e di Maria Mayer con la collaborazione di Elena Barassi, Volume secondo, Einaudi, Torino, 1982, pp. 345s.

（6）象征关系。象征是约定俗成地代表一个东西的物品，例如，十字架被看成基督教的象征。象征关系可以导致象征物与被象征物的换位[①]，由此，看到象征物就等于看到了被象征物，例如，看到了国旗，就好像看到了祖国。

（7）双层级。这一论式把两个价值层级进行比较，把一个层级作为另一个层级的标准或定义。例如说，在两个对象中，更可欲的是那个更接近目的的。属于上帝的东西比属于人的东西更可欲。[②]

（8）程度和级的差异。程度的差异是数量和密度的差异。例如，在柏格森看来，古代科学和现代科学的差异是程度的差异，后者更完善，前者次之。[③] 又如，量变引起质变，一把把的麦捆相加会形成麦堆。级的差异要么由一个程度的差异与性质的差异的对立构成，要么由一个形态的差异与一个原则的差异构成，结果是通过缩小差异达成论证。但也可以反用这种论式，通过把级的差异转化为程度的差异达成相反的效果。此种转化把两个看起来由一个不可逾越的界线区隔的术语彼此靠近，并利用它们间级上的差别。例如西塞罗说：不必根据其后果判断过错，而要根据导致过错的缺陷判断之，因此，把一艘载满金子的船弄翻的引水员与把一艘载满稻草的船弄翻的引水员，造成的损失不同，但两者的技艺不精是一样的。此例中，西塞罗认为过错的严重程度无关紧要，所有的过错都处在同样的级，首先要考虑的是有关行为揭示的人性的品质。[④]

（三）旨在确立现实结构的论式

1. 由具体案件提供基础（或原理）

---

① Cfr. Chaïm Perelman e Lucie Olbrechts – Tyteca, Trattato dell' argomentazione. La nuova retorica, Traduzione italiana di Carla Chick e di Maria Mayer con la collaborazione di Elena Barassi, Volume secondo, Einaudi, Torino, 1982, pp. 350s.

② Cfr. Chaïm Perelman e Lucie Olbrechts – Tyteca, Trattato dell' argomentazione. La nuova retorica, Traduzione italiana di Carla Chick e di Maria Mayer con la collaborazione di Elena Barassi, Volume secondo, Einaudi, Torino, 1982, pp. 356s.

③ Cfr. Chaïm Perelman e Lucie Olbrechts – Tyteca, Trattato dell' argomentazione. La nuova retorica, Traduzione italiana di Carla Chick e di Maria Mayer con la collaborazione di Elena Barassi, Volume secondo, Einaudi, Torino, 1982, p. 366.

④ Cfr. Chaïm Perelman e Lucie Olbrechts – Tyteca, Trattato dell' argomentazione. La nuova retorica, Traduzione italiana di Carla Chick e di Maria Mayer con la collaborazione di Elena Barassi, Volume secondo, Einaudi, Torino, 1982, pp. 364s.

（1）例证。这个论式是从个别的例子出发得出一般结论。例如说：山在冒火，为何冒烟呢？所有冒烟的东西都是冒火的，如同火炉。在此例中，"所有冒烟的东西都是冒火的"是一般规则。当然，也可从个别到个别进行推理，并不导出任何规则，例如说，证明对饥饿的人的尊重的唯一方式是给他们吃的，同样，尊重把自己置于法外的人的唯一方式是把他们绳之以法，课加法律规定的处罚。此例中隐含的规则是"尊重一个人的唯一方式是把他所缺的给他"。①

（2）例解。例解是以具体例子阐明一般的规则，通过提供其各种各样的适用展示此等规则的好处，加深人们对此等规则的印象，所以，它只起加强对一个为人所知并获得认可的规则的遵从的作用。例如笛卡尔的例子，在其《方法谈》中，他先提出一般命题：通常多人完成的作品不如一人完成的好，然后举例：一个建筑师建造的房子更漂亮、一个立法者制定的宪法更好，等等。② 当然，笛卡尔在这里张扬的单打独斗的好处与当下中国大学提倡的集体攻关作业形式是对反的。前者不利于南郭先生，后者相反。

（3）榜样和反榜样。一个行为不仅可为建立或例示一个一般规则服务，而且还可督促人们按它的样子行动时，谓之榜样。相反，这样的行为不好，人们被阻止按它的样子行动时，此等行为谓之反榜样。③ 例如，谭嗣同舍生取义，就是榜样。洪承畴舍义取生，构成反榜样。

2. 通过类比的推理

所谓类比，是一种结构上的相似，其一般公式是：A 对 B 就如 C 对 D。例如说：我心哭泣，如同城里下雨。④ 如此表达可达成如同二重唱的美学效果。

---

① Cfr. Chaïm Perelman e Lucie Olbrechts - Tyteca, Trattato dell' argomentazione. La nuova retorica, Traduzione italiana di Carla Chick e di Maria Mayer con la collaborazione di Elena Barassi, Volume secondo, Einaudi, Torino, 1982, pp. 370s.

② Cfr. Chaïm Perelman e Lucie Olbrechts - Tyteca, Trattato dell' argomentazione. La nuova retorica, Traduzione italiana di Carla Chick e di Maria Mayer con la collaborazione di Elena Barassi, Volume secondo, Einaudi, Torino, 1982, pp. 377s.

③ Cfr. Chaïm Perelman e Lucie Olbrechts - Tyteca, Trattato dell' argomentazione. La nuova retorica, Traduzione italiana di Carla Chick e di Maria Mayer con la collaborazione di Elena Barassi, Volume secondo, Einaudi, Torino, 1982, pp. 383s.

④ Cfr. Chaïm Perelman e Lucie Olbrechts - Tyteca, Trattato dell' argomentazione. La nuova retorica, Traduzione italiana di Carla Chick e di Maria Mayer con la collaborazione di Elena Barassi, Volume secondo, Einaudi, Torino, 1982, pp. 393s.

3. 隐喻

是一种转义，也就是把一个词或一个短语的意思加以改变。例如说，人生的老年如同一天的黄昏，所以，黄昏是一日的老年。[①] 实际上，隐喻也是一种类比。

三、概念的分解

即把一个业已存在的概念分解为两个概念以消除不相容性并达成妥协的论式。"不相容"，发生在名称、事实或真相之间，例如名实不副的情形。"妥协"是用不同的概念表达"名"与"实"，从而打破被观察对象各个要素被假定的原初的统一性。[②] 概念的分解主要有以下类型。

（一）外观—现实组合

一个现实的多数外观可能彼此不相容，例如，部分泡在水里的木棒看起来是弯的，但摸起来是直的。"弯"是木棒的外观之一，"直"是木棒的外观之二，前者是欺骗性的，后者是符合现实的，两者彼此不相容。[③] 外观—现实组合的论式旨在说明这些外观与现实的关系。它把同一个事物的外观和现实两个方面分解开来。在运用这种论式时，人们往往高看现实，轻视外观。通常的说法是透过现象看本质。

（二）哲学上的组合

哲学上的概念分解组合很多，例如目的—手段组合、相对—绝对组合、主观—客观组合、多—一组合、个别—一般组合、术语—思想组合、文字—精神组合，等等，它们都被用来说明问题。[④] 实际上，西塞罗讲到的

---

① Cfr. Chaïm Perelman e Lucie Olbrechts – Tyteca, Trattato dell' argomentazione. La nuova retorica, Traduzione italiana di Carla Chick e di Maria Mayer con la collaborazione di Elena Barassi, Volume secondo, Einaudi, Torino, 1982, pp. 420s.

② Cfr. Chaïm Perelman e Lucie Olbrechts – Tyteca, Trattato dell' argomentazione. La nuova retorica, Traduzione italiana di Carla Chick e di Maria Mayer con la collaborazione di Elena Barassi, Volume secondo, Einaudi, Torino, 1982, pp. 433s.

③ Cfr. Chaïm Perelman e Lucie Olbrechts – Tyteca, Trattato dell' argomentazione. La nuova retorica, Traduzione italiana di Carla Chick e di Maria Mayer con la collaborazione di Elena Barassi, Volume secondo, Einaudi, Torino, 1982, p. 437.

④ Cfr. Chaïm Perelman e Lucie Olbrechts – Tyteca, Trattato dell' argomentazione. La nuova retorica, Traduzione italiana di Carla Chick e di Maria Mayer con la collaborazione di Elena Barassi, Volume secondo, Einaudi, Torino, 1982, p. 442.

文句与意思的关系属于这里的文字—精神组合。

(三) 分解性的定义

即对一个事物下一个与别人的定义不同的定义,以此来表达一个定义者与众不同的想法。例如,亚当·斯密(A. Smith)的劳动定义是这样的:劳动是实际的价值尺度,可以与所有的商品相交换。而奥罗宾多(Shri Aurobindo)的劳动定义则是这样的:我把劳动理解为神完成、并越来越与神结合的行动——只是为了神,别无其他。[①] 前一个定义十分寻常,不会叫人心里"咯噔"一下,后一个定义十分奇异,作者要的就是这个效果。

第四节 小 结

上述内容构成了佩雷尔曼和吕西·奥尔布莱希茨-提特卡的新修辞学。尽管有人认为新修辞学是引致内心服膺一个命题的技巧[②],但说服的载体是文章,只有文章才能得到普遍听众,口头表达的听众都是有限的,所以,在我看来,佩雷尔曼和吕西·奥尔布莱希茨-提特卡的这一作品回到了写作方法论的修辞学理解,抛弃了西塞罗时代的辩护辞写作术的狭隘的修辞学理解。尽管在其著作中保留了演说家的名头,但本书关涉的写作不被设定为为了诵读的。按这样的对佩雷尔曼和吕西·奥尔布莱希茨-提特卡作品的理解,写作的对象是命题,证明命题的手段有地方和论式。两位作者把地方的概念狭窄化,只让它涉及可欲性比较的领域,其他的论证手段统统留给论式,而此等论式许多都是古人称之为地方的东西。这样,佩雷尔曼和吕西·奥尔布莱希茨-提特卡就完成对传统的地方概念的二分法处理。一个专心于写作的人或曰一个致力于探讨说服人之道的人,要熟知这些地方和论式,这样,写作起来或论证起来才能得心应手,文思泉涌,因为他们可以左右逢源,不假思索地运用他们已装备的武库中的诸种武器。

---

① Cfr. Chaïm Perelman e Lucie Olbrechts - Tyteca, Trattato dell' argomentazione. La nuova retorica, Traduzione italiana di Carla Chick e di Maria Mayer con la collaborazione di Elena Barassi, Volume secondo, Einaudi, Torino, 1982, p. 466.

② 参见邱垂泰:《佩雷尔曼新修辞学理论与应用》,载《"立法院"院闻》1998 年 2 月号,第 86 页及以次。

相较于菲韦格，佩雷尔曼和吕西·奥尔布莱希茨－提特卡提出了自己的地方体系，这是其特点和优点。尽管佩雷尔曼和吕西·奥尔布莱希茨－提特卡的地方论看起来与西塞罗和昆体良的地方论差别甚大，但在他们的书中，也运用这些前人的地方，但并非在地方的名头下，例如，比较、来自权威的论据等，都被他们当做论式使用。①

总之，佩雷尔曼和吕西·奥尔布莱希茨－提特卡没有像菲韦格那样把地方论单纯地方法论化，而是把它看做一个论证的工具体系，这样的地方论认识完全符合自亚里士多德以来的地方论传统，所以说佩雷尔曼和吕西·奥尔布莱希茨－提特卡是传统修辞学的继承人，是安全的。相反，菲韦格就是这一传统的不成功的叛逆者了。叛逆，是可以的，如果能在推翻传统的同时建立一种更好的新传统的话，但如果背叛传统，又无力建立一个新传统，那就很可悲了。

① 参见杨贝:《论佩雷尔曼新修辞学法哲学及其论证理论》，中国政法大学 2005 年硕士学位论文，第 28 页。

第十章　菲韦格和佩雷尔曼和奥尔布莱希茨-提特卡之后的地方论

一、概述

Topica一词从亚里士多德以来有太多的用法，每种用法中Topica一词的意思都有所不同，诸种意思可大别为地方说、论题说、抽象方法说、论式说。可以说，在波爱修斯之前，Topica都是地方的意思，但经过波爱修斯的加工，地方变成了公理以及诸公理之间的种差。就公理性的地方而言，它就是一个论题。波爱修斯由此开创了把Topica论题化的可能。这种可能被16世纪的人文主义者大大发扬，形成了论题学法学。那么，“地方”与“论题”的区分何在？在我看来，凡能从中找到数个而不是它本身的Topos，就是地方；凡不能进入，只能找到它自身的Topos，就是论题。所以，“地方”是个三维的概念，它是一个有空间的容器。论题是个单向度的概念，它就是具有不可入性的它自己。非独此也，维柯和菲韦格又把地方论改造为一种脱离了地方的抽象方法论。最后，佩雷尔曼和奥尔布莱希茨-提特卡又把一部分地方改造为论式。正因为有史以来对Topica有如上四种主要理解，在菲韦格和佩雷尔曼和奥尔布莱希茨-提特卡之后的研究Topica者，必然采纳一种作为自己的理解，由此区分Topica研究的地方论派、论题学派、抽象方法论学派和论式学派。以下分述。

二、地方论派

（一）阿·迈纳

德国学者阿·迈纳（Albert Menne，1923—1990年）是逻辑学家和哲学家。他于 1980 年出版了《方法论导论》(Einführung in die Methodologie)。[①] 该书并非地方论著作,甚至全书不用地方论一词,却浸透了地方论的因子。在第一版的序言中,作者就认为三个古典的 D 是科学思维的基础的普遍方法。这三个 D 就是定义(Definition)、区别(Distinction)和划分(Division)。[②] 不难看出,它们是古典地方论中的三个地方。这本书花了一多半的篇幅(从第 24 页到第 159 页,全书共 192 页)研究这三个地方,让人感到古代地方论在今人手里以方法论名义的复活。其他的地方尽管未被作为专题研究,但许多被提到或涉及,例如整体、相似、拒斥[③]、原因[④]、比较[⑤]、前件与后件(在顺序的名头下被谈论)。[⑥] 由于这些地方在其书中的存在,我把阿·迈纳看做地方论者,并从他身上欣喜地发现,地方论除了像维柯所做的可以被界定为一种认识论外,还可像迈纳所做的,被界定为一种方法论。而且,古代的地方论部分地转化成了现代的逻辑学,由此证明了地方论作为一种学问并未死亡。

(二) 唐纳德·昆策

美国学者唐纳德·昆策(Donald Kunze,1947—　)于 1983 年从宾夕法尼亚州立大学地理系博士毕业,其学位论文就是《思想和地方:詹巴蒂斯塔·维柯哲学中的永恒的地方的建筑》。[⑦] 此书把地理学意义上的地方与修辞学意义上的地方结合起来了。作者认为有两种地方论传统。其一是风景意义上的,其二是修辞学意义上的。前者强调一眼看透,把所有的风景要素按照视点特权的透视原则组织。风景传统中的地方论有两个

---

① 参见〔德〕阿·迈纳:《方法论导论》,王路译,生活·读书·新知三联书店 1991 年版。

② 参见〔德〕阿·迈纳:《方法论导论》,王路译,生活·读书·新知三联书店 1991 年版,第 2 页。

③ 参见〔德〕阿·迈纳:《方法论导论》,王路译,生活·读书·新知三联书店 1991 年版,第 183 页。

④ 参见〔德〕阿·迈纳:《方法论导论》,王路译,生活·读书·新知三联书店 1991 年版,第 168 页及以次。

⑤ 参见〔德〕阿·迈纳:《方法论导论》,王路译,生活·读书·新知三联书店 1991 年版,第 146 页。

⑥ 参见〔德〕阿·迈纳:《方法论导论》,王路译,生活·读书·新知三联书店 1991 年版,第 133 页。

⑦ Donald Kunze, *Thought and Place, the Architecture of Eternal Place in the Philosophy of Giambattista Vico*, New York u. a.; Lang; 1987.

观念,即采光和权力,两者都是 17—18 世纪的理性主义的产儿。后者是受雄辩的演讲者指挥的观念和事实,它们可以被听众分享。修辞学的地方至少为风景的地方提供了两个矫正。其一是共同的地方的观念,它是其意义被团队成员分享的市民的世界,而风景的地方是孤独的个人的破碎的现实,此等个人以不同的方式感受风景。其二是形象和物质性的东西的隐喻性的权力,此等权力不受分析的支配。例如"强大的城堡是我们的上帝"这样的话。①

应该承认,昆策的上述论述十分难懂,但有一点并不难懂:那就是地方论来自希腊语的"地方"(Topos)概念,该概念也在修辞学外使用,例如,在地理学中使用,此时,是绝对不能把其中的 Topos 说成论题的。由此出发,他把修辞学中的 Topos 也理解成地方(Place),并力图证明两种地方论之间的关联和互相影响。

(三) 中村雄二郎

日本学者中村雄二郎(1925—)是明治大学教授。他把 Topos 称为"场所"。② 显然,"场所"是他对"地方"的表达。顺理成章,亚里士多德和西塞罗、昆体良等人的 Topica 就是场所论了。在其"场所"(《場所:トポス》,弘文堂 1989 年版) 中,中村对自古希腊以来的"地方论"从辩论术的概念发展到近代哲学的一种"方法"的演变轨迹做了梳理,并且将亚里士多德、西塞罗、维柯所说的"论题、论点的场所"也纳入到他的《场所》中,成为其理论的组成部分。

中村的《场所》首先对"场所"概念做了扩大的解释,即"场所"不限于辩论术或修辞学意义上的论点、论题,而是具有普遍的哲学内涵。哲学意义的"场所"的所指包括:(1) 作为存在根据的场所;(2) 作为身体性的场所;(3) 作为象征空间的场所;(4) 作为论题、论点的场所 。③ 显然,只有第四类中村的场所是亚里士多德式和西塞罗式的,他把地方概念极大地

---

① See Yi Fu Tuan, "Thought and Place: The Architecture of Eternal Places in the Philosophy of Giambattista Vico", by Donald Kunze Review, In *Annals of the Association of American Geographers*, Vol. 78, No. 2 (Jun. ,1988), p. 372.

② 参见张文良:《维柯与当代日本哲学——以中村雄二郎的"场所哲学"为中心》,载《哲学动态》2009 年第 7 期,第 37 页。

③ 参见张文良:《维柯与当代日本哲学——以中村雄二郎的"场所哲学"为中心》,载《哲学动态》2009 年第 7 期,第 37 页。

扩大了。

作为存在根据的场所包括自然、社会和人自身三个方面的背景，具体地说，即固有环境、社会共同体和人的无意识。固有环境即人的生存活动得以展开的生物学、生态学的环境世界。但这种固有环境并不单纯是物质的世界，而是同时具有精神的内涵。如许多民族都有的对"土地精灵"的信仰，就说明特定的场所和土地都与人的精神联系在一起，具有心的属性。社会共同体即人生活于家族、工作单位、人际交往圈等显在背景，而人的无意识则是人的思维和行动的深层背景。只有在以上三种背景下才能合理地解释人的存在样态，找到人的存在根据。①

身体的场所，即身体作为基体为意识的自我提供空间。正因为有身体的实存，空间意义上的场所才具有意义，物理的空间才成为人的空间。身体的空间不仅是生理学意义上的肉体，还包括社会空间中扩大的身体，即个人在社会生活中所占据的位置。②

作为论点、论题的场所是我们当下生活中的日常语言环境，如口号、常用套语、流行语、共同关注的话题等。人们正是在这些语言环境中生活，其思维和行动方式受这些语言环境的制约。③ 不难看出，中村的这个修辞学地方类似于海德格尔的理解的前结构，是一些制约我们现有之思考和判断的文化积淀。④

中村的《场所》的另一个理论来源是西田幾多郎（1870—1945 年）的场所哲学。⑤ 1926 年，西田发表了论文《场所》。其中讲到他从柏拉图取得了这一概念。⑥ 西田从认识论的角度看待场所。曾经占据主导地位的

---

① 参见张文良：《维柯与当代日本哲学——以中村雄二郎的"场所哲学"为中心》，载《哲学动态》2009 年第 7 期，第 37 页。

② 参见张文良：《维柯与当代日本哲学——以中村雄二郎的"场所哲学"为中心》，载《哲学动态》2009 年第 7 期，第 37 页。

③ 参见张文良：《维柯与当代日本哲学——以中村雄二郎的"场所哲学"为中心》，载《哲学动态》2009 年第 7 期，第 37 页。

④ 关于海德格尔的理解的前结构的概念。参见梁慧星：《民法解释学》，中国政法大学出版社 1995 年版，第 123 页及以次。

⑤ 参见张文良：《维柯与当代日本哲学——以中村雄二郎的"场所哲学"为中心》，载《哲学动态》2009 年第 7 期，第 37 页。

⑥ 参见〔日〕藤田正胜：《"场所"——来自根本之处的思索》，载《世界哲学》2002 年第 5 期，第 8 页及以次。

康德认识论是主客对立的认识论，西田采取主客观结合的认识论，认为“知”的意义是“在自己之中反映自己”。场所就是这样的主客观碰撞的地方，也叫做“意识之野”。[①] 明白了这一背景，就不难理解为何中村要把日常语言环境，如口号、常用套语、流行语、共同关注的话题等看做场所了。

三、论题学派

(一) 格哈德·斯特鲁克的论题学法学

格哈德·斯特鲁克(Gerhard Struck, 1944—)是汉堡大学民法教授(2010年3月31日退休)。1971年，他出版了《地方论法学：法学作品中的论据和共同的地方》[②]，该书是“法理论与方法论的研究与文本丛书”(Studien und Texte zur Theorie und Methodologie des Rechts)的一种。如书名所示，该书是对当代法学家作品中运用的论据和共同的地方的归纳，属于观察型的作品。其中归纳了64个论据和共同的地方的清单。其主要者有如下列：

1. 后法优于前法；
2. 特别法破毁一般法；
3. 例外必须被严格解释；
4. 既判之事作为真理被接受；
5. 裁判官不理小事情；
6. 不得做过分的请求；
7. 兼听则明；
8. 禁止法官审理涉及自己的案件；
9. 疑案按有利于被告的原则处理；
10. 人为财死；
11. 禁止订立损害第三人的合同；
12. 享有利益者要承担责任；

---

① 参见金竹山：《评西田的场所逻辑》，载《延边大学学报》(社会科学版)1983年第S1期，第25页及以次。

② 舒国滢教授将此书之名译为“语序法学”。他同时把菲韦格的《地方论与法学》译为“语序学与法学”。参见舒国滢：《战后德国法哲学的发展路向》，载《比较法研究》1995年第4期。

13. 物的主人承受意外事件的损失；
14. 诱因原则；
15. 优先；
16. 同样；
17. 订立债的人必须对其后果承担责任；
18. 《德国民法典》第254条的正确观念[①]；
19. 沉默不导致债；
20. 私人自治；
21. 未审不得判人有罪；
22. 目的；
23. 没有指望的东西不要去渴望；
24. 不可承受的东西不合法。[②]

由于斯特鲁克是民法教授，他列举的上述共同的地方大多都是私法上的。它们大多是一些法谚，例如“后法优于前法”“享有利益者要承担责任”等。其次是一些术语，例如“优先”“同样”“目的”。最后是一些制度，例如“诱因原则”。请注意，它们不是“地方”而是“共同的地方”，也就是法学家在进行论述中运用的一些老生常谈。这是所谓的论题学法学的特点，它不涉及地方，而涉及一种类似于地方的东西。通过归拢一个学科的共同的地方大致达成对该学科的掌握。

把法谚当做地方在西班牙语世界特别流行。[③] 如此，张明楷的《刑法格言的展开》[④]、郑玉波的《法谚》（一）（二）[⑤]都可以被看做法律论题学著作了。

根据西班牙学者加尔夏·阿马多的观察，斯特鲁克的这些共同的地方有以下特点：（1）一般性，即不局限于特定的领域，因此被称为共同的地方；（2）令人信服、合理、公正；（3）易于理解；（4）不确切性；（5）具有

---

① 该条规定了与有过错问题。

② Vgl. Gerhard Struck, Topische Jurisprudenz: Argument und Gemeinplatz in der juristischen Arbeit, Athenäum Verlag, 1971, S. 20 ff. Garcia Amado 对这样的混杂的地方提出了严厉的批评。

③ 我手头有西班牙学者 Gerardo Pereira－Menaut 的 Topica: Principio de derecho y Maximas Juridica Latinas（Rasche, 2010）就是一部对拉丁法谚的分析。

④ 法律出版社2003年版。该书分析了20条刑法格言，涉及256条法谚。

⑤ 法律出版社2007年版。该书第一辑收录法谚360则；第二辑收录626则。

解释空间;(6) 实用性。[①]

但德国学者维尔腾批评斯特鲁克把地方与论据混为一谈。[②] 这一批评有点过苛,因为斯特鲁克列举的不是“地方”,而是“共同的地方”,共同的地方就是论据。

阿列克西则怀疑这种编排工作的启迪价值,他认为,因为根据“目的”“没有指望的东西不要去渴望”这样的说法,我们几乎无法着手工作。[③]

(二) 弗朗西斯科·普伊·穆略斯的论题学法学

西班牙法学家弗朗西斯科·普伊·穆略斯(A. Francisco Puy Muñoz, 1936—)1988 年在墨西哥出版的《法律地方论:表达的地方论》(Tópica Juridica:tópica de expresiones)一书[④]简直是 16 世纪人文主义法学家著作在方法论上的复活。这是一部非体系的法哲学著作,它是对作者在 1972 年曾寻求的体系法理学的反叛,收录的是作者于 1981—1982 年在西班牙圣地亚哥·德孔波斯代拉大学讲课的讲稿,1984 年由 Paredes 出版社出版,书名是《法律论题学》(Tópica Juridica)。[⑤] 我看到的是该书的墨西哥版。该书用词素粘连法研究了 59 对地方。它分为逻辑的地方、物理的地方、本体论的地方、伦理学的地方、人类学的地方、社会的地方,外加关于论题学和论题学法学的结论七个部分。以下分述各个部分的地方。

逻辑的地方有:谜与谜样的法、理性与理性法、理想与理想法、经验与经验法(这对的词素共有有些独特:“经验”用的是西班牙语 Esperiencia,“经验的”用的是西班牙语化的希腊词 Empirico)、科学与科学法、规范与规范法、管辖权与司法法(这对中的 Jurisdiccion 与 judicial 并不完全同词素,只是词素相近)、议会与议会法、宪法与宪法法、法典与法典法、抽象与

---

① Véase Garcia Amado, Teoria de la Tópica juridical, Universidad de Oviedo, 1988, pag. 132.

② See Wolfram Velten, "Juristic Topics in English Legal Theory: The 'Topical' Method of Finding and Legitimizing Premises for the Solution of 'Hard Cases'", in *the Light of English Legal Theory*, 2012, Durham University, p. 39.

③ 参见〔德〕罗伯特·阿列克西:《法律论证理论》,舒国滢译,中国法制出版社 2002 年版,第 26 页及以次。

④ 感谢童航托其友人在美国为我买到此书。

⑤ Véase A. Francisco Puy Muñoz, Tópica Juridica: tópica de expresiones, Porrua, Mexico, 2006, pag. IX.

抽象法。

物理的地方有：自然与自然法、权利（Derecho）、方向（Directo）与正当（Recto）、法院与法院地法（Derecho foral）、客体与客观法、现实与现实法、材料与材料法、历史与历史法、程序与程序法、强制与强行法、刑罚与刑法。

本体论的地方有：法律与合法权利、时间与当代法、进化与进化了的法、陈腐与陈腐了的法、起源与原初的法、私与私法、神与神法。

伦理学的地方有：习惯与习惯法、效力（Valor）与有效的法、正义与正义的法、善与善法、义务与义务法、经济与经济法、高尚与高尚的法、艺术与艺术性的法。

人类学的地方有：人与人权、人格与人格法、主体与主观权利、设定人（Postor）与实在法（Derecho positivo）①、法学家与法理法、政治与政治法。

社会的地方有：社会与社会法、人民与民众法、共同体与共同法、城邦与市民法、教会与教务法、罗马与罗马法、民族与万民法、日耳曼人与日耳曼法、不列颠人与英国法、地区与地区法、加利西亚②与加利西亚法、民族与民族法、西班牙与西班牙法、联邦与联邦法、欧洲与欧洲法、国家与国家法。③

与16世纪的人文主义法学家一样，穆略斯也是把法律问题成对论述。16世纪人根据彼此的关联性把两个法律制度配对，穆略斯也是如此，不过，他把一般的关联性限缩为词素的关联性。他理解的Topicos就是范畴。④ 由此，他把具有词素关联性的主要法律范畴捉对论述，最终达成了对法哲学的基本论述，尽管论题排列的方式与一般的法哲学著作不一样，但问题域是基本一样的。穆略斯是菲韦格的追随者，他以自己的著作实践了菲韦格本人未曾完成的论题学法学的理念，由此帮助人们理解了菲韦格心目中的论题学法学为何以及菲韦格的论题学法学理念的16世纪来源，但穆略斯对自己作品的反体系性质的界定是值得怀疑的，因为

---

① 作者认为实在法就是被设定了的法。

② 西班牙西北部的自治区，首府为圣地亚哥·德孔波斯代拉。

③ Véase A. Francisco Puy Muñoz, Tópica Juridica: tópica de expresiones, Porrua, Mexico, 2006, pag. 679ss.

④ Véase A. Francisco Puy Muñoz, Tópica Juridica: tópica de expresiones, Porrua, Mexico, 2006, pag. 655.

他毕竟把59个法律论题分成6个大类(这是奥尔登多尔普著作的遗迹),这种类的设计恐怕不是随意的。实际上,体系就是对材料进行分类,据此把它们组织起来的方式。穆略斯在说他的方法反体系时,他理解的体系是演绎式体系,除了这种封闭性的体系外,还有开放式的体系,论题学法学属于开放性的体系、归纳性的体系。它与封闭型的体系一样具有克服混乱性的功能。

(三)其他论题学法学者

德国法学家施耐德(Egon Schneider)的地方有:诚信、信赖之保护、法律行为的基础、超法律的紧急状态、人的尊严等。他认为法律解释的方法与指导性观念也是地方,例如衡平、正义、可操作性、法的安定性、既定的学说、既定的判例。[①]

德国法学家克里勒(Martin Kriele)认为结论性的法律逻辑程序是地方,例如类推、先验的论据等,而法律解释中的元素也是地方,例如体系解释,还要加上法的原则,例如人的尊严、法治、自由、平等。[②]

德国法学家塔梅罗(Llmar Tammelo)认为:解释法的谚语、法的一般原则、正义的标准是地方。[③]

以博士论文研究地方论的柏克罗(Arno Bokeloh,威亚克尔的学生)认为,诚信原则的子原则都是地方,例如一般的诈欺抗辩、禁反言、诈欺行事的人提出要求的,须立即返还诈欺之物(dolo agit, qui petit, quod statim redditurus est)。[④]

美因茨学派的成员巴尔维格(Ottmar Ballweg)认为法典和法律本身就包含了地方的目录,它们按问题的领域和教学的需要排列。[⑤]

排在巴尔维格之前的法学家的地方徘徊于法谚与法律制度之间,巴尔维格的地方则是法典的目录。实际上,每个目录项指向的多是一个法律制度,这样的制度同时是一个论题。这样,巴尔维格把地方泛化了。

---

① Véase Garcia Amado, Teoria de la Tópica juridical, Universidad de Oviedo, 1988, pag. 133.

② Véase Garcia Amado, Teoria de la Tópica juridical, Universidad de Oviedo, 1988, pag. 133.

③ Véase Garcia Amado, Teoria de la Tópica juridical, Universidad de Oviedo, 1988, pag. 133.

④ Véase Garcia Amado, Teoria de la Tópica juridical, Universidad de Oviedo, 1988, pag. 134.

⑤ Véase Garcia Amado, Teoria de la Tópica juridical, Universidad de Oviedo, 1988, pag. 134.

四、抽象方法论学派

在我的阅读范围内,遵循这一路线的有中国学者舒国滢等人,我将在本书第十一章介绍他们的观点。此处提而不论。

五、论式学派

(一) 图尔敏的论式理论

英国哲学家图尔敏(Stephen Toulmin,1922—2009年)于1958年发表了《论据的运用》,采取非形式逻辑的立场致力于论证理论。[①] 图尔敏的论式与佩雷尔曼和奥尔布莱希茨-提特卡的论式不同,后者比较具体,前者更加抽象。例如,他的论式只有一个,此等论式由以下要素构成:主张、根据、正当理由、支援性陈述、模态限定、反驳六个部分。主张,即某人试图在论证中证明为正当的结论。根据,即作为论证基础的事实。正当理由是连接根据与结论的桥梁,保证主张合法地基于根据。支援性陈述,即通过回答对正当理由的质疑对主张提供附加的支持。模态限定,即指示从根据和正当理由到结论的跳跃力量。反驳,即阻止从理由得出主张的因素。[②] 显然,这一论式涵盖一切论证,与佩雷尔曼和奥尔布莱希茨-提特卡的论式理论的具体场景性不同。所以,本书舍弃图尔敏的论式理论不谈,下文只专注于佩雷尔曼和奥尔布莱希茨-提特卡的论式理论的追随者。

(二) 埃默伦和荷罗顿道斯特的论式理论

埃默伦(Frans H. Van Eemeren,1946—)和荷罗顿道斯特(Rob Grootendorst,1944—2000年)在其1984年和1992年的作品中研究了论式问题。他们认为:论式是明示的前提与在论证中被确立的立场之间的关系,目的是增进从前者到后者的可接受性的转换。论式或多或少是约定俗成的实现此等转换的方式。它们主要有三个。其一,原因论证;其二,

---

① 参见杨贝:《论佩雷尔曼新修辞学法哲学及其论证理论》,中国政法大学2005年硕士学位论文,第29页。

② 参见武宏志:《论证的图尔敏模式——兼评国内若干误释》,载《华南师范大学学报》(社会科学版)2003年第5期,第23页及以次。

符号论证;其三,比较论证。① 不难看出,两位荷兰作者的"原因论证"和"比较论证"对应于西塞罗等地方论者的原因的地方、比较的地方。符号论证对应于西塞罗等人的"同源词"等地方,以及波爱修斯的第三种地方分类依据:中间的地方。这样,经过埃默伦和荷罗顿道斯特的改造,论式的概念与地方的概念接近起来了。尤可注意者,埃默伦和荷罗顿道斯特也使用 Topos 的术语,把它确定为论证的依赖。② 这样就昭明了两位荷兰作者的论式理论与希腊—罗马的地方理论之间的关联。

(三)沃尔顿、里德和马卡略的论式理论

加拿大学者道格拉斯·沃尔顿(Douglas Walton,1942—)于 1996 年在其《假设性推理的论式》(Argumentation Schemes for Presumptive Reasoning)一书③中研究了论式理论,其论式体系规模较大。他认为,论式是日常谈话论证中、尤其是法律和科学论证中使用的常规的推理模式。沃尔顿列举了 25 个从人们的日常语用经验中概括出来的论式。他在其以后的著述中对于这一论式的清单有所增删,例如,他在 2012 年的《运用论式挖掘论据》(Argument Mining by Applying Argumentation Schemes)一文中,就列举了 29 个论式,增加了实践推理、来自规则的例外的论证、根据无知的论证等,但去掉了语词滑坡论证、完全滑坡论证等。④ 这说明沃尔顿对论式的类型的认识有一个深入的过程。

2008 年,沃尔顿又与英国学者里德(Chris Reed)、葡萄牙学者法布里奇奥·马卡略(Fabrizio Macagno)合作,出版了《论式》一书,作者们在地方论与论式间画等号,谈论论式的历史时,实际上谈论的是地方论的历史,从亚里士多德开始,继而西塞罗、继而波爱修斯,等等。⑤ 尤其值得注

---

① See Frans H. Van Eemeren, Rob Grootendorst, *A Systematic Theory of Argumentation*, *The Praga – Dialectical Approach*, Cambridge University Press, 2004, p. 4.

② See Frans H. Van Eemeren, Rob Grootendorst, *A Systematic Theory of Argumentation*, *The Praga – Dialectical Approach*, Cambridge University Press, 2004, p. 5.

③ Routledge, London, 1996.

④ See Douglas Walton, Argument Mining by Applying Argumentation Schemes, On http://papers. ssrn. com/sol3/ papers. cfm? abstract_id = 2034890, 2013 年 7 月 9 日访问。

⑤ See Douglas Walton, Christopher Reed, Fabrizio Macagno, *Argumentation Schemes*, Cambridge University Press, 2008, pp. 276ss.

意的是，该书列举了60个论式。[①] 这是一个最大的论式集合。它们有如下列：

1. 根据知情地位的论证(Argument from Position to Know)。例如，游客甲问：请问往长途汽车站的路怎么走？店主：往前走，过了前面的大桥之后再往东两公里即到。游客甲：谢谢您！接着对游客乙说：那咱们就顺着大桥的方向走吧！在这一论证中，游客甲认为店主生活在他到访的城市，应该知道长途汽车站的位置。换言之，店主处在知情地位。[②]

2. 根据专家意见的论证(Argument from Expert Opinion)。某人是这个领域的专家，所以，他关于这个领域的意见是权威的。

3. 根据证人证言的论证(Argument from Witness Testimony)。某人见证了这个事件，所以，他关于这个事件的说辞是重要的。

4. 根据流行意见的论证(Argument from Popular Opinion)。例如，绝大多数用户反映本产品物美价廉，所以，本产品可能物美价廉。[③]

5. 根据通行做法的论证(Argument from Popular Practice)。这种论证的正面例子是"随大流"，反面例子是"枪打出头鸟"。

6. 根据范例的论证(Argument from Example)。例如，大雁是卵生的，所以，在一般情况下，鸟都是卵生的。[④]

7. 根据类比的论证(Argument from Analogy)。理路是如果两个事物有部分属性相同，则推论它们的其他属性相同。[⑤] 例如，父母与未成年子女的关系是屈从性的，监护人与被监护人的关系类似于父母与未成年子女的关系，所以，监护关系也具有屈从性。

8. 根据类比的实践推理(Practical Reasoning from Analogy)。实践推

---

① See Douglas Walton, Christopher Reed, Fabrizio Macagno, *Argumentation Schemes*, Cambridge University Press, 2008, pp. 308ss. 各个论式的例子大多采自武宏志独自或他与刘春杰合作的作品，也有一些是我自拟的。

② 参见武宏志、刘春杰：《批判性思维：以论证逻辑为工具》，陕西人民出版社2005年版，第182页。

③ 参见武宏志、刘春杰：《批判性思维：以论证逻辑为工具》，陕西人民出版社2005年版，第185页。

④ 参见武宏志、刘春杰：《批判性思维：以论证逻辑为工具》，陕西人民出版社2005年版，第170页。

⑤ 参见戴津伟：《法律中的论题以及论题学思维研究》，山东大学2012年博士论文，第119页。

理是为了解决具体问题进行的推理。[①] 依据类比推理可以解决实际问题。例如,英美法实行遵循先例原则,这不过是在成案与新案间进行类比推理,基于两者的相似性作出相似的判决。

9. 根据合成的论证(Argument from Composition)。例如说,人体是由细胞构成的,细胞是看不见的,所以,人体是看不见的。理路是整体的一部分具有某属性,则整体也应具有该属性。这样的论证当然导致谬误。

10. 根据分解的论证(Argument from Division)。例如说,这个交响乐团很出色,整个交响乐团的成员都应很出色。理路是整体具有某种属性,则它的各个成员也应该具有该属性。显然,这种论证很为南郭先生喜欢。

11. 根据对立的论证(Argument from Oppositions)。例如说,案件发生时我在厦门,案件发生在北京,我不可能作案。理路是一个人不可能同时在两个地方。

12. 根据对立的修辞论证(Rhetorical Argument from Oppositions)。例如说,对朋友要爱,对敌人要恨。张三是朋友,我们要爱他;李四不是朋友,我们要恨他。

13. 根据选项的论证(Argument from Alternatives)。理路是两者择一,有了一个,就不需要另一个了。例如,旅客找店主要被子或毯子御寒,店主给了被子,毯子就不需要了。

14. 根据语词归类的论证(Argument from Verbal Classification)。例如,所有的海豚都被归类为哺乳动物,我家里的这个动物是海豚,所以它也是哺乳动物。[②]

15. 从定义到语词归类的论证(Argument from Definition to Verbal Classification)。这个论式是根据定义的论证与根据语词归类的论证的混合,前者用来支持后者。例如,有"公园里不得停车"的警示,那么,自行车能否停?为此,要先给"车"下定义,然后再以此为据把符合这个定义的代步工具纳入,作为适用公园里的禁止告示的工具。

16. 根据语词归类之含混性的论证(Argument from Vagueness of a Verbal Classification)。例如,甲说:当胎儿发育成人的时候,不能堕胎。

---

① See Jerome E. Bickenbach, Jacqueline M. Davies, *Good Reasons for Better Arguments: An Introduction to the Skills and Values*, Broadview Press, Canada, 1997, p. 315.

② 参见武宏志:《论证型式》,中国社会科学出版社 2013 年版,第 540 页。

乙说:你的主张太含糊,没有办法可以精确定义出什么时候胎儿已发育成人,所以,这也表明你的主张站不住脚。甲又说:胎儿发育到三个月的时候,就应当视为人。乙较劲:你的意思是说,胎儿在第三个月前的一天仍不属于人,但在第三个月的第一天,他却已成为人了。这种划界方法太武断。①

17. 根据语词归类之武断性的论证(Argument from Arbitrariness of a Verbal Classification)。例如说"顺我者昌,逆我者亡",说话的人把全世界的人仅仅分为两类,忽略了中间类别的存在,犯了分类过于武断的错误。

18. 根据行动与人的相互作用的论证(Argument from Interaction of Act and Person)。例如,某人实施了见义勇为,见义勇为是好事,所以,某人是好人。②

19. 根据价值的论证(Argument from Values)。例如,中国古人有"万般皆下品,唯有读书高"的信仰,所以张生把金榜题名当做自己的人生目标。当然,读书没有什么不好,它支持的张生的人生目标也有道理。③

20. 根据牺牲的论证(Argument from Sacrifice)。如前所述,它是比较为达到一个结果付出的代价与此等结果的比例,由此得出值与不值的结论的论证。例如,花费巨大代价得到的胜利谓之"惨胜",大致等于"不值当的胜利"。

21. 根据群体与其成员的论证(Argument from the Group and Its Members)。例如说湖南人爱吃辣,张三是湖南人,张三应爱吃辣。实际上,湖南人中也有不吃辣的。

22. 实践推理(Practical Reasoning)。理路是,为了实现一个目标,必须具备一个条件,于是得出要创造这个条件的结论。例如,为了生子,必须娶妻,所以要娶妻。

23. 人际间的实践推理(Two-Person Practical Reasoning)。例如,某甲想实现一个目标,把自己的想法告诉了某乙。某乙在了解情况后,发现做某事是实现这一目标的必要条件,并将这一发现告诉了某甲,那么,某甲

---

① 参见武宏志、刘春杰:《批判性思维:以论证逻辑为工具》,陕西人民出版社 2005 年版,第 174 页。

② 参见武宏志:《论证型式》,中国社会科学出版社 2013 年版,第 526 页及以次。

③ 参见武宏志:《论证型式》,中国社会科学出版社 2013 年版,第 527 页。

应该做该事,有更好的理由不这样做的情形除外。[①]

24. 根据浪费的论证(Argument from Waste)。例如,如果张三放弃考研,他两年的时间精力付出将白费,而浪费两年的时间精力付出不智,所以,张三应继续考研直到成功。[②]

25. 根据沉没成本的论证(Argument from Sunk Costs)。例如,某人现在可选择做某事或不做,但在两年前,他已开始做此事,于是得出他该做此事的结论。[③]

26. 根据无知的论证(Argument from Ignorance)。其理路是如果证明不了某事成立,那它就不成立。例如"疑罪从无"的论证。

27. 根据无知的认识论论证(Epistemic Argument from Ignorance)。理路是如果某事是真的,我该知道,而我不知道,该事就不是真的。

28. 从因到果的论证(Argument from Cause to Effect)。例如,如果一位市长全身心投入工作,并且政绩卓著,他会受到老百姓的拥护;这位年轻的市长全身心投入工作,并且政绩卓著,所以,他肯定会得到老百姓的拥护。[④] 在这一论式中,"因"是全身心投入工作且政绩卓著,"果"是得到老百姓拥护。论证过程是:既然此人具有了"因",那么他必然能得到"果"。

29. 从相关到原因的论证(Argument from Correlation to Cause)。例如,有证据显示,拥有宠物如狗的人有较强的自我依靠能力,明显增强的忍耐力以及良好的社交技能,所以,拥有宠物是形成以上明显改善的社会品质的原因。[⑤]

30. 来自迹象的论证(Argument from Sign)。例如,小屋前的雪地有一串人的足迹,所以,曾有人来过这里。[⑥]

---

① 参见武宏志:《论证型式》,中国社会科学出版社 2013 年版,第 523 页。

② 参见武宏志、刘春杰:《批判性思维:以论证逻辑为工具》,陕西人民出版社 2005 年版,第 187 页。

③ 参见武宏志:《论证型式》,中国社会科学出版社 2013 年版,第 524 页。

④ 参见武宏志、刘春杰:《批判性思维:以论证逻辑为工具》,陕西人民出版社 2005 年版,第 175 页。

⑤ 参见武宏志、刘春杰:《批判性思维:以论证逻辑为工具》,陕西人民出版社 2005 年版,第 177 页。

⑥ 参见武宏志、刘春杰:《批判性思维:以论证逻辑为工具》,陕西人民出版社 2005 年版,第 170 页。

31. 诱导的论式(Abductive Argumentation Scheme)。例如,你在一袋红色大理石旁边发现了一块红色大理石,你会认为它是从那个袋子中掉出来的。①

32. 从证据到假说的论证(Argument from Evidence to a Hypothesis)。例如,遭到怀疑的某甲如果是特务,他肯定会出来搞情报。果然他出来搞情报了,结论是某甲是特务。②

33. 根据后果的论证(Argument from Consequences)。例如,6 岁以下儿童如果注射庆大霉素,可能导致耳聋、肾衰竭等疾病,所以,应禁止 6 岁以下儿童注射庆大霉素。③

34. 根据选择的实效论证(Pragmatic Argument from Alternatives)。例如,必须筑堤,才能防止洪水泛滥,洪水会毁了庄稼,所以还是筑堤吧!④

35. 根据威胁的论证(Argument from Threat)。例如独生子女对其父母说,如果你们生二胎,我就自杀,要想我不自杀,你们就别生二胎。⑤

36. 根据恐惧诉求的论证(Argument from Fear Appeal)。例如,如果不搞计划生育,中国将人口爆炸,一旦如此,各种资源都将供不应求,所以还是要搞计划生育。⑥

37. 根据危险诉求的论证(Argument from Danger Appeal)。例如,如果你抽烟,得肺癌死亡的几率将大大增加,依靠你的老婆孩子的生活就没有保障了,所以你还是不抽烟为好。⑦

38. 根据需求帮助的论证(Argument from Need for Help)。例如,两个烟民相遇,其一正在抽烟,其二想抽却没有带火,“其二”向“其一”借火,这样的出借对于“其一”没有什么损害,所以他应该借火于“其二”。⑧

39. 根据痛苦的论证(Argument from Distress)。某女生产大出血生

---

① See Douglas Walton, Abductive, Presumptive and Plausible Arguments, In Informal Logic, Vol. 21, No. 2, 2001, p. 143.

② 参见武宏志:《论证型式》,中国社会科学出版社 2013 年版,第 530 页。

③ 参见武宏志、刘春杰:《批判性思维:以论证逻辑为工具》,陕西人民出版社 2005 年版,第 187 页。

④ 参见武宏志:《论证型式》,中国社会科学出版社 2013 年版,第 524 页及以次。

⑤ 参见武宏志:《论证型式》,中国社会科学出版社 2013 年版,第 525 页。

⑥ 参见武宏志:《论证型式》,中国社会科学出版社 2013 年版,第 525 页。

⑦ 参见武宏志:《论证型式》,中国社会科学出版社 2013 年版,第 525 页。

⑧ 参见武宏志:《论证型式》,中国社会科学出版社 2013 年版,第 526 页。

命垂危,只有某男的血型与该女相配,如果他献血就能救某女之命,所以某男应献血。①

40. 根据承诺的论证(Argument from Commitment)。例如,甲说:乙,你是一名医生,对吗?乙说:当然,这一点你知道的。甲说:这位旅客现在病得很厉害,你应当给他治病。②

41. 品格论证(Ethotic Argument)。例如,张三是一个诚实的人,所以,他对自己未按时完成工作的解释是可信的。③

42. 起源的针对人身(Generic Ad Hominem)。其理路是品格坏的人讲话也不可信,“狗嘴里吐不出象牙来”。

43. 语用的不一致(Pragmatic Inconsistency)。即言行不一,例如一个医生告诫病人抽烟有害,然后他自己掏出烟来抽,这导致病人怀疑医生的话的真假。

44. 根据不一致承诺的论证(Argument from Inconsistent Commitment)。例如,父亲说,吸烟致癌;儿子却说,你自己每天都在不停地吸烟,可见你反对吸烟的主张是难以令人置信的。④

45. 环境的针对人身(Circumstantial Ad Hominem)。例如,某人赞成一个主张,但他又通过自己的行为显示他拥护相反的主张,于是,该人的可信性成为问题。⑤

46. 根据偏见的论证(Argument from Bias)。例如,如果某人有偏见,他就不可能在得出一个结论的过程中考虑正反两方面的证据。⑥

47. 偏见的针对人身(Bias Ad Hominem)。例如,以某人所处环境的特殊性为根据反驳某人的主张,说明他的主张带有偏见,因而不可信,而全然不顾他对其主张的论证。

---

① 参见武宏志:《论证型式》,中国社会科学出版社 2013 年版,第 526 页。

② 参见武宏志、刘春杰:《批判性思维:以论证逻辑为工具》,陕西人民出版社 2005 年版,第 178 页。

③ 参见武宏志、刘春杰:《批判性思维:以论证逻辑为工具》,陕西人民出版社 2005 年版,第 183 页。

④ 参见武宏志、刘春杰:《批判性思维:以论证逻辑为工具》,陕西人民出版社 2005 年版,第 178 页。

⑤ 参见武宏志:《论证型式》,中国社会科学出版社 2013 年版,第 519 页。

⑥ 参见武宏志:《论证型式》,中国社会科学出版社 2013 年版,第 519 页。

48. 根据渐进论的论证(Argument from Gradualism)。例如,如果不采取措施预防和治疗艾滋病,我国的艾滋病传播难以控制;如果控制不了艾滋病,这种病的患者的数目会继续增长;如果艾滋病患者的数目继续增长,中华民族的人口素质就会受到严重影响,所以,现在应采取果断措施预防和治疗艾滋病。①

49. 滑坡论证(Slippery Slope Argument)。即假定走出第一步,就容易有第二步、第三步……最终达到一个不可欲的后果的论证。② 例如,千里金堤,溃于蚁穴的论证。

50. 先例的滑坡论证(Precedent Slippery Slope Argument)。例如,张三说:火车要开了,能否不检查我的行李,我保证其中没有危险品。检查员说,如果你破例,类似的人都可以破例,由此会给行车安全带来隐患。③

51. 连锁推论的滑坡论证(Sorites Slippery Slope Argument)。例如,张三找我借 10 元,如果我借了,明天他会找我借 100 元,后天借 1000 元、1 万元,我会破产。④

52. 语词的滑坡论证(Verbal Slippery Slope Argument)。这是基于语词的含糊性展开的论证。例如,秃子也有少许头发,所以,秃子也算有头发的人,这样,"秃子"与"有头发的人"之间并无截然的界限。

53. 完整的滑坡论证(Full Slippery Slope Argument)。例如,某人拿走你的整根香肠为你所不愿,但如果他只切走一小片你可能就愿意了,于是他通过这种切小片的方式一点点地取走香肠,最后所剩无几或完全切完,所以,应不允许切香肠。⑤

54. 构成性规则主张的论证(Argument for Constitutive-Rule Claims)。构成性规则对反于调整性规则,前者创造一个事物,后者调整已被创造之

---

① 参见武宏志、刘春杰:《批判性思维:以论证逻辑为工具》,陕西人民出版社 2005 年版,第 188 页。

② 参见戴津伟:《法律中的论题以及论题学思维研究》,山东大学 2012 年博士论文,第 121 页。

③ 参见武宏志、刘春杰:《批判性思维:以论证逻辑为工具》,陕西人民出版社 2005 年版,第 189 页。

④ 参见武宏志:《论证型式》,中国社会科学出版社 2013 年版,第 532 页。

⑤ 参见戴津伟:《法律中的论题以及论题学思维研究》,山东大学 2012 年博士论文,第 123 页。

事物的运作。构成性规则本身具有权威性，因此可以根据它进行论证。例如，刑法典规定了杀人是可归责的犯罪，刑法典正确地作了这样的规定，所以，杀人是可归责的犯罪。[①]

55. 根据规则的论证（Argument from Rules）。例如，学生说：本月底之前我恐怕不能完成论文，下个月交给您，行吗？老师回答：本月初我们已规定，本月底是所有学生完成论文的最后期限。所以，你必须在本月底完成论文。[②]

56. 对例外情况进行论证（Argument for an Exceptional Case）。例如，老师说：我们在本学期开始上课前就已约定，任何学生不得迟到。学生答：但是，我在上学路上被一辆自行车撞了。老师，您看，我的腿上还青一块呢！[③]

57. 根据先例的论证（Argument from Precedent）。老师说：博士生必须在核心期刊发表两篇以上论文才能拿到博士学位。学生答：去年有一位博士生只发表一篇也拿到了博士学位，我想我虽然只发表了一篇论文，也能拿到博士学位。[④]

58. 根据恳求原谅的论证（Argument from Plea for Excuse）。例如，通常的规则是杀人者死，张三杀了人，但他是出于正当防卫，所以他应被免罪。[⑤]

59. 根据知觉的论证（Argument from Perception）。例如，如果一个东西看起来像口供，它就是口供，这个东西看起来像口供，它就是口供。[⑥]

60. 根据记忆的论证（Argument from Memory）。某男记起他曾被女性强奸，他能记起此事让人相信女奸男是可能的，所以，相信女奸男是合理的。[⑦]

---

① 参见武宏志：《论证型式》，中国社会科学出版社 2013 年版，第 538 页。

② 参见武宏志、刘春杰：《批判性思维：以论证逻辑为工具》，陕西人民出版社 2005 年版，第 179 页。

③ 参见武宏志、刘春杰：《批判性思维：以论证逻辑为工具》，陕西人民出版社 2005 年版，第 180 页。

④ 参见武宏志、刘春杰：《批判性思维：以论证逻辑为工具》，陕西人民出版社 2005 年版，第 184 页。

⑤ 参见武宏志：《论证型式》，中国社会科学出版社 2013 年版，第 540 页。

⑥ See Douglas Walton, *Argument Evaluation and Evidence*, Springer, 2015, p. 29.

⑦ 参见武宏志：《论证型式》，中国社会科学出版社 2013 年版，第 533 页。

尽管沃尔顿宣称其论式理论来自亚里士多德的《地方论》[①]，但上列沃尔顿的2012年文章的标题很好地说明了他对论式的理解：挖掘论据的工具。这跟亚里士多德以来的“寻找论据之所”的地方理解还是有差距的。所以，沃尔顿、里德、马卡略的60个论式只有少数可与西塞罗等人的地方通约，例如“根据专家意见的论证”可约等于西塞罗讲的“权威”；“根据语词归类的论证”可约等于西塞罗讲的“定义”；“起源的针对人身”相当于昆体良和波爱修斯地方论中关于人的地方，不过他们的这种地方既可以用来说某人好，也可用来说某人坏，沃尔顿等人的“起源的针对人身”只能用来说某人坏；“从相关到原因的论证”类似于西塞罗讲的“原因”；“根据类比的论证”类似于西塞罗的“类似”，等等，但其他的论式与西塞罗的地方没有多大关系。这跟“论式”和“地方”承担不同的使命有关。“地方”的使命当然是为证明或说服提供论据，而使用“论式”的目的是在对话中转移证明责任，而不是证明一个带有特定概率或似真性的命题。[②] 非独此也，沃尔顿、里德、马卡略的许多论式与谬误相关，例如，根据合成的论证就是谬误。所谓谬误，就是在对话语境中不适当地使用了论证方法或技术。[③] 而西塞罗的地方理论与谬误问题无关。沃尔顿、里德、马卡略论式的适用场景是对话，这是一个参与者互为讲者和听者的过程，而西塞罗地方的适用场景是演说，这是一个讲者“打”，听者“通”的过程。[④] 所以，沃尔顿、里德、马卡略的论式理论不带法庭修辞学色彩，尽管它与法律的关联密切。最后，自亚里士多德以来的地方论没有明确区分形式逻辑与非形式逻辑，所以，所有的地方论者的理论都可被假定同时为这两种逻辑服务，但沃尔顿、里德、马卡略的论式理论属于非形式逻辑，即致力于研究人们在日常生活中普遍使用的非形式化推理和论证的方法、规则和模式的逻辑。这种逻辑产生的历史只有四十多年，其特点是关注

---

① See Douglas Walton, Thomas F. Gordon, Visualization Tools, Argumentation Schemes and Expert Opinion Evidence in Law, p. 1, On http://tillers. net/walton_gordon. pdf, 2013年7月7日访问。

② 参见武宏志、张志敏：《非形式逻辑或论证逻辑：论证型式》，载《榆林学院学报》2008年第1期，第5页。

③ 参见李永成：《沃尔顿谬误理论研究》，载《重庆教育学院学报》2010年第2期，第93页。

④ 参见李丽艳：《沃尔顿谬误理论研究》，载《辽宁工程技术大学学报》（社会科学版）2008年第3期，第236页。

运用于现实公共生活的、真实的、基于自然语言的论证,这些论证往往具有天然的含混性、歧义性和不完备性。论证被看做是一种辩证过程、交互式文本,而不是命题语句之间静态的形式化关系。①

(四) 卡察夫和里德的论式理论

与沃尔顿的论式体系平行的是英国学者卡察夫(Joel Katzav)和里德(Chris Reed)②于2004年提出的论式体系,其中包含25个论式。有如下列。

1. 来自概率的论证。其论式是:有A,如果A,那么A可能造就B,有B。这是一种概率表达论式。例如,张三下落不明三年,通常情况下下落不明达这个期间的人会死亡,所以,张三已死亡。实际上,宣告死亡制度就基于来自概率的论证。

2. 来自意思相同的论证。其论式是:有A,A的意思与B一样,有B。例如,甲国发生一起爆炸案,乙国也发生一起,两起爆炸案中使用的塑胶炸药相同,所以,两起爆炸案是一个国际恐怖组织干的。

3. 单一原因决定结果论证。其论式是:有A,如果A,那么A引起B,有B。这一论式与西塞罗地方论第60节中表达的论式完全一致:如果在一个讨论中,某事的有效原因必定发生,则可毫不犹疑地得出该原因的结果已发生的结论。

4. 共同原因论证。其论式是:A与B类似,C引起A,那么,C也可能引起B。例如,吸烟致癌,烟卷产生的烟与烧烤产生的烟类似,烧烤产生的烟也可能致癌。

5. 从整体到部分的论证。其论式是:有A,如果A,那么B是A的一部分,有B。

6. 从部分到整体的论证。其论式是:有A,如果A,那么A是B的一部分,有B。

7. 集团成员论证。其论式是:A是一个F,所有的F都是G集团的成员,A是G中的一个。

8. 从种到属论证。其论式是:A是G中的一个,所有的G都是F的

① 参见朱京:《非形式逻辑的兴起和发展》,载《哲学动态》2003年第10期,第37页及以次。

② 他后来与沃尔顿合作,加上马卡略,三人共同营造了一个包含60个成员的论式体系。

种,A是F中的一个。

9. 同数论证。其论式是:A是F,A与B在数上相同,所以,B也是F。

10. 因果律论证。其论式是:F类型的事实引起了G类型的事实,A是F类型的事实中的一个,所以,它是某种G。

11. 具体事实构成论证。其论式是:有A,如果A,那么它构成B的具体事实,有B。

12. 从结果到单一原因论证。其论式是:有A,如果A,那么A是B的结果,有B。

13. 属性构成论证。其论式是:有A,如果A,那么A是让B是F的事实,B是F。

14. 积极的规范事实构成论证。其论式是:有B,如果B,那么B是让A应发生的事实,A应发生。

15. 因果律构成论证。其论式是:有A,如果A,那么A是一个让F就是G的因果律事实,F就是G是因果律。

16. 来自隐含的论证。其论式是:有A,A在逻辑上隐含着B,有B。

17. 消极的规范事实构成论证。其论式是:如果B发生了,而B是不让A发生的事实,那么A不应发生。

18. 构成事实的构成论证。其论式是:有A,如果A,而A是让B一旦出现就会出现C的事实,如果B,B是让C出现的事实。

19. 必要条件构成论证。其论式是:有A,如果A,那么A是让B成为C的必要条件的事实,想获得C,必须获得B。

20. 概率构成论证。其论式是:有A,如果A,A是让B有可能发生的事实,那么,B有可能发生。

21. 不可能性构成论证。其论式是:有A,如果A,A是让B不可能发生的事实,那么,B不可能发生。

22. 单一原因事实构成论证。其论式是:有C,如果C,C是促成A引起B的事实,A引起B。

23. 单一的原因条件构成论证。其论式是:有A,如果A,则A是一个促成在有B时B引起C的事实,如果B,B将引起C。

24. 种类例子构成论证。其论式是:有A,如果A,那么,A让B成为F的一种,B是F的一种。

25. 非因果律论证。其论式是:A是一个F,F是G并非依据因果律,

A 是 G。[1]

与沃尔顿的论式相比,沃尔顿的从原因到结果的论证对应于卡察夫和里德的包含原因—结果要素的诸论式,这可以证明两种论式体系之间的关联,但卡察夫和里德的论式体系更三段论化。

与西塞罗的地方相比,卡察夫和里德的从整体到部分的论证、从部分到整体的论证类似于西塞罗的整体(定义)的地方和部分的地方。他们的从种到属论证类似于西塞罗的属和种的地方。他们的包含原因—结果因素的多个论式对应于西塞罗的原因的地方。由此可见,卡察夫和里德的研究成果与西塞罗的先前研究之间并非无连续性。

值得注意的是,卡察夫和里德都是敦提(Dundee)大学应用计算系的老师,如果可以把论式理论看做古代修辞学或地方论的现代表现,这一学问已经侵入数学,甚至侵入人工智能领域了。

---

① See Joel Katzav and Chris Reed, A Classification System for Arguments, pp. 42ss, On http://www. arg. dundee. ac. uk /people/chris/publications/2004/ClassifyingArguments. pdf, 2013 年 7 月 9 日访问。

第十一章　地方论在中国

地方论随着亚里士多德著作和西塞罗著作的译介也传到了中国。在法学界,它以地方论法学的面目出现,正在成为一个新的理论增长点。在法学界之外,也有对地方论或场所论的讨论。以下分述。

第一节　法学界的地方论介绍与运用

一、最早引进西方地方论的作者和文献

首先要考虑的是哪一个中文文献最早把地方论引入中国大陆的问题。这里讲的是中国大陆,意思是排除港澳台,因为那里可能比中国大陆更早地引入了西方地方论。据我所知,在台湾地区,就以"类观点学"的名义引入了这种学说。例如,德国学者拉伦茨的《法学方法论》介绍了地方论,谓类观点学的推论脉络只能是小规模或最小规模的,类观点的思考方式不会导向一个(广泛的)体系,反之,它会导向"体系的多元化,并且它也不尝试由一个更广泛的体系来证实各体系间的相容性"。我们可以说,类观点的思考"中心"乃是各该问题本身,而非一种可以涵括多数个别问题的问题脉络或事物关联。[①] 简言之,地方论的方法就是就事论事,不搞一般化。该书由台湾地区学者陈爱娥译成中文,于 1996 年由五南图书出版公司出版。

假设这是台湾地区引进地方论的第一部文献,它出版的时间早于中

① 参见〔德〕拉伦茨:《法学方法论》,陈爱娥译,商务印书馆 2003 年版,第 25 页。

国大陆的类似出版物的出版时间。而台湾地区的法律文献如山如海,要确定是否陈爱娥的译作第一次引入地方论很困难。香港和澳门的情况也一样。考虑到本书的研究视野主要是中国大陆的文献,我还是把自己的考察范围限定在中国大陆为好。但提到港澳台并非无意义,因为它们的学界与大陆学界是相通的,尤其是台湾地区学界,其许多文献直接启发大陆学界。

在中国大陆,龙卫球教授在其于2001年出版的《民法总论》中以类观点学方法的名义谈论了地方论。曰:菲韦格(龙卫球教授译为“威尔威格”)的类观点学放弃了法律三段论,采用一种“遍及周遭的讨论”的程序。其特点在于应用若干确定的一般性看法、设问方式及证据,换言之,即观点的应用。① 据我所知,这是大陆法学作者第一次在自己的著述中提及地方论,但他的上述话语引自陈爱娥翻译的拉伦茨的《法学方法论》,龙教授可能参考了此书的五南图书出版公司版。两年后,大陆读者就可参考该书的简体字版了,因为2003年商务印书馆以这种方式在大陆再版了此书。龙卫球教授的开创之功不可没,尽管他在以后的著述中再未涉足地方论。

二、最多地研究地方论的学者

舒国滢教授研究地方论最多。根据他的自述,1993年,他在德国哥廷根大学学习时对地方论发生兴趣。② 从2005年至今,他发表了7篇研究地方论的文章,显示他在写一本研究地方论的专著。从1993年到2013年,舒国滢教授对地方论的关注保持了20年。其间,他翻译出版了菲韦格的《论题学与法学——论法学的基础研究》(2012年),同时,他把研究视野扩大到地方论从属的修辞学理论,于2012年分别发表了《“争点论”探赜》(《政法论坛》2012年第2期)和《追问古代修辞学与法学论证技术关系》(《法学》2012年第9期)。在舒教授的手里,地方论过去的译名“类观点学”先是被改为“语序学”,后被改成“论题学”。从此改到彼改,代表了他对地方论认识的深化过程。他的第二改为许多人接受,现在几

---

① 参见龙卫球:《民法总论》,中国法制出版社2001年版,第118页。

② 参见〔德〕特奥多尔·菲韦格:《论题学与法学——论法学的基础研究》,舒国滢译,法律出版社2012年版,第157页(译者后记)。

乎所有的研究地方论的法学文献，都把 Topica 译为论题学。

舒国滢教授发表的研究地方论的 7 篇论文是 2005 年的《寻访法学的问题立场——兼谈“论题学法学”的思考方式》（《法学研究》2005 年第 3 期）。2011 年的《论题学：从亚里士多德到西塞罗》（《研究生法学》2011 年第 6 期）。同年的《走近论题学法学》（《现代法学》2011 年第 4 期）。2012 年的《西塞罗的〈论题术〉研究》（《法制与社会发展》2012 年第 4 期）。2013 年的《亚里士多德论题学之考辨》（《中国政法大学学报》2013 年第 2 期）、《说不尽的 Topica 与 Topos》（《浙江社会科学》2013 年第 2 期）、《论题学：修辞学抑或辩证法》（《政法论丛》2013 年第 2 期）。

在以上七文中，以前两文影响最大，我拟在此处略为分析它们。

《寻访法学的问题立场——兼谈“论题学法学”的思考方式》一文深受菲韦格的《地方论与法学——论法学的基础研究》的影响，不妨把前者理解为对后者的介绍，基本的立场是把体系化的方法与地方论的方法对立起来分析，为地方论方法张目，理由是法学的实践性、个别性不允许它过度科学化。但我们知道，自亚里士多德以来的地方论都一分为二，其一为逻辑地方论，直接为三段论服务；其二为修辞学地方论，直接为不完全三段论以及法庭辩护服务。前者完全可以成为达成公理体系的工具，菲韦格把地方论与公理体系对立起来，等于把完全的地方论局限为修辞学地方论，舒国滢教授继承了菲韦格的这一思路，所以，这一论文开头设定的公理方法与地方论方法的对立是虚假的，波爱修斯还把自己的地方叫做公理呢！舒教授在 6 年后的一篇文章中也提到丹麦哥本哈根大学哲学教授就把 Topos 解释成公理呢！[①] 在论文的最后，舒国滢教授表示，公理的方法与地方论方法的结合并非完全不能考虑[②]，却未讲到如何实现这种结合。实际上，这种结合本来就存在于地方论的二元性中。

尽管舒教授是从菲韦格的地方论出发倒推研究菲韦格之前的地方论，从而研究了亚里士多德和西塞罗的地方论的，但他关于 Topos 的理解仍受菲韦格支配。首先，他把这个词理解为“论题”，我们知道，在亚里士

---

① 参见舒国滢：《论题学：从亚里士多德到西塞罗》，载《研究生法学》2011 年第 6 期，第 8 页。

② 参见舒国滢：《寻访法学的问题立场——兼谈“论题学法学”的思考方式》，载《法学研究》2005 年第 3 期，第 20 页。

多德和西塞罗的手里,这个词是“地方”而非“论题”。在希腊文中,地方是 Topos,论题是 Thesis,两者分得清清楚楚。只是到了波爱修斯手里,这个词在逻辑学的意义上才有比较靠近“论题”的意思,说“比较靠近”,乃因为严格说来这个领域的它应是“命题”的意思。

这里我们不妨探讨一下什么是“论题”。按《哲学大辞典》的解释,论题(Proposition of argument 或 argument)是“论证中需要确定其真实性的判断……通常在论证开始时提出,而在论证终结时确定其真实性”,论题的例子有哥德巴赫猜想:“每个大偶数都可以写成两个素数之和。”①显然,《哲学大辞典》编委会理解的“论题”是论证的目标,而在菲韦格的论述中,以及追随他的舒国滢的论述中,Topica 不过是论证的方法,也就是问题取向型而非体系型的方法,所以,他们把 Topica 理解成“论题术”,本身就犯了翻译错误。前提既错,尔后论述的真实性必受不利影响。正确的方法应是意译,不怕麻烦,把这个情境中的 Topica 翻译成“问题取向型的研究方法”。事实上,Topica 自有这个概念以来,除了在波爱修斯手上,从来没有《哲学大辞典》编委会理解的“论题”的意思,从来都是论证手段所处的地方的意思。

《论题学:从亚里士多德到西塞罗》一文梳理了地方论从亚里士多德到西塞罗的发展,反映了舒教授艰苦的理论劳动,带给读者诸多新知。他提到“论题”就是辩证式论辩双方就某个辩证的命题或辩证的问题进行论证所寻找的论点、事例或资料之所在地或储存的位置。② 这是典型的对 Topos 的地方属性描述,但舒教授仍把 Topos 的派生词 Topica 翻译成“论题学”,此等翻译构成他的此文标题的头三个字。实际上,运用西塞罗等人的同源词地方就可质疑舒教授的这一处置:既然 Topos 是地方,Topica 就不可能是论题学。如果 Topica 是论题学,Topos 就不可能是地方,而应该是论题。

三、最展开研究地方论的作者

戴津伟 2012 年在山东大学法学院答辩通过了其博士论文《法律中的

---

① 《哲学大辞典》编辑委员会:《哲学大辞典》(上),上海辞书出版社 2001 年版,第 910 页。

② 参见舒国滢:《论题学:从亚里士多德到西塞罗》,载《研究生法学》2011 年第 6 期,第 10 页。

论题以及论题学思维研究》。这是中国大陆第一部研究地方论的专著，除绪论外分为七章，凡 209 页。

第一章是“从体系性思维到论题学思维”。其中，戴津伟沿着菲韦格开创的路线，把体系思维与地方论思维对立起来。他认为体系性思维的周延性假定和内部无冲突假定是虚幻的。而论题学思维是以问题为导向的思维，当一个提问有两个以上的可能性答案时，便构成了一个问题。在这种情形下，论题学思维帮助我们在遇到困局的情况下做出妥当选择。由于面对的是可能性质的选择，人们很难找到确定无疑的公理作为依据，而只能寻求被普遍接受的观点作为论证的前提。幸运的是，作者并不认为论题学思维绝对排斥体系。即使是论题学思维，也不可避免地使用体系性因素。作者主张体系和论题两种因素的融合。

第二章“论题学基础理论”阐述了西方的所谓“论题”思想传统。从亚里士多德说到佩雷尔曼。作者一开头就讲到亚里士多德的“论题”定义：辩证论题是被公众普遍接受或少数智者认可的意见，从而可以作为辩证推理的大前提。[①] 作者表明此语来自亚里士多德的《工具论》第 352 页［即《亚里士多德全集》（第一卷）的第 353 页］。但地方论研究者多知，亚里士多德在其《地方论》中不给 Topos 下定义，查原文，发现戴津伟在这里援引的是亚里士多德为辩证推理下的定义。[②] 戴津伟生生地把它篡改为一个论题的定义。亚里士多德已把这样的推理的出发点用术语标示出来：前提，因为他这样说：“推理是一种论证，其中有些被设定为前提，另外的判断必然地由它们发生。”[③]所以，戴津伟在这里是把论题理解为论证推理的大前提的。[④] 但在另一个地方，他又说：论题本身一般并不被直接作为论证前提，而是告知我们从哪个角度展开论证，怎样搜集论证素材。[⑤] 应该说，这个论题（应该说是地方！）的定义是对的。这样，戴津伟

---

① 参见戴津伟：《法律中的论题以及论题学思维研究》，山东大学 2012 年博士论文，第 39 页。

② 参见〔古希腊〕亚里士多德：《亚里士多德全集》（第一卷），苗力田主编，中国人民大学出版社 1990 年版，第 353 页。

③ 〔古希腊〕亚里士多德：《亚里士多德全集》（第一卷），苗力田主编，中国人民大学出版社 1990 年版，第 353 页。

④ 参见戴津伟：《法律中的论题以及论题学思维研究》，山东大学 2012 年博士论文，第 41 页。

⑤ 参见戴津伟：《法律中的论题以及论题学思维研究》，山东大学 2012 年博士论文，第 57 页。

在一本书中对 Topos 至少有两种理解，其中一种明显错误，他余下来的推论的真理性如何，就是可以想见的了！

然后，戴津伟利用瑞士学者鲁比内里（Sara Rubinelli）的研究成果，把西塞罗对地方的运用类型化。其一是主题；其二是题材指示词；其三是论式；其四是论据；其五是通用模块。[①] 这一分析的宝贵之处是把古人的地方概念与今人的论式概念挂起钩来。但戴津伟对地方的主题用法的说明是虚弱的，与其说的是西塞罗有这种用法，不如说的是亚里士多德有这种用法。

在介绍完佩雷尔曼的新修辞学法学及其论式理论后，戴津伟进入了对论式理论的介绍，把论式当做地方的现代形式。这样就完成了古今的贯通，堪称可贵。

第三章是"论题学视野下的法律解释"。其中，戴津伟首先把地方与理解的前结构结合起来，认为"最初的前理解往往是模糊甚至混沌的，其形态类似于论题目录中的初级论题，涉及面广，也较为分散，随着我们不断地反思和调整，前理解开始逐渐清晰明朗起来，慢慢地过渡到次级论题目录，直至确定下来作为明确的大前提"。[②] 他还认为，解释方法本身具有地方的属性，是发现解释要素的位置所在。[③] 此语大哉！确实，定义是地方，也是解释要素的位置所在。又如，类比是地方，从它也发展出类推解释。

第四章是"论题在法律论证中的功能"。其中，戴津伟认为，不管我们是否意识到，在各个部门法中，我们都以最基本的论题作为分析框架进行思考，例如，当我们遇到一个刑事案件时，我们通常都是从犯罪嫌疑人的行为入手，探讨其行为的主体要件、主观要件、客体要件、客观要件，从而确定嫌疑人是自然犯还是法定犯，是故意还是过失。上述要件和犯罪

---

① See Sara Rubinelli, *Ars topica*: *The Classical Technique of Constructing Arguments from Aristotle to Cicero*, Springer Science + Business Media B. V. 2009, pp. 101ss. 并参见戴津伟：《法律中的论题以及论题学思维研究》，山东大学 2012 年博士论文，第 45 页及以次。要指出的是，戴津伟略掉了 Rubinelli 提到的第四种用法，即论据。

② 戴津伟：《法律中的论题以及论题学思维研究》，山东大学 2012 年博士论文，第 77 页。

③ 参见戴津伟：《法律中的论题以及论题学思维研究》，山东大学 2012 年博士论文，第 83 页。

主体属性描述,都是论题。[1] 这样的分析拉近了地方与我们日常的法律分析的距离,让我们感到我们是每日在运用某些地方(戴津伟把它们说成论题)的,尽管这些地方只属于特定部门法,与哲学家们探讨的“共同的地方”有一定距离。接下来,戴津伟还探讨了一些具体的论式,如实践推理、类比论证、滑坡论证。[2] 如此减少了其论文的务虚性,增加了其实用性。

第五章是“论题学思维及论题方法的典型代表:判例法”。其中,戴津伟认为,与大陆法体现了体系性思维相反,判例法体现了以问题为中心的论题学思维,普通法的对抗制诉讼为地方论留下了充分的空间。在这一框架内,判例法体现的法官意见具有或然性,这在本质上就是论题。判例法是通过论辩达成的共识,这与判例法的或然性意见属性是分不开的,正是它作为可能性质的大前提,给法律论辩留下了充足的空间。如果将判例法视为论题,当论题作为合理的普遍接受意见时,所起到的就是提供规则作为推理前提的作用;当论题作为论证型式时,又能起到提供分析论证进路的功能。

第六章是“论题与体系的历史回旋——以欧陆的法律发展史为线索”。戴津伟于其中阐释了论题和体系如何在大陆法的历史中相互交替,研究了希腊的法律制度与地方论的关系、罗马的法律制度与地方论的关系,强调古罗马的审判方式以问题为中心,介绍了西塞罗的《地方论》的法律性。但中世纪的人们运用地方论把法律体系化。到了近代,梅兰希顿和阿佩尔等人利用地方论进一步把法学体系化,最终导致理性主义的法典法的产生,尔后,法学家们开始以科学方法处理法律问题,用数学方法构建法律体系。这一时期的法学家们提炼出为数不多的第一性原则,以此为基础,层层演绎,推导出相应的法律规则。到了《德国民法典》,体系化的方法达到了极致,但论题方法对之起到补充作用。

第七章是“论题在部门法中的表现形态”。戴津伟于其中研究了类型方法和动态系统论。类型在理解法律概念基础上,侧重整体直观的

---

① 参见戴津伟:《法律中的论题以及论题学思维研究》,山东大学 2012 年博士论文,第 105 页。

② 参见戴津伟:《法律中的论题以及论题学思维研究》,山东大学 2012 年博士论文,第 117 页及以次。

规范性评价,既能开放性地考虑相关的要素,又不至于无所限制而陷入随意。动态系统论则打破传统的构成要件理论,确定一类法律问题所需考虑的因素,每个因素背后都有对应的评价原理,这些因素之间具有互补和可替换性,遇到具体问题时需要对这些因素予以综合权衡,关键还在于整体性评价。这两者在整体上仍属于以问题为中心的论题学思维。

介绍完了戴津伟的博士论文的各章内容,现在到了评价的时候。我认为,本文的长处首先在于不仅研究了名称中有 Topic 字样的文献,而且也研究了不具有此等字样的相关文献,例如对沃尔顿的论式理论的研究,这样就达成了对 Topica 的超越。其次在于承认了体系方法与地方论方法的兼容,并说明了梅兰希顿等人利用地方论达成体系化的实践。但令我遗憾的是,全书对 Topos 的理解不一致。如前所述,第 39 页理解的这个词是其内容为被公众普遍接受或少数智者认可的意见的推理前提。第 104 页中对这个词的理解就是地方。第 126 页中对这个词的理解就是发现论证的位置。第 109 页中对这个词的理解就是论据。当然,只有地方、位置的理解是正确的。由于戴津伟对 Topos 的含义理解不确定,导致他对关系词 Inventio 的理解不确定,第 42 页、第 51 页把这个词译为"发明",但第 155 页把它译为"发现"。当然"发现"的译法正确。地方是可以发现的,而论题是可以发明的。"发明"诚然谬译,但比起"开题"之译[①],已强多了。开题的含义是在选题后公布自己拟研究之问题的程序,以期引起同行的关注和评点。[②] 达到这个阶段,论文的架子已搭起来,论据也收集得差不多了,缺的是细化的研究。而寻找或发现是在定题之后收集论据的过程,比开题要早一些。

四、最前沿地研究地方论的作者

配得上这顶桂冠的是延安大学政法学院的武宏志教授。他是第一个把 Topos 翻译为论式的中国大陆学者。他认为,对 Topos 一词的译法很

---

① 参见舒国滢:《论题学:从亚里士多德到西塞罗》,载《研究生法学》2011 年第 6 期,第 20 页及多处。王晓朝译:《西塞罗全集 · 修辞学卷》,人民出版社 2007 年版,第 141 页及多处。参见〔古罗马〕西塞罗:《论演说家》,中国政法大学出版社 2003 年版,张礼洪翻译的"译本前言",第 2 页。

② 参见刘德佩:《选题与开题》,载《解放军体育学院学报》2002 年第 4 期,第 124 页。

多,以“正位”最贴近原意,但 Topos 对应于当今的论式,比较可取。[①] 所以,他 2013 年的新著像沃尔顿、里德和马卡略一样,把论式的历史等同于地方论的历史。[②] 然而,知者未必行或未必全行,武宏志的大著《论证型式》[③]仍然放弃了“论式”的简洁表达而采用复杂一些的“论证型式”的表达。

与戴津伟从地方论入手切入论式不同,武宏志从论式切入地方论。所以,他首先是个逻辑学者,后来才涉猎法学,他的研究成果也引起了法律方法研究者的注意,例如,焦宝乾教授的《法律论证:思维与方法》一书援引武宏志的论文十二篇,著作两本。[④] 这一数目已昭示了武宏志在地方论研究上的前沿地位。他的著述的特点是在非形式逻辑、谬误理论的框架下研究论式理论,侧重于介绍西方学者的观点,但对于外国学者的论式理论的介绍,往往满足于列其名目,不说其详。

最可贵者,他与刘春杰于 2005 年合作创立了一个自己的论式体系,在中国大陆,他是这样做的第一人。这样,他就结束了中国大陆的地方论研究只有人做空头,无人做多头的历史。他的论式体系分为八类 25 个。[⑤] 2013 年,武宏志又在以前工作的基础上。提出了五类 60 个的论式体系,有如下列[⑥]:

（一）依据信息源的论式

1. 根据知情地位的论证。
2. 根据专家意见的论证。
3. 根据证人证言的论证。
4. 根据流行意见的论证。
5. 根据通行做法的论证。

---

① 参见武宏志:《论式:法律逻辑研究的新方向》,载《政法论丛》2011 年第 6 期,第 50 页。也参见武宏志、张海燕:《论式:修辞学、辩证法和逻辑学的关系纽结》,载《山东大学学报》(哲学社会科学版)2011 年第 5 期。

② 参见武宏志:《论证型式》,中国社会科学出版社 2013 年版,第 219 页及以次。

③ 中国社会科学出版社 2013 年版。

④ 参见焦宝乾:《法律论证:思维与方法》,北京大学出版社 2010 年版,第 261 页及以次。

⑤ 武宏志与刘春杰的论式清单发表于两人合著的《批判性思维:以论证逻辑为工具》,陕西人民出版社 2005 年版。

⑥ 武宏志的论式清单,参见武宏志:《论证型式》,中国社会科学出版社 2013 年版,第 509 页及以次。

6. 根据无知的论证。
7. 根据无知的认识论论证。
8. 根据承诺的论证。
9. 品格论证。
10. 起源的针对人身。
11. 语用的不一致。
12. 根据不一致承诺的论证。
13. 环境的针对人身。
14. 根据偏见的论证。
15. 偏见的针对人身。

(二) 实践的论式

16. 实践推理。
17. 人际间的实践推理。
18. 根据浪费的论证。
19. 根据沉没成本的论证。
20. 根据后果的论证。
21. 根据选择的实效论证。
22. 根据威胁的论证。
23. 根据恐惧诉求的论证。
24. 根据危险诉求的论证。
25. 根据需求帮助的论证。
26. 根据痛苦的论证。
27. 根据行动与人的相互作用的论证。
28. 根据价值的论证。
29. 根据牺牲的论证。

(三) 因果论式

30. 从因到果的论证。
31. 从相关到原因的论证。
32. 根据征兆的论证。
33. 回溯的论式。又称从果到因的论式。例如,如果患有先天性心脏病,心脏会发出杂音,医生听到这个人的心脏发出杂音,所以,这个人患有先天性的心脏病。[1] 这里的“果”是心脏杂音，由此推论出此等心脏的属主患有先天性的心脏病。

34. 从证据到假说的论证。

35. 根据渐进论的论证。

36. 滑坡论证。

37. 先例的滑坡论证。

38. 连锁推论的滑坡论证。

39. 语词的滑坡论证。

40. 完整的滑坡论证。

41. 根据知觉的论证。

42. 根据现象的论证。例如，大熊猫看起来能被归入熊科动物，所以，它就被归入了熊科动物。[2]

43. 根据记忆的论证。

（四）规则—案例的论式

44. 根据范例的论证。

45. 根据类比的论证。

46. 构成性规则主张的论证。

47. 根据规则的论证。

48. 对例外情况进行论证。

49. 根据先例的论证。

50. 根据恳求原谅的论证。

51. 根据语词归类的论证。

52. 从定义到语词归类的论证。

53. 根据语词归类之含混性的论证。

54. 根据语词归类之武断性的论证。

（五）其他论式

55. 根据合成的论证。

56. 根据分解的论证。

---

① 参见武宏志、刘春杰：《批判性思维：以论证逻辑为工具》，陕西人民出版社2005年版，第175页。

② 参见武宏志：《论证型式》，中国社会科学出版社2013年版，第533页。

57. 根据群体与其成员的论证。

58. 根据对立的论证。

59. 根据对立的修辞论证。

60. 根据选项的论证。

沃尔顿、里德和马卡略的论式有60个,武宏志的也是这个数,比较一下两者,可发现两个论式体系基本相同,只有回溯的论式和根据现象的论证不见于沃尔顿、里德和马卡略体系,武宏志去掉了该体系中的“根据类比的实践推理”和“诱导的论式”,代之以自己的“回溯的论式”和“根据现象的论证”。他为何做如此的更动?理由不详。无论如何这是武宏志对其蓝本的第一个改动;第二个改动是他把沃尔顿、里德和马卡略的论式按照其共同性分为五大类。这种分类方式不同于沃尔顿、里德和马卡略的。可以说,武宏志明显受沃尔顿、里德和马卡略的影响,但他也做了自己的创新。

然而,武宏志的论式体系与西塞罗的地方论之间的关联是明显的,不能说两者完全吻合,但至少部分相切。例如,他们的诉诸权威的推理与西塞罗的来自权威的论据完全一样,所有的因果论证都与西塞罗的原因的地方一致,等等。

五、最全面地整理出来当代论式研究者之论式的作者

配得上这顶桂冠的是山东大学威海分校的焦宝乾教授。他探讨地方论较多,是研究法律论证理论的专家①,这一领域与地方论相切,所以焦宝乾教授发表了这方面的两篇论文。在《论题学思维及其在我国的意义初探》一文中,他追溯了地方论自亚里士多德以来的发展,认定自己理解的 Topos 是论题。最后认为论题学思维就是一种问题思维,对于封闭的体系性思维的弊端有一定的消解作用。② 在《论题学的法律方法论意义》一文③中,他基本重申了上述观点。最后,他在《法律论证:思维与方法》

---

① 其博士论文是《法律论证理论研究》,山东大学2005年博士论文。

② 参见焦宝乾:《论题学思维及其在我国的意义初探》,载《南京大学法律评论》2009年第1期,第204页及以次。

③ 参见焦宝乾:《论题学的法律方法论意义》,载《求是学刊》2010年第3期,第89页及以次。

一书中最全面地整理出当代论式研究者之论式，其中包括佩雷尔曼的论式12，沃尔顿的论式35，塔内罗（Tarello）的论式12，弗莱里的论式4，武宏志与刘春杰的论式25，张珏光的论式11，麦考密克和萨默斯的论式11，斯特马赫和布罗热克的论式16。[①] 这个论式的清单方便了人们进行这方面的研究，惜乎焦宝乾教授只列诸论式之名，不述其详。

当然，还有张传新的《法律论题学的逻辑基础》一文从菲韦格出发研究地方论与逻辑学的关系。[②] 张静焕的《论题学法学的逻辑解读》介绍了作者理解的"论题学法学"。[③] 王俊峰的西南政法大学2011年硕士学位论文《新论题学法学方法及其运用》、高伟伟在南京师范大学2014年硕士学位论文中也做了类似的尝试，等等，不及备述。

第二节　法学界外的地方论研究

一、逻辑学领域的地方论研究

地方论的研究扩展到论式领域后，逻辑学的学者对这一方面的研究甚多，前面讲到的武宏志教授的作品皆属是。另外，中山大学的熊明辉的《非形式逻辑的对象及其发展趋势》《论法律逻辑中的推论规则》等作品都对此有所涉及。这些论文我在前面都已援引有关要点，此处不再赘述。

二、科学哲学领域的地方论研究

科学哲学领域的地方论研究文献寡少，只有张守夫的《"高科技时代"的科学哲学主题：科学论题学》一篇。作者认为，21世纪前的科学哲学都体现了一种以知识体系的发生、建构、说明、评价和发展为中心，以"体系意识"为导向的科学哲学观。高科技时代改变了科学活动的方式，导致科学哲学向"论题意识"转变。体系思维注重知识的构建，论题思维

---

① 参见焦宝乾：《法律论证：思维与方法》，北京大学出版社2010年版，第208页及以次。

② 参见张传新：《法律论题学的逻辑基础》，载《山东大学学报》（哲学社会科学版）2010年第6期，第60页及以次。

③ 参见张静焕：《论题学法学的逻辑解读》，载《法律方法》2009年第2期，第60页及以次。

注重问题的论证和解决。[①]

那么,什么是作者理解的论题:他认为是一个提问至少有两个以上回答的问题。他认为论题最初的含义是“地方”,后来转化为“日常谈话和讨论中反复出现的条项、论题”。[②] 在科学方面,它并不体现为一个体系,而是一个论题的目录。张守夫也认为,论题学思维是一种困局思维,它的论证与逻辑学的证明不同,不用追溯到一个体系。它追求说理性和合理性。可以是逻辑论证也可以是非逻辑论证,以增强听众对某一命题的认同为已足,不具有强迫性和命令性。如此,这种方法在高科技时代各学科相互交叉渗透的背景下具有特别的意义。它的采用意味着科学哲学的修辞学转向。

张守夫的上述文章具有深远的意义。首先,他写了大陆中文世界中唯一的一篇研究非法学的地方论的文章,具有开创之功。其次,他颠覆了传统的自然科学、人文科学方法区分论。我们知道,维柯在地方论衰落的时候为它辩护,就是因为它是一种与自然科学方法不同的方法,当时的维柯还把自然科学看做体系方法的合法领域,张守夫的文章则让我们看到,这个领域也有地方论方法的存在空间。这样,过去区分自然科学和人文科学的方法论标准现在又失灵了,地方论方法成为两大科学门类的共同方法,公理化、体系化方法的合法空间进一步沦陷,人们必须寻找新的区分两大科学门类的方法,或者干脆放弃这样的努力。

但令人遗憾的是,作者依据的亚里士多德的 Topica 中关于“论题”的定义到底是否关于 Topica 的定义,值得疑问。张守夫说,在《论题篇》中,亚里士多德把 Topica 定义为:是在哲学方面著名的人提出的、与一般意见相反的假定。或者,论题是我们所持的与一般意见相反的那些观点。一个论题就是一个探讨的题目,它或者引人选择和避免,或者引人得到真理和知识,或者有助于解决其他某个问题。[③] 查亚里士多德《地方论》

---

① 参见张守夫:《“高科技时代”的科学哲学主题:科学论题学》,载《东北大学学报》(社会科学版)2009 年第 2 期,第 98 页。

② 张守夫:《“高科技时代”的科学哲学主题:科学论题学》,载《东北大学学报》(社会科学版)2009 年第 2 期,第 97 页。

③ 参见张守夫:《“高科技时代”的科学哲学主题:科学论题学》,载《东北大学学报》(社会科学版)2009 年第 2 期,第 97 页。张守夫说明此语引自余纪元翻译等翻译的亚里士多德的《工具论》,中国人民大学出版社 2003 年版,第 351—352 页。查这一版本的《工具论》,发现此语所在的页码实际上是第 362 页,特此正误。

的英译本,得知亚里士多德在这里定义的并非 Topica,而是 Thesis。[①] 我们知道,在西塞罗的《地方论》中,Thesis 的含义是断定命题。Topica 与 Thesis 是两回事,前者是人们寻找论证工具的地方,后者是被论证的对象。

张守夫又说,在其《修辞学》中,亚里士多德又把 Topica 定义为"关于正确行为、物理学、政治学的问题以及其他许多种类的不同问题"。[②] 张守夫以注释标明他从汪子嵩等的《希腊哲学史》第三卷(未标页码)引得此语。实际上,汪子嵩等对 Topica 的说明要长得多,有如下列:"《修辞学》中解释 Topics 可表现为'关于正确行为、物理学、政治学的问题以及其他许多种类的不同问题,这些问题互不相同',无论用辩证的推理或修辞式推理讨论这些问题,都得有规范的、普遍的论证程序。这就是《论题篇》的逻辑意义。"[③]比较两段文字,可发现张守夫断章取义,他的 Topica 的属概念是"问题";汪子嵩等的 Topica 的属概念是"论证程序",显然是两回事。

实际上,亚里士多德是否在其《修辞学》里认定地方论是论证程序,也是值得怀疑的,因为我认为亚里士多德关于地方论定义的 1358a,21 应该这样翻译:"我的意思是:辩证法和修辞学的三段论都关涉我们谓之地方论的东西,此等地方论同样地适用于法律、物理学、政治学和许多其他不同的学科,例如较多和较少的地方,它们同等地为法律、政治学和其他不同主题的学科提供三段论和不完全三段论。"接下来亚里士多德讲特别的地方,说它属于特定学科,例如属于物理学,如此,它就不能为伦理学提供三段论或不完全三段论。[④] 这样看来,亚里士多德在这里认为的地方是共同的地方,它为各个学科通用,与特别的地方形成对立。而地方论是提供三段论之学,提供的三段论既有逻辑学的,也有修辞学的;既有完全三段论,也有不完全三段论。

---

① See Aristotle, Topics, trans. by W. A. Pickard - Cambridge, On http://ebooks.adelaide.edu.au/a/aristotle/a8t/,2013 年 7 月 6 日访问。

② 张守夫:《"高科技时代"的科学哲学主题:科学论题学》,载《东北大学学报》(社会科学版)2009 年第 2 期,第 97 页。

③ 汪子嵩等:《希腊哲学史》(第三卷),人民出版社 2003 年版,第 206 页。

④ See Aristotle, Rhetoric, ed. by J. H. Freese, On http://www.perseus.tufts.edu/hopper/text?doc=Perseus%3Atext%3A1999.01.0060%3Abekker%20page%3D1358a,2013 年 7 月 6 日访问。

第十二章　全书的总结论

第一节　本书的内容概述

一、地方论思想史略

尽管地方一词的最早使用可追溯到智者修辞学家如普罗泰戈拉(约公元前490—公元前420年或公元前410年)、高尔吉亚(约公元前487—公元前376年)等人,例如,伊索克拉底(公元前436—公元前338年)在公元前380年写成的《海伦颂》的第四节和第三十八节使用地方一词来描述“有关可能性和不可能性的论据”或“基于权威的论据”①,但还是亚里士多德在其公元前350年完成的《地方论》中创立了地方论学科。在这部著作中,亚里士多德更多地关注逻辑学的地方,而把对修辞学地方的研究留给他的另一著作《修辞学》。用今人的眼光看,地方论是横跨逻辑学和修辞学的学科。300多年后的西塞罗写作《地方论》时不区分逻辑学的地方和修辞学的地方,他的地方论号称来自亚里士多德,但可能来自斯多亚学派的地方论,由此可以推测,在300年的间隔期间,希腊世界已有了非亚里士多德的地方论学派的存在。在西塞罗之后,地方论在昆体良手里只保留了其修辞学的部分,但在波爱修斯手里,地方论的逻辑学成分得到了张扬,其修辞学成分倒成了配料。而且,可能在特米斯求斯的影响下,波爱修斯改造了地方的概念。在亚里士多德和西塞罗手中,地方都是论据的存在之所的意思,波爱修斯把它改造成公理以及公理间的种差的意

① 舒国滢:《论题学:从亚里士多德到西塞罗》,载《研究生法学》2011年第6期,第7页。

思。波爱修斯的这两大创新导致地方论的发展路径越来越朝逻辑化的方向发展。当然,它也朝书面写作技巧的方向发展,最后成为美文学的一部分,逐渐脱离了与演讲术的关系。

在理性主义时代,自然科学及其方法论取得至尊地位并侵入人文科学,持续一段时间后遭到了维柯以地方论名义进行的反抗。维柯把地方论方法论化,将它定位为一种非理性主义的方法。至于有哪些具体的地方以及如何运用它们,维柯对此并不关心。维柯的这一思想路线在他身后产生了巨大影响,促进了历史主义和解释学的产生,进而导致了社会科学方法论的独立。在法学上的反映是菲韦格的地方论法学以及佩雷尔曼和奥尔布莱希茨-提特卡的新修辞法学的产生。前者继承维柯的路线,把地方论理解为单纯的方法论,把它与体系化的方法和体系思维对立起来,尽管有虚幻性,菲韦格还是为法学方法论的独立喊了一嗓子。后者则回到亚里士多德和西塞罗,把地方论理解为法律人应掌握的乘法口诀表,起思考流程指南的作用,为此提出了一系列地方和论式。毫无疑问,他们的工作比菲韦格的工作更有建设性,但可惜的是,在中国,菲韦格在地方论方面的影响比佩雷尔曼和奥尔布莱希茨-提特卡大,菲韦格的这方面著作已被译成中文,佩雷尔曼和奥尔布莱希茨-提特卡的这方面著作却没有,甚至人们在介绍他们的新修辞学法学理论的时候,也往往对他们的地方理论忽略不计。这种不合理的局面应归因于德国学术的威望大于比利时学术,更不要说比利时在其他方面的地位更弱于德国了。

到了佩雷尔曼和奥尔布莱希茨-提特卡手里,地方论的发展进入了论式阶段。先后有沃尔顿的论式体系和卡察夫与里德的论式体系以及其他许多人的论式体系产生。一些人认为论式是地方的现代形式,但我宁愿认为论式是地方的姊妹概念,如果精读过西塞罗的《地方论》,我们可发现西塞罗对论式的论述是作为对地方的论述的论据运用的,例如他关于七个式的说明即服务于说明后件、前件和相斥三个逻辑学的地方。无妨说,现代的论式理论是对西塞罗辈的相应理论的重拾。无论古今,地方与论式都不同,地方必须是进去后可以找到东西的处所,而论式并不包含别的东西,除了人类的思维经验概括。

论式理论的产生和成熟和它貌似的对地方的取代,导致地方理论面临架空甚至消亡,幸运的是,美国学者昆策和日本学者西田幾多郎、中村雄二郎成了地方理论的拯救人。前者坚持用 Place 翻译 Topos,秉承对

Topos 的空间性理解。实际上，在所有的现代语言中，都是把“共同的地方”中的“地方”翻译成自己语言中相当于“地方”的词汇的，例如，英语世界就把它翻译为 Commonplace，法语世界把它翻译为 Lieu commun，意大利人把它翻译成 Luogo commune，西班牙语世界把它翻译成 Lugar común，德语人民把它翻译成 Gemeinplatz，只有韩国人是个例外，把共同的地方翻译成“要义”或“基本要义”。[①] 所以，地方论的势力不小，昆策不过在这种传统中找到了归宿。后两者则先后在汉字文化区用“场所”一词表述希腊人的 Topos 概念，把场所概念运用于广大的领域。在认识论方面，把它理解为主观因素与客观因素的交汇处，这样，Topos 在场所的名义下保持了其“空间”的含义，让我这个主张把 Topos 翻译为“地方”的中国人不感孤单。

由于地方论向论式论和场所论的转进，古代修辞学的合理成分在现代得到了完全保留，不过是在逻辑学、法学方法论的名目下。相对于这样的现实，修辞学死亡论明显为不实之词。凡是有价值的东西都不会死，它们不过换了一个名字存在而已。修辞学配合民主政治、对抗制诉讼制度的价值实在太大了。修辞学未死亡的标志是那些为演讲提供舞台的硬件设施继续存在，例如西方城市中相当于罗马集议场的广场的广泛存在。当然，这些设施得到了进化，例如，广播电视形式的宣讲坛是希腊—罗马人民未曾感知过的。

二、什么是地方、共同的地方和论式

对于这个问题的简单回答是：地方是一条 2300 多年的历史长河，它分为许多河段，犹如长江分为沱沱河、金沙江、扬子江等河段，把对沱沱河的属性描述用于描述其他河段，肯定不精确。在地方论这条历史长河中，有亚里士多德河段、西塞罗河段、昆体良河段、特米斯求斯河段、波爱修斯河段、加尔兰杜思河段、鲁路斯河段、梅兰希顿河段、卡米罗河段、福尔图纳齐亚努斯河段、佩雷格里尼河段、格拉西安河段、维柯河段、菲韦格河段、佩雷尔曼和奥尔布莱希茨 - 提特卡河段、中村雄二郎河段等，所有这些论者可以大别为两组：其一是没有自己地方的地方论者组，其成员只有

① 参见朴禹洙：《韩国学界对佩雷尔曼和奥布来茨 - 泰特卡新修辞学思想的认知过程》，载《江淮论坛》2012 年第 3 期，第 20 页。

维柯和菲韦格,又称空头组;其二是有自己地方的地方论者组,不属于第一组的人都属于这一组,又称多头组。第一组学者可能提到地方的概念,但都是援引别人的学说,此等学说并不能成为他们自己的地方论的支撑,所以,对于研究他们的人来说,他们没有自己的地方概念,所以,只能针对第二组学者谈论地方的概念问题。在他们中,除了少有的例外,都把地方理解为可以从中取得论据的场所,例外者可以波爱修斯为例,他理解的地方是公理以及公理间的种差,但他又屈服于传统,在自己的《论论题的区分》中谈了许多论据的渊薮意义上的地方,尤其在谈到修辞学地方时如此。由于地方论者多,公理论者少而且摇摇摆摆,还是把 Topos 理解为“地方”或“场所”比较正确。

遗憾的是,我国的地方论研究者大多从菲韦格河段进入地方论长河,尽管也有回溯到西塞罗河段和亚里士多德河段的努力,但受菲韦格提供的先入之见的支配,甚至受亚里士多德著作中译本把 Thesis 翻译为“论题”的误导,几乎没有例外地把地方论指称为论题学,硬把 Thesis 等同于 Topos,不知 Topic 这个词只是自 1720 年后才仅仅在英文中有了“论题”的意思的事实,这种不合理的状况需要改变,如果本书能对完成此等改变起到促进作用,我就感到非常满意了。

实际上,在讲什么是地方的时候,必须同时讲什么是共同的地方,因为它们是一对孪生兄弟,有时甚至是一对连体兄弟。在亚里士多德手里,它们为孪生关系:共同的地方如其名称,是普遍的;地方是特殊的。在西塞罗手里,共同的地方成了老生常谈或常用的论证模块。到了 16 世纪人文主义法学家手里,共同的地方与地方构成连体关系,它们间的界限是模糊的,甚至可以说,共同的地方基本上是他们理解的地方。循着这一途径,共同的地方演化为具有“论题”的含义,一门学科的当家内容被看做由一系列的地方构成,由此,把握了这些地方就把握了这个学科。这些地方当然是学习和教学者的钻研对象,由此,Topica(地方论)终于在 17 世纪完成了 Topic(论题)的转化。熟知 Topic 的当代人理解古代的 Topica 要付出艰巨的理论劳动,就是由这一转化造成的。

论式与地方和共同的地方都有关。地方可以转化为论式。这是一方面。而论式就是一些老生常谈。我们看到,论式的研究者往往都是从出版物中、媒体用的表达中概括论式的。论式的使用,是为了提高我们的推理能力,加快我们的推理速度,这也是共同的地方的功能。

三、Topos 的同根词分析

Topos 是一个有故事的词，因为它有好几个有名的同根词。

其一是 Topography（地貌学）。它是研究地表形状和地球特性的科学。本书第三章第三节“修辞学教育与古罗马的公共生活”就采用了地貌学的视角，以此解释罗马集议场内的公共建筑与演说术的关联。

其二是 Topology（拓扑学）。应直译为“地方学”。拓扑学起初叫形势分析学，是德国数学家莱布尼茨于 1679 年提出的名词。19 世纪中期，德国数学家黎曼在复变函数的研究中强调研究函数和积分就必须研究形势分析学，从此开始了现代拓扑学的系统研究。现在的拓扑学主要研究“拓扑空间”在“连续变换”下保持不变的性质。显然，拓扑学中的 Topos 保留“地方”的意思。

其三是 Utopia（乌托邦）。该词由希腊文中表示否定的前缀 Ou 加 topos 构成[①]，表示乌有之乡，引申为难以存在的理想社会。如此，Utopia 中包含的 Topos 也还是“地方”的意思。

至此，我可以运用西塞罗的同源词地方做推论了。

Topica、地貌学、拓扑学、乌托邦四个词中都包含 *Topos*，

地貌学、拓扑学、乌托邦三个词中的 *Topos* 都是“地方”的意思，

Topica 中的 *Topos* 也应是“地方”的意思，不应是“论题”的意思。

四、作为一个法律文本的西塞罗《地方论》

西塞罗《地方论》除了是重要的修辞学和逻辑学文本外，还是罗马人留给今人的四大法律文本之一，其他三个法律文本是《十二表法》、盖尤斯《法学阶梯》、优士丁尼《法学阶梯》。这四个文本未受到后人的篡改，体现了原汁原味的罗马法。如果时间紧张而想尽快了解罗马法，精读这四个文本是明智的选择。而且，它们的时代间隔很均匀。《十二表法》反映了远古时期的罗马法，《地方论》则反映了前古典时期即共和晚期的罗马私法，尽管有些描述已过时。盖尤斯《法学阶梯》反映了古典时期的罗马法。优士丁尼《法学阶梯》则反映了后古典时期的罗马法。

---

① 参见刘小枫：《政制与王者——关注柏拉图 Politeia 的汉译书名》，载《求是学刊》2013 年第 2 期，第 28 页。

我们从本书第二章可知,《地方论》一方面反映了西塞罗时期罗马人的法学基础理论,另一方面反映了同一时期罗马私法的一些制度,包括人法、亲属法、继承法、物权法、债法等方面的制度,当然还有一些反映罗马国际法的描述。这些法律内容都作为说明修辞技巧的论据使用,西塞罗由此完成了修辞学与法学的结合。尽管修辞学的发生就以诉讼为背景,但亚里士多德的《地方论》和《修辞学》都不具有浓烈的法律色彩,所以,西塞罗在其《地方论》中对修辞学与法学的聚合还是具有创新意义的。在尔后的相当长一段时间的地方论研究者都遵循这种聚合传统,例如昆体良就是如此。只是到了波爱修斯手中,地方论重新被去法律化。在这一演变史中考察西塞罗的角色,说他是法律与修辞学学科的奠基者,是恰当的。当然,从表面看,这种聚合以特雷巴求斯的特定知识背景为原因。

尚可道者,西塞罗《地方论》还是还原《十二表法》的依据之一。我们知道,一种说法认为《十二表法》原件已毁于高卢人入侵中的大火,后世学者根据后人的引述还原此法。西塞罗《地方论》至少提供了两个《十二表法》条文的还原素材。其一是第六表第 3a 条关于取得时效期间的规定;其二是第八表第 24a 条关于过失杀人的规定。这一事实本身就说明了西塞罗的《地方论》在法律史上的意义。①

第二节　什么是地方论

正像每个时代都有自己的恺撒,每个时代都有自己的地方论。首先让我们看三部《地方论》的作者理解的地方论各为何意。

亚里士多德为第一部《地方论》的作者,西塞罗认为其地方论是正确地寻找论据的理论。实际上,亚里士多德的《地方论》只以完全三段论为背景研究逻辑学中的地方,修辞学的地方在以不完全三段论为背景的《修辞学》中研究,所以他在其《修辞学》中把地方定义为其下包含许多不完全三段论的东西。② 我们知道,地方论分为逻辑学的和修辞学的两大分支,亚里士多德只在其《地方论》中研究逻辑学的地方,表明他认为地方

---

① See P. R. Coleman - Norton, "Cicero's Contribution to the Text of the Twelve Tables", In *The Classical Journal*, Vol. 46, No. 2, (Nov., 1950), pp. 51s.

② See Paul Slomkowski, *Aristotle's Topics*, Brill, 1997, p. 43.

论属于逻辑学。

西塞罗是第二部《地方论》的作者,他的《地方论》是通过地方寻找论据的理论。"地方"是主体的寻找活动与论据之间的中介,设定这样的中介是为了提高寻找的效率。实际上,他把自己的《地方论》写成了一个法庭演说辞写作指南,其基本结构是寻找—地方—问题—地方与问题的搭配。西塞罗并不明确区分逻辑学的地方和修辞学的地方,实际上兼论两者,所以,他整合了两种地方并把地方论法律化。

卡米罗是第三部《地方论》的作者。他理解的地方论是美文手段寻找学。其主旨是探讨改进书面表达的手段,达到这一目的的手段是寻找一些地方。卡米罗的地方论完全脱离了逻辑学,也完全脱离了法律,进入了美文学意义上的修辞学。所以,他的《地方论》是地方论经历了为了讲的地方论到为了写的地方论的发展的见证,也是地方论经历了为了法庭的地方论和为了更广泛场景的地方论的发展的见证。

在上述三位《地方论》的作者之外,还有如下地方论者提出了值得注意的地方论见解。

首先是波爱修斯,他认为的地方有两种含义。第一种含义的地方是公理以及公理间的种差,相应的地方论是依靠三段论进行推理的理论。第二种含义的地方是论据的存在之所,相应的地方论是寻找的理论。前一种地方论被维柯概括为发现中词的艺术,属于创新。后一种地方论则属于老生常谈。波爱修斯重前者、轻后者,表明他回归了亚里士多德的逻辑地方论,同时又妥协于西塞罗等人的修辞地方论。

其次是 16 世纪的人文主义法学家,他们把地方理解为一种网状兜揽结构,凭借它们,可以概括一门学科的要点,掌握它们,就可迅速掌握它们从属的学科。

第三是维柯,他认为的地方论是一种认识论[①],解决从哪说起的问题。地方大致只有三类。第一类关涉被探讨的对象本身;第二类关涉该对象在与其他事物的关系中显示的自我;第三类关涉别人对它的说法。维柯心目中的地方论又是一种方法论,是社会科学不同于自然科学的方法,也就是理解的方法、解释的方法,而不是推理的方法。维柯完成了地

① 参见〔意〕维柯:《新科学》,朱光潜译,人民文学出版社 1986 年版,第 230 页。

方论的方法论化和虚化,因为他主张地方论而不提出自己的地方,把地方与地方论脱钩,做起了空头。而且也把地方论与逻辑学、修辞学、法庭脱钩,把地方论极度抽象化。

第四是菲韦格。他是维柯的后继者,把地方论理解为问题取向性的法律方法,与体系化方法对立,同时把地方论理解为困局思维。菲韦格也未提出任何自己的地方,也把地方与地方论脱钩。

最后说到但并非最次要的是佩雷尔曼和奥尔布莱希茨–提特卡。他们的探讨聚焦于修辞学的概念,我未找到他们的地方论定义,但他们建立了自己的地方(分为共同的地方和特殊的地方)和论式,根据他们的这些修为可概括出他们理解的地方论:地方论(包括论式理论)是一套价值评价体系,同时是一套思维公式,起提高思维效率的作用。在我看来,佩雷尔曼和奥尔布莱希茨–提特卡抓住了古代地方论的真谛:通过地方的指引提高寻找的效率,他们同时把地方论价值化了,并且回到西塞罗,把地方与论式结合起来。他们抛开了维柯和菲韦格的做空头路线,回归古人的做多头路线,为地方论在当代的真正复兴做出了了不起的贡献。所以他们有许多追随者,本书第十章介绍的几个论式提出者应该或多或少受到了他们的影响。

当然,地方论还曾是一种记忆术,这导致 Topica 一词被翻译成"词序学,语序学"。[①]

至此,我介绍了本书谈论过的八种主要的地方论理解,他们在特定的时空条件下都是对的或都有其价值,无所谓对错。对于它们,可大别为寻找指南说、命题说、方法论说、价值评价体系说、思维公式说、记忆术说。寻找指南说遵循寻找—地方—论据的格式,把地方论理解成通过地方寻找论据的艺术,亚里士多德、西塞罗、卡米罗属于此说的论者。命题说把地方论理解为进行三段论推理的艺术。命题或公理是进行此等推理的起点。特米斯求斯属于此说的持论者,波爱修斯在某种意义上属于此说的持论者。说"在某种意义上",是因为只考虑了他对地方的第一种理解。方法论说抛开地方谈地方论,把地方论理解为社会科学的独特方法或法学的一种方法,维柯和菲韦格属于此说的持论者。价值评价体系和思维

① 参见《德汉词典》编写组:《德汉词典》,上海译文出版社 1983 年版,第 1227 页。

公式说的持论者有佩雷尔曼和奥尔布莱希茨-提特卡。记忆术说的持论者在某种意义上包括西塞罗。

上述八说又可大别为做空头说和做多头说。后者以地方为基础打造地方论,前者脱离地方打造地方论。方法论说的持论者都属于这一门派。

第三节 中国 Topica 研究的应该方向

一、根据 Topica 在不同时期的含义不同地翻译该词

地方论进入中国后,经历了从感到新奇从而加以介绍到深入研究的进化。在前一阶段,地方论的译名经历了从“类观点学”“词序学”到“论题学”的演进过程。现在到了深入研究的阶段,故我建议开展进一步的从论题学到地方论乃至多名论的进程。

先说从论题学到地方论的进程。“论题学”译名的错误已见上述,这里拟比较一下它与“类观点”说的优劣。颜厥安认为,类观点(地方)是能在对话讨论中用以提出支持或反对意见的一些普遍性观点,能有效地协助我们在讨论对话过程中发现真理。[①] 此语的价值不在于言说了 Topos 为何,而是把这个词翻译成了“类观点”。这种译法可能来自海德堡大学教授威兰德对 Topos 编排、分类的观点(Gesichtspunkte)的解释。[②] 这个翻译中的“类”表示复数观点的集合,因此,它比看不出其数的“论题”的译法要好。美中不足的是,Topos 并非观点,而是论据之所,所以,把这个译法改成“类论据”就好了,它能让人联想到一窝论据存在的地方。所以,还是叫地方论法学比较好,因为这是多数人的理解而且正确。

再说从论题学到多名论的进程。前文已指出菲韦格刻舟求剑的错误,并昭示 16 世纪人文主义法学家作品的结构方法可恰当地称为论题学法学,由此可以建议,对于两千多年来形形色色的 Topica 理论,不统一译成地方论或论题学,而是具体情况具体对待,考诸论者对该词的理解做出不同的翻译。当然,在最多的时候 Topica 要被译为地方论,因为大多数论者是如此理解 Topica 的。

---

① 参见颜厥安:《法与实践理性》,中国政法大学出版社 2003 年版,第 203 页。

② 参见舒国滢:《论题学:从亚里士多德到西塞罗》,载《研究生法学》2011 年第 6 期,第 8 页。

二、建立中国的地方体系和论式体系

本书第十章对当代中国地方论的介绍告诉我们,我们地方论研究者大多从菲韦格开始接触这一领域,尽管有些论者做了追溯式的研究,但基本方法的运用都依赖于菲韦格。此等方法的特点是不研究设计具体的地方,强调地方论的一般方法论性质而忽略了其具体工具性质,所以,除了武宏志、焦宝乾、戴津伟或多或少地关注论式之打造外,其他地方论研究者都处在做空头的状态。这是不合理的。中国学生的心算能力通常强于西方学生,是因为前者从小背乘法口诀表,计算起来不假思索,而西方国家没有乘法口诀表,所以学生极为依赖计算器,但他们有地方论,所以西方学生的口才或演讲能力通常强于中国学生。打造中国的地方体系,就是确立一个对公众说话时用的口诀表,减少法官、检察官、律师以及其他演说者的思维负担。所以,我建议我国的地方论研究者艰苦思考,建立中国的地方体系,从做空头进步到做多头。此等体系应以希腊—罗马修辞学校的初级训练内容为基础,围绕着人和物两个轴心建造。

作为开头,我建议根据地方论的不同功用建立不同的地方体系。

具体而言,就作为方法论的地方论,可初步建立定义、区分、划分、比较的地方,以后根据经验的积累逐步增加地方的数目。

就作为修辞学之一部分的地方论,可建立人的地方和物的地方,下面再分一些子地方。人的地方可以有如下子地方:出身、性别、年龄、教育、贫富、社会地位、性格、职业、表现、历史记录。物的地方可以有如下子地方:为何、何处、何时、如何、用何手段。

就论题学意义上的地方论,可根据不同的部门法建立自己的论题体系,我建议民法学采用如下地方体系:

主体:下分为自然人、法人、非法人团体等子地方。

客体:下分为人格利益、身份、物等子地方。物下面分为动产、不动产等孙地方。

关系:下分为人格权、身份权、物权、知识产权、债权、继承权等子地方。子地方又可再分为孙地方,例如,物权的子地方可分为自物权和他物权两个孙地方,以此类推。

论式是地方的别样表现形式。建立论式体系可以起到建立地方体系同样的功效。对于本书介绍的各位学者提出的论式,我认为武宏志在

2013 年完成的论式体系站在集大成者沃尔顿、里德和马卡略的肩膀上并完成了中国化，我建议把它采为中国的论式体系。

三、建立修辞性的法学教育

从本书第三章可知，希腊—罗马的高等教育采取修辞学教育的形式，此等教育主要以法律论辩为内容，旨在培养学生为一个案件辩护的能力，强调辩论的套路之传授，此等套路由“预制件”掌握训练和“构件整装”训练两部分构成，如此培养出来的学生胸有成竹，可以在庭上对答如流、应付裕如。学生学习法律后从政，他们作为政治家会有良好的口才。反观我国法学教育，教学内容多不从实战出发，也不注重学生口才的培养。即使强调口才的重要性，也未见有人提出一套培养此等能力的可行方案。实际上，地方论就是法律思维中的乘法口诀表，值得引入我国的法学教育中。值得欣慰的是，我国法学界对修辞学的重视日益增加，甚至就此专题召开了全国性的会议，有关研究论文层出不穷，希望这些研究成果能尽快转化为教学成果，最好能形成一门“法律与修辞学”的研究生选修课。本书可作为该课的教材或参考读物。

附录　研究《地方论》的一些西文文献导引

一、《地方论》的各种现代语言版本

1. P. Munutius, Rhetoricorum ad C. Hernnium libri quttuor incerto auctore. Ciceronis de inventione libri duo. Topica ad Trebatium, Oratoriae partitiones, Venice, 1559.

2. R. Klotz, M. Tulli Ciceronis Topica, Partitiones oratoriae, De Optimo genere oratorum, Leipzig, 1851.

3. A. S. Wilkins, M. Tulli Ciceronis Rhetorica, II, Leipzig, 1891.

4. Cicero, Topica, London, William Heinemann, Ltd., 1949.

5. H. M. Hubbeli, M. Tulli Cicero, De Invention, De Optimo Genere Oratorum, Topica, London and Cambridge, Mass., 1949.

6. H. Bornecque, Cicero: Divisiones de L'art oratoire, Topiques, Paris, Societè d'edition Les Belles Lettres, 1960.

7. Galeazzo Tissoni, I Topici, Arnoldo Mondadori Editore, 1973.

8. Riccio Coletti, M. L., M. Tulli Ciceronis Topica, Chieti, 1994.

9. M. Fuhrmann, Cicero's Topica, Koninklijke Nederlandse Akademie van Wetenschappen, 2000.

二、古人和今人对西塞罗《地方论》和其他地方论的评注和研究

1. Anicii Manlii Severini Boethii in Topica Ciceronis.

2. Ant. da Govea Goveanus, In Ciceronis Topica Commentarium, In Opera, Roterd., 1766.

3. W. A. Macieiowski, Animadv. Quaedam in Ciceronis Topica, In Opusc. ,Varsaviae,1824.

4. Io. Los. Klein, Dissertatio de Fontibus Topicorum Ciceronis, Bonnae,1844.

5. M. Wallies, De Fontibus Topicorum Ciceronis, Diss. Halis Saxnum,1886.

6. C. A. Brandis, Einige Bemerkungen ueber Cicero's Akademika und Topica, In Rheinishes Museum f. Philologie, Vol. 3(1892).

7. C. Hammer, Commentatio de Ciceronis Topicis, Landavi, 1920.

8. Giorgius di Maria, Marci Tulli Ciceronis Topica, Edidit, Commentario Critico, Instruxit, Palermo, 1994.

9. An. Manl. Severinus Boetius, In Topica Ciceronis Commentaria libri sex, In J. - P. Migne, Patrologia Latina, Volumen 64.

10. G. D. Di Maria, De Boethii Commentariis in Topica Ciceronis denuo edendis, In Sacris Erudiri, 1998 - 1999.

11. Eleonore Stump, Boethius's in Ciceronis Topica: An Annotated Translation of a Medieval Dialectical Text, Cornell University Press, 2004.

12. Benedetto Riposati, Studi sui Topica di Cicerone, Edizioni dell' Università Cattolica del S. Cuore, Milano, 1947.

13. Michael Winterbottom, The Integri of Cicero's Topica, In The Classical Quarterly, New Series, Vol. 46, No. 2. (1996).

14. K. L. Hoffmann, Versuch eine Stelle des Cicero Topicor Cap. 4, zu erklären, In Zeitschrift für geschichtlich Rechtswissenschaft, III (1816 - 1817).

15. B. Riposati, Quid Cicero de thesi et hypothesi in Topicis senserit, In Aevum(Scritti dedicate al prof. G. A. Amalucci), Vol. 18, fasc. 1 - 4(1944).

16. Margaret Gibson, Boethius's "In Ciceronis Topica," by Boethius; Eleonore Stump Source: Speculum, Vol. 66, No. 2 (Apr. ,1991).

17. Martin Tweedale, Boethius's in Ciceronis Topica by Eleonore Stump Source: The Philosophical Review, Vol. 100, No. 4 (Oct. ,1991).

18. C. A. Brandis, Einige Bemaerkungen ueber Cicero's Akademika und Topica, In Rheinisches Museum f. Philologie, 3(1829).

19. G. Heinicke, De Ciceronis Doctrina quae pertinet ad Materiam Artis Rhetoricae et ad Inventionem, Regimonti, 1891.

20. Tobias Reinhardt, Marcus Tullius Cicero, Topica (edited with translation introduction, and commentary), Oxford, Oxford University Press, 2003.

21. Alfredo Severiano Quevedo Perdomo, A Critical Edition of Boethius' Commentary on Cicero's Topica, 1965.

22. M. Fuhrmann, Die zivilrechtlichen Beispiele in Ciceros Topik, In T. Schirren – G. Ueding (eds.), Topik und Rhetorik. Ein interdisziplinäres Symposium, Tübingen 2000.

23. R. N. Gaines, Cicero's Partitiones Oratoriae and Topica: Rhetorical Philosophy and Philosophical Rhetoric, In J. M. MAY (ed.), Brill's Companion to Cicero: Oratory and Rhetoric, Leiden, 2002.

24. D. E. Mortensen, The loci of Cicero, In Rhetorica, Vol. 26 (2008).

25. Marco Franco, La topica boeziana, Tesi di dottorato dell' Università di Padova, 2009.

26. Fiorella Magnano, Il De topicis differentiis di Severino Boezio, Tesi di dottorato dell' Università di Salerno, 2008 – 2009.

27. Alessandro di Afrodisia, Dal Commento agli Analitici primi; dal Commento ai Topici, Como, 1986.

28. Sofia Kotzabassi, Byzantinische Kommentatoren der aristotelischen Topik: Johannes Italos & Leon Magentinos, Thessalonikē, Ekdoseis Vanias, 1999.

29. F. G. v. Lynden, Interpretatio Iurisprudentiae Tullianae in Topicis expositae, Lugd. Balav., 1805.

30. Gaston François Marie de Caqueray, Explication des passages de droit privé contenus dans les oeuvres de Cicéron, Durand, Paris, 1857.

31. Giuliano Crifò, Per una lettura giuridica dei Topica di Cicerone, In Annali dell' Istituto Italiano per gli Studi Storici, 1967 – 68.

32. Fritz Sturm, Abalienatio; essai d' explication de la définition des topiques (Cic., Top. 5, 28), Milano, Giuffrè, 1957.

三、研究地方论的文献

1. Donovan Ochs, Aristotle's Concept of Formal Topics, In Speech Monographs, Vol. 36 (1969).

2. Robert J. Brake, A Reconsideration of Aristotle's Concept of Topics, In Central States Speech Journal, Vol. 16 (1965).

3. P. Gohlke, Untersuchungen zur Topik des Aristoteles, In Hermes, Vol. 63(1928).

4. E. Rolfes, Aristotelis' Topik, In Philos. Bibl. , Bd. 12, Leipzig, 1919.

5. P. Thielscher, Ciceros Topik und Aristoteles, In Philologus, Vol. 21 (1908).

6. Eugène Thionville, De la theorie des lieux communs das les Topiques d'Aristote et des principales modifications qu'ella a subies jusqu'a nos jours, A. Durand, Paris, 1855.

7. Richard C. Huseman, Aristotle's System of Topics, In Southern Speech Journal, Vol. 30 (1965).

8. Otto Bird, The Tradition of Logical Topics: Aristotle to Ockham, In Journal of the History of Ideas, Vol. 23 (1962).

9. Margaret Gibson, The Tradition of the Topics in the Middle Ages: The Commentaries on Aristotle's and Boethius 'Topics' by N. J. Green – Pedersen Source, In The Journal of Roman Studies, Vol. 77 (1987).

10. Charles William, Toward a Modern Set of Topoi: An Adaption of Kenneth Burke's Pentad & Logical Formula as a Means of Invention, Unpublished Ph. D. dissertation, The Florida State University, 1976.

11. Robert Dick, Topoi: An Approach to Inventing Arguments, Speech Teacher, XIII (November, 1964).

12. M. A. William, S. J. Grimaldi, The Aristotelian Topics, In Traditio, XIV (1958).

13. P. M. Huby, The Date of Aristotle's Topics and Its Treatments of the Theory of Ideas, In Classical Quarterly, XII (1962).

14. Richard C. Huseman, Modern Approaches to the Aristotelian Concept of the Special Topic, In Central States Speech Journal, XV (February, 1964).

15. Dominic A. Infante, The Function of Eide Topoi in Rhetorical Invention, Cognitive Structure and Attitude Change, Kent State University, 1971.

16. H. R. King, Aristotle's Theory of Topos, In Classical Quarterly, XLIV (1950).

17. Geraldine B. Kurcz, Aristotle's Concept of the Topoi in the Rhetoric, Unpublished M. A. thesis, Wayne State University, 1971.

18. Ray Nadeau, An Analysis of the Commonplaces, In Quarterly Journal of Speech, XLIX (1963).

19. Edward B. Stevens II, Commonplace and Theory of Counsel and Deliberation from Homer to Aristotle, Unpublished Ph. D. dissertation, University of Chicago, 1930.

20. Karl R. Wallace, Topoi and the Problem of Invention, In Quarterly Journal of Speech, LVIII (December, 1972).

21. E. W. Wiley, Aristotle's Topoi: Patterns of Persuasion, In Ohio Speech Journal, Vol. 11 (1963).

22. Aubrey N. Yerkey, The Retrieval of Rhetorical Topoi: A Computer - Assisted System for the Invention of Lines or Argument and Associated Data, Unpublished Ph. D. dissertation, Kent State University, 1976.

23. E. Rolfes, Aristoteles' Topick, In Philos. Bibl., Bd. 12, Leipzig, 1919.

24. Io. Pelug, De Aristotelis Topicorum Libro Quinto, Diss. Lipsiae, 1908.

25. P. Gohlke, Untersuchungen zur Topik des Aristoteles, In Hermes, Vol. 63 (1928).

26. M. Bontoux, Aristotelis et Ciceronis Principia Rhetorica inter se Comparata, Paris, 1840.

27. Paul Slomkowski, Aristotle's Topics, Brill, 1997.

28. Z. Ritook, Zur Geschichte des Topos - Begriffes, Actes de la XII - e conference international d'etudes classiques, 2 - 7 Octobre 1972.

29. André Nguemning, Untersuchungen zur "Topik" des Aristoteles mit besonderer Berücksichtigung der Regeln, Verfahren und Ratschläge zur Bildung von Definitionen, Frankfurt a. M. u. a., Lang, 1990.

30. Sara Rubinelli, Ars topica: the Classical Technique of Constructing

Arguments from Aristotle to Cicero, Springer Science & Business Media B. V., 2009.

31. Alexander of Aphrodisias, On Aristotle's "Topics 1"; translated by Johannes M. van Ophuijsen, Cornell University Press, 2001.

32. Donald Kunze, Thought and Place, the Architecture of Eternal Place in the Philosophy of Giambattista Vico, New York u. a., Lang, 1987.

33. Peter Jehn, Toposforschung, Frankfurt/M., Athenäum, 1972.

34. Robert Jamison, Joachim Dyck, Rhetorik, Topik, Argumentation, Stuttgart – Bad Cannstatt, Frommann – Holzboog, 1983.

35. Wolfgang Marx, Reflexionstopologie, Tübingen, Mohr, 1984.

36. Rudolf Boehm, Topik, Dordrecht [u. a.], Kluwer, 2002.

37. Lothar Bornscheuer, Topik, zur Struktur der gesellschaftlichen Einbildungskraft, Frankfurt am M., Suhrkamp, 1976.

38. Heinrich Leitner, Systematische Topik, Methode und Argumentation in Kants kritischer Philosophie, Würzburg, Königshausen & Neumann, 1994.

39. Andreas Dörpinghaus, Topik und Argumentation, Würzburg, Königshausen & Neumann, 2004.

40. Bardo Leibold, Das topische Modell, Ritual und Syntax in der Kunst der römisch – christlichen Kaiserzeit, Marburg, Tectum, 2005.

41. Klaus Thraede, Grundzüge griechisch – römischer Brieftopik, München, Beck, 1970.

42. B. Saiz Noeda, Proofs, Arguments, Places: Argumentation and Rhetorical Theory in the Institutio Oratoria, Book V, In O. Tellegen – Couperus (ed.), Quintilian and the Law. The Art of Persuasion in Law and Politics, Leuven, 2003.

43. Catherine L. Hobbs, Vico, Rhetorical Topics and Historical Thought, In Historical Reflections / Réflexions Historiques, Vol. 22, No. 3, Vico for Historians (Fall 1996).

44. Michael Schramm, Die Prinzipien der Aristotelischen Topik, München, K. G. Saur, 2004, G. Hoffmann – Loerzer, Topik und Politikwissenschaft: die Topik des Hugo Grotius: ein Modell moderner Problemlösungen? Steiner Verlag, 1977.

45. Martin Wengeler, Topos und discurs: Begruedung einer argumentationsanalytischen Methode und ihre Anwendung auf den Migrationsdiskurs, Walter de Gruyter, 2003.

46. Hans Friedrich August von Arnim, Das Ethische in Aristoteles' Topik, Wien, Hölder – Pichler – Tempsky, 1927.

47. Green – Pedersen, Niels Jørgen, The Tradition of the Topics in the Middle Ages: the Commentaries on Aristotle's and Boethius Topics, München, Philosophia Verlag, 1984.

48. Georg Zumsteg, Wahrheit und Volksmeinung: zur Entstehung und Bedeutung der aristotelischen Topik: Grundmodell des Denkens und Handelns in der Demokratie, Bern, Paul Haupt, 1989.

49. Valentina Gallo, Da Trissino a Giraldi: miti e topica tragica, Roma, Vecchiarelli, 2005.

50. Ruggero Morresi, Historica: dal pensiero del Novecento ai "Topici" di Aristotele con e oltre Eric Weil, Ancona, Il Lavoro editoriale, 1991.

51. Ruggero Morresi, Linguaggio, topica e retorica: saggi di linguistica speculativa, Macerata, EUM, 2007.

52. Edmund Braun, Zur Einheit der aristotelischen "Topik", Köln, Merkur, 1959.

53. Johannes Buridanus, Quaestiones topicorum, Turnhout, Brepols, 2008.

54. G. E. L. Owen (edited by), Aristotle on Dialectic: the Topics; Proceedings of the Third Symposium Aristotelicum, Oxford, Clarendon Press, 1968.

55. Oliver Primavesi, Die Aristotelische Topik: ein Interpretations modell und seine Erprobung am Beispiel von Topik B, München, Beck, 1996.

56. Giovanni Andrea Gilio, Topica poetica (1580) Dialogi della inventione poetica (1554), München, Fink, 1970.

57. Thomas Harrison, Topica sacra: Spiritual Logick: Some Brief Hints and Helps to Faith, Meditation, and Prayer, Comfort and Holiness, London, Printed for Francis Titon, 1658.

58. Joan Colomines, Tópica Hespérica. Estudios sobre los antiguos dialectos, el substrato y la toponimia romances, Madrid, Gredos, 1972.

59. Wilhelm Schmidt - Biggemann, Topica universalis: eine Modellgeschichte humanistischer und barocker Wissenschaft, Hamburg, Meiner, 1983.

60. Johann Bechtold, Loci communes sive Materiarumet [sic] rubricarum juris universi sylloge, Zetzner, Johann Eberhard, 1654.

61. Alfredo Serrai, Dai "Loci Communes" alla bibliometria, Ed. Bulzoni, 1984.

62. Stefania Sini, Figure vichiane: Retorica e topica della Scienza nuova, Milano, il Filarete, 2005.

63. Andreas Dörpinghaus, Karl Helmer (Hrsg.), Topik und Argumentation (Beiträge zur Theorie der Argumentation), Königshausen & Neumann, 2004.

64. Rüdiger Bubner, Dialektik als Topik: Bausteine zu einer lebensweltlichen Theorie der Rationalitat, Suhrkamp, 1990.

65. J. Biard, F. Mariani Zini (eds.), Les lieux de l' argumentation: Histoire du syllogisme topique d' Aristote à Leibniz, Brepols, 2009.

66. Rodolf Boehm, Topik, Springer, 2002.

四、关于争点、不完全三段论和问题等的文献

1. Malcolm Heath, The Substructure of Stasis - Theory from Hermagoras to Hermogenes, In The Classical Quarterly, New Series, Vol. 44, No. 1 (1994).

2. A. C. Braet, Aristotle's Almost Unnoticed Contribution to the Doctrine of Stasis, In Mnemosyne, Fourth Series, Vol. 52, No. 4 (Aug., 1999).

3. James G. Backes, Aristotle's Theory of Stasis in Forensic and Deliberative Speech in the Rhetoric, In Central States Speech Journal, Vol. 12 (1960).

4. Wayne N. Thompson, Stasis in Aristotle's Rhetoric, In Quarterly Journal of Speech, Vol. 58 (1972).

5. Daniel J. Goulding, Aristotle's Concept of the Enthymeme, In Journal of the American Forensic Association, Vol. 2 (1965).

6. McAdon Brad, Probabilities, Signs, Necessary Signs, Idia, and Topoi: The Confusing Discussion of Materials for Enthymemes in the Rhetoric, In

Philosophy and Rhetoric, Vol. 36 (2003).

7. Edward H. Madden, The Enthymeme: Crossroad of Logic, Rhetoric, and Metaphysics, In Philosophical Review, Vol. 61 (1952).

8. R. C. Seaton, The Aristotelian Enthymeme, In The Classical Review, Vol. 28, No. 4 (Jun., 1914).

9. Jeffrey Walker, The Body of Persuasion: A Theory of the Enthymeme, In College English, Vol. 56, No. 1 (1994).

10. Carol Poster, A Historicist Recontexualization of the Enthymeme, In Rhetoric Society Quarterly, Vol. 22 (1992).

11. Michael Leff, The Topics of Argumentative Invention in Latin Rhetorical Theory from Cicero to Boethius, In Rhetorica, Vol. 1 (1983).

12. Karl R. Wallace, Topoi and the Problem of Invention, In Quarterly Journal of Speech, Vol. 58 (1972).

13. Jürgen Sprute, Die Enthymemtheorie der aristotelischen Rhetorik, Vandenhoeck & Ruprecht, Göttingen, 1982.

14. M. Henket, Status and Loci for the Modern Judge, From Voluntas to Purpose and Beyond, In O. E. Tellegen – Couperus (ed.), Quintilian and the Law, Leuven, 2003.

五、地方论与法律

1. Theodor Viehweg, Topics and Law, Trans. by W. Cole Durham, Jr., Peter Lang, New York, 1993..

2. Gerhard Struck, Topische Jurisprudenz: Argument u. Gemeinplatz in d. jurist. Arbeit, Athenaeum, 1971.

3. Uwe Diedrichen, Topisches und systematisches Denken in der Jurisprudenz, In NJW, 1966.

4. Antonio Villani, Topica e Sistematica nella Giurisprudenza, L' Arte Tipografica, Napoli, 1970.

5. Gianluca Sposito, Il luogo dell' Oratore: Argomentazione Topica e retorica forense in Cicerone, Edizione Scientifiche Italiane, Napoli, 2001.

6. Agnieszka Kacprzak, Tra Logica e Giurisprudenza: Argumentum a Simili nel Topici di Cicerone, Supplements, 2012.

7. Klaus Rehbock, Topik und Recht, Eine Standortanalyse unter bes. Berücks. der aristotelischen Topik, Florentz GmbH, München, 1988.

8. Justyna Holocher, Juristische Topik. Erfindungs – und Begründungsperspektive, Jagiellonian University Press, 2012.

9. Thomas – M. Seibert, Die prozedurale Topik und das juristische Archiv, In Rhetorik, Vol. 15(2010).

10. J. M. Balkin, A Night in the Topics: The Reason of Legal Rhetoric and the Rhetoric of Legal Reason, In Law's Stories: Narrative and Rhetoric in the Law 211 – 224 (P. Brooks and P. Gewirth, eds., Yale University Press, 1996).

11. Gerhard Otte, Zwanzig Jahre Topik – Diskussion: Ertrag und Aufgaben, In Rechtstheorie, Vol. 1(1970).

12. Gerhard Otte, Theologische und juristische Topik im 16. Jh, In Jan Schröder (Hrsg.), Entwicklung der Methodenlehre in Rechts – wissenschaft und Philosophie vom 16. bis zum 18. Jahrhundert – Beiträge zu einem interdisziplinären Symposion in Tübingen, 18. – 20. April 1996.

13. Arthur Merin, Topik und und Wahrscheinlichkeit im juristischen Argument, In Gerechtigkeits – wissenschaft – Kolloquium aus Anlass des 70. Geburtstages von Lothar Philipps, 2005.

14. Kaspar Renner, Topik in Philologie und Jurisprudenz. Mit besonderem Blick auf Ernst Robert Curtius und Theodor Viehweg, In Claudia Lieb u. Christoph Strosetzki (Hrsg.): Philologie als Rechts – und Literaturwissenschaft. Germanistik und Romanistik 1770 – 1870, Heidelberg, 2012.

15. Thomas Frank, Ursula Kocher, Ulrike Tarnow (Hrsg.), Topik und Tradition. Prozesse der Neuordnung von Wissensüberlieferungen des 13. bis 17. Jahrhunderts, V&R Unipress, 2007.

16. W. Waldenstein, Topik und Intuition in der römsichen Rechtswissenschaft, Festgabe Herdlitczka, 1972.

17. Conrad Wiedemann, Topik als Vorschule der Interpretation. Überlegungen zur Funktion von Toposkatalogen. In Dieter Breuer und Hemut Schanze (Hrsg), Topik. Beiträge zu einer interdisziplinären Diskussion, München, W. Fink, 1981.

18. Shu－Perng Hwang,"Rechtsbindung durch Rechtsermächtigung:Ein topisches Verständnis der Reinen Rechtslehre zur Erläuterung des Verhältnisses von Richterbindung und Richterfreiheit," In Rechtstheorie Vol.40(2009).

19. Agnes Launhardt, Topik und Rhetorische Rechtstheorie: eine Untersuchung zu Rezeption und Relevanz der Rechtstheorie Theodor Viehwegs,Peter Lang GmbH,Europaischer Verlag der Wissenschaften,2010.

20. Franz Wieacker, Die Bedeutung der Topik und des sog. „Vorverständnisses" für Rechtswissenschaft und Rechtspraxis (Vortrag im Rahmen der Reinhäuser Juristenzusammenkünfte),In Im Dienst an Recht und Staat－Festschrift Werner Weber,1974 .

21. Ota Weinberger,Topik und Plausibilitätsargumentation,In Archiv für Rechts－und Sozialphilosophie,Vol.59,No.1(1973).

22. Klaus Lüdersen,Dialektik,Topik und konkretes Ordnungs－denken in der Jurisprudenz,In Günter Warda (Hrsg.),Festschrift für Richard Lange zum 70. Geburtstag,Berlin,1976.

23. Klaus Lüdersen,Juristische Topik und konsensorientierte Rechts－geltung,In Norbert Horn u. a. (Hrsg.),Festschrift für Helmut Coing zum 70. Geburtstag,München 1982.

24. Christian Fischer, Topoi verdeckter Rechtsfortbildungen im Zivilrecht,Mohr Siebeck,2007.

25. Stefan Baufeld, Diesseits der Logik. Warum die Logik zur Lösung juristischer Probleme wenig beiträgt und warum die topische Rhetorik dies kann in Carsten Bäcker, In Archiv für Rechts－und Sozialphilosophie, Band 103(2005).

26. Katharina Gräfin von Schlieffen,Zur topisch－pathetischen Ordnung juristischen Denkens, In Kent D. Lerch (Hrsg.), Recht verhandeln－Argumentieren,Begründen und Entscheiden im Diskurs des Rechts,Walter de Gruyter,2005.

27. Bernd H. Oppermann, Die Rezeption des nord－amerikanischen Rechtsrealismus durch die deutsche Topikdiskussion,Diss. Frankfurt,1985.

28. Max Walter, Topik und richtiges Recht－Grundlagen einer Staatsreform,Juris－Verlag,1971.

29. V. Serban, Teoria si topica propozitiei în Romãna Contemporana, Bucaresti, Editura Didatica si Pedagogica, 1974.

30. Wilhelm Oswald, Topisches und systematisches Denken in der Jurisprudenz, In Festgabe für Wilhelm Schönenberger, Fribourg, 1968.

31. Uwe Diederischen, Topisches und systematisches Denken in der Jurisprudenz, In NJW, 1966.

32. Wolfram Velten, Juristic Topics in English Legal Theory: The 'Topical' Method of Finding and Legitimizing Premises for the Solution of 'Hard Cases' in the Light of English Legal Theory, Durham University, 2012.

33. D. Kokkini – Iatridou, Topica van internationaal privaatrecht, Groningen, Wolters – Noordhoff, 1972.

34. Francisco Puy Muñoz, Teoría tópica de los derechos humanos, Majadahonda, Madrid: Colex, 2009.

35. Francisco Puy Muñoz, Tópica jurídica: tópica de expresiones, México, Porrúa, 2006.

36. Francisco Puy Muñoz, Glosas gratulatorias a Tópica, retórica y dialéctica en la jurisprudencia, Santiago de Compostela: Universidade de Santiago de Compostela, 2013.

37. José Francisco Acuña Vizcaya, Tópica jurídica en el caso de la judicialización de adolescentes desvinculados del conflicto armado: ¿inoperancia del sistema de responsabilidad penal para adolescentes? Bogotá, Universidad Nacional de Colombia, 2012.

38. Paulo Roberto Soares Mendonc, A tópica e o Supremo Tribunal Federal, Rio de Janeiro, Renovar, 2003.

39. Milagros Otero Parga, Tópica, retórica y dialéctica en la jurisprudencia: estudios en homenaje a Francisco Puy, Santiago de Compostela, 2011.

40. Garcia Amado, Teoria de la Tópica juridical, Universidad de Oviedo, 1988.

41 . Gerardo Pereira Menaut, Tópica: Principios de Derecho y Máximas Jurídicas Latinas, Rasche, 2001.

42. Otto Vervaart, Studies over Nicolaas Everaerts (1462 – 1532) En

Zijn Topica: Etudes sur Nicolaas Everardi (1462 - 1532) et ses Topica, Gouda Quint, Utrecht, 1994.

43. Julien Tabouet, Topicon militiae forensis, et disciplinae legalis enchiridion, Aphorismis, Canonib. & Titul. Legalib. illustre, Lugduni, 1560.

44. Julien Tabouet, Topica divini iuris in disciplinam et enchiridium contracti, methodus, Lugduni, 1559.

45. Johann Oldendorp, Topicorum legalium, hoc est locorum seu notarum ex quibus argumenta et rationes legitime probandi sumuntur, Lugduni, 1555.

46. Claudius Cantiuncula, Topica Legalia, Basilea, 1520.

47. Nicolaas Everaerts, Topicorum seu de Locis Legalibus Liber, Lugduni, 1568.

48. Jean de La Reberterie, Disputationem iuris libri quatuor, quibus ad civilis philosophiae studium facilis patet aditus, in hisq[ue] lector plerosq[ue] locos corruptos in Topicis Ciceronianis suae integrita restitutos inveniet. Cum indice locupletissimo, Crato, 1590.

图书在版编目(CIP)数据

地方论研究:从西塞罗到当代/徐国栋著. —北京:北京大学出版社,2016.10
ISBN 978-7-301-27533-7

Ⅰ.①地… Ⅱ.①徐… Ⅲ.①西塞罗(Cicero Marcus Tullius 前106-前43年)—哲学思想—研究 Ⅳ.①B502.42

中国版本图书馆CIP数据核字(2016)第219469号

书　　名	地方论研究——从西塞罗到当代 Difanglun Yanjiu——Cong Xisailuo Dao Dangdai
著作责任者	徐国栋　著
责任编辑	柯　恒　陈晓洁
标准书号	ISBN 978-7-301-27533-7
出版发行	北京大学出版社
地　　址	北京市海淀区成府路205号　100871
网　　址	http://www.pup.cn　http://www.yandayuanzhao.com
电子信箱	yandayuanzhao@163.com
新浪微博	@北京大学出版社　@北大出版社燕大元照法律图书
电　　话	邮购部62752015　发行部62750672　编辑部62117788
印 刷 者	三河市北燕印装有限公司
经 销 者	新华书店
	650毫米×980毫米　16开本　26.5印张　418千字
	2016年10月第1版　2016年10月第1次印刷
定　　价	68.00元